船舶主体工种岗位培训教材

船舶电焊工

主编　赵伟兴

主审　忻鼎乾

国防工业出版社

·北京·

内 容 简 介

本书由船舶电焊工基础知识、焊条电弧焊、埋弧自动焊、CO_2 气体保护焊、手工钨极氩弧焊和焊接质量检验及安全管理六篇组成,着重讲解了四种船舶焊接方法的操作技能、船舶焊接设备的使用及焊接材料的选用;船舶焊接基本工艺知识和船厂先进的焊接技术;船舶典型部件产品焊接工艺的应用实例等。本书从船舶电焊工生产实际出发,内容简明扼要,通俗易懂,具有一定的深度和广度。

本书是新进厂船舶电焊工(劳务工)的岗位培训教材,也是本专业有关工人和技术人员的参考教材。

图书在版编目(CIP)数据

船舶电焊工/赵伟兴主编.—北京:国防工业出版社,
2008.7(2015.9重印)
船舶主体工种岗位培训教材
ISBN 978-7-118-05718-8

Ⅰ.船… Ⅱ.赵… Ⅲ.造船－电焊－技术培训－教材
Ⅳ.U671.83

中国版本图书馆 CIP 数据核字(2008)第 065549 号

※

国防工业出版社出版发行
(北京市海淀区紫竹院南路 23 号 邮政编码 100044)
天利华印刷装订有限公司印刷
新华书店经售
*
开本 787×1092 1/16 印张 26½ 字数 605 千字
2015 年 9 月第 1 版第 5 次印刷 印数 24001—27000 册 定价 45.00 元

(本书如有印装错误,我社负责调换)

国防书店:(010)68428422　　发行邮购:(010)68414474
发行传真:(010)68411535　　发行业务:(010)68472764

船舶主体工种岗位培训教材
编著委员会

序

经过改革开放三十年，特别是新世纪以来近八年的发展，我国造船工业不仅在造船产量、能力规模方面实现了跨越式发展，而且在产品结构、造船效率、技术研发等方面有了长足进步，取得了令世人瞩目的历史成就。作为我国船舶工业的主力军，中船集团公司用短短几年时间提前实现了"五强"、"三强"目标，2007 年造船完工量、新船接单量和手持定单量均跃居世界造船集团第二位。

当前，中船集团公司已经站在了从做大迈向更加注重做强的历史新起点。集团公司第六次工作会议明确提出，到 2015 年，我们不仅要成为世界第一造船集团，全面实现"五三一"目标，而且要推动做强的新跨越，达到"五个世界领先"。这个宏伟目标，既为我们各项工作进一步指明了方向，也提出了新的要求。其中，人才队伍世界领先更具战略意义，需要付出更多努力。我们要紧紧围绕集团公司改革发展实际需要，创新人力资源管理机制，以建设职业化的管理经营人才队伍、创新型科技人才队伍以及技艺精湛的高技能人才队伍为重点，建设世界领先的人才队伍。

加强员工培训，是提高人才队伍素质的重要手段。深入系统地开展岗位技能培训，提升企业员工尤其是造船生产一线员工的技能水平和业务素质，对于不断壮大集团公司技艺精湛的高技能人才队伍，更好地适应集团公司新的跨越式发展具有重要意义。为此，集团公司委托上海地区公司组织编著了《船舶主体工种岗位培训教材》系列丛书。这套书比较完整地汇集了集团公司各单位造船技术和工艺的精华，凝聚着集团公司造船专家们的经验和智慧，是一套难得的员工技能培训教材。希望集团公司各单位结合工作实际，真正学好、用好，取得实效。

谨向编著本套教材的专家和同志们表示衷心感谢。

中国船舶工业集团公司总经理

2008 年 4 月 10 日

编 者 的 话

近年来,随着我国船舶工业的快速发展,各造船企业的造船能力和产量迅速提升,各类新建造船企业如雨后春笋般涌现,由此带来造船员工队伍尤其是劳务工队伍的需求持续增长。伴随造船员工队伍总量的迅猛扩大,员工队伍的技能素质越来越难以适应造船总量的快速提升,在一定程度上已成为我国造船工业进一步发展的瓶颈。为了适应我国造船工业的快速发展,满足造船企业培训技能员工尤其是劳务工的需求,全面提升企业员工队伍整体技能素质,编写一套造船主体工种岗位培训教材已成为当务之急。

受中国船舶工业集团公司的委托,上海船舶工业公司从 2005 年开始筹划,并组织上海地区所属江南造船(集团)有限责任公司、沪东中华造船(集团)有限公司、上海外高桥造船有限公司、上海船厂船舶有限公司、中船澄西船舶修造有限公司等造船企业的几十名造船专家开展了船舶主体工种岗位培训教材的编写。

本套岗位培训教材共 10 本,囊括了造船生产中员工相对需求量较大的所有工种的岗位培训要求,是一套主体工种齐全、内容全面的上岗培训教材。它们是《船舶切割工》、《船体装配工》、《船舶电焊工》、《船舶管系工》、《船体火工》、《船体冷加工》、《船舶除锈涂装工》、《船舶起重工》、《船舶钳工》、《船舶电工》。

本套岗位培训教材的编写,以造船企业对技能人才的需求为导向,以造船工种岗位技能需求为依据,以现代造船流程和工艺为标准,以新入企业员工(劳务工)培训为对象,以模块化教学为单元。在编著过程中着力把握以下原则:一是实用性。突出标准操作流程和作业要领,教会员工正确的作业方法和操作步骤,并辅以基础理论知识。二是通用性。在内容上以现代造船模式的流程和新技术、新工艺、新设备为主,兼顾传统生产管理模式、流程和老设备。在深度上以适用文化程度较低的劳务工初级培训为主,兼顾已掌握一定技能员工进一步提高的再次培训。三是先进性。以建立现代造船模式为基础,广泛吸收国内外先进造船理念、技术和工艺,体现技术、管理和生产一体化思想,结合"HSE"和"5S"要求,使员工充分了解和掌握先进、规范的作业要求以及安全生产和产品质量的基本知识。

如有可能,我们还将陆续制作影像教学光盘,以便使教学更直观、更形象、更生动。我们真诚希望本套教材的出版,为加速培养我国造船工业更多、更优技能人才起到积极的推动和促进作用,同时衷心希望从事造船岗位培训教学人员和广大读者对本套教材提出宝贵意见和建议。

船舶主体工种岗位培训教材编著委员会

2008 年 3 月

前　言

为适应船舶工业飞速发展的形势,按照中国船舶工业集团公司岗位培训教材编著委员会的统一部署和编著要求,我们编著了《船舶电焊工》,作为船舶电焊工上岗培训教材。

焊接技术是现代工业基础工程技术之一,电焊是在焊接技术中应用最为广泛的焊接方法。焊条电弧焊在 20 世纪 20 年代进入了造船技术领域,替代铆接造船,船体建造技术获得了蓬勃发展。随着科技的进展,使电焊得到了多元化的发展,由单一的焊条电弧焊演变成埋弧焊、CO_2 气体保护焊、氩弧焊和焊条电弧焊四种方法共同发展的局面。当今的电焊已是现代造船的关键工艺技术之一,在船体建造中电焊工的工时,占船体建造总工时的 30% 以上,电焊工种成为造船企业的主体工种之一。

本书是根据《船舶电焊工国家职业标准》,结合岗位培训要求而编写的,本书编写时,本着从船舶电焊工生产实际出发,叙述内容力求深入浅出,通俗易懂,理论联系实际,贯穿了实用性、通用性和先进性三原则,使电焊工能切实掌握必要的基础知识和专业操作技术。

在编写过程中,承蒙周锡庭、连永康、陈景毅、杜逸明、蔡福宝等高级技师,提供了有价值的生产经验及相关资料,对编写工作给予了大力支持,在此致以衷心感谢。同时对书中所引用的参考文献的作者表示诚挚谢意。

由于编者水平有限,实践经验不足,再加上时间仓促,书中会有错误和不当之处,恳请使用本书的教师和电焊工谅解并批评指正。

编　者
2008 年 3 月

目　录

――――― 第一篇　船舶电焊工基础知识 ―――――

――――― 第二篇　焊条电弧焊 ―――――

———— 第三篇　埋弧自动焊 ————

══════ 第四篇　CO_2 气体保护电弧焊 ══════

━━━ 第五篇　手工钨极氩弧焊 ━━━

───── 第六篇　焊接质量检验及安全管理 ─────

第一篇

船舶电焊工基础知识

第一章　造船基础知识

第一节　船舶工业发展及船舶分类

一、船舶工业发展概况

(一) 古代造船史

中国、埃及、希腊和罗马，都是世界造船和航海的发源地。约在七八千年前世界出现了舟船，在新石器时代，人们已能够利用火和石斧制造独木舟。中国古代的造船技术在世界上长期处于领先地位，在世界船舶初期发展的历史中，曾作出过重大的贡献。

秦汉时期，我国的舟船技术获得了蓬勃的发展。唐宋时期，中国的舟船技术臻于成熟。宋代建造了长 30.4m、宽 9.8m 的远洋贸易商船"南海一号"(现命名)。在此基础上，明代永乐年间开创了郑和下西洋的壮举。

1405 年—1433 年，郑和七次下西洋，每次出洋海员 27000 余人，船舶一二百艘。郑和的船队不但到了南洋群岛的主要国家，而且一直航行到了非洲东岸，总航程十万余里。此时建造的船舶数量多、船型尺寸大、技术先进，撰写了我国船舶建造历史的新篇。15 世纪的中国，以高超的传统造船技术，建造了巨大的船舶，郑和下西洋，达到了这一时期世界造船和航海历史的高峰。

(二) 近代造船史

17 世纪的欧洲，自然科学得到了迅猛的发展，到 17 世纪开始建立了现代造船科学，对船舶的航海性能有更为深刻的认识，欧洲的帆船也有了明显的进展。18 世纪末，西、法、英、美等国都有不少人探讨蒸汽机推进船舶的方案。1807 年美国富尔顿完成了第一艘蒸汽机明轮船"克雷门特"号。1838 年英国建造了新型蒸汽机明轮船"大东方号"，船长207.13m，排水量 18915t，采用风帆、明轮和螺旋桨联合推进。

19 世纪 60 年代后，中国封建统治者的代表人物曾国藩、左宗棠、李鸿章等人奏请清政府操办洋务运动：1861 年开办了安庆内军械所，于 1865 年制成了我国第一艘蒸汽机轮船"黄鹄"号，1865 年在上海创办了制造军火和船舶的综合企业——江南制造总局，1886年造出了我国第一艘载重 600t 的木壳明轮船"恬吉"号；1866 年设立专门从事造船的福州船政局，并开设了"前学堂"，专业培养造船和造机人才。1869 年造出排水量 1450t 的木壳运输舰"万年青"号。这些是我国近代造船工业的开端。

为了适应我国内河航运的需要，1879 年在上海建成了载重 763t 长江铁壳螺旋桨轮船"公和"号，该船具有载重量大、燃料消耗省的特点。1905 年建成钢质长江客货轮"江新"号,载重 1900 吨,载客 326 人。船的动力机器采用火管锅炉三座,三膨胀式蒸汽机两台,航速 12.5kn(1kn=1.852km/h)。1918 年江南造船所建成"隆茂"号客货轮,载客 200余人,航速 13.79kn。"隆茂"号的成功受到航业界的认可,于 1919 年至 1922 年间,又造了同型船 10 艘。

1918 年夏,美国急需大批量远洋运输船,遂和我国签订了由中国承造 4 艘万吨级运输船的合同。第一艘"官府"号远洋运输船于 1919 年 1 月开工,1920 年 6 月船下水,1921年 2 月交船开往美国。"天朝"、"东方"、"中国"号 3 艘远洋运输船于 1922 年交船完毕。这类船是全遮蔽甲板型蒸汽机货船,采用江南造船所制造的三缸蒸汽机,航速 11kn。

抗战胜利后,1948 年在上海成功地设计和制造了川江客货轮"民俗"号和"民铎"号,在实践中取得了川江航运中丰富的经验。

自洋务运动起到旧中国政府统治的 80 多年中,我国虽然也建造了一批钢质的船舶,但处于半殖民地半封建社会,在外国帝国主义和本国官僚买办势力的双重压迫下,造船工业的发展速度极为缓慢,造船技术也由于缺乏工业基础而无法达到先进技术水平。

(三) 我国现代造船工业的发展

新中国成立后,国家立即恢复和建设了一大批船舶修造厂和专业配套设备厂,在全国逐渐形成比较完整的配套协作网,为船舶工业的发展奠定了基础。

近 20 年来,我国船舶工业成功地实现了军转民的战略调整,造船产量获得了较大的发展。中国船舶工业总公司的造船产量,由 1982 年的 42 万吨提高到 2006 年的 1400 多万吨,占世界造船总产量的份额由 1982 年的 0.8%,世界第 17 位,提高到 2006 年的 20%以上,持续 12 年成为仅次于日本、韩国之后的世界第 3 造船大国。在建造船舶品种方面,从一般散货船、油船、干货船发展到具有国际先进水平的成品油船、化学品船、滚装船、大型冷风集装箱船、液化石油气船和高速水翼客船等。船舶吨位从万吨级提高到 30 万吨级。中国现已成为发展中的造船大国。

新中国民用造船的发展,大致可以分为三个时期。

1. 艰苦创业时期(1949 年—1966 年)

建国初期,工业基础薄弱,造船工业从修旧利废开始。例如,在 20 世纪 50 年代初,将20 世纪初建造的"江新"、"江华"号等长江客货轮加以改建后作为水运的交通工具,直至70 年代。当时我国水运以发展内河航运为主,为此建造了大批的内河拖船、驳船和机帆船。1954 年设计和建造了以柴油机为动力的客货船"民众"号,载客 936 人,载货 500t。1957 年—1958 年间又批量建造了"江蓉"、"江津"、"江陵"号等 5 艘客货船,其造型有所改进,航速得到提高。1955 年,建造了航行渤海区域的"民主 10"号,"民主 11"号两艘沿海客货船,动力装置是附有预热器的水管锅炉和四缸三胀式蒸汽机,航速 11.5kn,载客 500人,载货 700t。这是我国首次自行设计建造的沿海客货船,标志着我国造船工业的新发展。

在设计建造沿海货船方面,1958 年大连、江南两船厂分别以很短的造船周期建成了载货 5000t 的"和平 25"号和"和平 28"号货船。主机采用当时较为先进的单流式蒸汽机,除雷达测向仪购自国外,舾装、电器设备等均是自行研制的。该船型货船共建成 8 艘。

20 世纪 50 年代末,我国组织了各方面专家进行万吨级远洋货船"东风"号的研究、设计和试制工作,此船载重量 10000t,排水量 17182t,航速 17.3kn。采用我国自行研制的直流扫气低速重型船用柴油机,船体材料采用国产低合金钢。除柴油发电机组使用江南造船厂库存进口货之外,所有机电设备和各种配套机件都是我国自行研制的。该船的快速性、装载量、钢材消耗量等指标均达到了当时较先进的水平,体现了我国造船工程技术人员的艰苦创业精神。"东风"号的建造成功;表明我国造船技术有了重大的进步,为以后建造大型船舶打下了基础。

2. 曲折前进时期(1966 年—1978 年)

1966 年开始的十年动乱,船舶工业的正常发展受到了严重的干扰,期间道路曲折,步履艰难。这段时间为了适应国内航运和对外贸易的需要,建造了主要以柴油机为动力的第二代运输船型。

1971 年青山船厂建成中型客货船"东方红 38"号,载客 970 人。该船的适用性和经济性较好,后作为定型船舶批量建造了多艘。1974 年由上海船舶修造厂设计建成大型客货船"东方红 11"号。这是当时我国长江上尺度最大,载客最多的大型客货船。首次开辟了甲板中线内走廊,提高了客船的适用性与舒适性,航速也有显著提高。定型后先后建造了 20 艘,曾一度成为长江中下游客运的主力。

1967 年江南造船厂建成"朝阳"号万吨级远洋货船,并批量生产多艘,后将中部机舱型改为近尾部机舱型,载重量增加到 14800t,定名为"风"字型,由上海船厂和江南造船厂建造多艘。1973 年沪东造船厂设计建造了当时舱体尺度最大的散货船"郑州"号,载重量 25000t,采用球鼻首结构。1974 年上海船舶设计院和江南造船厂共同设计载重量 16000t 矿煤船"长春"号,超载时可载货 19000t。该船型定型后建造了 20 多艘。

1971 年沪东造船厂设计建成我国最大的沿海客货船"长征"号,船长 138m,载客 960 人,载货 2000t,航速 18kn。该型客货船建造了 14 艘。

1969 年大连造船厂建成了 15000t 级油船"大庆 27"号,航速 15.5kn。1973 年改进设计,将载重量提高到 24000t,航速 15.77kn,到 1978 年先后建成 16 艘。这批油船在沿海运油方面发挥了很大的作用。1976 年大连造船厂还建成了载重量为 50000t 的油船"西湖"号。

3. 改革开放时期(1978 年以后)

1978 年我国开始实行改革开放的政策,国内和国际市场的开拓,促进了我国第三代内河和海洋运输船以及海洋工程建筑物的创新和开发,使我国造船工业进入了世界先进造船大国行列。新船型的技术性能、经济指标、生产工艺、建造质量已达到同期的国际水平;能按国际上任何一种建造规范,设计建造满足客户入级保险要求的符合国际公约和标准的各种类型现代化船舶;采用船机集控、遥控,或实现无人机舱,自动化程度有了明显提高。

1986 年江南造船厂为香港建造的两艘 64000t 巴拿马型散货船,收到航运界的赞誉。

由于该船的质量上乘,江南造船厂相继和香港、美国、德国签订了6艘的造船合同,其中美国的两艘由美国命名为"中国光荣"号和"中国自豪"号,这是中国造船工业第一次真正意义上的进入国际船舶市场。

1987年大连造船厂建成69000t化学品油船,以装载成品油为主,还可装载化学产品,其航行于无限航区的国际航线。货油船从甲板舷侧至船底均为双层焊接结构,设无人机舱,船员仅12人~14人。14个油舱及2个污油舱均采用特种涂装工艺处理,具有惰性气体保护措施。接着,大连造船厂又为国外设计制造4艘38000t和80000t具有当代世界先进水平的高级成品油船。

1988年,大连造船厂建成7000t级汽车滚装船,航速达16kn,采用双机双桨,通过减速器用可变螺距螺旋桨推进,可在驾驶室进行遥控操纵船舶航行。船底的货舱可装65辆小轿车;主甲板可装45t北欧标准型拖车123辆,或者装6.1m标准集装箱514个,其中包括冷藏集装箱24个。同年江南造船厂为联邦德国承造26000t级汽车滚装船"沃尔夫斯堡"号,可载车4000辆,其性能达到同类型滚装船的先进技术水平,堪称为"世界未来型"船舶。

1988年3月,沪东造船厂为联邦德国劳埃德轮船公司开工建造的4万吨级全格栅大型冷风集装箱船"柏林快航"号,采用不对称艉型,其综合导航系统可施行从启运港到目的港全程自动导航,全船只需16名船员,可载2700个标准集装箱,其中544个是自动调温的冷藏箱。此船被国际航运界誉为"未来型"大型集装箱船。

20世纪80年代末,江南造船厂设计制造了3000m³全压式液化气运输船,压力1.75MPa,液罐选用调质细晶粒高强度钢焊接而成,该产品获得国家级的金奖。

经过多年的不懈努力,我国船舶工业研究开发了系列散货船、多用途散货船,自卸船、化学品/成品油船,进入国际市场的船型达到70%以上;还进行了液化气船(LPG)、化学品船、集装箱船、大型油船(VLCC)、液化天然气船(LNG),海上浮式生产储油船(FPSO)等高技术、高附加值船型的及时开发,并成功地进入国际船舶市场。

2006年全球船舶需求量猛增,上海、辽宁、江苏、山东、浙江、福建、湖北等沿海、沿江省市纷纷提出将船舶工业列入本地区优先发展的项目,采取积极有效措施,把船舶工业培育成新的经济增长点和区域性支柱产业,带动地区经济的发展,个别地区船舶工业现已成为该地区的第一产业。

2006年中国新承接船舶订单达4251万吨载重量,手持船舶订单6872万吨载重量,全年出口船舶1171万吨载重量,船舶工业全年完成工业总产值1772亿元人民币,利润总额创历史最高水平,综合竞争能力有很大的提高。中国船舶工业整体发展形势正由"快"转变为"又快又好",增长方式由"做大"转变为"大强并举"。上海江南长兴造船基地、广州龙穴造船基地、青岛海西湾造修船基地等正在建设的大型造船基地已陆续接到订单,这将使中国造船产量有新的突破。中国船舶工业产品结构将进一步优化,不仅主流船型大型化、批量化、系列化特点更加突出,而且船舶技术含量和附加值大幅提高;承接油船比例大幅上升;集装箱船形成系列化建造;高新技术船舶比重明显增加,中国不久将成为世界第一造船大国。

二、船舶的分类

从事水上活动的工具可分为两大类：一是船舶；二是海洋工程。海洋工程主要有钻井船、钻井平台及浮式生产储油船等。船舶又可分为军用船舶和民用船舶两类。民用船舶简称为船舶，军用船舶又称为舰船。

军用船舶是执行战斗任务和军事辅助任务的各类船舶的总称，通常分为战斗舰艇和辅助舰艇两大类。人们通常称排水量 500t 以上的军用船舶为舰，500t 以下称为艇。军用舰船一般有驱逐舰、护卫舰、登陆舰艇、航空母舰以及潜艇等。图 1-1-1 为军用船舶的分类。

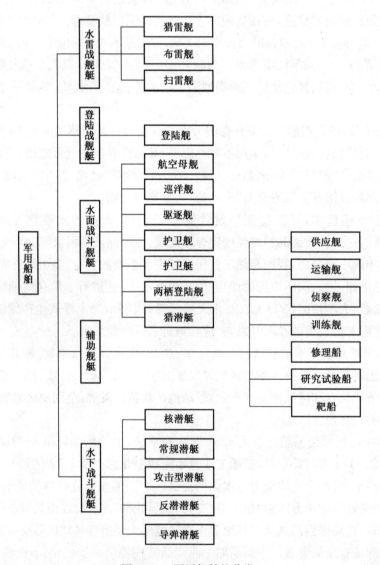

图 1-1-1 军用船舶的分类

民用船舶按其业务用途可分为运输船、工作船、渔业船、港务船等，其中运输船占很大的比例，运输船又以散货船、集装箱船、油船为主。图 1-1-2 为民用船舶的分类。

6

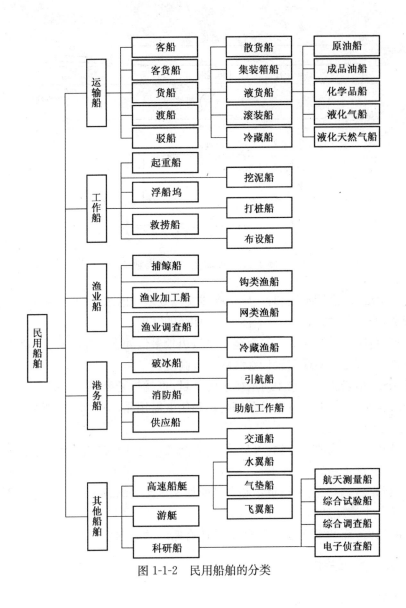

图 1-1-2　民用船舶的分类

第二节　船舶主要技术参数和船体主要结构

一、船舶的主要技术参数

船舶的大小是按它的主要技术参数来比较的。船舶的大部分主要技术参数如图 1-2-1所示。

(1)总长:船首端至船尾端的最大水平距离。

(2)两柱间长:首垂线与尾垂线间的水平距离,又称垂线间长。首垂线是指通过设计水线和首柱前侧的交点所作的铅垂线。尾垂线是指通过设计水线和尾柱后侧的交点所作的铅垂线。

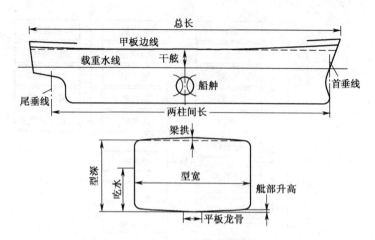

图 1-2-1 船体主要技术参数

（3）设计水线长：设计水线和首、尾轮廓线交点处之间的水平距离，又称满载水线长。

（4）型宽：船体最宽处（不包括船体外板厚度）的宽度。

（5）型深：自底部平板龙骨上表面至上甲板边板最低处下表面的垂直高度。

（6）吃水：平板龙骨基线至设计水线的垂直高度。

（7）排水量：指船舶浮在水中时所排水的重量，也就等于船舶的全部重量。

（8）轻载排水量：船舶上有船员及其行李和船上需用品，但无货物、燃料及各种消耗物资的储备情况下的排水量。

（9）满载排水量：指船上货物、人员、燃料等的载荷已达到最大限度的排水量。这时船舶的吃水处在满载水线处。

（10）载货量：指船舶能装运货物和人员的最大重量。满载排水量减去轻载排水量，再减去油、水等船上消耗品的重量。

以上是船体方面的主要技术参数，此外还有船的功率和航速等技术参数。

二、船体主要结构

（一）主船体和上层建筑

船体是浮在水面的一个复杂的立体结构（图1-2-2）。根据其结构特点，通常分为上下两部分：上甲板（船体中最高一层从首到尾贯通的甲板）及其以下的船体部分称为主船体；上甲板以上的部分统称为上层建筑。

主船体沿船长方向分为首部、中部和尾部。而每一部分又都是由船底、船侧、上甲板等形成水密的空心结构（甲板不一定封闭）。为了合理安排，充分利用船体内部的空间，又要保证船舶航行的安全，在空心结构内又用横舱壁、纵舱壁、首尖舱壁、尾尖舱壁以及内底板、下甲板等，将主船体分隔成许多舱室，如货舱、机舱、双层底舱、压载水舱、油舱、淡水舱、首尖舱、锚链舱、尾尖舱、舵机舱等。为了加强船体首、尾部的强度，还设置了首柱、尾柱结构。

上层建筑是上甲板以上的各种围蔽建筑物的统称。它包括船楼和甲板室，船楼又可分为首楼、尾楼和桥楼（船中部的上层建筑）。所谓甲板室就是它的左右两侧壁直接建在

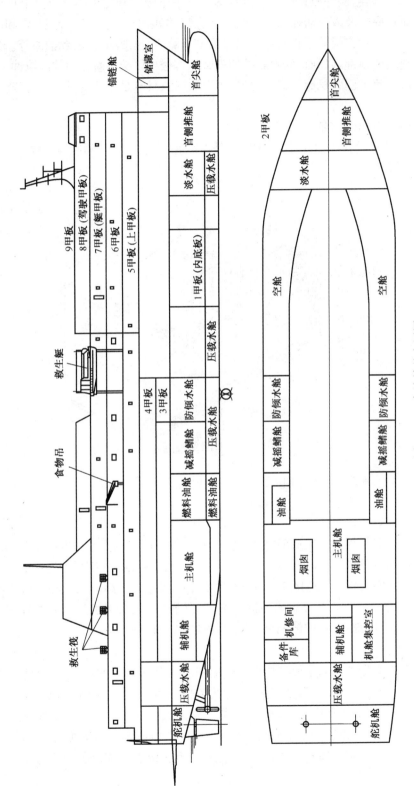

图1-2-2　客滚轮总布置图

9

甲板上,不和主船体舷侧外板相连。甲板室又可分中甲板室和尾甲板室等。上层建筑的设置与船舶航行要求及人员居住条件有关。在上层建筑内设有旅客生活、工作和居住用房及船员生活舱。在首楼的甲板间还可以作部分货舱,存放缆绳、灯具和油漆等。驾驶室设置在上层建筑的顶部,以利扩大驾驶员的视野。首楼可以减小航行中的波浪冲上甲板。机舱上的上层建筑可围蔽机舱开口。此外,当上层建筑具有足够长度时,也可提高船体纵向强度。

（二）主船体结构件的名称

图 1-2-3 是散货船货舱的结构。主船体是由船底、船侧、甲板、隔舱等组成。

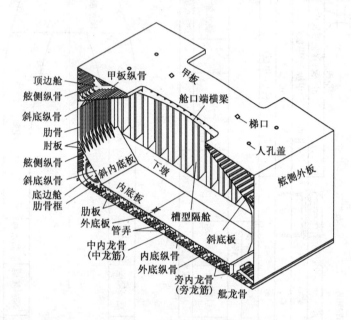

图 1-2-3　散货船货舱的结构

1. 船体外板

船体由许多钢板焊接而组成船体的外壳。它是保证船的水密和强度的重要部件。钢板沿船长方向布置,形成一长列钢板,称为列板。同一列板上各块钢板的连接缝称为端接缝,两相邻列板间的接缝称为边接缝。各列列板常用 K、A、B、C…字母表示,如图 1-2-4 所示。

各列板由于所处的位置不同有不同名称,平板龙骨(K 列)是船底中心线处的一列船底外板。船底板、舭部列板、舷侧列板、舷顶列板如图 1-2-4 所示。

2. 船底结构

船底是船舶承受载荷的重要结构件。按船舶大小和用途不同,船底有单底和双底两类。单底结构只有一层船底板,结构简单,施工方便,多用于小型船舶。双底结构是除了一层外底外,尚有内底板和内底边板组成一层水密内底。双底增加了船底部的强度;又提高了船的抗沉性;还可以利用双层底舱装载水、油来降低船的重心,改善船舶的航行性能。单底和双底都有纵骨架和横骨架两种形式。图 1-2-5 为纵骨架式双层底结构,图 1-2-6 为横骨架式双层底结构。

双层底结构的主要构件有:船底板、内底板、内底边板、肋板、组合肋骨、中桁材(中龙

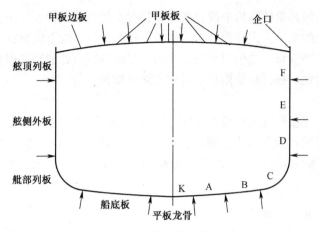

图 1-2-4 外板的名称

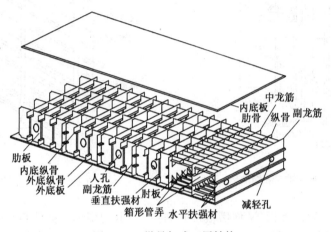

图 1-2-5 纵骨架式双层结构

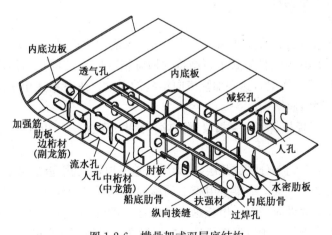

图 1-2-6 横骨架式双层底结构

筋)、边桁材(副龙筋)、纵骨、加强筋和扶强材等组成。

内底板是双层底结构船舶的内层底板。内底边板是内底板和外底板相连的水平或倾斜的一列板。肋板是船体结构中设置在肋骨位置上的横向板构件。船底肋骨是外底板上在肋骨位置线上的型钢。内底肋骨是内底板下在肋骨位置线上的型钢。中桁材是双层底内船底中线面处的板材。边桁材是双层底内非船底中线面处的纵向桁材。加强筋是肋板上垂直方向的型钢。扶强材是桁材上垂直方向的型钢。

3. 舷侧结构

舷侧结构是连接船底和甲板的侧壁,船体左右两个侧壁通常是对称的。舷侧结构有横骨架式和纵骨架式两种形式。横骨架式舷侧结构(图1-2-7)主要靠增大肋骨或肋板的尺寸,来保证船体横向强度。纵骨架式舷侧结构(图1-2-8)主要靠增多舷侧纵骨和增大纵桁的尺寸。

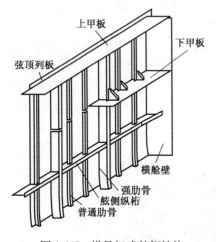

图 1-2-7 横骨架式舷侧结构

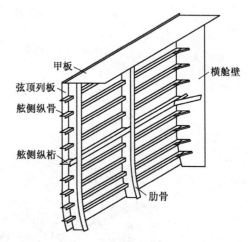

图 1-2-8 纵骨架式舷侧结构

肋骨是支承舷侧外板(又称傍板)的肋骨位置上的型钢。强肋骨是加强肋骨用的 T 形构件。舷侧纵骨是舷侧外板内的纵向位置上的型钢。舷侧纵桁是位于舷侧纵向和强肋骨有相同高度的 T 形构件。

4. 甲板结构

甲板是分隔船体上下的板材,甲板结构也有纵、横骨架式之分。图1-2-9 为横骨架式甲板结构。图1-2-10 为纵骨架式甲板结构。横骨格式甲板结构是用强横梁(或大横梁)来置换普通横梁(或小横梁),达到加强横向结构的目的。纵骨格式甲板结构是用增多甲板纵骨数量来增强纵向结构。

甲板结构由甲板板、横梁、强横梁、舱口端梁、甲板纵桁 、甲板纵骨、舱口围板以及支柱等组成。

甲板把船体从上到下分隔成几层,露天甲板是屋顶,下层甲板是舱室的地板。甲板边板是和舷侧连接的甲板板。横梁是甲板下的横向型钢或 T 形构件,其两端和肋骨连接。甲板纵骨是甲板下的纵向型钢。甲板纵桁是甲板下的纵向 T 形构件。舱口围板是甲板上舱口四周的垂直板材。舱口端横梁是沿舱口横向围板设置的强横梁。舱口纵桁是沿舱口纵向围板设置的纵桁。支柱是支撑甲板结构的构件。

5. 船舱和舱室

(1)机舱:装置主机(船舶推进用)的船舱,通常位于船的中部。

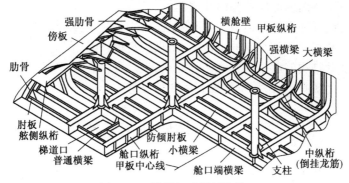

图 1-2-9　横骨架式甲板结构

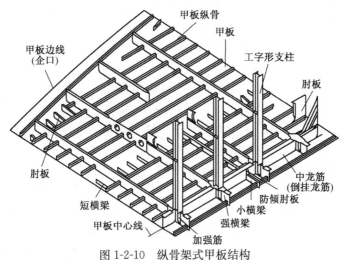

图 1-2-10　纵骨架式甲板结构

(2)货舱:装载货物的船舱,占据船体很大的容积。

(3)水舱:有淡水舱和海水舱之分。淡水舱贮放饮食用水,海水舱是用于压载。

(4)油舱:贮放机器用油的船舱。

(5)首尖舱:船首底部尖形的船舱,结构坚强,能承受碰撞。

(6)尾尖舱:船尾底部尖形的船舱,结构也坚强,当船尾部损伤时,可防止水进入它舱。

(7)锚链舱:船舶航行时,置放锚链的船舱。

(8)房间:供旅客和船员住宿用。

(9)驾驶室:船舶航行时,指挥、驾驶用的房室。

(10)隔舱壁:将船体内部分隔成若干空间的平面板料结构。

(11)横隔壁:船体横向的隔舱壁。

(12)纵隔壁:船体纵向的隔舱壁。

三、船体主要附件

(1)机座:机器的支座。

(2)舵:用来掌握船的航行方向,装在船尾部壳板下面。

(3)烟囱:用来导出主机及辅机燃烧燃料时所产生的烟。

(4)锚链筒：锚链出入船体的导向孔道。

(5)带缆桩：设置在甲板的边板上，当船舶停靠码头时，将缆缠在其上。

(6)钢丝车：装在船首和船尾的甲板上，用来绞盘钢丝绳用。

(7)吊杆：装卸物用的起重设备。

(8)桅杆：船上最高钢杆，用于架设天线和信号灯等。

第三节　船体建造工艺流程

船舶是水上的建筑物，为了满足其使用上的要求，船舶装有各种设备和仪器，保证在海浪中安全驶行，并防止海水腐蚀。船舶结构是复杂的，其技术是先进的。船舶的设计和制造是一门综合性的科学技术。欲使船舶能完成预定的使命，除了必须精心设计之外，还应该严格施工。

钢质焊接船舶的建造工艺流程如下。

1. 船体放样

船体放样就是把设计的船体型线图按 1∶1 的比例绘在放样间的木地板上，或运用数学方法编成程序输入电脑进行数学放样。通过船体放样，能找出设计图中的误差，从而使船体型线更趋向于光顺和合理，补充型线图中无法表示的构件，依此求取船体结构件的真实形状和尺寸，为船体建造过程中的后续工序提供依据。船体放样工作内容包括船体型线图放样、肋骨型线放样、结构线放样、结构展开、制作样板、样箱、草图或软盘等。

2. 船体钢材预处理和号料

对船体钢材先进行矫正（对型钢矫直，对钢板矫平），然后对表面清理除去锈斑，最后在钢材上涂刷一层保养底漆进行防腐处理，这是对船体钢材的预处理。

号料是按样板、样箱或草图在钢板或型钢上画出船体构件展开后的形状，并标明船名、构件名称、加工及装配符号等。号料时要重视节省原材料。

有时号料可与数控切割结合进行，使用数字程序控制切割机，在号料的同时将零件的外形切割完成，这实际上取消了号料工序。

3. 船体零件边缘加工和成形加工

号料后的钢材上有几种同厚度的船体零件，需要进行切割分离，这就是船体零件的边缘加工，它是通过机械加工和切割加工来完成的。机械加工的方法有剪切和切削，剪床剪直线边缘，冲床冲孔。切削加工方法有刨削、铣削、车削等。切割加工的方法有手工气割、半自动气割、数控切割、碳弧气刨及等离子切割等。边缘加工还包括对焊接坡口形状加工，坡口形式有Ⅰ形、Ⅴ形、Ｋ形、Ⅹ形、Ｕ形及双Ｕ形等，坡口加工通常在切割分离后进行，也可以在切割分离的同时完成坡口的加工。

经过边缘加工的船体零件，其表面仍是平直的。如果船体零件是曲面的，则需要对船体零件进行成形加工。成形加工的方法有冷弯成形加工和热弯成形加工。冷弯成形加工是通过各种机械设备（如辊弯机、压力机、折边机、撑床、肋骨冷弯机等）在常温下对船体零件进行成形加工。对于曲面比较复杂的零件，可以通过火工对高温状态的船体零件进行热弯成形加工，或采用水火弯制工艺来实现。对于批量生产的曲面零件，也可以将平直的板材进入加热炉中加热，加热后的板材，放在压模（按曲面制成的）上用压力机压制成形。

4. 船体装配

船体装配是根据船体结构构件组合装配成整个船体的过程。由于船体建造方案的不同,所以船体装配的工艺程序也不同。船体建造有两种方法:分段建造法和总段建造法。

分段建造法的船体装配分为三个阶段进行:①部件装配(又称小合拢、小组立),由船体零件组合成船体部件,如 T 形焊接构件、底板或甲板的拼板、肋骨框架、主辅机机座、首尾柱、舵及烟囱等部件的装配。②分段装配(又称中合拢、中组立),由船体零件和部件组合成船体分段,如底部分段、舷侧分段、甲板分段、舱壁分段、上层建筑分段、首尾立体分段等的装配。上述两阶段的装配多半是在船体装配车间内进行的。③整个船体的总装(又称大合拢,搭载),它把全船的各船体分段和零部件组合成整个船体。这个阶段是在船台上或船坞内完成的。

总段建造法(又称总组阶段)的船体装配和分段建造法相比,增加了一个工序,就是将已装配好的各个分段和零件组合成总段,如将双层底分段、舱壁分段、左右两舷侧分段及甲板分段组合装配成一个体积庞大的总段。总段焊接后送交船台或船坞进行大合拢。这种方法大大的缩短了船台或船坞周期,但是需要重型起重设备相配合,目前我国几个大型造船厂都已采用这种方法来造船。

5. 船体焊接

船体焊接是运用焊接技术并采用合理的焊接工艺,将已装配妥的船体部件、分段、总段、船体结构上的各种接缝,按照焊接工艺规程要求连接起来,从而使各种船体构件连接合成一个整体。焊接和装配是紧密相连的两个工序,焊接工作是贯穿在整个装配工作中,部件装配后转为部件焊接,焊接后才转入分段装配,分段装配后转为分段焊接,焊接后才转入总段装配或船台总装,有时为了提高生产率,分段装配时,先装上部分部件,接着进行焊接此部件,然后再装上其他部件,再焊接。焊接和装配应该相互协调,密切配合,共同努力,才能把船造得又快又好。

6. 火工矫正

船体焊接总是要产生焊接变形的,当焊接变形超过允许误差范围时,这就需要焊后变形矫正。可以采取两种方法:①机械矫正,对于小型焊接构件的简单变形,可采用此法,如对焊接 T 形构件的弯曲变形可用撑床进行矫正。②火工矫正,对于分段、总段及整个船体的焊接变形,由于体积大、重量重,无法用机械矫正,可用火工矫正。火工矫正是利用火焰对焊件适当的部位进行局部加热,并冷却,这样不均匀的加热和冷却也要产生变形,这个变形和焊接变形反向,使之可以抵消焊接变形。每个阶段装配焊接工作完成后,就用火工矫正来减小焊接变形。船台装配焊接后,还应进行一次全面的火工矫正。

7. 密性试验

船舶浮在水面航行,对于船体外板的焊缝都要求水密,船内的内底板、隔舱壁也必须保证水密,船上的油舱还要求油密(比水密要求高)。对于这些有密性要求的焊缝都必须进行密性试验。密性试验的方法有灌水、冲水、淋水、煤油、气压、水压等试验。用密性试验检验焊缝质量,以防航行中发生漏水、漏油事故,保证航行安全。有些重要部位的焊缝(如船外板的纵缝和横缝十字交叉处)还必须用无损探伤(超声波探伤和 X 光射线探伤)来检查焊缝,确保焊缝的质量。

8. 船舶舾装

船舶舾装的工作内容繁多,有各种设备和管系的安装、电器安装、木工作业、绝缘作业、舱室设备安装及房间装饰等。船舶舾装是一项相当复杂的工作,需要各个专业工种的相互配合及合理的组织安排。过去大部分的舾装工作是在船下水后移泊于舾装码头上进行的,故有码头舾装之称。现代造船采用区域舾装法,在船体分段装配就有舾装工作参与,大量的舾装工作在船下水前就已完成,船泊在码头时,只要花费较少的时间就可完成全部舾装工作,这样大大缩短了船舶建造周期。

9. 船舶除锈涂装

为了减小水对钢材的腐蚀,船体的钢材必须进行除锈和涂漆处理,这项作业称为船舶除锈涂装。船舶除锈涂装除了船体防腐外,还有外表装饰和防污作业。

10. 船舶下水

船舶是在水上航行的,而是在陆地上建造的,当船舶的船体建造完工后,必须利用下水设备装置将船舶从建造区移至水上,这个过程称为船舶下水。船舶下水的方式有三种:重力式下水、漂浮式下水和机械化下水。船舶下水是船体建造过程中的非常重要的环节,如果稍有不慎就会造成严重的事故。下水前必须严格检查下水的准备工作,要确保万无一失,船舶安全下水。船舶下水是造船中的重要里程碑,船厂工人要庆祝,并请社会有声望人士进行剪彩,举行下水仪式,此后船舶进入试验阶段。

11. 船舶试验

船舶试验分成两个阶段进行:系泊试验和航行试验。

系泊试验是在船厂码头上进行的。船舶基本上是在静止状态下,对船体、机械设备、动力装置、电气装置的质量和安装可靠性进行试验和检查。由于试验是在码头旁进行的,不可能对主机、轴系、辅机以及各种设备进行全负荷运转试验,所以在系泊试验后,必须进行一次航行试验。也可以说系泊试验是航行试验前的准备。

航行试验通常称为试航,它是对新建船舶作一次全面的、综合性的一次试验。试航前拟定好试航大纲,准备好必要的测试仪器和设备。航行试验分为空载和满载试验两种,按正常航行一样,对主机、辅机、各种设备系统、通信导航仪器以及各种航行性能等作极限状态的试验,以测定其性能是否满足设计要求。

12. 交船与验收

船舶航行试验结束返航后,船厂应立即进行消除各种缺陷的返修和拆验工作,同时对船舶本体及船上的一切装备按照图纸、说明书和技术文件进行交点,如逐个舱室的移交,备品的清点移交,主副机、各种设备系统和通信导航仪器的动车移交等。

当上述工作结束后,就可签署交船验收文件,并由验船部门中国船级社(CCS)发给合格证书,用船单位即可安排该船的正式航行。

第四节　造船中的焊接方法

一、焊接的分类

焊接就是通过加热或加压,或两者并用,使两分离焊件中的原子达到互相结合,形成一体的加工方法。按照焊接过程中金属所处的状态不同,可以把焊接方法分为熔焊和压焊两大类。

（一）熔焊

熔焊就是在焊接过程中，将焊件连接处加热到熔化状态，不加压完成的焊接方法。当焊接连接处的金属加热到熔化状态形成液态时，原子之间可以充分熔合，冷却凝固后就形成牢固的焊接接头。

（二）压焊

压焊是在焊接过程中，对焊件施加压力而达到牢固焊接接头的方法。压焊有两种焊接方法：热压焊和冷压焊。

（1）热压焊：将两块金属接触部分加热到塑性状态或表面局部熔化状态，然后施加一定的压力，增加了两块金属表面的接触面积，使两个连接表面上的原子相互接近到晶格距离，从而在固态条件下实现连接。这种压焊方法有锻焊、接触电阻焊、闪光对焊、摩擦焊等。

（2）冷压焊：不对焊件加热，仅在被焊金属的接触面上施加足够大的压力，借助于压力使加压金属产生塑性变形，两接触面的原子相互接近而获得牢固的焊接接头。这种焊接方法有冷压焊、爆炸焊等。

二、船厂中常用的焊接方法

船厂中广泛应用的是熔焊，常见的熔焊方法有气焊、电弧焊及电渣焊。船厂中常用的熔焊方法如图 1-4-1 所示。

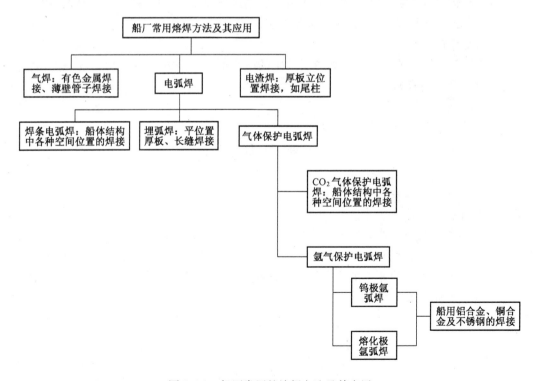

图 1-4-1　船厂常用的熔焊方法及其应用

（一）气焊

气焊是利用可燃气体与氧气混合燃烧的火焰所产生的高温作为热源，熔化两分离的金属，使之结合成一体。可燃气体有乙炔、液化石油气，其中乙炔在氧气中燃烧温度可达3200℃，所以是目前气焊中应用广泛的一种可燃气体。气焊可用来焊接有色金属、铸铁、堆焊硬质合金及薄壁管。

（二）电弧焊

要产生电弧必须有两个电极，被焊的金属可以作为一个电极，另一电极可以是焊条或焊丝或钨极，利用两电极间产生的电弧，来熔化金属而达到被焊金属连成一体，这就是电弧焊。电弧焊过程中电弧要受保护，否则电弧受空气中氧、氮侵入，不能得到良好的焊接接头。按电弧的保护方法不同，电弧焊可分为焊条电弧焊、焊剂层下埋弧焊、气体保护电弧焊。

焊条电弧焊是利用焊条上的药皮熔化后，产生保护气体和熔渣，气体保护电弧，熔渣保护液态金属。焊条中的焊条芯熔化后作填充金属来填充两连接板处的空隙，冷凝后形成焊缝。焊条电弧焊可焊船体结构中的各种空间位置的焊缝。

焊剂层下埋弧焊是利用颗粒状焊剂熔化后保护电弧又保护液态金属。其焊丝也作为填充金属构成焊缝。埋弧焊用于平焊位置的厚板、长焊缝焊接。

气体保护电弧焊是利用保护气体保护电弧和液态金属，同样也需要用焊丝来填充焊缝。按保护气体的不同可分为 CO_2 气体保护电弧焊和氩气保护电弧焊等。CO_2 气体保护焊可焊接船体结构中各种空间位置的焊缝。它是船厂中应用最广泛的电弧焊方法。

氩气保护电弧焊按电极不同可分为熔化极氩弧焊和非熔化极（钨极）氩弧焊。氩气保护电弧焊主要用来焊接铝合金、铜合金及不锈钢结构件。

（三）电渣焊

电渣焊是利用电流通过液态熔渣所产生的电阻热，使电极（焊丝和熔化嘴）和焊件熔化而形成焊缝。电渣焊主要用于焊接厚板立焊缝。

复 习 题

1. 举例说明我国古代造船曾处于世界领先地位。
2. 船舶排水量的含义是什么？
3. 船体如何划分主船体和上层建筑？
4. 双层底结构主要有些什么构件？
5. 钢质焊接船舶的建造工艺流程是怎样的？
6. 船厂常用的焊接方法有哪些？

第二章 造船焊接用的金属材料

第一节 金属材料的分类

凡是有特殊的光泽、良好的导电性和导热性,并有一定的强度和塑性的物质,称为金属,如铁、铜、铝、铬、锰、镍等。

由金属元素或以金属元素为主形成的、具有特性的材料,称为金属材料,如钢、铜和铜合金、铝和铝合金等。

一、金属材料的分类

金属材料可分为黑色金属和有色金属两大类。

1. 黑色金属

以铁、铬、锰为主形成的、具有金属特性的物质,称为黑色金属,如碳钢、合金钢、铸钢、铸铁、不锈钢等。

2. 有色金属

除黑色金属以外的其他金属材料,称为有色金属,如铜和铜合金、铝和铝合金、钛和钛合金等。

二、造船焊接用的金属材料

造船焊接主要用于建造船体结构,其次用于管路系统。船体结构通常用一般强度船体结构用钢及高强度船体结构用钢,建造快艇用铝镁合金。管路系统应用金属较广,有碳钢、不锈钢、铜及铜合金等。船用金属材料的分类如图 2-1-1 所示。

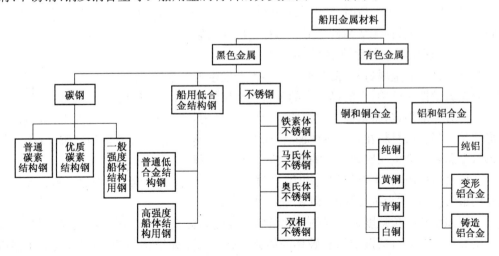

图 2-1-1 船用金属材料的分类

第二节 金属的力学性能和工艺性能

船体用的金属材料不是装饰品,它是要受力的,在造船过程中它应是能加工(切削、焊接、铸造等)的。

一、金属的力学性能

(一)弹性变形和塑性变形

物体在外力作用下,会发生形状和尺寸的变化,称为变形。用细钢丝绕成一个弹簧,用不大的力拉这个弹簧,弹簧就伸长,力小伸长量小,力大伸长量大。然后去除拉力,弹簧恢复原来的尺寸,这种变形称为弹性变形。日用品弹簧秤就是根据这个原理制成的。如果用很大的力去拉细钢丝绕成的弹簧,弹簧伸得很长,当力去除后,弹簧弹回去一部分,但弹簧不能恢复到原来的形状和尺寸。弹回去一部分的变形是弹性变形,而保留下来的变形称为塑性变形。

(二)应力

物体变形的大小取决于外加力和物体截面积的大小。两个相同截面积的物体,受到大小不同的外力,则受到力大的物体变形大,力小的物体变形小。如果一截面积较大的和另一截面积较小的相同材质物体,受到相同大小的外力,则截面积较小的物体发生较大的变形。因此物体受力后变形大小跟外力大小和物体截面积大小有关。

一个物体受到小的外力,为什么不断裂?因为物体内部分子和分子的结合力,抵抗着外力,这称为内力。物体单位截面积上的内力,称为应力。物体受力后变形的大小,取决于外力引起的应力的大小。应力大,变形也大。两根相同材质、相同截面积的金属棒,受到大小不同的力,则受到小力的金属棒的应力小,变形小;而受到大力的金属棒的应力大,变形大。

取一只稍有厚度的塑料带,剪一条像钢皮尺狭长的塑料片,用力去拉,当力很小时,塑料片略微伸长,力取消后,塑料片能恢复原状;当力加大时,塑料片伸长后,发生了塑性变形;当力继续加大到很大值时,塑料片就断裂。这种现象可以用应力大小来解释,当物体受到应力逐渐增大,物体从弹性变形→塑性变形→断裂。

(三)屈服强度、抗拉强度、伸长率

对于工程上的金属材料,要掌握应力多大会发生塑性变形,应力多大会发生断裂。这就需要做力学性能试验,它的最基本的项目就是拉伸试验。先将金属材料做成一个试棒,其截面积有标准规定,将试棒夹在拉伸试验机上,拉力从 0 开始逐渐缓慢加大,试棒逐渐变形伸长。当金属材料在外力不增加时,而变形继续增加,这个现象称为屈服(发生塑性变形),金属材料产生屈服现象时的最小应力,称为屈服强度,以 σ_s 符号表示。

金属材料屈服后,再继续加大拉力,金属材料继续伸长,直至断裂,金属材料在断裂前承受的最大应力,称为抗拉强度,以 σ_b 符号表示。

屈服强度和抗拉强度是材料的强度指标。强度的含义就是金属材料在静载荷(变动很小的载荷)作用下,抵抗变形和破坏的能力。高强度船体结构用钢 AH36,其屈服强度 σ_s 为 355MPa($\approx$360MPa)。

在拉伸试验中,还可以测量出材料的塑性指标就是伸长率。塑性的含义是金属材料在外加载荷作用下产生变形但不被破坏的能力。伸长率是试样被拉断后,试样的伸长量和原来试样长度之比的百分比,以 δ 表示。δ_5 表示短试样的伸长率,试样的长度是试棒直径的 5 倍。一般强度船体结构钢的伸长率 δ_5 不小于 22%。

(四) 硬度、冲击韧性

1. 硬度

硬度是指金属材料抵抗硬物体压入表面的能力。常用的硬度有布氏硬度(HB)、洛氏硬度(HRC)及维氏硬度(HV)三种。这是根据试验时压入硬物不同而区别的。材料硬度试验后,其压坑面积越小,就是硬度越大。通常越硬的钢,焊接起来越困难。

2. 冲击韧性

金属材料抵抗冲击载荷的作用而不被破坏的能力,称为冲击韧性。和冲击韧性相反的性能是脆性。冲击试验有两种试样:一是开 U 形缺口;二是开 V 形缺口(夏比)。试样缺口被冲击试验机撞击,破坏缺口所要作的冲击功越大,就是材料的冲击韧性越好。制造低温的破冰船的船体,就需要低温冲击韧性好的钢材。

二、金属的工艺性能

金属的工艺性能是指金属材料对指定的冷、热加工的适应能力。工艺性包括铸造性、锻造性、焊接性及切削加工性。

(一) 铸造性

铸造性是指金属材料能否用铸造法,生产优良铸件的性能。铸造性的好坏,主要视液态金属的流动性如何,凝固时会否产生偏析(化学成分不均匀)和缩孔(液态冷至固态体积减小形成的孔穴)等几方面。

(二) 锻造性

锻造性是指金属材料在压力加工过程中,可以获得优良锻件的性能。锻造性的好坏,与金属的塑性和抗变形能力有关,抗变形能力小,塑性好,则材料的锻造性好。

(三) 焊接性

焊接性是指金属材料对焊接加工方法的适应性。焊接性的好坏,与金属材料的化学成分、焊接方法及工艺有关。

(四) 切削加工性

切削加工性是指金属材料能否用各种切削方法(车、刨、铣、磨)获得优良工件的性能。切削性能好的金属,在切削过程中,刀具磨损小,切削量大,加工后的工件表面质量好。

金属的力学性能和工艺性能是船舶设计和选用材料时的重要依据。船体的强度必须靠金属的力学性能来保证。金属材料加工时,必须靠优良的金属工艺性能来制成高质量的船舶。

第三节 船 用 碳 钢

一、碳钢概述

碳钢是碳素钢的简称,它是碳含量小于 2% 的铁碳合金。碳钢中除了铁、碳两元素外,还有少量的锰、硅、硫、磷等元素。

（一）钢中元素对钢性能的影响

1. 碳（C）

在碳含量小于0.8%的碳钢中,随着碳含量的增加,钢的强度提高,硬度增加,而塑性、冲击韧性下降。在碳含量大于0.8%的碳钢中,随着碳含量的增加,除了硬度继续增加外,而强度、塑性、冲击韧性都下降。

2. 锰（Mn）

锰在钢中可提高钢的强度和硬度,锰具有很好的脱氧和脱硫能力。

3. 硅（Si）

硅的脱氧能力比锰强,能清除FeO的不良影响,提高钢的强度。

4. 硫（S）

硫是有害杂物,在钢中硫和铁生成硫化铁（FeS）,熔点是1190℃,FeS和Fe结合物熔点更低（985℃）,若钢在1200℃固态时,它们是液态,呈现分裂钢的组织,这种现象称为热脆性。

5. 磷（P）

磷也是有害杂物,它使钢在低温时变脆,称为冷脆。

（二）碳钢的分类

(1)按碳含量的高低可分为:低碳钢的碳含量小于0.3%;中碳钢的碳含量在0.3%～0.6%之间;高碳钢的碳含量高于0.6%。用于焊接的碳钢,多数是低碳钢,少数是中碳钢。

(2)按用途可分为:碳素结构钢和碳素工具钢。碳素结构钢用于建造工程结构件和机械零件,适用于焊接;工具钢用于制造刀具、模具及量具,不用焊接。

二、船用碳钢

船用碳钢主要有三种:①普通碳素结构钢;②优质碳素结构钢;③一般强度船体结构用钢。

（一）普通碳素结构钢

普通碳素结构钢含硫、磷杂质较多。因冶炼方便,价格低,大量用于一般的金属结构件和不太重要的机械零件。其牌号是按屈服强度等级来分的。普通碳素结构钢的牌号有:Q195、Q215、Q235、Q255、Q275,其中Q是汉语拼音"屈"的首位字母。235表示钢的屈服强度是不小于235MPa。最常用的是Q235钢,可制造一般的钢结构。

（二）优质碳素结构钢

优质碳素结构钢的硫、磷和非金属杂质少,组织结构均匀。优质碳素结构钢的牌号是以钢中碳含量的高低来分的,常用牌号08、10、15、20、25、30、35、40、45、50等,最常用的牌号为20钢,其平均碳含量为0.20%。此钢常用来制造船上的管子。

（三）一般强度船体结构用钢

一般强度船体结构用钢的碳含量在0.18%～0.21%之间,属低碳钢类别。一般强度船体结构用钢的化学成分及力学性能见表2-3-1和表2-3-2。

一般强度船体结构用钢分成四个等级,A、B、D、E级,这些等级钢对抗拉强度、屈服强度和伸长率的要求是相同的,所不同的主要是冲击韧性的试验温度有高低。A级钢的冲击试验温度为 20℃，E 级钢为－40℃。A 级钢质量最低，E 级钢质量最高。

各级钢的应用是根据船规、船体结构的受力情况和钢板厚度来决定，如舷顶列板、上甲板等，当板厚在 12mm～18mm 时，采用 B 级钢；板厚在 19mm～25mm 时，采用 D 级钢；板厚大于 25mm 时，采用 E 级钢。航行在冰区或长时间在－10℃水域工作的船体结构，采用 D 级钢；长时间在－20℃水域工作的船体结构（如上甲板、外板）则应采用 E 级钢。无特殊要求的船体结构可采用 A 级钢。

表 2-3-1　一般强度船体结构用钢的化学成分

钢材等级		A	B	D	E
化学成分/%	C	≤0.21	≤0.21	≤0.21	≤0.18
	Mn	≥2.5C	≥0.80	≥0.60	≥0.70
	Si	≤0.50	≤0.35	≤0.35	≤0.35
	S	≤0.035	≤0.035	≤0.035	≤0.035
	P	≤0.035	≤0.035	≤0.035	≤0.035
	Al	—	—	≥0.015	≥0.015

表 2-3-2　一般强度船体结构用钢的力学性能

钢材等级	屈服强度 σ_s /MPa	抗拉强度 σ_b /MPa	延伸率 δ_5 /%	夏比 V 型缺口冲击试验钢材					
				试验温度 /℃	平均冲击功 / J				
					厚度 t / mm				
					$t \leqslant 50$		$50 < t \leqslant 70$		$70 < t \leqslant 100$	
					纵向	横向	纵向	横向	纵向	横向
A	≥235	400～520	≥22	20	—	—	≥34	≥24	≥41	≥27
B				0	≥27	≥20				
D				－20						
E				－40						

第四节　船用低合金结构钢

一、合金钢概述

合金钢是在碳钢基础上，加入一种或几种合金元素，用来改善钢的某些性能。

（一）合金元素的作用

钢中合金元素的加入，改变了钢的化学成分，也改变了钢的某些力学性能。钢中加入 Mn、Si 能显著提高钢的强度和硬度。加入一定量的 Ni，不仅可以提高钢的强度和硬度，还可以显著提高钢的冲击韧性。加入 Cr、Mo 能提高钢的热强性，加入 W、Ti 可显著提高钢的强度和耐磨性。

（二）合金钢的分类

合金钢按钢的用途可分为合金结构钢、合金工具钢、特殊性能钢。

合金结构钢,主要用于制造重要的机械零件和工程结构件。合金工具钢,主要用于制造工具。特殊性能钢,具有某些特殊的物理、化学性能。如耐热钢、耐磨钢及不锈钢。

合金元素总含量少于 5％ 的合金结构钢,称为低合金结构钢。低合金结构钢已在船舶、桥梁、锅炉压力容器、管道、海洋建筑及高层建筑中得到了广泛的应用。

二、船用低合金结构钢

船用低合金结构钢主要有两种:①普通低合金结构钢;②高强度船体结构用钢。

(一)普通低合金结构钢

在普通低碳钢($C=0.1％〜0.25％$)的基础上,加入总量小于 3.5％ 的合金元素,即成为普通低合金结构钢。它使钢有较高的抗拉强度,抗蚀能力提高,较好的塑性、冲击韧性及耐低温性。普通低合金结构钢大量应用于船舶、海上平台、锅炉压力容器等工程结构。常用的普通低合金结构钢的屈服强度在 300MPa〜500MPa 之间,分成 5 个强度等级,见表 2-4-1。其中以下几种牌号的钢应用较广泛。

09MnV:用作船舶一般构件、冲压件。

09MnNb:建造沿海小型客货轮。

12Mn:用于船舶焊接结构。

16Mn:用途更广泛,建造船舶、锅炉压力容器及重要钢结构等。

15MnV:制造高压锅炉、化工高压容器、大型球罐等。

15MnTi:适用于船舶等承受载荷的重要结构。

16MnNb、14MnVTiRe:用于制造船舶、桥梁、电站及其他大型焊接结构。

15MnVN:常用于大型桥梁、锅炉及高压容器等。

表 2-4-1　普通低合金结构钢的强度等级

强度等级	抗拉强度/MPa	屈服强度/MPa	典型钢种
1	400〜550	≤310	09MnV,09Mn2,12Mn,09MnNb
2	500〜600	≥350	16Mn,19Mn6,14MnNb
3	520〜680	360〜420	16MnNb,15MnV,15MnTi
4	550〜750	≥420	15MnVN,13MnNiMoNb
5	700〜1000	500〜750	14MnMoV,18MnMoNb

(二)高强度船体结构用钢

高强度船体结构用钢的化学成分及力学性能见表 2-4-2 和表 2-4-3。

表 2-4-2　高强度船体结构用钢的化学成分

等　级		AH32,AH36,AH40,DH32,DH36,DH40,EH32,EH36,EH40	FH32,FH36,FH40
化学成分 /％	C	≤0.18	≤0.16
	Mn	0.90〜1.60	0.90〜1.60
	Si	≤0.50	≤0.50
	S	≤0.035	≤0.035
	P	≤0.035	≤0.035
	Al	≥0.015	≥0.015

等　级		AH32,AH36,AH40,DH32,DH36,DH40,EH32,EH36,EH40	FH32,FH36,FH40
化学成分 /%	Nb	0.02～0.05	0.02～0.05
	V	0.05～0.10	0.05～0.10
	Ti	≤0.02	≤0.02
	Cu	≤0.35	≤0.35
	Cr	≤0.20	≤0.20
	Ni	≤0.40	≤0.80
	Mo	≤0.08	≤0.08
	N	—	≤0.009(如含铝时, ≤0.012)

表 2-4-3　高强度船体结构用钢的力学性能

钢材等级	屈服强度 σ_s /MPa	抗拉强度 σ_b /MPa	延伸率 δ_5 /%	夏比 V 型缺口冲击试验钢材						
				试验温度 /℃	平均冲击功/ J					
					厚度 t / mm					
					$t \leqslant 50$		$50 < t \leqslant 70$		$70 < t \leqslant 100$	
					纵向	横向	纵向	横向	纵向	横向
AH32	≥315	400～590	≥22	0	≥31	≥22	≥38	≥26	≥46	≥31
DH32				−20						
EH32				−40						
EH32				−60	不适用					
AH36	≥355	490～620	≥21	0	≥34	≥24	≥41	≥27	≥50	≥34
DH36				−20						
EH36				−40						
FH36				−60						
AH40	≥390	510～650	≥20	0	≥41	≥27	不适用			
DH40				−20						
EH40				−40						
FH40				−60						

　　高强度船体结构用钢有三个强度等级,屈服强度分别是315MPa(32)、355MPa(36)、390MPa(40)。而每个强度等级按冲击韧性的不同要求又分成4级,A级冲击韧性试验温度为0℃,D级为−20℃,E级为−40℃、F级为−60℃,显然F级冲击韧性要求最高。这样高强度船体结构用钢有12个等级。12个等级中AH32钢的质量要求最低,而FH40钢质量最好。

　　高强度船体结构用钢宜用于大型船体结构,因为钢的强度高,钢板的厚度可减薄,从而减轻了船体的重量,可增加载货量。当然建造大型船舶,也不是全部用高强度钢,因为有的结构零件不需要高强度钢,本身已经很薄,若再减薄,构件的稳定性不够,或耐腐蚀性要求达不到,所以这种情况下不需要使用高强度船体结构用钢。同理,小型船舶用高强度钢也是不合适的。

第五节　船用不锈钢

一、不锈钢概述

钢中铬含量高于12%时,就具有抗化学侵蚀能力,这类钢统称为不锈耐蚀钢,简称为不锈钢。

不锈钢中合金元素的作用如下。

1. 铬(Cr)

钢中加入铬量超过12%,就可保证钢有良好的耐蚀性,然而铬低于12%则形成贫铬不能抗腐蚀,常用不锈钢的铬含量都超过12%。

2. 镍(Ni)

在含铬不锈钢中加入镍,能提高钢的耐腐蚀性,冷变形性及焊接性,并显示出无磁性。

3. 钛(Ti)和铌(Nn)

不锈钢中加入钛和铌,可以生成碳化钛和碳化铌,这样可以避免形成碳化铬(不是铬,不能抗腐蚀)而产生的贫铬区(铬<12%)。

4. 碳(C)

碳不是合金,不锈钢中碳含量减小到0.03%,成为超低碳不锈钢,也能提高抗腐蚀性。

二、不锈钢的分类

按金相组织可分为铁素体不锈钢、马氏体不锈钢、奥氏体不锈钢及双相不锈钢。

(一)铁素体不锈钢

这类钢具有足量的铬,或各加入一些形成铁素体的元素(钛、钼),生成铁素体不锈钢。它的耐腐蚀性与抗氧化性较好,但力学性能和工艺性能较差,多作为受力不大的耐酸结构及抗氧化钢使用。牌号有1Cr17、1Cr28、0Cr17Ti、1Cr17Mo2Ti等。

(二)马氏体不锈钢

不锈钢的碳含量略高,能淬火提高其强度和硬度,还具有良好的减震性及较小的膨胀系数,但其耐腐蚀性能和焊接性均比铁素体不锈钢差。它主要用于制造承受冲击负荷零件,如汽轮机叶片、水压机阀等;还可用来制造常温下盛装有机酸水溶液和食品工业中的容器。牌号有1Cr13、2Cr13、1Cr17Ni2等。

(三)奥氏体不锈钢

奥氏体不锈钢中不仅含有较多的铬(达18%以上),还加入不少于8%的镍,成为铬镍奥氏体不锈钢。它在氧化性酸液和某些还原性酸液中都具有良好的耐腐蚀性,其焊接性良好,广泛应用于化工、炼油、造船、航空及动力等工业部门。牌号有0Cr18Ni9、1Cr18Ni9Ti、1Cr18Ni11Nb、1Cr18Ni12Mo2Ti、0Cr25Ni20等。

（四）双相不锈钢

不锈钢中加入较多的铬,金相组织变成铁素体＋奥氏体双相组织。由于铁素体的晶粒夹在奥氏体晶粒之间,使奥氏体晶粒长大受到阻碍,因此细化了不锈钢的晶粒,也使不锈钢中的杂质均匀分布而不集中,同时铁素体能溶解更多的杂质,从而减少了低熔杂质在奥氏体晶界上的偏析(化学成分不均匀),可提高抗热裂性。现在船舶管系中逐步推广用来制造管子。奥氏体－铁素体不锈钢的牌号有 0Cr21Ni5Ti、1Cr21Ni5Ti、1Cr18Mo10 等。

船用不锈钢焊接工作,较多的是焊接奥氏体不锈钢。船舶常用不锈钢的主要成分和力学性能见表 2-5-1 和表 2-5-2。

表 2-5-1　常用不锈钢牌号和化学成分

类型	牌号	化学成分/%									
		C	Si	Mn	S	P	Cr	Ni	Ti	Nb	Mo
铁素体	0Cr13	＜0.08	≤0.6	≤0.6	≤0.03	≤0.035	12～14	—	—	—	—
	1Cr17	≤0.12	≤0.80	≤0.80	≤0.03	≤0.035	16.0～18.0	—	—	—	—
	1Cr28	≤0.15	≤1.0	≤0.80	≤0.03	≤0.035	27.0～30.0	—	≤0.20	—	—
	1Cr17Ti	≤0.12	≤0.80	≤0.80	≤0.03	≤0.035	16.0～18.0	—	5×C%	—	—
	1Cr25Ti	≤0.12	≤1.0	≤0.80	≤0.03	≤0.035	24.0～27.0	—	5×C%	—	—
	1Cr17Mo2Ti	≤0.10	≤0.80	≤0.80	≤0.03	≤0.035	16.0～18.0	—	7×C%	—	1.6～1.9
马氏体	1Cr13	0.08～0.15	≤0.6	≤0.80	≤0.03	≤0.035	12～14	—	—	—	—
	2Cr13	0.16～0.24	≤0.6	≤0.80	≤0.03	≤0.035	12～14	—	—	—	—
	1Cr17Ni2	0.11～0.17	≤0.80	≤0.80	≤0.03	≤0.035	16.0～18.0	1.5～2.5	—	—	—
奥氏体	0Cr18Ni9	≤0.06	≤1.00	≤2.00	≤0.03	≤0.035	17.0～19.0	8.0～11.0	—	—	—
	1Cr18Ni9	≤0.12	≤1.00	≤2.00	≤0.03	≤0.035	17.0～19.0	8.0～11.0	—	—	—
	1Cr18Ni9Ti	≤0.12	≤1.00	≤2.00	≤0.03	≤0.035	17.0～19.0	8.0～11.0	5×(C%－0.02)～0.8%	—	—
	1Cr18Ni11Nb	≤0.10	≤1.00	≤2.00	≤0.03	≤0.035	17.0～20.0	9.0～13.0	—	8×C%～1.5%	—
	1Cr18Ni12-Mo2Ti	＜0.12	≤1.00	≤2.00	≤0.03	≤0.035	16.0～19.0	11.0～14.0	5×(C%－0.02)～0.8%	—	2.0～3.0
	0Cr18Ni12-Mo3Ti	≤0.08	≤1.00	≤2.00	≤0.03	≤0.035	16.0～19.0	11.0～14.0	5×C%～0.7%	—	3.0～4.0
双相	1Cr21Ni5Ti	0.09～0.14	≤0.08	≤0.08	≤0.03	≤0.035	20.0～22.0	4.80～5.80	5×C%～0.7%	—	—
	0Cr21Ni5Ti	≤0.08	≤0.08	≤0.08	≤0.03	≤0.035	20.0～22.0	4.80～5.80	5×(C%－0.02)～0.8%	—	—

表 2-5-2　常用不锈钢力学性能

类型	牌号	抗拉强度 σ_b/MPa	屈服强度 σ_s/MPa	延伸率δ_5/%
铁素体	0Cr13	492	344	24
	1Cr17	393	246	20
	1Cr28	443	295	20

类型	牌号	抗拉强度 σ_b/MPa	屈服强度 σ_s/MPa	延伸率 $\delta_5/\%$
铁素体	0Cr17Ti	≥443	≥295	≥20
	1Cr17Mo2Ti	≥492	≥295	≥20
马氏体	1Cr13	≥440	≥205	≥20
	2Cr13	≥520	≥225	≥18
	3Cr13	≥590	≥225	≥18
	1Cr17Ni2	≥1082	—	≥10
奥氏体	0Cr19Ni9	≥520	≥205	≥40
	00Cr19Ni10	≥480	≥177	≥40
	1Cr18Ni9	≥520	≥205	≥40
	1Cr18Ni9Ti	≥520	≥205	≥40
	0Cr17Ni12Mo2	≥520	≥205	≥40
	00Cr17Ni14Mo2	≥480	≥177	≥40
	0Cr25Ni20	≥520	≥205	≥40
	0Cr18Ni9Ti	≥492	≥197	≥40
双相	0Cr21Ni5Ti	≥541	≥344	≥25
	1Cr21Ni5Ti	≥590	≥344	≥20

第六节 铜及铜合金

一、纯铜

纯铜的铜含量为 99.5%～99.95%，表面呈紫色，又称紫铜。纯铜的密度为 8.9g/cm³，比铁(7.8g/cm³)重。熔点为 1083℃，具有良好的导电性、导热性及耐腐蚀性，并可以热压和冷加工。纯铜的抗拉强度较低，塑性较好。纯铜的主要用途是制造铜管和电缆。纯铜的牌号有 T1、T2、T3、T4，其中 T 是汉语拼音"铜"的首字母，T1 的铜含量高达 99.95%，T4 的铜含量为 99.5%。

二、黄铜

黄铜是以锌为主要加入元素的铜合金。其颜色随锌含量的增加而由黄红色变为淡黄色。黄铜按其有否附加元素，可分为普通黄铜和特殊黄铜。

(一)普通黄铜

普通黄铜仅是铜和锌的合金，锌含量小于 45%。它的力学性能和耐腐蚀性都比纯铜好。能适宜冷热压力加工，成本比纯铜低。在船舶建造中，黄铜通过热压或冷拔制成铜板和铜冷凝管，也有用铸造方法制成各种阀门、散热器及小型机械零件。普通黄铜的牌号有 H96、H90、H80、H68、H62 等，其中 H 是汉语拼音"黄"的首字母，H 后的数字表示铜的含量,62 表示含 62% 的铜。

（二）特殊黄铜

在铜锌合金中还加入少量合金元素,如铅、铝、锡、锰、铁、硅等,就称为特殊黄铜。可以提高黄铜的强度、硬度和耐腐蚀性。根据加入的元素不同,可以分铅黄铜、铝黄铜、锡黄铜、锰黄铜、铁黄铜、硅黄铜等。特殊黄铜的牌号是在黄铜牌号中分别加入少量合金元素的符号,如在 H62 中加入 Sn 变成 HSn62,这就成为锡黄铜。特殊黄铜的牌号主要有以下几种。

(1)铅黄铜:HP_b63-3,HP_b59-1,用于制造一般机器零件及结构零件。

(2)铝黄铜:HAL60-1-1、HAL59-3-2 用来制造齿轮蜗轮、轴及船用电机的高强度耐蚀零件。

(3)锡黄铜:HSn62-1、HSn60-1 用来制造船舶高温耐蚀冷凝管及接触海水的船舶零件。

(4)铁黄铜:HFe59-1-1 用于在海水腐蚀下的垫圈、衬套等。

(5)锰黄铜:HMn58-2 用于船舶和弱电的零件。

(6)硅黄铜:HSi 80-3 锡黄铜的代用品。

三、青铜

铜除了与锌、镍以外的合金元素组成的铜合金,称为青铜。加入青铜中的合金元素有锡、铝、硅等,于是青铜可分为锡青铜、硅青铜等。青铜具有良好的耐磨、耐腐蚀和力学性能,此外还可在青铜中加入锌、磷、镍等合金元素,可改善铸造性能。青铜牌号的首字母"Q"是"青"的含义,Q 后是元素符号及名义的百分量,例 QSn4-3 是锡青铜,锡含量是4%。青铜的牌号主要有以下几种:

(1)锡青铜:QSn4-3、QSn-6.5-0.1 制造弹性元件耐磨零件。

(2)铝青铜:QAL5、QAL10-3-1.5 用于弹簧和船用高强度耐磨齿轮等。

(3)硅青铜:QSi3-1 用于弹簧、齿轮等。

(4)铍青铜:QBe1-7 用于重要弹簧和弹性元件。

四、白铜

白铜是铜和镍的合金。白铜又可分为结构白铜和电工白铜。结构白铜主要用于制造船舶的结构零件,电工白铜具有良好的热电性能,是制造电热器不可缺少的材料。白铜按成分可分为普通白铜(B5)、铁白铜(BFe10-1-1)、锰白铜(BMn3-12)、锌白铜(BZn45-20)、铝白铜(BAL16-15)等。船厂现广泛采用白铜管子作海水冷却管,其牌号是 CuNi10Fe(B10),它的化学成分为:Ni9.0%~11.0%;Fe1.0%~2.0%;Cu 余量。这种白铜具有良好的耐腐蚀性和力学性能,也适应于焊接。

第七节　铝及铝合金

一、纯铝

纯铝是银白色的轻金属,密度小($2.7g/cm^3$),是铜的 1/3 还不到,抗腐蚀性、导电性、导热性都比较好,但强度较低。由于铝的贮藏量丰富,生产成本低,在工业上以铝代铜制造导线、容器及各种零件。纯铝的新牌号是 $1\times\times\times$,老牌号为 L1、L2、L3、L4、L5、L6 等,铝的纯度为 $98.8\%\sim99.7\%$ 。

二、铝合金

在纯铝中加入镁、锰、硅、铜、及锌等合金元素后即形成铝合金。这样强度提高,加工性能好,适宜压制、锻造、铸造、焊接等多种加工。目前广泛应用于航空、造船、化工等工业部门。

铝合金分为变形铝合金和铸造铝合金两大类,而变形铝合金有分为非热处理强化和热处理强化两类,如图 2-7-1 所示。

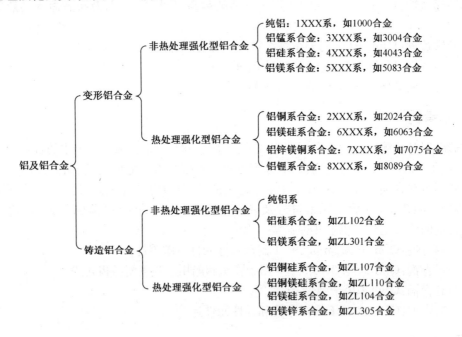

图 2-7-1　铝及铝合金的分类

变形铝合金有良好的塑性,可进行压力加工,通常以板材、管子等形式供应。非热处理强化(热处理不能提高强度)铝合金的特点是强度中等,塑性、抗腐蚀性及焊接性好。一般铝合金焊接结构皆采用非热处理强化铝合金。热处理强化的铝合金,经热处理后强度提高、硬度提高,有硬铝之称,通常用于铆接工艺制造结构。

铸造铝合金中应用较广的是铝硅合金,它的铸造性能好,有足够的强度,较好耐腐蚀性和耐热性,也可用焊接来修补铸件缺陷。

复　习　题

1. 什么叫弹性变形? 什么叫塑性变形?

30

2. 金属材料的屈服强度和抗拉强度的含义是什么？

3. 指出下列钢牌号的含义：Q235、20、16Mn、船 A 级、船 A32、船 E36、船 F40。

4. 按金相组织不同可分为哪几种不锈钢？

5. 指出下列不锈钢牌号的金相组织：0Cr13　2Cr13　1Cr18Ni9Ti。

6. 普通黄铜是什么样的合金？H62 黄铜牌号的含义是什么？

7. 青铜是什么样的合金？QSn4-3、QAL5、QSi3-1 是什么青铜？

8. 白铜是什么样的合金？CuNi10Fe 牌号白铜中主要成分有哪些？

9. 铝的密度是多少？铝合金的特点是什么？

第三章　船用金属的焊接性

第一节　金属的焊接性概述

一、金属的焊接性

金属的焊接性是指金属对焊接加工方法的适应性,即在一定的焊接工艺条件(包括焊接方法、焊接材料等)下获得优质焊接接头的难易程度。它包括两方面的内容:接合性能和使用性能。

1. 接合性能

在一定的焊接工艺条件下,金属得到的焊接接头,对出现各种焊接缺陷的敏感性,也即得到的焊接接头易不易产生缺陷。若易产生裂纹等焊接缺陷,即接合性能差,焊接性差。

2. 使用性能

在一定的焊接工艺条件下,金属得到的焊接接头对使用要求的可靠性。包括焊接接头的力学性能(强度、塑性、韧性、硬度等)和特殊使用性能(耐热、耐低温、耐腐蚀等),是否符合技术要求。若不锈钢的焊接接头使用时发生腐蚀,又如低温钢焊接接头在低温时发生脆性断裂,则使用性能差,焊接性差。

焊接性好的金属,在焊接时不需要采取其他附加工艺措施(预热、缓冷、焊后热处理等等),就能得到没有裂纹等缺陷,并具有良好的力学性能及其他性能的焊接接头。

二、影响焊接性的因素

金属的焊接性好坏,主要取决于母材金属的化学成分、焊接方法和焊接材料,还有焊接工艺条件、结构刚性等。对于同一种金属,采用不同的焊接方法和焊接材料,使焊接性有很大的差别。例如焊铝,过去用气焊、焊条电弧焊方法,都不能获得良好的焊接接头,后改用氩弧焊焊铝,就得到满意的焊接接头。下面分别叙述影响金属焊接性的因素。

(1)材料。这里的材料是指母材和焊接材料,焊接材料是随不同的焊接方法而异。焊材必须和母材匹配,用错焊材(如果碳钢焊条焊不锈钢)不可能得到性能符合技术要求的焊接接头。

(2)焊接方法。用氩弧焊焊铝焊接性好,若改用 CO_2 焊,得不到合格的焊接接头。

(3)工艺。焊接工艺因素可以防止焊接缺陷,如焊前预热、焊后缓冷和焊后热处理,可以减小焊接应力防止产生裂纹,焊接性得到改善。

第二节 钢的焊接性

一、碳钢和低合金钢的焊接性

影响焊接性的最主要因素是金属材料的成分,焊接钢时对焊接性影响最大的是碳,因为碳要使钢变得硬脆,易产生裂纹。所以常把碳含量多少作为间接判别钢的焊接性的重要指标。钢中除了碳以外,还有铬、钼、钒、锰、铜、镍 等元素,对钢的焊接接头产生裂纹存在不同程度的影响。为此,引出碳当量的概念。把钢中各合金元素(包括 C)的含量按其对焊接性影响的大小,折算成相当的碳元素总含量,称为碳当量。根据国际焊接学会(IIW)推荐的估算碳钢和低合金钢碳当量(C_E)的公式为

$$C_E = C + \frac{Mn}{6} + \frac{Cr + Mo + V}{5} + \frac{Ni + Cu}{15}$$

碳当量公式中的元素符号代表该元素在钢中的质量分数。钢中碳当量的大小可作为评定钢的焊接性指标。钢中碳当量越大,焊接性越差。据经验:当 $C_E < 0.25\%$ 时,钢的焊接性优良,焊接时不必预热;当 $C_E = 0.25\% \sim 0.4\%$ 时,焊接性良好,焊接时一般不预热;当 $C_E = 0.4\% \sim 0.6\%$ 时,钢的淬硬倾向逐渐明显,焊接性尚可,需要采取适当预热、控制焊接热输入等工艺措施;当 $C_E > 0.6\%$ 时,钢的淬硬倾向强,焊接性差,需要采取较高的预热温度等严格的工艺措施。

用碳当量公式可估算钢的焊接性。例如 20 钢,成分是 C=0.17%~0.24%,Mn=0.35%~0.65%,其最大碳当量 $C_E = 0.24 + 0.65/6 = 0.35(\%)$,据此可以判定它的焊接性是良好的。其最小碳当量 $C_E = 0.17 + 0.35/6 = 0.23(\%)$,焊接性优良。45 钢,它的碳当量为 0.453%~0.583%,焊接性尚可,需要采取预热措施。16Mn 钢,它的碳当量约为0.39%左右,焊接性良好,但是当板厚超过 40mm 时,由于焊件刚性大,使其焊接性变差,这时就要考虑预热。

我国的船规(中国船级社 CCS)对高强度船体结构用钢的碳当量也作出了规定的要求,见表 3-2-1。由表可知,高强度船体结构用钢的碳当量,除了厚板(50<δ≤100)的AH40、DH40、EH40、FH40 外,最大也不超过 0.40%,这说明这些钢的焊接性是良好的。一般结构不需要预热,只有在焊接厚板时才考虑预热问题。

表 3-2-1 高强度船体结构用钢 C_E

钢 材 等 级	碳当量 C_E/ %	
	厚度 δ/ mm	
	δ≤50	50<δ≤100
AH32、DH32、EH32、FH32	≤0.36	≤0.36
AH36、DH36、EH36、FH36	≤0.36	≤0.40
AH40、DH40、EH40、FH40	≤0.40	—

对于新钢材初次用于焊接结构,其焊接性是否良好,必须经过焊接性试验,焊接性试验就是在专用的焊接试板上,用规定的焊接方法和工艺进行焊接,焊后观察是否产生裂纹,以及进行接头性能试验,据此判断该金属材料焊接性。

二、不锈钢的焊接性

不锈钢的焊接性主要视不锈钢的组织而定。对于铁素体不锈钢,它对高温热作用比较敏感,在热影响区易形成粗晶区,使焊接接头的塑性和韧性下降,厚板焊接时还会产生裂纹。它的焊接性是差的,焊接时需要预热。

对于马氏体不锈钢,加热后在空气中冷却也会产生淬硬组织。不锈钢中碳含量越高,淬硬越严重,越易产生冷裂纹,它的焊接性比铁素体不锈钢还差。焊接时更需要预热。

奥氏体不锈钢由于铬含量增加,还加入镍元素,奥氏体组织比较稳定,具有良好的塑性和韧性,它不会产生冷裂纹。所以说奥氏体不锈钢的焊接性是好的。但奥氏体不锈钢中若杂质硫较多,会形成硫化镍的低熔杂质,于是会产生热裂纹(在固态转为液态时高温条件下产生的)。

第三节　有色金属的焊接性

一、铜及铜合金的焊接性

(一)铜的焊接性
铜的导热性比钢大 5 倍~8 倍,焊接需要热量集中加热熔池,用氩弧焊焊铜的熔池小,热量集中,焊缝的热影响小,另外氩气对熔池保护良好,熔池不易受氧、氢侵入,可以得到高质量的焊接接头,可以说氩弧焊焊铜的焊接性良好。

(二)铜合金的焊接性
黄铜中锌熔点低,电弧焊的高温要把锌烧损。采用手工钨极氩弧焊,可使焊丝置于电弧和基本金属之间,尽量避免电弧对基本金属的直接作用,还可利用多加焊丝使熔池降温,减少锌的烧损,焊接还是可以获得合格的接头,所以说氩弧焊焊黄铜是尚可的。

青铜的合金元素的蒸发和烧损比黄铜弱,青铜的焊接性比黄铜好。

白铜由于加入镍(Ni)较多,白铜的综合力学性能好,且其导热性接近于碳钢,所以不易产生冷裂纹,只有在白铜中含硫、磷杂质较多时可能产生热裂纹,总体说来,白铜的焊接性良好。

二、铝及铝合金的焊接性

(一)铝的焊接性
铝的熔点低,易氧化且固态转化为液态时没有颜色的变化,所以用气焊和焊条电弧焊,都不能得到好的效果,用氩弧焊焊铝,有良好保护,且熔池表面受"阴极破碎"作用,可得到光洁、整齐的焊缝,用氩弧焊焊铝是很满意的焊接方法,焊接性优良。

(二)铝合金的焊接性
非热处理强化型铝合金,如铝锰合金和铝镁合金,其强度不高,但塑性好,能够应付焊接变形和应力,不易产生裂纹,所以用氩弧焊焊此类铝合金的焊接性良好。

对于热处理强化型铝合金,由于热处理后强度提高,硬度提高,塑性变差,焊接时产生裂纹倾向较大,这型铝合金的焊接性是差的。一般也不用于制造焊接结构。

铸造铝合金中,铝硅合金(ZL102)有一定的强度,液态金属的流动性好,收缩率小,焊接时产生裂纹倾向小,焊接性良好。铝铜合金的焊接性也较好。含镁量高的铝镁合金的焊接性稍差,因镁易蒸发,产生裂纹,气孔倾向大。

复 习 题

1. 金属的焊接性是指什么?
2. 碳当量的含义是什么? 如何计算?
3. 碳当量 $C_E < 0.25\%$ 和 $C_E = 0.4\% \sim 0.6\%$ 的碳钢,其焊接性如何?
4. 船体结构用钢的碳当量 C_E 一般不超过多少? 其焊接性如何?
5. 试比较铁素体、马氏体、奥氏体不锈钢的焊接性。
6. 黄铜和青铜的焊接性哪个好?
7. 用氩弧焊焊铝的焊接性如何?

第二篇

焊条电弧焊

第四章　焊接电弧

第一节　焊接电弧的特性

一、电弧

自然界中我们经常可以看到天空中的闪电现象,在城市里还能看到无轨电车高空电线和引电的辫子线之间发生强烈的火花放电,这些就是气体放电。通电的焊条和焊件接触短路后拉开所产生的电弧是长时间、强烈的气体放电现象。

在普通情况下,空气是不导电的,但高热的空气受到电场作用,气体也会变成导电体,也即气体电离,实现气体放电。焊条电弧焊时需产生电弧,先将焊条和焊件接触短路,短路的大电流加热接触处的空气,使空气呈高温白热状态,然后提起焊条,这样热空气在电场(焊条和焊件间有适当的电压)作用下,变成导电体,实现气体放电,形成电弧。

电弧有两个特征:①高热,在工业上用于电弧焊和电弧炼钢;②强光,用于照明。

电弧由三部分组成:①阴极区,位于阴极;②弧柱,其长度接近电弧的长度;③阳极区,位于阳极(图 4-1-1)。

二、电弧的温度和热量的分布

焊条电弧焊是由直流碳极电弧焊发展而来的。直流碳极电弧的温度和热量分布如图4-1-1所示。由图中可以看出,阴极区的温度达 3200℃,放出热量为 38%。阳极区的温度达 3400℃,放出热量为 42%。弧柱中心温度达 6000℃,但弧柱周围却小得多,放出热量为 20%。焊条电弧焊的数据是有所不同的,要由焊条性能和焊接电流等因素而定,但阳极区的温度和热量仍高于阴极区。

三、电弧静特性

金属固体导体通过的电流和加上的电压是成正比的,这就是欧姆定律。而气体则不是这样,不是任何电压都可以使气体导电的,但电流和电压两者是有关系的。在固定长度电弧稳定燃烧情况下,焊接电流和电弧电压之间的关系,称为电弧静特性。图 4-1-2 为电弧静特性曲线,从图中看出,在弧长一定时,焊接电流越小,电弧电压要越高。当焊接电流增大时,电弧中气体温度会显著提高,加热气体的电离程度提高,需要的电弧电压就可降低。当焊接电流大于 30A～50A 时,电弧电压就不再随焊接电流大小而变动了,电弧静特性曲线呈水平线。这时电弧电压主要和电弧长度有关,电弧长度越长,电弧电压越高。焊条电弧焊时,焊接电流大于 50A,电弧长度约 3mm～6mm,电弧电压一般在 16V～30V 范围内。

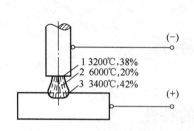

图 4-1-1　电弧的组成及温度热量分布

1—阴极区；2—弧柱；3—阳极区。

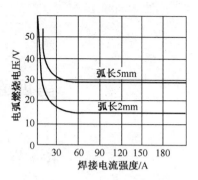

图 4-1-2　电弧的静特性曲线

第二节　焊条电弧焊的极性接法

一、焊条电弧焊过程

焊条电弧焊是以焊条和金属板为两电极，利用两电极之间产生电弧的热量来熔化金属，使分离的金属板永久结合为一体。

我们可以通过防护玻璃看到电弧燃烧的地方，熔化的金属形成一个凹池，好像是用电弧吹出液态金属而形成的，这凹池就称为熔池（图4-2-1），被焊的金属板称为焊件。焊件本身的金属称为母材金属（又称基本金属）。焊条熔化的末端与熔池之间的距离，称为电弧长度。从母材表面至熔池底部的距离，称为熔深。焊条熔化形成的熔滴过渡到熔池中的金属，称为熔敷金属。熔敷金属和被熔化的母材金属熔合构成焊缝金属。熔池表面有一层液态浮渣，称为熔渣。熔渣冷却后呈固态，称为焊渣。清理焊渣后焊缝收弧处有低于母材表面的凹坑，称为弧坑。

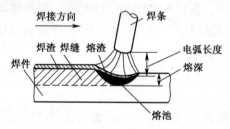

图 4-2-1　焊条电弧焊过程

二、焊条电弧焊的极性接法

焊条电弧焊可以用交流电或直流电工作，用交流电焊接，要有交流弧焊变压器作电源；用直流电焊接，要有直流电焊机作电源。

直流电弧焊时，直流电焊机上有两个极，正极与负极，两个极分别要和焊条与焊件连接，因而有两种不同的接法。当焊机的正极和焊件相接，负极和焊条相接，这种接法称为直流正接(图 4-2-2(a));当焊机的负极和焊件相接,正极和焊条相接,这种接法称为直流反接(图 4-2-2(b))。

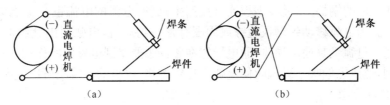

图 4-2-2　直流电弧焊的极性接法
(a)直流正接;(b)直流反接。

直流电弧的热量分布图中指出,阳极区放出的热量比阴极区高。用直流正接还是直流反接,就要看焊件和焊条哪一方面需要的热量高。焊厚钢板时通常用直流正接,焊薄钢板、铸铁及有色金属等场合用直流反接。不过要强调一点,有一种碱性药皮焊条,不论焊厚板或薄板,都用直流反接,因为这种焊条药皮的性能关系,用直流正接电弧不能稳定。

交流电弧焊时,弧焊变压器两端的极性是时刻变化的,所以没有考虑极性的必要,焊条和焊件可以任意分别和变压器两个端头连接。

第三节　焊接电弧的稳定性

一、电弧稳定性

电弧的稳定性对于电弧焊的质量起着很大的影响,不稳定的电弧使焊接质量低劣,甚至使电弧熄灭,无法进行正常的焊接。稳定的电弧是指在电弧燃烧过程中,电弧能维持一定的长度、不偏吹、不摇摆、不熄灭。

电弧不稳定除了焊工技术不熟练外,还有以下几个原因。

(一) 焊接电源的影响

用于电弧焊的直流电源或交流电源都是专用的,具有良好的焊接性能,应能适应电弧负载的变动而维持电弧稳定燃烧。关于电源种类,通常直流电源的电弧稳定性比交流电源的好。未焊接前空载电压高的焊机电弧燃烧比较稳定。

(二) 焊条药皮的影响

当焊条药皮中含有过多的萤石(氟化钙)时,就会降低电弧的稳定性。通常厚药皮焊条的电弧稳定性比薄药皮的好。药皮受潮的焊条电弧稳定性很差,不能用于生产。当焊条药皮偏心(焊条芯周围药皮有厚薄)时,薄药皮处熔化快,厚药皮处熔化慢,电弧就发生向薄药皮侧偏吹。

(三) 气流的影响

在大风中或狭小缝隙处进行电弧焊,会产生大的气流,流速快的气流吹着电弧,引起电弧的偏吹,使焊接困难。巨大的气流能吹灭电弧而不能焊接。为了防止气流的影响,应使用屏板、帐幕来掩护焊接处,还可在接缝下面垫块垫板,防止从接缝隙穿出来的气流。

(四) 焊接处不清洁

焊接处有油脂、油漆、铁锈、水分及其他污物存在,会使气体电离程度降低,严重影响电弧燃烧的稳定性。

（五）磁偏吹

电弧在通电的钢板上燃烧,钢板通电流产生磁场,电弧的电流也产生磁场,两磁场形成合成磁场。当电弧移动到钢板边缘或周围有强磁物质时,电弧周围就组成一个不均匀分布的磁场。电弧又是通电导体,通电导体在磁场中要受到电磁力的作用,电磁力就将电弧推向一侧,形成磁偏吹。磁偏吹使电弧不稳定燃烧,严重的磁偏吹可以把电弧吹灭。图4-3-1为磁偏吹现象。

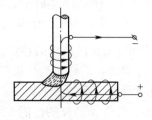

图 4-3-1　电弧磁偏吹

二、减小磁偏吹的方法

（1）电缆和焊件的连接点,尽可能接近电弧（图4-3-2(a)）。这样电弧两侧的磁场差异不大,可减小磁偏吹。

（2）对于细长焊件,最好将接焊件电缆分别接在焊件的两端（图4-3-2(b)）,这样电弧两侧都有电流通过,可使磁场分布均匀些,减小磁偏吹。同理,在焊立位置试板时,上下端通电（图4-3-2(c)）也可减小磁偏吹。

（3）在接缝两端安置引弧板和收弧板（图4-3-2(d)）,这样将钢板两端的强磁场位置移到引弧板和收弧板上,原接缝两端磁场分布较弱,磁偏吹减小。

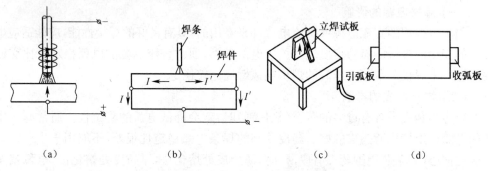

图 4-3-2　几种减小偏吹的方法

(a)电缆连接点近电弧;(b)焊件两端接电缆;(c)立焊试板上下端通电;(d)接缝两端安置引弧板和收弧板。

（4）合理安放焊件,在工作台上焊接时,则焊件宜放在工作台的中央,不宜放在工作台边缘位置（磁性强）。若焊接时发现磁偏吹,可适当转移焊件在工作台的位置,使磁偏吹减小。

（5）适当减小焊接电流,焊接电流越大,磁偏吹越严重。减小电流就能减小磁偏吹。

（6）用交流电焊接，交流电通过焊件，在焊件中产生交变的磁场，可减小磁偏吹。

（7）调整焊条角度，让电弧磁偏吹的方向吹向熔池。

复 习 题

1. 什么叫电弧？电弧有哪两个特性？

2. 电弧有几部分组成？它们的温度和热量分布是怎样的？

3. 什么叫电弧的静特性？焊条电弧焊电流大于50A时，电弧静电特性曲线是怎样的？

4. 电弧拉长，电弧静特性怎样变动？

5. 焊条电弧焊的过程是怎样的？

6. 什么叫基本金属？什么叫熔敷金属？什么叫焊缝金属？

7. 什么叫直流正接？什么叫直流反接？

8. 影响电弧燃烧不稳定的因素有哪些？

9. 如何减少电弧磁偏吹？

第五章 焊接接头形式和焊缝形式

第一节 焊条电弧焊焊接接头形式

用焊接方法将分散的金属零件结合为一体,构成一个接头,这种接头称为焊接接头。根据两个板料结合位置的不同,焊接接头形式可分为:对接接头、搭接接头、T 形接头、角接接头及塞焊接头等。

一、对接接头

两块板的端面相对配置,两板表面成一条直线而结合的接头称为对接接头,如图 5-1-1所示。对接接头在船体结构中是广泛采用的焊接接头,用于连接底板、傍板、甲板等。按照两板的端面加工成不同的形状,对接接头可分为 I 形(不开坡口)对接、V 形对接、X 形对接和 U 形对接。

(一)I 形(不开坡口)对接

钢板厚度在 6mm 以下,用焊条电弧焊对接时钢板边缘成直角,这种对接接头称为 I 形对接(图5-1-1(a))。为了保证电弧能熔透钢板,通常留有 1mm~2mm 的间隙。间隙大小要视钢板厚度而定。使用这种对接时,一般都进行两面焊接。

(二)V 形焊接

钢板厚度在 6mm~30mm 内,为了保证焊条电弧焊焊透,钢板单面必须开坡口,因为坡口形状成 V 形,故称为 V 形对接(图 5-1-1(b))。V 形对接要有 2mm 的间隙,50°~60°的坡口角度,以确保焊透。还需在坡口根部留有 1mm~2mm 的钝边,以免钢板被烧穿。通常正面 V 形坡口焊满后,反面进行封底焊。

(三)X 形对接

钢板厚度在 12mm~40mm 内,可以在钢板两面开坡口,形似 X 形称为 X 形对接。X 形坡口角度是 50°~60°,间隙 2mm,钝边 2mm。X 形对接比 V 形对接节省焊条、电能,变形及应力小。但坡口加工不方便,当大焊件无法翻身时增加了仰焊工作量。

(四)U 形对接

坡口角度减小可以节省焊条,U 形对接坡口角度减小为 20°,但由于焊条难以深入坡口根部,为保证焊透,坡口根部改为圆弧形,最小半径为 5mm,间隙仍为 2mm,钝边为 2mm。U 形对接有单 U 形和双 U 形之分,坡口形状如图 5-1-1(d)、(e)所示。

二、搭接接头

两块要连接的钢板是一块叠在另一块上,在两板的顶端边缘进行焊接,这种接头称为搭接接头(图 5-1-2),搭接接头适用于 12mm 以下的钢板,重叠部分的宽度为 3 倍~5 倍的钢板厚度。它和对接接头比较起来,除了装配方便外,焊条、电能、工时消耗多,基本金

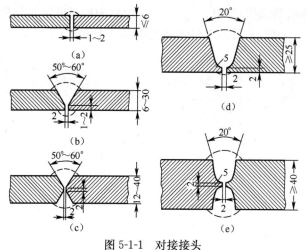

图 5-1-1　对接接头

(a) I 形(不开坡口)；(b) V 形；(c) X 形；(d) 单 U 形；(e) 双 U 形。

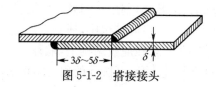

图 5-1-2　搭接接头

属也浪费(重叠部分)，还无法制造外形光滑的构件。由于缺点较多，除了在薄板结构中还有少量应用外，目前已基本上被对接接头所替代。

三、T 形接头

一块钢板的端缘置放在另一块钢板的板面上进行焊接，构成 T 形结合的接头，称为 T 形接头(图 5-1-3)。T 形接头广泛应用于船体外板和内部肋骨、纵桁的连接。根据钢板厚度和坡口形状不同，T 形接头可分为 I 形坡口(不开坡口) T 形接头(图 5-1-3(a))、单边 V 形坡口(单面开坡口) T 形接头(图 5-1-3(b))和 K 形坡口(两面开坡口) T 形接头(图 5-1-3(c))。在厚板重要结构中，必须保证垂直板厚度方向全部焊透。

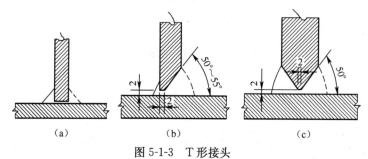

图 5-1-3　T 形接头

(a) I 形(不开坡口)；(b) 单边 V 形(单面开坡口)；(c) K 形(双面开坡口)。

四、角接接头

两块钢板成直角，而在两板的顶端边缘上进行焊接的接头，称为角接接头(图 5-1-4)。

角接接头用于不重要的结构,如中、小型水箱。根据钢板厚度和坡口形状,角接接头可分为 I 形坡口、单边 V 形坡口、V 形坡口和 K 形坡口 4 种型式。

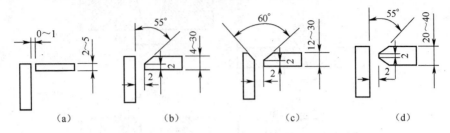

图 5-1-4　角接接头

(a) I 形(不开坡口);(b)单边 V 形;(c)V 形;(d)K 形。

五、塞焊接头

两块钢板重叠,在一块钢板上开孔,利用孔和另一块钢板焊接,使两板连接在一起,这种接头称为塞焊接头(图 5-1-5)。在船体结构中,遇到双层钢板的面积较大时,为了保证结构的强度而采用这种焊接接头。如在舵板结构上,舵外板上开孔和舵内构架用塞焊连成一体。开孔的形状有圆孔和长孔之分,开圆孔的称为圆孔塞焊(图 5-1-5(a)),开长孔的称为长孔塞焊(图 5-1-5(b))。在大面积板上开了数十个孔进行塞焊,必须要保证上板和下板有良好的焊透。

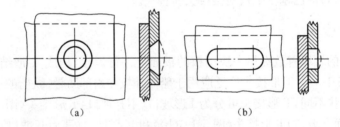

图 5-1-5　塞焊接头

(a)圆孔塞焊;(b)长孔塞焊。

第二节　焊 缝 形 式

按空间位置不同,焊缝可分为平焊缝、立焊缝、横焊缝及仰焊缝(图 5-2-1)。

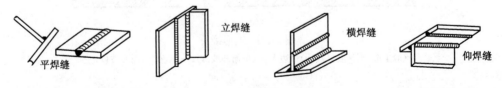

图 5-2-1　平横立仰焊缝

按两板结合形式不同,焊缝可分为对接焊缝、角焊缝及塞焊缝三种。对接接头所完成的焊缝,称为对接焊缝。搭接接头、角接接头、T 形接头所完成的焊缝称为角焊缝。塞焊接头所完成的焊缝,称为塞焊缝。

按焊缝外形的凸、平、凹可分为增强焊缝、不增强焊缝、减弱焊缝三种(图 5-2-2)。

船体结构中对接焊缝是用增强焊缝,而角焊缝是用无增强焊缝,减弱焊缝可以说是不用的。对接增强焊缝高出钢板平面的量,称为焊缝的余高。

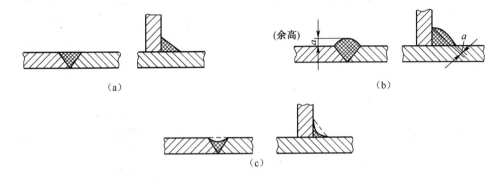

图 5-2-2　不增强、增强、减弱焊缝
(a)不增强焊缝;(b)增强焊缝;(c)减弱焊缝。

按焊缝断续情况,可分为连续焊缝和间断焊缝(图 5-2-3)。间断焊缝是用在强度要求较低的场合。间断 T 形角焊缝还可分为错纵式间断 T 形角焊缝和链式间断 T 形角焊缝(图 5-2-4)。

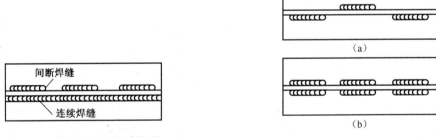

图 5-2-3　连续焊缝与间断焊缝

图 5-2-4　间断 T 形角焊缝
(a)错纵式;(b)链式。

第三节　焊 缝 符 号

在图纸上标注焊接方法、焊缝形式和焊缝尺寸的符号称为焊缝符号。由于焊接方法在工艺规程中已有规定,一般不标注在图纸上,所以焊缝代号主要由基本符号、辅助符号及焊缝尺寸符号组成。

一、焊缝基本符号

基本符号是表示焊缝横剖面形状的符号,见表 5-3-1。

表 5-3-1　焊缝的基本符示

序号	名称	示　意　图	符号	序号	名称	示　意　图	符号
1	卷边焊缝（卷边完全熔化）		八	7	带钝边U形焊缝		Y
2	I 形焊缝		‖	8	封底焊缝		▽
3	V 形焊缝		V	9	角焊缝		◺
4	单边 V 形焊缝		V	10	塞焊缝		⊓
5	带钝边 V 形焊缝		Y				
6	带钝边单边 V 形焊缝		Y				

二、焊缝指引线

焊缝指引线是指出焊缝的线,指引线一般由带有箭头的指引线(箭头线)和两条基准线(一条是实线,另一条虚线)组成,如图 5-3-1 所示。箭头线指向焊缝,两条基准线通常和图纸的底线相平行,两虚实线也是平行的。

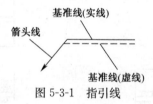

图 5-3-1　指引线

在图纸上要确切地表示焊缝坡口的位置,将基本符号相对于基准线的位置作了规定:①焊缝在接头的箭头一侧,基本符号应表在基准线的实线侧(图 5-3-2(a));②焊缝在接头的非箭头一侧,基本符号应标在基准线的虚线侧(图 5-3-2(b));③对称焊缝标注时可不画出虚线(图 5-3-2(c)、(d))。

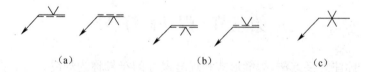

（a）　　　　　　　　　（b）　　　　　　　　　（c）

图 5-3-2　基本符号相对基准线的位置
(a)焊缝在接头的箭头侧;(b)焊缝在接头的非箭头侧;(c)对称焊缝。

三、辅助符号

辅助符号是表示对焊缝辅助要求的符号,见表 5-3-2。

表 5-3-2　辅助符号及标注方法

辅助符号				辅助符号应用举例		
序号	名称	示意图	符号	举例符号	焊缝名称	标注
1	平面符号	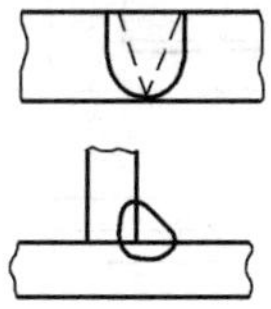	▔	 ▽	平面 V 形对接焊缝	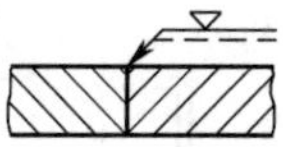
				 ▽	平面封底 V 形焊缝	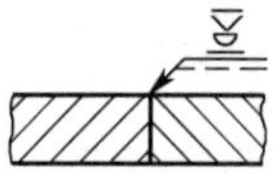
2	凹面符号	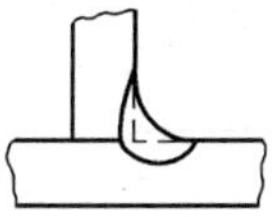	⌣		凹面角焊缝	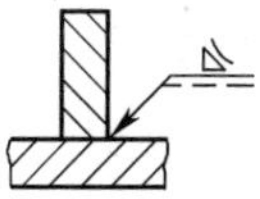
3	凸面符号		⌢	 ✕	凸面 X 形对接焊缝	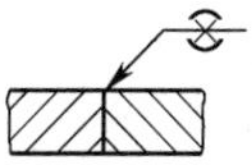

四、焊缝尺寸符号

焊缝尺寸是表示焊前坡口形状尺寸和焊后焊缝外形尺寸,其符号见表 5-3-3。

表 5-3-3　焊缝尺寸符号

符号	名称	示意图	符号	名称	示意图	符号	名称	示意图
δ	工件厚度	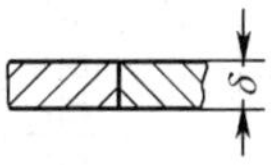	H	坡口深度	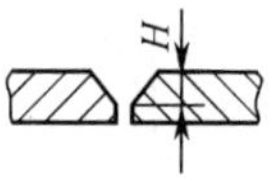	l	焊缝长度	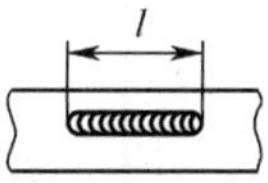
α	坡口角度	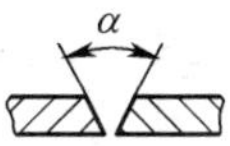	R	根部半径	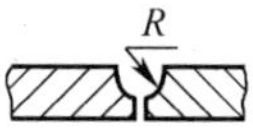	n	焊缝段数	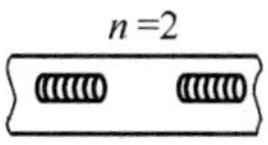
b	根部间隙	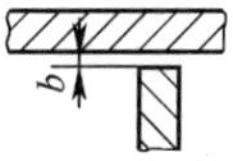	B	焊缝宽度	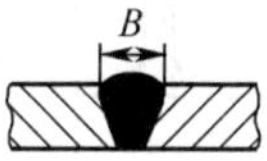	e	焊缝间距	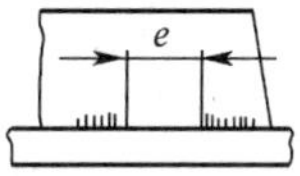
P	钝边	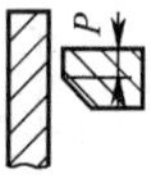	h (a)	余高		N	相同焊缝数量符号	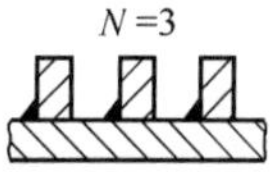
β	坡口面角度	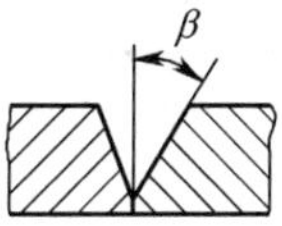	K	焊脚尺寸	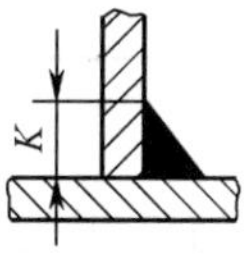	S	焊缝有效厚度	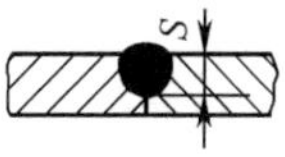

五、焊缝符号举例

焊缝符号举例见表 5-3-4 。

表 5-3-4　焊缝符号举例

序号	符号	示 意 图	图 示 法	标 注 方 法
1	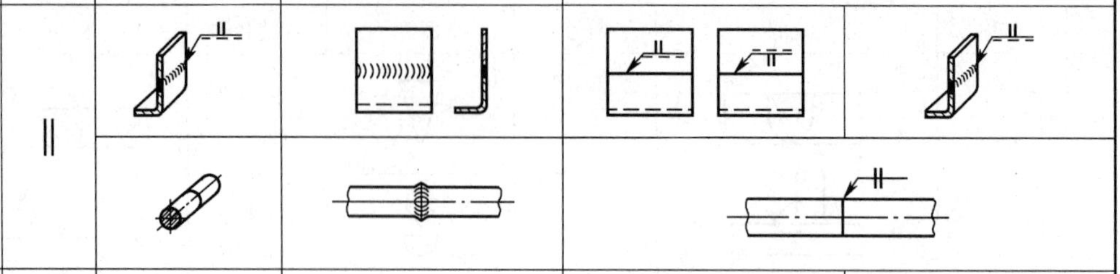 ‖			
2	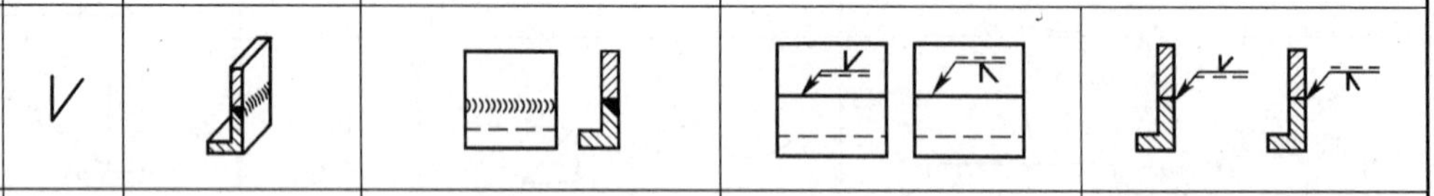 V			
3	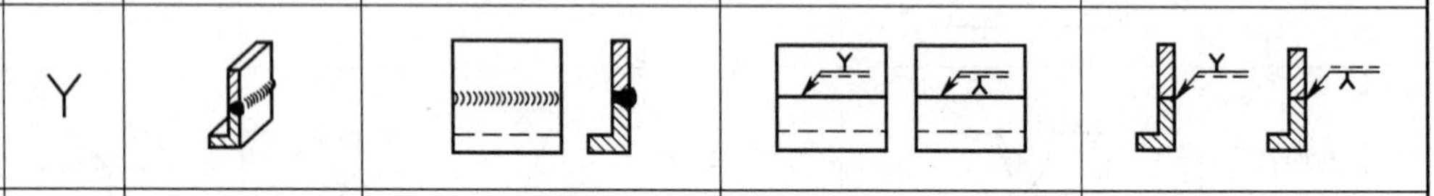 Y			
4	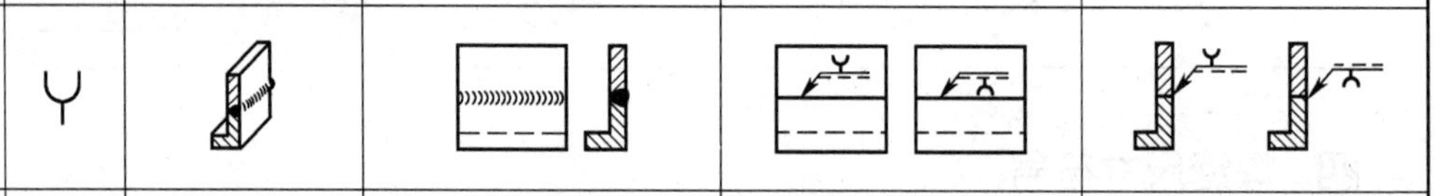 Y			
5	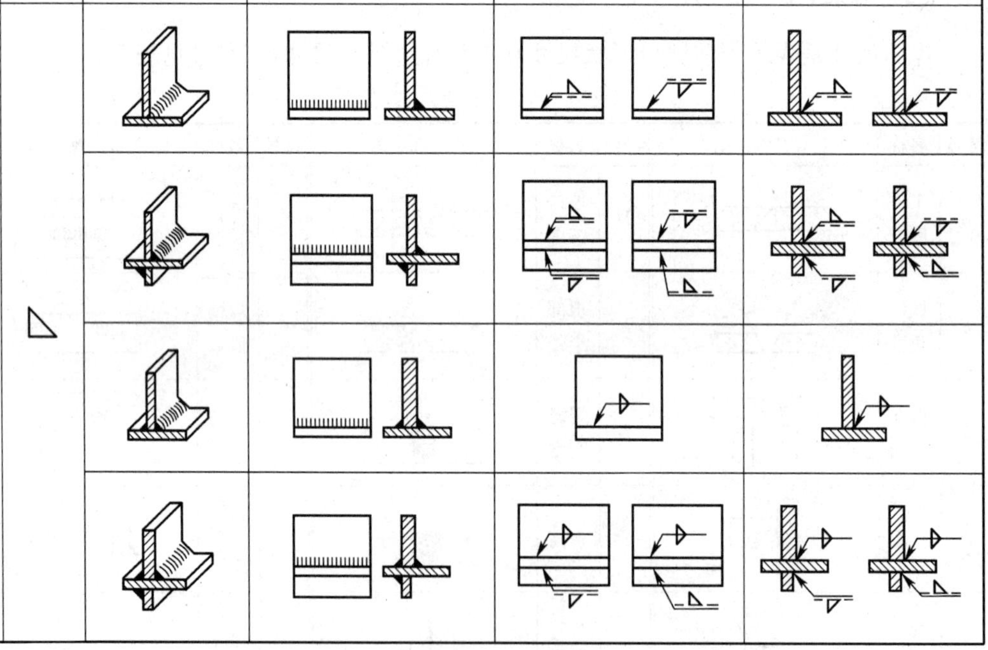 △			

第四节　焊前坡口准备

一、坡口成形加工

坡口成形加工的方法,需根据母材的金属类型、坡口形状及施工条件而定,目前使用

48

于焊条电弧焊的坡口加工方法有剪切、氧气切割、碳弧气刨、刨削和车削等。

（一）剪切

对于I形坡口（不开坡口）的钢板，通常采用剪切机加工，剪切机的剪刀板是很直的，所以剪切接缝线的直线精度较高。剪切钢板的速度也是很快的，剪切几米长的直线只是以秒计时的。剪切机不能加工V形坡口，所以剪切加工适用于不厚的钢板I形坡口，还有剪切也不能用于曲线形接缝。

（二）氧气切割

利用气体火焰（氧与乙炔或液化石油气）将钢板切割处预热到金属燃点，然后喷出高速的氧气流，使金属燃烧生成氧化物（熔渣），并借助高速氧气流吹去熔渣，形成光洁的割缝。氧气切割可以得到任何坡口角度的V形或X形坡口，又不受工件厚度和零件形状的限制，它被广泛应用于碳钢和低合金钢的坡口加工，但不能切割不锈钢及高合金钢。氧气切割有自动、半自动及手工3种方法。

（三）碳弧气刨

利用碳棒与工件之间产生电弧的热量，熔化金属并借助沿碳棒周围喷出压缩气体流，把熔化金属吹出，形成坡口。碳弧气刨可用于坡口加工（宜U形），双面焊接时的清根（清理坡口根部）。

（四）刨削和车削

利用刨边机刨削，能加工成任何形状的坡口，坡口面精度高，适用于较长的直线形接缝，但加工曲线形接缝的坡口困难。

对于圆形工件可采用车削加工，小型管子可在普通车床上加工，大型圆筒体可在立式车床上加工。

二、坡口清理

坡口清理对于电弧稳定燃烧及焊接质量有着很大的影响。不做好清理工作是不能获得良好焊缝质量的。先要清理坡口上加工残留的熔渣（气割和碳刨的坡口），必须使用砂轮进行打磨。对于焊接坡口上有铁锈、油脂、油漆、水或其他污物，也应予以清理。因为这些污物会使电弧稳定性降低，焊缝易产生气孔、夹渣及未焊透缺陷。这些污物可用砂轮、铲刀、钢丝刷及气焊火焰等来清除。

砂轮打磨是彻底有效的清理坡口方法，就是需要动力源，电动砂轮或风动砂轮需要的是电源或压缩空气。铲刀可用于清除油漆和缺陷，需要花些劳动强度。气焊火焰可烧去油脂和烘干水分。钢丝刷用来清扫坡口上的垃圾（如散落在坡口内的碎小熔渣），还有助于仔细观察焊缝外形。

三、装配和定位焊

在正式焊接接缝之前，必须先对分散零件的位置进行固定，这就需要装配和定位焊。装配就是将分散零件合拢在一起，置于正确的位置，然后用焊接方法将各零件之间的相对位置给予固定。装配是用卡具来工作的，卡具种类繁多，最简单的L形"马"和Ⅱ形"马"等如图5-4-1所示。

定位焊是以短小而分散的焊缝对焊接零件进行固定。定位焊缝尺寸是在保证焊件不离散的条件下,尽可能小些,以免妨碍正式焊接工作。有的焊接工艺规程中对定位焊缝尺寸是有规定的。定位焊缝在焊件上的位置,一定要避免在焊缝交叉点上,如图 5-4-2 所示,因为这会影响到相交焊缝的质量及结构的工作状态。

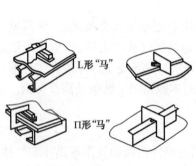

图 5-4-1　装配用卡具

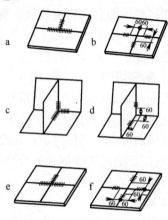

图 5-4-2　定位焊的位置
a、c、e—错误的;b、d、f—正确的。

复习题

1. 焊接接头有哪些形式?
2. 为什么要开坡口、空间隙、留钝边?
3. 比较 V 形对接和 X 形对接的优缺点。
4. T 型接头的形式有哪几种?
5. 角接接头和 T 型接头有何不同?
6. 如何区分增强焊缝和减弱的焊缝?
7. 指出下列焊缝基本符号的含义:I、V、Y。
8. 指出下列焊缝尺寸符号的含义:α、b、P、B、$h(a)$、K。
9. 焊条电弧焊的坡口加工有几种方法?
10. 为什么焊前要对坡口进行清理工作?
11. 对定位焊的尺寸有什么原则要求?
12. 为什么在焊缝交叉处不能进行定位焊?

第六章 电焊条

第一节 电焊条的分类

焊条电弧焊时,电焊条不仅是引燃电弧的电极,同时又作为填充焊缝的熔敷金属。电焊条由焊条芯和药皮组成。电焊条可按不同方法进行分类。

一、按焊条的用途分类

(1)结构钢焊条:用于焊接碳钢和低合金高强度结构钢。

(2)耐热钢焊条:用于焊接铬钼珠光体耐热钢。

(3)不锈钢焊条:用于焊接不锈钢和热强钢(高温合金)。

(4)堆焊焊条:用于堆焊要求耐磨、耐热、耐腐蚀等性能的合金钢零件的表面层。

(5)低温钢焊条:用于焊接低温钢。

(6)铸铁焊条:用于焊补铸铁件,焊条本身可以不是铸铁。

(7)镍及镍合金焊条:用于焊接镍及镍合金,也可以用于堆焊、铸铁补焊及焊接异种金属等。

(8)铜及铜合金焊条:用于焊接铜及铜合金,也可用于铸铁焊补等。

(9)铝及铝合金焊条:用于焊接铝及铝合金。

(10)特殊用途焊条:用于水下焊接等场合。

二、按焊条药皮的成分分类

按焊条药皮的主要成分可分为钛型、钛钙型、氧化铁型及低氢型焊条等。

按焊条熔渣的酸碱性可分为酸性焊条和碱性焊条。为了表示熔渣酸性和碱性的强弱,引入碱度概念,碱度就是熔渣中碱性氧化物总量和熔渣中酸性氧化物总量之比,碱度 $K=\dfrac{碱性氧化物总量}{酸性氧化物总量}$,当 $K \geqslant 1.5$ 时熔渣呈碱性,这种焊条称为碱性焊条。当 $K < 1.5$ 时,称为酸性焊条。

第二节 焊条钢芯

焊条钢芯的基体是铁(Fe),此外还有碳、硅、锰、硫、磷等,对于不锈钢焊芯还有铬和镍等。

一、碳(C)

碳是钢中的必要元素,钢中碳含量增加,可提高钢的强度和硬度,但塑性和冲击韧性有所下降,且焊接性变差。容易使焊缝产生气孔和裂纹,且飞溅增大。碳钢焊芯中的碳的质量分数 W_C 通常控制在 0.10% 以下。

二、锰(Mn)

锰在焊芯中是有益元素,锰能脱氧、去硫,减少焊缝氧的含量和防止硫的危害。锰又能作合金剂进入焊缝,提高焊缝的强度和韧性,常用碳钢焊芯中锰的质量分数 W_{Mn} 为 0.30%~0.55%。

三、硅(Si)

硅是合金剂,能提高钢的强度。硅又是脱氧剂,脱氧能力比锰强,但单独用硅脱氧或含硅太多时,会生成二氧化硅(SiO_2),难以从熔渣中浮出,造成焊缝夹杂。碳钢焊芯中硅的质量分数 W_{Si} 通常限制在 0.03% 以下。

四、硫(S)

硫是钢中有害杂质,会使钢的成分分布不均匀,硫和铁化合生成硫化铁(FeS),它的熔点比较低,因此使处在高温固态焊缝中存在液态硫化铁,形成裂纹。一般钢焊芯中硫的质量分数 W_S 应不大于 0.04%;优质钢焊芯(牌号尾带有 A)中硫的质量分数 W_S 应不大于 0.03%;高级优质钢焊芯(牌号尾带有 E)中硫的质量分数 W_S 应不大于 0.025%。

五、磷(P)

磷也是有害杂质,会使钢的韧性显著下降,既会使焊缝冷脆,又易使焊缝产生热状态裂纹。一般钢焊芯、优质钢焊芯(A)、高级优质钢焊芯(E)中磷的质量分数分别不大于 0.04%、0.03%、0.025%。

常用碳钢焊芯的牌号和化学成分见表 6-2-1。钢焊条用焊芯的直径和长度见表 6-2-2。不锈钢焊条由于电阻大,易发热,所以同直径的焊条长度比较短。

表 6-2-1 碳钢焊芯的牌号和化学成分

牌号	代号	元素含量/%						
		C	Mn	Si	Cr	Ni	S	P
焊08	H08	≤0.10	0.30~0.55	≤0.03	≤0.20	≤0.30	≤0.040	≤0.040
焊08高	H08A	≤0.10	0.30~0.55	≤0.03	≤0.20	≤0.30	≤0.030	≤0.030
焊08优	H08E	≤0.10	0.30~0.55	≤0.03	≤0.20	≤0.30	≤0.025	≤0.025
焊08锰	H08Mn	≤0.10	0.80~1.10	≤0.07	≤0.20	≤0.30	≤0.040	≤0.040
焊08锰高	H08MnA	≤0.10	0.80~1.10	≤0.07	≤0.20	≤0.30	≤0.030	≤0.030
焊15高	H15A	0.11~0.18	0.35~0.65	≤0.03	≤0.20	≤0.30	≤0.030	≤0.030
焊15锰	H15Mn	0.11~0.18	0.80~1.10	≤0.03	≤0.20	≤0.30	≤0.040	≤0.040

表 6-2-2 钢焊条的直径和长度

焊条直径/mm	碳钢焊条长度/mm	低合金钢焊条长度/mm	不锈钢焊条长度/mm
1.6	200,250	—	220~240
2.0	250,300	250~300	220~240
2.5	250,300	250~300	220~240 或 290~310
3.2	350,400	340~360	300~320 或 340~360
4.0	350,400	390~410	340~360 或 380~400

焊条直径/mm	碳钢焊条长度/mm	低合金钢焊条长度/mm	不锈钢焊条长度/mm
5.0	400,450	390～410	340～360 或 380～400
6.0(5.8)	400,450	400～450	340～360 或 380～400
8.0	500,650	400～450	—
国家标准	GB/T 5117—95	GB/T 5118—95	GB 983—95
注:焊条(焊芯)直径的极限偏差±0.05mm,焊条长度的极限偏差±2.0mm			

第三节 药 皮

一、药皮的功用

焊条上药皮不仅在焊接过程中起着重要作用,并且也是决定焊接质量的主要因素之一。

（一）确保焊接电弧的稳定性

没有药皮的焊条焊接时,电弧是不稳定的。焊条药皮中加入含有钾和钠的"稳弧剂",就确保了电弧的稳定性,使焊条在交流电的情况下也能进行正常的电弧焊,且焊条引弧容易,电弧稳定。

（二）保证熔融金属不受空气的不良影响

在药皮中加入"造气剂",产生保护气体笼罩在电弧周围,使熔融金属和空气隔离,防止空气进入熔池。同时药皮中还有"还原剂",可使金属氧化物还原成金属。药皮熔化成熔渣覆盖在焊缝金属表面,保护焊缝金属,使之缓慢冷却,有利于熔池中气体逸出,并使焊缝成形美观。

（三）加入合金元素,提高焊缝金属的特殊性能

加入到焊缝中的合金,可以通过加入焊芯中的合金,过渡到焊缝。合金也可以通过药皮过渡到焊缝。焊芯中加合金是炼钢厂之事,药皮中加合金是焊条厂之事,后者方便。焊缝金属加入合金可提高焊缝的特殊性能。同一种焊芯在药皮中加入不同的药皮成分,可以成为不同性能和等级的焊条。

（四）使焊接容易,提高焊接生产率

焊芯涂上药皮后,药皮的熔化比焊芯慢,焊芯外面有突出的药皮套筒,使熔滴有方向地射到熔池,这便利于仰焊、立焊,并减少了飞溅。由于电弧稳定,可以用大电流和粗焊条焊接,提高了生产率。如果在药皮中加入了铁粉,铁粉熔化进入熔池,使焊接生产率得到更进一步的提高。

二、药皮的组成

焊条药皮主要由下列各成分组成:

(1)稳弧剂:可使引弧容易和电弧燃烧稳定。稳弧剂有长石、金红石、钛白粉、大理石、云母、钛铁矿等。

(2)造气剂:产生气体保护电弧和熔池,造气剂有碳酸盐(大理石、白云石、菱苦土、碳

酸钡等)及有机物(木粉、淀粉、纤维素等)。

(3)造渣剂:在电弧作用下形成熔渣,使熔渣浮在熔池表面,保护熔池并改善焊缝外形。造渣剂有大理石、萤石(氟化钙)、白云石、菱苦土、长石、白泥、云母、石英、金红石、钛白粉、钛铁矿等。

(4)脱氧剂:用于降低药皮和熔渣的氧化性,使金属氧化物还原成金属,提高焊缝的性能。常用的脱氧剂有锰铁、硅铁、铝铁及硅钙合金等。

(5)合金剂:可补偿焊接过程中合金元素的烧损,向焊缝过渡必要的合金元素,确保焊缝的合金成分,提高焊缝金属的某些性能。根据需要选用各种铁合金(锰铁、硅铁、钼铁、铬铁、钒铁等)和纯金属(锰、铬、镍粉等)。

(6)黏结剂:将上述粉剂用黏结剂粘合,牢固地压涂在焊芯上。粘结剂有水玻璃、酚醛树脂及树胶等。

焊条药皮中有些原材料可同时起几种作用,如大理石能起稳弧、造渣、造气等作用。但也有的原材料对某个方面有利,而对另一个方面不利,如萤石,对造渣有利而对稳弧不利。在制造焊条药皮时,是个综合考虑的问题,每个工厂的焊条药皮配方都是不一样的。

第四节　钢焊条的型号

焊条型号是国家制定的标准。焊条型号的主要内容包括焊条类别、焊条特性(指焊芯的金属类型、熔敷金属的力学性能及化学成分)、药皮类型、焊接位置及焊接电流种类。不同类型焊条的型号表示方法也不同。

一、碳钢焊条的型号

常用碳钢焊条的型号见表6-4-1。

表6-4-1　常用碳钢焊条型号

焊条型号	药皮类型	焊接位置	电流种类
E43系列—熔敷金属抗拉强度＞43kgf/mm²(420MPa)			
E4300	特殊型	平、立、仰、横	交流或直流正、反接
E4301	钛铁矿型		
E4303	钛钙型		
E4310	高纤维钠型		直流反接
E4311	高纤维钾型		交流或直流反接
E4312	高钛钠型		交流或直流正接
E4313	高钛钾型		交流或直流正、反接
E4315	低氢钠型		直流反接
E4316	低氢钾型		交流或直流反接
E4320	氧化铁型	平对接、船形焊、横角焊	交流或直流正接
E4322			交流或直流正、反接

焊条型号	药皮类型	焊接位置	电流种类
E43 系列—熔敷金属抗拉强度＞43kgf/mm²（420MPa）			
E4323	铁粉钛钙型	平对接、船形焊、横角焊	交流或直流正、反接
E4324	铁粉钛型		
E4327	铁粉氧化铁型		交流或直流正接
E4328	铁粉低氢型		交流或直流反接
E50 系列—熔敷金属抗拉强度≥50kgf/mm²（490MPa）			
E5001	钛铁矿型	平、立、仰、横	交流或直流正、反接
E5003	钛钙型		
E5011	高纤维钾型		交流或直流反接
E5014	铁粉钛型		交流或直流正、反接
E5015	低氢钠型		直流反接
E5016	低氢钾型		交流或直流反接
E5018	铁粉低氢型		
E5024	铁粉钛型	平对接、船形焊、横角焊	交流或直流正、反接
E5027	铁粉氧化铁型		交流或直流正接
E5028	铁粉低氢型		交流或直流反接
E5048		平、立、仰、立向下	

注：(1)直径不大于 4.0mm 的 E5014、E5015、E5016 和 E5018 焊条及直径不大于 5.0mm 的其他型号的焊条可适用于立焊和仰焊；

(2)E4322 型焊条适用于单道焊

(1)碳钢焊条型号以首字母"E"表示焊条。

(2)"E"后的两位数字表示熔敷金属的抗拉强度等级的最小值。

(3)"E"后的第三位数字表示焊条的焊接位置，"0"和"1"表示焊条适用于全位置焊接（即可进行平、横、立、仰焊），"2"表示焊条适用于平对接焊、船形焊及横角焊，"4"表示焊条适用于向下立焊。

(4)"E"后第三位和第四位数字组合时表示药皮类型和电源种类，见表 6-4-1 中的第三位、第四位数字。

碳钢焊条型号举例：

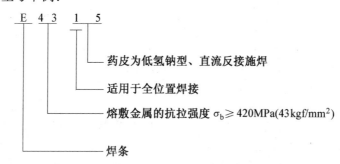

二、低合金钢焊条的型号

常用低合金钢焊条的型号见表 6-4-2。

表 6-4-2　常用低合金钢焊条的型号

焊条型号	药皮类型	焊接位置	电流种类
E50 系列—熔敷金属抗拉强度≥490MPa(50kgf/mm²)			
E5003—×	钛钙型	平、立、横、仰	交流或直流正、反接
E5010—×	高纤维素钠型		直流反接
E5011—×	高纤维素钾型		交流或直流反接
E5015—×	低氢钠型		直流反接
E5016—×	低氢钾型		交流或直流反接
E5018—×	铁粉低氢型		
E5020—×	高氧化铁型	横角焊	交流或直流正接
		平焊	交流或直流正、反接
E5027—×	铁粉氧化铁型	横角焊	交流或直流正接
		平焊	交流或直流正、反接
E55 系列—熔敷金属抗拉强度≥540MPa(55kgf/mm²)			
E5500—×	特殊型	平、立、横、仰	交流或直流正、反接
E5503—×	钛钙型		
E5510—×	高纤维素钠型		直流反接
E5511—×	高纤维素钾型		交流或直流反接
E5513—×	高钛钾型		交流或直流正、反接
E5515—×	低氢钠型		直流反接
E5516—×	低氢钾型		交流或直流反接
E5518—×	铁粉低氢型		
E60 系列—熔敷金属抗拉强度≥590MPa(60kgf/mm²)			
E6000—×	特殊型	平、立、横、仰	交流或直流正、反接
E6010—×	高纤维素钠型		直流反接
E6011—×	高纤维素钾型		交流或直流反接
E6013—×	高钛钾型		交流或直流正、反接
E6015—×	低氢钠型		直流反接
E6016—×	低氢钾型		交流或直流反接
E6018—×	铁粉低氢型		
E70 系列—熔敷金属抗拉强度≥690MPa(70kgf/mm²)			
E7010—×	高纤维素钠型	平、立、横、仰	直流反接
E7011—×	高纤维素钾型		交流或直流反接
E7013—×	高钛钾型		交流或直流正、反接
E7015—×	低氢钠型		直流反接

焊 条 型 号	药 皮 类 型	焊 接 位 置	电 流 种 类
E70 系列—熔敷金属抗拉强度≥690MPa(70kgf/mm²)			
E7016—×	低氢钾型	平、立、横、仰	交流或直流正、反接
E7018—×	铁粉低氢型		
E75 系列—熔敷金属抗拉强度≥740MPa(75kgf/mm²)			
E7515—×	低氢钠型	平、立、横、仰	直流反接
E7516—×	低氢钾型		交流或直流反接
E7518—×	铁粉低氢型		

（1）型号以首字母"E"表示焊条。

（2）"E"后的两位数字表示熔敷金属抗拉强度等级的最小值。

（3）"E"后的第三位数字表示焊条的焊接位置，"0"和"1"表示全位置，"2"表示平焊和横角焊位置，"4"表示向下立焊。

（4）"E"后的第三位和第四位数字组合时，表示药皮类型和电源种类。

以上 4 项内容和碳钢焊条型号的四项内容是相同的。

（5）4 个数字后的短划"—"后的字母表示熔敷金属的化学成分的分类代号，A1 表示碳钼钢，B1～B5 表示铬钼钢，C1～C3 表示镍钢，D1～D3 表示为锰钼钢。

（6）如还有附加化学成分时，直接用化学元素符号表示，并以短划"—"与前面后缀字母分开。

低合金钢焊条型号举例：

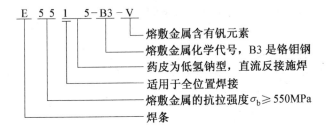

除了表 6-4-3 常用低合金钢焊条的型号外，还有 E80 系列的型号（E8015－X、E8016－X、E8018－X）；E85 系列的型号（E8515－X、E8516－X、E8518－X）；E90 系列的型号（E9015－X、E9016－X、E9018－X）；E100 系列的型号（E10015－X、E10016－X、E10018－X）。这种焊条型号的强度等级 kgf/mm² 是 80、85、90、100，都用在 $\sigma_b \geq 80kgf/mm^2$ 的高强度低合金钢。

三、不锈钢焊条的型号

（1）不锈钢焊条的型号也是以首字母"E"表示焊条。

（2）"E"后的数字表示不锈钢熔敷金属的化学成分分类代号。大多数型号 E 后有三位数字，少数有小于三位数的。

（3）有特殊要求的化学成分用元素符号表示，放在数字的后面。

(4)型号尾部有两位数字表示焊条药皮类型、焊接位置及焊接电流种类(有 15、16、17、25、26)。尾部 15 和 25 表示碱性低氢性药皮,用直流反接。尾部 16、17、26 表示可用于交流或直流。其中 25、26 只能用于平焊和横焊。

不锈钢焊条型号举例 1:

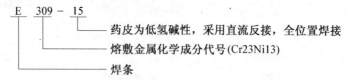

药皮为低氢碱性,采用直流反接,全位置焊接
熔敷金属化学成分代号(Cr23Ni13)
焊条

不锈钢焊条型号举例 2:

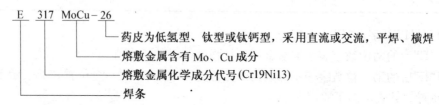

药皮为低氢型、钛型或钛钙型,采用直流或交流,平焊、横焊
熔敷金属含有 Mo、Cu 成分
熔敷金属化学成分代号(Cr19Ni13)
焊条

第五节　电焊条的牌号

由于历史习惯的原因,目前我们生产中看到的电焊条常用牌号和其型号是不同的。(这些牌号实际上也是老的标准型号)这种新型号和老牌号会延续共存一段时间,但不可理解为焊条有两套标准,介绍牌号的编制仅仅是为了大家方便理解和对比。

电焊条的牌号共分为十大类,如结构钢焊条(包括碳钢与低合金钢焊条)、耐热钢焊条、不锈钢焊条、堆焊焊条等,这已在第一节电焊条的分类介绍过。焊条牌号通常以一个汉语拼音字母(或汉字)与三位数字表示。拼音字母(或汉字)表示焊条十大类的区别,后面三位数字中的前两位数字表示各大类中的小类,第三位数字表示该焊条牌号的药皮类型及焊接电源种类,见表 6-5-1。有的焊条牌号三位数字后面还加注字母表示焊条的特殊性能和用途,如 Fe 表示铁粉焊条,H 表示超低氢焊条,R 表示压力容器用焊条,X 表示向下立焊用焊条,Z 表示重力焊条等。

表 6-5-1　焊条牌号中第三位数字的含义

焊条牌号	药皮类型	焊接电源种类	焊条牌号	药皮类型	焊接电源种类
□××0	未作规定	未作规定	□××5	纤维素型	直流或交流
□××1	氧化钛型	直流或交流	□××6	低氢钾型	直流或交流
□××2	钛钙型	直流或交流	□××7	低氢钠型	直流
□××3	钛铁矿型	直流或交流	□××8	石墨型	直流或交流
□××4	氧化铁型	直流或交流	□××9	盐基型	直流

一、结构钢焊条牌号

(1)牌号首字是"J"或"结"表示结构钢焊条。

(2)"J"或"结"后面两位数字,表示熔敷金属抗拉强度的最小值,表 6-5-2 为结构钢焊条熔敷金属的强度等级。

表 6-5-2　结构钢焊条熔敷金属强度等级

焊条牌号	熔敷金属抗拉强度 /MPa(kgf·mm⁻²)	熔敷金属屈服强度 /MPa(kgf·mm⁻²)	焊条牌号	熔敷金属抗拉强度 /MPa(kgf·mm⁻²)	熔敷金属屈服强度 /MPa(kgf·mm⁻²)
J42×	≥412(42)	≥330(34)	J75×	≥740(75)	≥640(65)
J50×	≥490(50)	≥410(42)	J80×	≥780(80)	—
J55×	≥540(55)	≥440(45)	J85×	≥830(85)	≥740(75)
J60×	≥590(60)	≥530(54)	J10×	≥980(100)	—
J70×	≥690(70)	≥590(60)			

(3)"J"或"结"后面的第三位数字,药皮类型和电源种类,见表 6-5-1。

(4) 牌号末尾若加有"Fe"或"铁",表示为铁粉焊条,加"X"或"下"表示为向下立焊焊条。

结构钢焊条牌号举例 1:

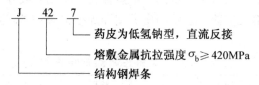

举例 2:

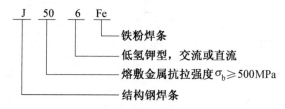

常用碳素结构钢焊条的焊接工艺性能见表 6-5-3。

表 6-5-3　碳素结构钢焊条的焊接工艺性能

焊条型号	E4313	E4303	E4301	E4320	E4311	E4316	E4315
焊条牌号	J421	J422	J423	J424	J425	J426	J427
药皮类型	钛型	钛钙型	钛铁矿型	氧化铁型	纤维素型	低氢型	低氢型
熔渣的酸碱性	酸性、短渣	酸性、短渣	酸性、较短渣	酸性、长渣	酸性、较短渣	碱性、短渣	碱性、短渣
电弧稳定性	柔和、稳定	稳定	稳定	稳定	稳定	较差、交、直	较差、直流
电弧吹力	小	较小	稍大	最大	最大	稍大	稍大
飞溅	少	少	中	中	多	较多	较多
焊缝外观	纹细、美	美	美	稍粗	细	稍细	稍粗
熔深	小	中	稍大	最大	大	中	中
咬边	小	小	中	小	大	小	小
焊脚形状	凸	平	平、稍凸	平	平	平或凹	平或凹
脱渣性	好	好	好	好	好	较差	较差
熔化系数	中	中	稍大	大	大	中	中

焊条型号	E4313	E4303	E4301	E4320	E4311	E4316	E4315
粉尘	少	少	稍多	多	少	多	多
平焊	易	易	易	易	易	易	易
熔渣凝固时间	短	短	较短	长	较短	短	短
立向上焊	易	易	易	不可	极易	易	易
立向下焊	易	易	困难	不可	易	易	易
仰焊	稍易	稍易	易	不可	极易	稍难	稍难

二、钼及铬钼耐热钢焊条牌号

（1）牌号首字母是"R"或"热"表示钼及铬钼耐热钢焊条。

（2）"R"或"热"后第一位数字表示熔敷金属主要成分等级，见表 6-5-4。

（3）"R"或"热"后第二位数字表示同一熔敷金属主要化学成分等级中的不同牌号。

（4）"R"或"热"后第三位数字表示药皮类型和焊接电源种类，这数字的含义和结构钢焊条是相同的。

表 6-5-4　钼及铬钼耐热钢焊条牌号

牌号	熔敷金属主要化学成分组成等级	牌号	熔敷金属主要化学成分组成等级
R1××	含 Mo 量为 0.5%	R5××	含 Cr 量为 5%，含 Mo 量为 0.5%
R2××	含 Cr 量为 0.5%，含 Mo 量为 0.5%	R6××	含 Cr 量为 7%，含 Mo 量为 1%
R3××	含 Cr 量为 1%～2%，含 Mo 量为 0.5%～1%	R7××	含 Cr 量为 9%，含 Mo 量为 1%
R4××	含 Cr 量为 2.5%，含 Mo 量为 1%	R8××	含 Cr 量为 11%，含 Mo 量为 1%

三、不锈钢焊条牌号

（1）不锈钢焊条有两种：一种是奥氏体不锈钢焊条，牌号首字母用"A"或"奥"表示；另一种是铬不锈钢焊条，牌号首字母用"G"或"铬"表示。

（2）"A"或"奥"、"G"或"铬"字后第一位数字表示熔敷金属主要成分等级，见表 6-5-5。

（3）"A"或"奥"、"G"或"铬"字后第二位数字表示同一熔敷金属主要化学成分等级中的不同牌号。

（4）"A"或"奥"、"G"或"铬"字后第三位数字表示药皮类型和焊接电源种类，这和结构钢焊条是相同意义的。

表 6-5-5　不锈钢焊条牌号

牌号	熔敷金属主要化学成分组成等级	牌号	熔敷金属主要化学成分组成等级
G2××	含 Cr 量约 13%	A4××	含 Cr 量约 25%，含 Ni 量约 20%
G3××	含 Cr 量约 17%	A5××	含 Cr 量约 16%，含 Ni 量约 25%
A0××	含 C 量≤0.04%（超低级）	A6××	含 Cr 量约 15%，含 Ni 量约 35%
A1××	含 Cr 量约 18%，含 Ni 量 8%	A7××	铬锰氮不锈钢
A2××	含 Cr 量约 18%，含 Ni 量 12%	A8××	含 Cr 量约 18%，含 Ni 量约 18%
A3××	含 Cr 量约 25%，含 Ni 量约 13%	A9××	待发展

四、低温钢焊条牌号

（1）牌号首字"W"或"温"表示低温钢焊条。

（2）"W"或"温"后两位数字不是低温钢焊条的工作温度，而是表示低温钢焊条焊接低温钢后，低温钢焊缝和母材的工作温度，见表6-5-6。

表 6-5-6　低温钢焊条牌号

牌号	母材工作温度等级	牌号	母材工作温度等级
W70×	−70℃	W19×	−196℃
W90×	−90℃	W25×	−253℃
W11×	−110℃		

（3）"W"或"温"后第三位数字表示药皮类型和焊接电源。

从以上焊条牌号可以看出，只有结构钢焊条和低温钢焊条用两位数字来表示强度和温度的等级。其余焊条牌号，第一位数字表示熔敷金属成分有较大的区别，第二位数字仅是小的区别，而第三位数字都是表示药皮类型及焊接电源的种类。为此在介绍以下焊条牌号时，主要介绍第一位数字。

五、堆焊焊条牌号

牌号首字"D"或"堆"表示堆焊焊条。

"D"或"堆"后第一位数字表示焊条的用途、组织或熔敷金属成分，见表6-5-7。

表 6-5-7　堆焊焊条牌号

牌号	用途、组织或熔敷金属的主要成分	牌号	用途、组织或熔敷金属的主要成分
D0××	不规定	D5××	阀门用
D1××	普通常温	D6××	合金铸铁用
D2××	普通常温用及常温高锰钢	D7××	碳化钨型
D3××	刀具及工具用	D8××	钴基合金
D4××	刀具及工具用	D9××	待发展

六、铸铁焊条牌号

牌号首字"Z"或"铸"表示铸铁焊条。

"Z"或"铸"后第一位数字表示熔敷金属的主要化学成分组成类型，见表6-5-8。

表 6-5-8　铸铁焊条牌号

牌号	熔敷金属主要化学成分组成类型	牌号	熔敷金属主要化学成分组成类型
Z1××	铸铁或高钒钢	Z5××	镍铜
Z2××	铸铁（包括球墨铸铁）	Z6××	铜铁
Z3××	纯镍	Z7××	待发展
Z4××	镍铁		

七、镍及镍合金焊条牌号

牌号首字"Ni"或"镍"表示镍及镍合金焊条。

"Ni"或"镍"后第一位数字表示熔敷金属的主要化学成分组成类型,见表6-5-9。

八、铜及铜合金焊条牌号

牌号首字"T"或"铜"表示铜及铜合金焊条。

"T"或"铜"后第一位数字表示熔敷金属的化学成分组成类型,见表6-5-10。

表 6-5-9　镍及镍合金焊条牌号

牌号	熔敷金属主要化学成分组成类型
Ni1××	纯镍
Ni2××	镍铜
Ni3××	因康镍合金
Ni4××	待发展

表 6-5-10　铜、铜合金焊条牌号

牌号	熔敷金属主要化学成分组成类型
T1××	纯铜
T2××	青铜
T3××	白铜
T4××	待发展

九、铝及铝合金焊条牌号

牌号首字"L"或"铝"表示铝及铝合金焊条。

"L"或"铝"后第一位数字表示熔敷金属化学成分组成类型,见表6-5-11。

表 6-5-11　铝、铝合金焊条牌号

牌号	熔敷金属主要化学成分组成类型	牌号	熔敷金属主要化学成分组成类型
L1××	纯铝	L3××	铝锰合金
L2××	铝硅合金	L4××	待发展

十、特殊用途焊条牌号

牌号首部"TS"或"特"表示特殊用途焊条。

"TS"或"特"后第一位数字表示焊条的特殊用途,见表6-5-12。

表 6-5-12　特殊焊条牌号

牌号	用途或熔敷金属主要成分	牌号	用途或熔敷金属主要成分
TS2××	水下焊接用	TS5××	电渣焊用管状焊条
TS3××	水下切割用	TS6××	铁锰铝焊条
TS4××	铸铁件焊补前开坡口用	TS7××	高硫堆焊焊条

表6-5-13为常用钢焊条的型号和牌号对照。

表 6-5-13　常用钢焊条型号和牌号对照表

类别	型号	牌号	型号	牌号
结构钢焊条	E4313	结 421	E4301	结 423
	E4303	结 422	E4320	结 424
	E4323	结 422 铁	E4316	结 426

类 别	型 号	牌 号	型 号	牌 号
结构 钢焊条	E4315	结 427	E5015-G	结 507 铜磷
	E5003	结 502	E5515-G	结 557
	E5001	结 503	E6016-D₁	结 606
	E5027	结 504 铁	E6015-D₁	结 607
	E5016	结 506	E6015-G	结 607 镍
	E5018	结 506 铁	E7015-D₂	结 707
	E5015	结 507	E8515-G	结 857
钼及铬钼 耐热钢焊条	E5015-A1	热 107	E5515-B2-VNb	热 337
	E5015-B1	热 207	E5515-B3-VWB	热 347
	E5515-B2	热 307	E6015-B3	热 407
	E5515-B2-V	热 317	E5515-B3-VNb	热 417
	E5515-B2-VW	热 327	E1-5MoV-15	热 507
铬镍 不锈钢 焊条	E308L-16	奥 002	E318V-16	奥 232
	E316L-16	奥 022	E318V-15	奥 237
	E308-16	奥 102	E317-16	奥 242
	E308-15	奥 107	E309-16	奥 302
	E347-16	奥 132	E309-15	奥 307
	E347-15	奥 137	E309 Mo-16	奥 312
	E316-16	奥 202	E310-16	奥 402
	E316-15	奥 207	E310-15	奥 407
	E318-16	奥 212	E16-25MoN-16	奥 502
	E317MoCu-16	奥 222	E16-25MoN-15	奥 507

第六节 焊条的选用、保管和使用

一、焊条的选用

钢结构焊条电弧焊时,选用焊条是一项重要的工艺措施之一。焊条的选用依据是:①母材的力学性能和化学成分;②构件的工作条件和使用性能;③构件的刚性;④在保证质量前提下,考虑焊工的劳动条件、生产率和经济性。其中最主要的是母材的力学性能和化学成分。下面介绍按钢号选用焊条牌号,列于表 6-6-1 中,可供参考。按船体结构用钢的等级选用船用焊条的级别,见表 6-6-2。

表 6-6-1 按钢号选用焊条牌号

母材钢种	母材钢号	焊 条 牌 号	
		一 般 结 构	重 要 结 构
低碳钢	Q215、Q235	J421、J422、J423、J424、J425	J422、J423、J424、J425、J426、J427、J506、J507
	Q255	J426、J427	J506、J507
	08、10、15、20、22	J422、J423、J424、J425	J426、J427、J506、J507
	25	J426、J427	J506、J507
中高碳钢	30、35	J422、J426、J427	J506、J507
	40、45	J422、J426、J427、J506、J507	J556、J557

母材钢种	母材钢号	焊 条 牌 号	
		一 般 结 构	重 要 结 构
中高碳钢	50、55	J422、J426、J427、J506、J507	J606、J607
	60、65、70、77、78	J506、J507	J607、J707
		不要求焊缝硬度可用 A302、A402、A307、A407	
低合金钢	Q295、09MnV、09Mn2V、09Mn2Cu、09Mn2Si、12Mn	J422、J423、J426、J427、J506、J507	
	Q345、16Mn、16MnCu、16MnSiCu、14MnNn	J502、J503、J506、J507	
	08MnP	J502CuP、J507CuP	
	09MnCuTi	J502NiCu、J507CuP	
	10MnWVNb	J507MoW	
	12MnVAl	J507Mo	
	Q390、15MnV、15MnVCu、15MnTi、15MnTiCu、16MnNb、20MnMo	J506、J507、J556、J557	
	15MnVN、15MnVNCu	J556、J557、J606、J607	
	14MnMoV	J606、J607	
	15MnMoV、16MnMoVCa、18MnMoNb、20MnMoNb	J707	
	14MnVB	J707Ni	
	25Cr2NiMoV	J707、J807	
	14MnMoNiB	J757Ni、J807	
	30CrMo	J857Cr、A502	
	30CrMnSi	J107、J107Cr、A507	
不锈钢	1Cr13	G202、G207	
	2Cr13	A302、A307、A402、A407	
	1Cr17Ni2、OCr13	G302、G307、A302、A307、A402、A407、A102、A107	
	1Cr17	G302、G307	
	0Cr17Ti	A302、A307	
	1Cr17Mo2Ti	G311、A302、A307、A102、A107	
	0Cr18Ni10	A002	
	1Cr18Ni9	A112、A117	
	0Cr18Ni9Ti、1Cr18Ni9Ti	A132、A137	
	0Cr18Ni12Mo2Ti、1Cr18Ni12Mo2Ti	A212	
	00Cr17Ni14Mo2、00Cr17Ni14Mo3	A022	
	0Cr25Ni20	A402、A407、A412	

表 6-6-2　按船体结构用钢的等级选用船用焊条的级别

钢材等级		钢材的屈服强度 σ_s/MPa	钢材的抗拉强度 σ_s/MPa	钢材冲击试验温度 /℃	选用船用焊条的级别
一般强度船体结构用钢	A	≥235	400～500	20	1
	B			0	2
	D			−20	2
	E			−40	3
高强度船体结构用钢	AH32	≥315	400～590	0	1Y
	DH32			−20	2Y
	EH32			−40	3Y
	FH32			−60	4Y
	AH36	≥355	490～620	0	1Y
	DH36			−20	2Y
	EH36			−40	3Y
	FH36			−60	4Y
	AH40	≥390	510～650	0	1Y40
	DH40			−20	2Y40
	EH40			−40	3Y40
	FH40			−60	4Y40

二、电焊条的保管、发放和使用

电焊条的严格保管、限量发放和合理使用是保证焊接质量的重要环节之一。

(一) 电焊条的保管

(1)进厂的电焊条必须先由技术检验部门派专人核对电焊条生产厂的质量保证书,产品检验合格书。

(2)贮放电焊条的仓库应通风良好、干燥,室温应不低于 18℃,相对湿度不大于 60%。焊条货架或垫木应离墙、离地不小于 300mm。按照焊条品种、牌号分类堆放,并明显标识。先入库的焊条应该先发放。

(3)若发现已入库的电焊条,因保管不善、存放时间过长等情况,质检人员可按有规产品验收技术条件进行抽样检查,不合格的应予报废。

(4)对于特种焊条(如军用的)的储存与保管的要求,应高于一般焊条,堆放在专用仓库或指定区域。

(二) 电焊条的发放和使用

(1)仓库管理人员应熟悉电焊条的性能和要求,要防止发错焊条而造成严重质量事故。

(2)碱性焊条在使用前必须在电烘箱中烘干,温度一般为 350℃～400℃,保温 2h,然后放入另一温度控制在 100℃～150℃的保温电烘箱中,随用随取。

(3)酸性焊条一般不焙烘,对于严重受潮的可进行 70℃～150℃焙烘 1h。

(4)碱性焊条一次领取不得超过 4h 用量;酸性焊条一次领取不得超过当天用量。如果到时间焊条未用完,则应立即返回焊条房。

(5)焊工应按产品工艺要求正确领取焊条的牌号及直径,切不可领错。

(6)焊工应根据焊条牌号、直径和长度正确选用焊接电源种类及极性、焊接电流的大小等,过大的焊接电流会使焊条药皮发红而失效,影响焊接质量。

(7)焊条头要焊得短,焊条残头有药皮部分长度应不大于10mm,焊条残头不可乱丢在工地上。

(8)现场作业时,焊条应存放在焊条箱内,重要结构的焊条应放置在电加热的焊条保温箱内,不得随地乱放。

复 习 题

1. 电焊条的作用是什么?

2. 焊条药皮在焊接过程中起什么作用?

3. 酸性焊条和碱性焊条的药皮有何区别?

4. 指出下列钢焊条型号的含义:E4303、E4315、E5016、E5515-B3-Y、E6015。

5. 指出下列不锈钢焊条型号的含义:E309-5、E317MoCu-6。

6. 焊条牌号分成十大类,如何识别?

7. 指出下列焊条的类型:J422、J503、J557、J707、R347、A137、G202、D127、W707、Z308、Ni112、T227、L209、TS202。

8. 船用钢材等级为 B、A32、D36、E40,分别应选用何种级别的船用焊条?

9. 指出下列焊条药皮的类型:结 424、J506、R417、热 327、铬 202、奥 137、D222、T207、L109、特 203。

10. 焊前对碱性焊条的焙烘有何要求?

11. 选用焊条的主要依据是什么?

12. 结构钢母材的抗拉强度为 500MPa,如何选用焊条的牌号或型号?

13. 如何正确合理使用电焊条?

第七章 焊条电弧焊用电源

第一节 对焊条电弧焊电源的要求

对焊条电弧焊电源的基本要求包括:较高的空载电压、陡降的电源外特性、良好的动特性以及满意的调节特性等。

一、较高的空载电压

弧焊电源(电焊机)接上网路电压,焊条和焊件之间不接触也没有电弧,弧焊电源这种工作状态就称为空载。空载时焊接电源两输出端的电压,称为空载电压。弧焊电源要求有较高的空载电压,空载电压约为电弧电压的两倍以上。因为引弧时要靠高的电压击穿焊条和焊件接触处的高电阻和冷的空气。若空载电压太低,将使引弧发生困难;而空载电压太高,对焊工不安全。目前,我国生产的直流弧焊电源,空载电压一般在 50V～80V;交流弧焊变压器的空载电压一般在 60V～75V。

二、陡降的电源外特性

电源外特性是指在稳定工作状态下,焊接电源的输出电压和输出电流之间的关系。焊接电源外特性也可用电压电流曲线来表示,这曲线称为电源外特性曲线。焊接电源外特性曲线有三种类型:陡降的、缓降的和水平的,如图 7-1-1 所示。焊条电弧焊运用陡降的电源外特性曲线。

焊接电弧是由焊接电源供电的,我们将电弧静特性曲线和焊接电源外特性曲线画在一起,如图 7-1-2 所示。两曲线相交于两点,上面相交点 P 是电弧的引燃点,下面曲线相交点 O 是电弧稳定燃烧点。电弧只能在 O 点稳定燃烧,该点所示的电压和电流就是焊接电弧的燃烧电压和焊接电流。对于焊条电弧焊来说,焊接电源外特性越陡降越好。从图 7-1-2 中可以看出,当电弧长度变动(由 L_1 变到 L_2)时,焊接电源陡降的外特性1,其焊接电流变动 ΔI_1 较小,这就使焊接过程中能够比较均匀的熔化焊条,使焊工容易控制电弧,对焊接质量有利。

陡降的电源外特性还能限制了短路电流,使短路电流不超过焊接电流的 50%,这样也保护了焊接电源避免过载。因为焊条电弧焊的每一根焊条的引弧都是要从短路开始的,限制短路电流可保证焊接电源正常工作。

三、良好的动特性

电弧是个变动的负载,空载、短路、长弧、短弧不时在变,这就需要焊接电源的电压、电流跟随且快速而变。当电弧变长时,焊接电源电压应相应升高,否则长电弧而电压低要熄弧。

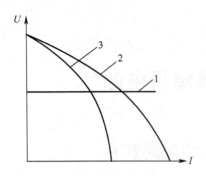

图 7-1-1　3 种不同的电源外特性
1—水平的；2—缓降的；3—陡降的。

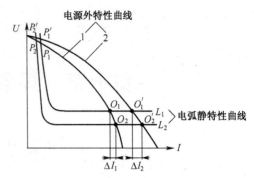

图 7-1-2　不同外特性,弧长变化引起
焊接电流的变化 $\Delta I_2 > \Delta I_1$
1—陡降外特性；2—缓降外特性。

引弧时要从空载到短路,希望迅速增大电流,使电弧很快引燃。焊接电源的电压和电流,要跟随负载迅速相应变化,这就是良好的动特性。

四、满意的调节特性

焊条电弧焊时需要调节焊接电流,调节焊接电流实质是调节电源外特性。将电源外特性外移,焊接电流就能增大,如图 7-1-3 所示。通常焊条电弧焊要使用不同直径焊条,能焊接各种位置焊缝,就需要调节电流有一定的范围,如 50A～450A,能均匀的调节焊接电源外特性。焊接电源应具有适当的功率,一般焊接电源有粗调节和细调节可满足焊接要求。

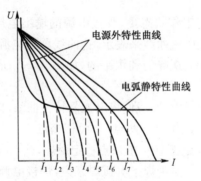

图 7-1-3　焊接电源的调节特性电源
外特性曲线外移,焊接电流增大

第二节　焊条电弧焊电源的分类及型号

一、焊条电弧焊电源的分类

(1)按焊接电流种类:可分为直流电焊机和交流弧焊变压器。

(2)按可供应焊接电弧的数量:可分为单头焊机和多头焊机。

(3)按电源构造不同:可分为直流弧焊发电机、弧焊整流器、弧焊变压器及弧焊逆变器。

各类弧焊电源的特点见表 7-2-1。

表 7-2-1　各类弧焊电源的特点

焊机类型 使用特点	直流弧焊发电机	弧焊整流器	弧焊变压器	弧焊逆变器
焊接电弧稳定性	很稳定	较稳定	稳定性一般	很稳定
磁偏吹	易产生	易产生	很少产生	很少产生
空载损耗	较大	较小	较小	很小
成本	高	一般	低	高
焊机噪声	较大	较小	较小	很小
保养和维修	较复杂		较简单	较复杂
电源相数	三相	三相	单相	单相、三相
适用范围	广	广	不能用于一般碱性焊条	广
效率	低	较高	高	高

二、焊条电弧焊机的型号

焊条电弧焊机的型号,是采用汉字拼音大写字母及阿拉伯数字,按编排次序组成的。其编排次序及字母含义如图 7-2-1 所示。

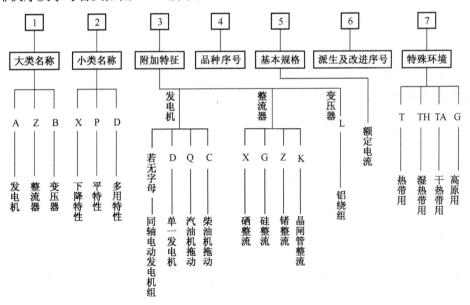

图 7-2-1　电条电弧焊电源的型号

上述编排次序中,1、2、3、7 各项均以汉字拼音大写字母表示;4、5、6 各项均以阿拉伯数字表示。若型号中 3、4、6 不用时,其他各项依次向前排紧。现举例如下:

(1) BX-330 型弧焊变压器,B 表示变压器,X 表示下降电源外特性,330 表示额定电流为 330A。

(2) ZXG-300 型弧焊硅整流器,Z 表示整流器,X 表示下降电源外特性,G 表示硅;330 表示额定电流为 300A。

(3) ZX7-400 型表示下降外特性的弧焊逆变器,额定电流为 400A。

三、弧焊电源的技术参数

(1)初级电压、初级电流、相数、功率和容量。初级电压和初级电流是指电源接入网路上使用的电压和电流。初级电压有 380V 和 220V,相数有三相和单相。接入网路的电动机是用功率表示,接入网路的变压器是用容量表示。

(2)额定值。这是对焊接电源规定的使用限值,如额定电压、额定电流和额定功率等。按额定值使用焊接电源,是最经济和安全的。超过额定值工作就是过载,严重过载要损坏设备。

(3)负载持续率。负载持续率是指负载的时间占选定工作周期时间的百分率,公式为

$$负载持续率 = \frac{在工作周期内焊机的负载时间}{选定的工作周期} \times 100\%$$

对于焊条电弧焊机,选定的工作周期是 5min,若在 5min 内焊机负载时间为 3min,则负载持续率是 60%。焊机的额定负载持续率是和额定焊接电流连在一起的,如 BX3-300 焊机额定焊接电流是 300A,额定负载持续率是 60%。这就是说用 300A 焊接电流,负载持续率为 60%(5min 内焊 3min),焊机使用是安全的。若用 320A 焊接,负载持续率仍是 60%,则焊机会过载而烧坏。

(4)电流调节范围。通过调节焊机的电源外特性,焊接电流可从最小调到最大,以适应不同焊条直径和不同空间位置的焊接。

(5)其他参数。除上述技术参数外,还有空载电压、电源的相数、网路的频率、焊机的重量及外形尺寸等。

常用焊条电弧焊电源的主要技术参数见表 7-2-2。

表 7-2-2 常用焊条电弧焊电源的主要技术参数

焊接电源类型	弧 焊 变 压 器				直流发电机	弧 焊 整 流 器		
结构形式	电抗器式	动圈式	动铁芯式	动铁芯式	裂极式	磁放大器式	动圈式	交直流两用式
焊机型号	BX$_2$-500	BX$_3$-300	BX$_1$-330	BX$_1$-500	AX-320	ZXG-300	ZXG1-400	ZXG3-300-1
空载电压/V	60	75/60	70/60	75	50～80	70	71.5	80
电流调节范围/A	150～700	40～125 150～400	50～180 160～450	120～550	45～320	15～300	100～480	50～300
焊接电流额定负载持续率	500	300	330	500	320	300	400	300
100%负载持续率时的焊接电流/A	400	232	265	388	250	230	310	230
额定负载持续率/%	65	60	65	60	50	60	60	60
电源电压/V	380/220	380/220	380/220	380/220	380	380	380	380

焊接电源类型	弧 焊 变 压 器				直流发电机	弧 焊 整 流 器		
相数	单相	单相	单相	单相	三相	三相	三相	单相
频率/Hz	50	50	50	50	50	50	50	50
额定输入容量/(kV·A)	32	20.5	21	40	14(kW)	21	27.8	18.6
电弧工作电压/V	30	30	30	40	30	25～30	24～29	30
效率/%	86	83	80	88	53			
质量/kg	290	190	185	200	560	220	238	
长、宽、高/mm	810	580	882	820	1202	600	685	1095
	410	600	577	518	600	440	570	665
	860	800	786	751	992	940	1075	1255

第三节 弧焊变压器

一、动铁芯式弧焊变压器（BX₁-330 型）

（一）构造原理

动铁芯式弧焊变压器有三个铁芯柱，两旁是固定铁芯柱，中间是可动铁芯，在两固定铁芯柱上绕有初级绕组（接输入单相网路）和次级绕组（接焊条和焊件），可动铁芯可借焊机壳外的手柄旋转而移动。动铁芯式弧焊变压器的外形和构造原理如图 7-3-1 所示。由于中间加入可动铁芯，变压器形成了一个磁分路。当初级绕组和次级绕组通有电流，就产生漏磁通（图 7-3-2 中的 $\phi_{漏1}$ 和 $\phi_{漏2}$），尤其是大的焊接电流产生相当大的漏磁通，使次级绕组电压下降。弧焊时，次级绕组焊接电流越大，漏磁通越大，次级电压下降越显著，从而获得陡降的电源外特性。这种借漏磁通来获得降压特性的变压器，也称为漏磁式变压器。

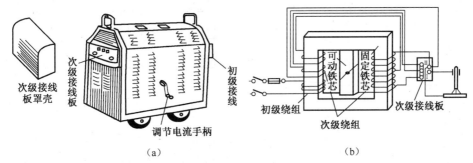

图 7-3-1 动铁芯式弧焊变压器的外形及构造原理

（二）工作状态

（1）空载：由于次级绕组无电流通过，不产生漏磁通，所以次级绕组有较高的空载电压，以利引弧。

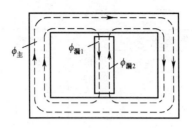

图 7-3-2　动铁芯式弧焊变压器磁路示意图

$\phi_{漏1}$—初级绕组漏磁道；$\phi_{漏2}$—次级绕组漏磁道；$\phi_{主}$—主磁通。

(2)焊接：次级绕组通有焊接电流,在可动铁芯中产生较大的次级漏磁通,次级电压就下降。

(3)短路：很大的短路电流通过次级绕组,产生很大的次级漏磁通,使次级电压下降到接近于零,限制了短路电流。

(三) 焊接电流的调节

动铁芯式弧焊变压器(BX₁-330 型)焊接电流的调节有粗调节和细调节两种。

(1)粗调节。粗调节是通过次级绕组不同的接法,改变次级绕组的匝数来实现的。次级绕组接线板上有两种接法,如图 7-3-3 所示。当连接片接在Ⅰ位置时,空载电压为70V,焊接电流调节范围为 50A～180A；当连接片接在Ⅱ位置时,空载电压为 60V,焊接电流调节范围为 160A～450A。粗调节时必须切断网路电源。

(2)细调节。细调节的方法是转动焊机壳外的手柄,改变可动铁芯和固定铁芯的相对位置,从而改变漏磁通的大小(图 7-3-4)。可动铁芯离开固定铁芯,使漏磁通减小,焊接电流增大；反之,可动铁芯靠近固定铁芯,焊接电流减小。通过可动铁芯的较小的移动位置,可以得到焊接电流较小的变动,实现了电流的细调节。

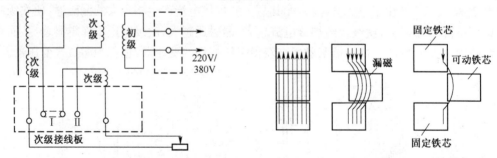

图 7-3-3　BX₁-330 型弧焊变压器的电流粗调节　　　图 7-3-4　BX₁-330 型弧变压器的电流细调节

BX₁-330 型动铁芯式弧焊变压器的电源外特性曲线如图 7-3-5 所示。次级绕组连接片在Ⅰ位置时,外特性曲线范围为 1～2；在Ⅱ位置时,外特性曲线范围为 3～4。在 1～2 或 3～4 之间,通过调节可动铁芯位置,可以获得许多条外特性曲线,从而满足焊工调节焊接电流的需要。

近年来矩形的可动铁芯改成梯形的可动铁芯(图 7-3-6),有 BX₁-300 型和 BX₁-500 型弧焊变压器,这样漏磁通的调节范围更为扩大,也即电流调节范围增大。于是细调节已能达到满意的调节范围,也就不需用粗调节了。

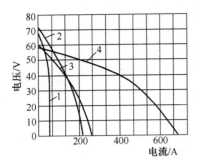

图 7-3-5　BX₁-300 型弧焊变压器的外特性曲线

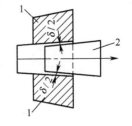

图 7-3-6　梯形可动铁芯
1—固定铁芯；2—梯形可动铁芯。

二、动圈式弧焊变压器(BX₃-300 型)

(一) 构造原理

动圈式弧焊变压器也属于漏磁式弧焊变压器。它的外形和内部构造如图 7-3-7 所示，铁芯呈高而窄的口字形，初级绕组分成两组，固定在两铁芯柱的底部。次级绕组也分成两组，装在两铁芯柱的上部并固定在可动的支架上，用手柄转动丝杆，可使次级绕组上下移动，以改变初级和次级绕组间的距离。

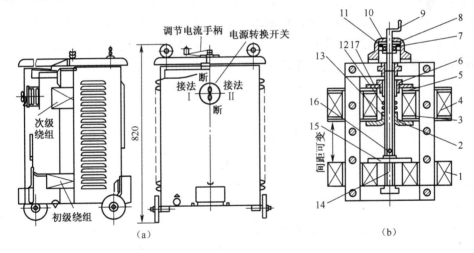

图 7-3-7　动圈式弧焊变压器
(a) 外形；(b) 内部构造。

1—初级绕组；2—下夹板；3—下衬套；4—次级绕组；5—螺母；6—上衬套；7—弹簧垫圈；8—铜垫圈；9—手柄；
10—丝杆固定压板；11—滚珠轴承；12—压力弹簧；13—丝杆；14—螺钉；15—压板；16—滚珠；17—上夹板。

动圈式弧焊变压器的磁通分布如图 7-3-8 所示，当次级绕组有大电流通过时，产生大的漏磁通 $\phi_{漏2}$，要使次级电压显著下降，还有拉大初级、次级绕组之间距离，也会使漏磁通增大。漏磁通增大，就要引起次级电压下降，由此获得降压外特性。

(二) 工作状态

(1)空载：次级绕组无电流通过，不存在次级漏磁通，所以空载电压较高。

(2)焊接：由于次级绕组有焊接电流通过，漏磁通随着焊接电流增大而增大，这就使次

73

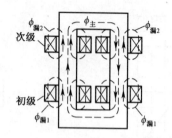

图 7-3-8　动圈式弧焊变压器的磁通分布

$\phi_{漏1}$—初级绕组漏磁通；$\phi_{漏2}$—次级绕组漏磁通；$\phi_{主}$—主磁通。

级绕组输出电压下降。

(3)短路：短路时次级绕组电流很大，由此产生的漏磁通造成更大的电压下降，使次级绕组输出端的电压接近于零，限制了短路电流。

（三）焊接电流的调节

动圈式弧焊变压器(BX$_3$-300 型)可以通过改变初级、次级绕组的串并联进行粗调节；改变初级、次级绕组之间的距离进行细调节。

(1)粗调节：要做两个动作，一是更换电源转换开关改变初级绕组的接线，使两个初级绕组接成串联(接法Ⅰ)或并联(接法Ⅱ)，如图 7-3-7 中的转换开关位置；二是更换次级接线板上连接片的位置，使两个次级绕组接成串联(接法Ⅰ)或并联(接法Ⅱ)如图 7-3-9 所示。初级、次级绕组都接在Ⅰ位置时，空载电压为 75V，电流调节范围为 40A～125A；当都调到Ⅱ位置时，空载电压为 60V，电流调节范围为 115A～400A。

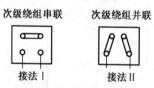

图 7-3-9　动圈式弧焊变压器
电流粗调节次级绕组的接法

粗调节时要注意两点：一是在切断网路电源下进行，二是初级、次级绕组都处在同一位置(Ⅰ或Ⅱ)。

(2)细调节：在粗调节的接法Ⅰ或接法Ⅱ中，均可转动焊机上面的手柄，改变初级、次级绕组之间的距离来进行细调节。当距离拉大，漏磁通增大，使焊接电流减小；反之，初级、次级绕组距离减小，漏磁通也减小，使焊接电流增大。

第四节　硅弧焊整流器

一、整流原理

硅整流元件是硅二极管，二极管有单向导电的特性。二极管接上交流电源(图 7-4-1(a))，当交流电源在正半周时，二极管导通，有电压输出；当交流电源在负半周时，二极管截止。结果是将交流电变成半波直流。

用 4 个二极管组成桥式整流电路(图 7-4-1(b)),当正半周时,有两个二极管导通,能输出半波直流;在负半周时,另两个二极管导通,也能输出半波直流。这样正、负半周都能输出直流电,称之全波整流。

用 6 个二极管组成三相桥式整流电路(图 7-4-1(c)),3 个二极管组成共阳极组,另 3 个二极管组成共阴极组。每个二极管导通的时间是三分之一周期,这样输出直流电压的波动程度要比单相桥式整流电路小得多。不过,三相桥式整流电路直接用于焊条电弧焊,还嫌波形不够平稳,尚需要进一步减小波动,应接入滤波电路。

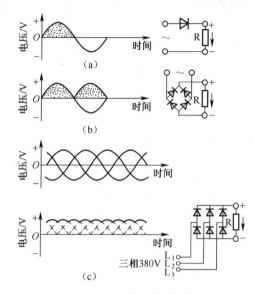

图 7-4-1　硅二极管整流电路及波形图

(a) 单管整流;(b) 单相桥式整流;(c) 三相桥式整流。

二、硅弧焊整流器(ZXG-300 型)

(一) 构造原理

焊条电弧焊用的硅弧焊整流器(ZXG-300 型)的外形与构造如图 7-4-2 所示。它由三相降压变压器、硅整流器组、磁饱和电抗器、输出电抗器、过电压保护装置、通风机、焊接电流调节器及控制系统等组成。

(1) 三相降压变压器:它的作用是将三相网路电压降到焊机的空载电压。

(2)硅整流器组:将 6 个二极管组成三相桥式整流电路,输出波动小的直流电。

(3)磁饱和电抗器:磁饱和电抗器的结构如图 7-4-3 所示,它由 3 个"日"字形铁芯组成。每个"日"字铁芯的两侧各绕有一个交流绕组,而中间铁芯绕有一个直流控制绕组,其绕组中的直流电流可以调节的,可调节到铁芯达到磁饱和状态,或不饱和状态,这样饱和电抗器变成可调节的电抗器。于是可用来调节电源外特性,使之成为缓降还是陡降,还可调节成水平的(CO_2 焊用)。同时也能调节焊接电流。以较小的直流电(几安培)调节,利用铁芯中的磁通就可以控制数十安培乃至数百安培的焊接电流,故又称为磁放大器。

(4)输出电抗器:经三相桥式整流后的直流波形尚不够平稳,为此在输出回路中,串联

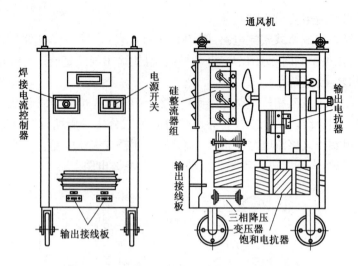

图 7-4-2　硅弧焊整流器的外形及内部结构图

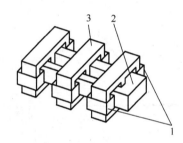

图 7-4-3　磁饱和电抗器
1—交流绕组；2—直流绕组；3—铁芯。

一个电抗器,进一步减小输出电流的波动。输出电抗器还能改善动特性,减小飞溅。

(5)通风机:通风的作用确保二极管和其他电器元件得到冷却。并利用风压开关来控制焊机和网路的接通,只有在通风机工作时,焊机才能接通网路,以保护硅二极管等电气元件。

ZXG-300硅弧焊整流器的基本电路如图7-4-4所示。启动焊机时,先把电源开关 K_1 置于接通位置,于是通风电动机 FM 运转,当风压达到一定值时,风压微动开关 K_{FY} 动作,交流接触器 J_C 通电动作,3 个常开主触头 J_C 闭合,三相变压器 B_1 接入网路,焊接电路接通,另一 J_{C1} 触头闭合,使磁饱和电抗器工作。电路进入正常工作状态。

(二) 工作状态

(1)空载:三相变压器次级绕组无电流通过,饱和电抗器不起作用,输出的直流电压即为三相降压变压器次级输出整流后的电压,获得较高的空载电压。

(2)焊接:饱和电抗器通过交流电,在铁芯中产生磁通,形成了交流压降,经整流后输出下降的直流电压,获得下降的电源外特性。

(3)短路:短路时电流很大,使饱和电抗器的电流激增,产生很大的电压降,使输出直流电压接近于零。

76

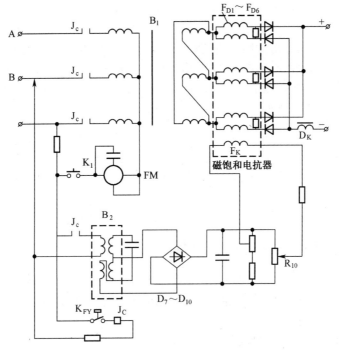

图 7-4-4　ZXG-300 型硅弧焊整流器电气原理图

B_1—主变压器；B_2—控制变压器；F_K—磁饱和电抗器；$D_1 \sim D_6$—三相桥式整流；D_K—输出电抗器；R_{10}—调节电流用电位器；FM—通风机；K_1—控制通风机的开关；K_{FY}—风压开关；J_C—主接触器（接通两变压器用）；$D_7 \sim D_{10}$—单相桥式整流（供直流控制绕组）。

（三）焊接电流的调节

焊机面板上有焊接电流控制器，它是一个瓷盘电位器（R_{10} 变阻器），用来调节磁饱和电抗器中直流控制绕组的电流。直流控制电流增大，磁饱和电抗器中磁通增大（接近磁饱和状态），限制了交流绕组铁芯中磁通增大，电抗减小，焊接电流增大。反之，直流控制绕组中电流减小，焊接电流减小。

第五节　焊条电弧焊电源的维护及故障处理

焊机正确的使用和合理维护，能使焊机保持良好的运行状态，延长焊机的使用期限。焊机的维护是由电工和焊工共同负责。

一、焊机的使用和维护

（1）焊机应安置在通风良好且干燥处，不应靠近高热地区，并要保持焊机的平稳。外场使用的焊机，应罩有帆布罩，以防雨水和灰尘进入焊机。

（2）焊机接入网路时，必须使两者电压相符，连接导线的各接头必须拧紧。

（3）搬移焊机时，不应使焊机受到大的振动。

（4）每台焊机必须装有接地线，以保障安全，焊工应经常检查接地是否良好。

（5）启动焊机前，焊钳和焊件不能接触，防止较长时间的短路。

（6）调换极性接法，应在空载状态下进行。

（7）不要使焊机过载，应按照焊机的额定焊接电流和额定负载持续率来使用。

（8）焊接过程，偶然产生短路并无关系，但时间不能过长。特别是硅整流弧焊机，在大电流工作时，产生更大的短路电流，会使硅整流元件烧坏。

（9）经常检查焊接电缆的接头及螺栓等，如发现有松动造成接触不良，应及时紧固。

（10）经常检查接焊钳电缆的橡胶绝缘，如发现有破损，应及时用绝缘包布包扎好，以免和焊件短路。

（11）当焊机发生故障时，应立即切断焊机的网路电源，然后通知电工及时进行检查和修理。

（12）焊接工作完毕或临时离开工作场地，必须切断焊机的电源。

二、焊条电弧焊用焊机的故障处理

焊条电弧焊用焊机是焊工手工操作用的，难免会发生焊机故障，通常大的故障是由电工来解决的，为了使电工能及时消除故障，焊工可以提供有关的情况，这就需要焊工了解下面一些知识。

（一）弧焊变压器的故障排除

弧焊变压器的结构比较简单，但也有活动的部分，动铁芯式的可动铁芯，动圈式中的次级绕组，还有固定铁芯也要振动，可动部分最易产生故障。弧焊变压器常见的的故障及其排除方法见表7-5-1。

表7-5-1　弧焊变压器的常见故障及其排除方法

故 障 现 象	故 障 原 因	排 除 方 法
1. 弧焊变压器过热	（1）弧焊变压器过载。 （2）弧焊变压器绕组短路。 （3）铁芯螺杆绝缘损坏	（1）减小焊接电流。 （2）排除短路。 （3）使螺杆绝缘
2. 焊接电流忽大忽小	（1）焊接电缆和焊件接触不良。 （2）可动铁芯随焊机振动而移动。 （3）可动绕组随焊机振动而下落	（1）使之接触良好。 （2）设法阻止可动铁芯移动。 （3）设法阻止可动绕组下落，临时措施将可动手柄固定
3. 焊接过程中可动铁芯发出嗡嗡响声	（1）可动铁芯的制动螺丝或弹簧太松。 （2）铁芯活动部分的移动机构损坏	（1）旋紧螺丝，拉紧弹簧。 （2）检查修理移动机构
4. 焊接电流过小	（1）焊接电缆太长，电缆的压降太大。 （2）焊接电缆卷成盘形，电感极大。 （3）电缆接线柱或焊件与电缆接触不良	（1）减小电缆长度或加大电缆直径，也可再并联一根电缆。 （2）松开电缆或拉直电缆，不使成盘形。 （3）使连接处接触良好
5. 焊机外壳带电	（1）初级绕组或次级绕组碰壳。 （2）电源线碰壳。 （3）焊接电缆误碰罩壳。 （4）未接接地线或接触不良	（1）检查并消除碰壳处。 （2）排除碰壳。 （3）拉开焊接电源，离开罩壳。 （4）接妥接地线

（二）硅弧焊整流器的故障排除

硅弧焊整流器中的变压器和弧焊变压器是类同的,所不同的硅弧焊整流器有整流元件和控制电路,要特别重视硅整流元件的保护和冷却。硅弧焊整流器的常见故障及其排除方法见表7-5-2。

表 7-5-2　硅弧焊整流器的常见故障及其排除方法

故 障 现 象	故 障 原 因	排 除 方 法
1. 机壳漏电	(1)电源线误碰罩壳。 (2)电源接线绝缘不良或接线板损坏。 (3)内部绕组、元件受潮漏电。 (4)内部绕组、元件绝缘不良碰罩壳。 (5)未接地或接地线接触不良	(1)检查电源进线并排除碰壳。 (2)恢复绝缘,必要时调换绕组或元件。 (3)排除受潮现象。 (4)检查绕组、元件绝缘,并排除碰壳。 (5)接妥接地线
2. 焊接电流调节失灵	(1)直流控制绕组匝间短路或断线。 (2)控制电路断线或接触不良。 (3)控制电路内元件击穿或损坏	(1)排除短路或断线现象。 (2)查出断线并修复,使控制器接触良好。 (3)更换控制电路内元件
3. 空载电压太低	(1)网路电压过低。 (2)变压器的次级绕组匝间短路。 (3)交流接触器触头接触不良。 (4)硅整流器损坏	(1)焊机电源接专线电路与其他大功率设备供电分开。 (2)排除短路现象。 (3)修复接触器。 (4)更换硅整流器
4. 焊接电流不稳定	(1)焊接回路交流接触器抖动。 (2)风压开关抖动。 (3)直流控制绕组接触不良	(1)排除接触器抖动现象。 (2)消除风压开关抖动现象。 (3)使接触良好
5. 风扇电动机不转	(1)保险丝烧断。 (2)电动机绕组断线。 (3)按钮开关触头接触不良	(1)更换保险丝。 (2)修复或更换电动机。 (3)修复或更换按钮开关
6. 焊接时,焊接电压突然降低	(1)焊接回路短路。 (2)硅整流器击穿。 (3)控制电路断路	(1)排除短路。 (2)更换硅整流器,检查保护线路。 (3)检查修复控制回路
7. 焊机的响声不正常	(1)输出端"+"、"-"被短路。 (2)焊接回路有短路。 (3)风扇电动机不转	(1)排除正极和负极间的短路。 (2)排除短路。 (3)检修风扇电动机及其供电线路

复 习 题

1. 对焊条电弧焊电源有何要求?
2. 什么叫电源外特性?
3. 焊机的空载电压和工作电压(电弧电压)有何不同?

4. 为什么焊条电弧焊要求焊机外特性是陡降的？

5. 什么叫做负载持续率？使用的焊接电流增大，允许使用的负载持续率应如何变动？

6. 焊条电弧焊拉长电弧时，电弧电压和焊接电流如何变动？

7. 焊机从空载变成短路，焊机的电压和电流如何变动？

8. 试述动铁芯式弧焊变压器（BX_1-330 型）的构造原理及调节电流方法。

9. 试述动线圈式弧焊变压器（BX_3-300 型）的构造原理及调节电流方法。

10. 分别讲述弧焊整流器（ZXG-300 型）中的三相降压变压器、硅整流器组、磁饱和电抗器、输出电抗器的作用。

11. 试述弧焊整流器调节电流的方法。

12. 如何正确使用和合理维护焊机？

13. 试述弧焊变压器的常见故障及其排除方法。

14. 试述弧焊整流器的常见故障及其排除方法。

第八章　焊条电弧焊的操作技术

第一节　引弧、收弧、运条及焊缝的连接

一、引弧

引弧是焊接工作的开端,首先要学会引弧(引燃电弧)。引弧有 3 种方法:直击引弧法、划擦引弧法和热态不接触引弧法,如图 8-1-1 所示。

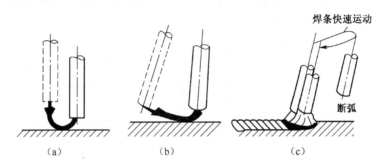

焊条快速运动

断弧

（a）　　　　　（b）　　　　　（c）

图 8-1-1　引弧方法
(a)直击引弧法;(b)划擦引弧法;(c)热态不接触引弧法。

（一）引弧方法

(1)直击引弧法。焊条垂直地向着焊件表面接缝处进行接触,当焊条与焊件短路后,就将焊条提起(约焊条直径),这时就引燃了电弧。

(2)划擦引弧法。像擦火柴一样,将焊条向焊件表面接缝处划擦一下,提起焊条就引燃电弧。

(3)热态不接触引弧法。这是在断弧后立即将焊条返回到熔池上方,不接触就能引燃电弧。刚断弧时,熔池、焊条和空气都处于热状态,空气电离容易,所以不需要焊条去接触熔池,也能引燃电弧。但是断弧后时间稍长,熔池、焊条和空气冷却后,这样不接触引弧是无法实现的。

对初学者来说,划擦引弧法容易掌握,因为焊条离开焊件比较慢,容易引燃,但容易损伤工件表面。在狭小工作场所使用直击法较好。

初学焊条接触焊件引弧时往往会发生下列两种情况:①焊条离开焊件时间过早或提得太高,则电弧未引燃或电弧燃烧一瞬时就熄灭;②焊条离开焊件动作太慢,也即焊条停在焊件上时间较长,于是焊条就粘在焊件上。

（二）引弧点

在焊接正式焊缝时,引弧点必须在坡口内或接缝上,在坡口外引弧,在焊件上会留下

电弧的伤痕,这是不好的。引弧点的前后位置,宜在离焊缝起点后 5mm~10mm 处,待引弧后电弧拉到焊缝起端,开始正常焊接。

(三)引弧安全

(1)初学引弧时,要注意弧光伤眼,必须记住:戴好面罩才能引弧;电弧熄灭后才能掀起面罩。

(2)当发生引弧短路时,应立即将焊条左右弯折,使焊条和焊件脱离。如不能达到目的,可将焊钳放松,与焊条脱离形成断路,待焊条冷却后取下。切不可用手去拔红热的焊条,因为这样会烧坏手套,烫痛手。

二、收弧

焊条是有长度的,焊条熔化到无药皮前 10mm 处要收弧。收弧时不可立即拉断电弧,立即断弧会使弧坑低于母材表面,这是弧坑未填满缺陷。弧坑低处截面积减小,引起强度降低,甚至会在弧坑处产生裂缝。焊缝的收弧可采取以下三种方法:后退收弧法、划圈收弧法、断续收弧法,如图 8-1-2 所示。

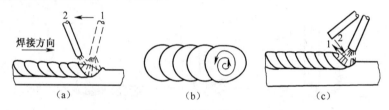

图 8-1-2 收弧方法
(a)后退收弧法;(b)划圈收弧法;(c)断续收弧法。

(一)后退收弧法

收弧时焊条停止向前,接着焊条朝相反方向倾斜并向后回焊一小段后,填满弧坑再收弧。此法宜用于低氢型焊条。

(二)划圈收弧法

收弧时,焊条压短电弧不向前行,在原弧坑处作划圈动作,待填满弧坑后拉断电弧。

(三)断续收弧法

收弧时,在弧坑处熄灭电弧和引燃电弧重复数次,熄弧是使弧坑冷却,再引弧加入点熔敷金属进入弧坑,直到填满弧坑后收弧。这种方法多用于薄板、大电流焊接或焊打底层焊缝。

三、运条

电弧引燃后,即可进行焊接,为了获得良好的焊缝成形,焊条根据需要运动,作以下 4 个动作(图 8-1-3):①向熔池送进;②沿焊接方向前进;③横向摆动;④暂离熔池又返回。

(1)焊条向熔池送进,维持所需的电弧长度。为了达到维持电弧长度的目的,焊条送进速度应该和焊条熔化速度相适应。如果焊条送进速度比焊条熔化速度慢,则电弧长度增长,会发生断弧现象;如果焊条送进速度比焊条熔化速度快,则电弧长度减短,会发生焊条和熔池接触,形成短路现象。实际操作时,焊工是观察电弧长度而来动作焊条的。当发现电弧较长时,焊工就将焊条送进快些,以减短电弧长度;当发现电弧长度较短时,就将焊条送进慢些,即拉长了电弧长度。

(2)焊条沿焊接方向前进,形成线状焊缝。没有这个动作,就不能形成焊缝。这个动作的快慢就是焊接速度,它对焊缝质量有很大影响,若前进速度太快,电弧热量来不及熔化足够数量的基本金属,造成焊缝断面太小及形成未焊透缺陷;若前进速度太慢,形成大断面的焊缝,同时金属会过热,甚至会烧穿。焊工操作时主要观察熔池状态来决定焊条前进速度的快慢。

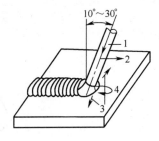

图 8-1-3 焊条末端的运动
1—焊条向熔池送进;2—焊条沿焊接方向前进;3—焊条横向摆动;4—焊条暂离熔池又返回。

(3)焊条横向摆动,获得阔焊缝。横向摆动的幅度根据焊缝的宽度要求和焊条直径而选定。摆动幅度越大,焊缝的宽度越大。横向摆动要力求均匀,这样可得到同样宽度的整齐焊缝。

(4)焊条暂离熔池又返回,能使熔池冷却。当焊接大间隙接缝和立焊时,为了不使熔池过热(会引起的烧穿或焊缝成形不良),需要将焊条(电弧)暂时离开熔池,使熔池温度下降,然后电弧又回到熔池的稍前方,继续对熔池加热熔化金属形成新的熔池,焊条往复返回又向前,使焊缝成形良好。

以上 4 个焊条动作,第一、第二个动作是必要的,第三、第四个动作是根据需要而做的。第四个动作在立焊时又称为跳弧动作。实际操作中,焊工根据不同的焊缝空间位置、焊接接头型式、焊条直径和药皮类型、焊接电流等各种因素,合理协调掌握焊条动作,就能获得质量可靠成形良好的焊缝。生产中常用的运条方法如图 8-1-4 所示。

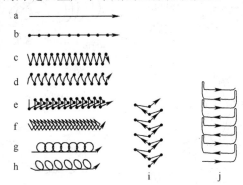

图 8-1-4 运条方法
a—直线形;b—直线往返形;c—锯齿形;d—月牙形;e—三角形;
f—斜三角形;g—环形;h—斜环形;i—跳弧形;j—U 形跳弧。

四、焊缝的连接

焊条电弧焊由于受焊条长度的限制,长焊缝需要逐段焊缝连接起来。另一方面由于焊接顺序的需要,后焊焊缝的端头或弧坑要去连接前焊的焊缝。这就要进行焊缝的连接,焊缝接头有 4 种连接形式,如图 8-1-5 所示。

(一)头接尾

头接尾是后焊焊缝的端头连接前焊焊缝的弧坑(图 8-1-5 中 a)。后焊焊缝的引弧点

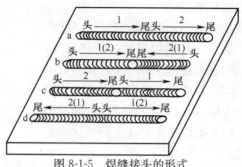

图 8-1-5　焊缝接头的形式

应在前焊焊缝弧坑前 8mm～10mm 的未焊处,引弧后拉长电弧,使接头处得到一些预热,同时看清弧坑,调整好焊条位置,并将焊条移至原弧坑处,沿着弧坑边缘的内圈(比弧坑宽度小)划个圈,在原弧坑终点处稍作停留,并压短电弧,然后按正常焊接的运条方法向前焊接,如图 8-1-6(a)所示。

(二)尾接尾

尾结尾是后焊焊缝的弧坑连接前焊焊缝的弧坑(图 8-1-5 中 b)。后焊焊缝按正常运条焊到前焊焊缝的弧坑,形成熔池和弧坑重合,再继续向前熔化一小段(约大于半个熔池),然后采用划圈收弧法填满弧坑,如图 8-1-6(b)所示。若由于电流大未能填满弧坑,则可采用断续收弧法收尾。

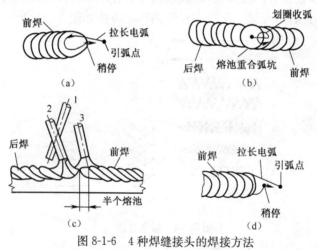

图 8-1-6　4 种焊缝接头的焊接方法
(a)头接尾;(b)尾接尾;(c)尾接头;(d)头接头。

(三)尾接头

尾接头是后焊焊缝的弧坑连接前焊焊缝的端头(图 8-1-5 中 c)。后焊焊缝按正常运条焊到接近前焊焊缝的端头时,改变焊条角度,使电弧吹向前焊焊缝的端头,拉长电弧,待前焊焊缝的端头熔化形成熔池,再压短电弧,焊过半个熔池,填满弧坑收弧,如图 8-1-6(c)所示。

(四)头接头

头接头是后焊焊缝的端头连接前焊焊缝的端头(图 8-1-5 中 d)。首先要求前焊焊缝的端头略低些,且焊缝波形宜宽些。在前焊焊缝端头的前方 8mm～10mm(未焊过)处引弧,然后拉长电弧引到近前焊焊缝端头,电弧沿前焊焊缝波形运条,回到焊缝中心线位置,在熔池中心稍作停留,接着按正常焊接方法进行焊接,如图 8-1-6(d)所示。

第二节　焊条电弧焊的工艺参数

焊条电弧焊的工艺参数是指焊条直径、焊接电流、电弧电压、焊接速度及焊缝层数等。选择合理的工艺参数,可以获得良好的焊缝质量和高的生产率。

一、焊条直径(ϕ)

在选择焊条直径前,必须先确定焊条牌号,用错焊条牌号是个严重的质量事故。焊条直径也影响着焊接质量和生产率,用过粗的焊条焊接,会造成焊缝成形不良或未焊透,并易使焊工疲劳;用过细的焊条焊接,会使生产率不高。

选用的焊条直径主要取决于板厚、焊缝空间位置及焊接接头形式等。

厚焊件可选用大直径焊条;薄焊件应选用小直径焊条,焊件厚度和焊条直径关系见表8-2-1。

平焊时,焊条直径可选用得较其他位置焊接的大一些。立焊及仰焊时,通常焊条直径不超过 4mm。

在焊开 45°～60°坡口的打底层时,焊条直径宜用 3.2mm～4mm。因为粗焊条在坡口上会形成长电弧,电弧达不到坡口根部,造成未焊透(图 8-2-1)。在焊以后的填充层和盖面层时可使用较粗的焊条。当焊接不开坡口的 T 形接头、搭接接头可选用较粗的焊条,甚至可达 6mm。

表 8-2-1　按焊件厚度选用焊条直径

焊件厚度/mm	焊条直径/mm
2	2
2.5～3	3.2
4～5	3.2～4
6～12	4～5
>13	4～6

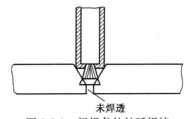

图 8-2-1　粗焊条的长弧焊接
形成的根部未焊透

二、焊接电流($I_焊$)

焊接电流关系着焊接质量和生产率。若焊接电流太小,会造成未焊透和夹渣等缺陷;电流太大容易使焊缝产生咬边和烧穿等缺陷,同时飞溅严重。

（一）焊接电流的选择

选择合适的焊接电流应考虑以下几点。

(1)焊件的厚薄和坡口形状。厚焊件的电流要比薄焊件的大,坡口角度小的电流可比坡口角度大的大,T 形接头的电流要比对接接头的大。

(2)焊条直径。直径大,焊接电流大。

(3)焊缝空间位置。平焊电流最大,横焊次之,立焊和仰焊电流最小。

(4)焊条的性能。酸性焊条的焊接电流比碱性焊条的约大 10％左右,铁粉焊条可使用较大的电流。

在使用碳钢焊条时,焊接电流和焊条直径之间的关系为

$$I_{焊}=K\phi$$

式中 $I_{焊}$——焊接电流(A);

K——系数,$K＝35\sim55$;

ϕ——焊条直径(mm)。

因此,焊条直径越大,K 系数也应大些。所有焊条的产品说明书或包装盒上,都有焊条直径和焊接电流范围的数据,可供参考。

(二)判断焊接电流大小

在实际生产中有经验的焊工,根据以下情况来判断焊接电流是否合适。

(1)电弧状态。焊接电流过大时,电弧吹力大,焊条熔化过程爆裂声大,有较多颗粒的熔滴向熔池外飞溅;焊接电流过小,电弧吹力小,飞溅少,电弧不能使熔渣浮在表面。

(2)焊缝成形。焊接电流过大时,熔深大,余高小,表面焊缝粗糙,还易产生咬边缺陷;焊接电流过小时,焊缝窄而高,两侧和母材熔合不好;焊接电流适当时,焊缝外形光顺,两侧和母材熔合良好。

(3)焊条熔化。焊接电流过大时,大半根焊条熔化后,焊条出现过热药皮发红失效;焊接电流过小时,电弧燃烧不稳定,焊条易粘在焊件上。

三、电弧电压($U_{弧}$)

电弧电压是由电弧长度决定。由电弧静特性可知,电弧长,电弧电压高;电弧短,电弧电压低。

电弧过长,会出现电弧燃烧不稳定,飞溅增多,熔深浅而形成未焊透,电弧晃动而引起咬边,焊缝表面也是高低不一、宽窄不齐,还有空气中氧、氮侵入,会产生孔等缺陷。电弧过短,在操作时,焊工观察熔池困难,易粘在熔池上。

选择弧长主要考虑焊条直径、焊接位置及焊条性能。焊条直径大,电弧可用得长些;平焊电弧可长些;酸性焊条的电弧比碱性焊条的可以长些。碱性焊条宜用短弧,一般弧长不超过焊条直径。

四、焊接速度($V_{焊}$)

单位时间内焊成的单道焊缝的长度称为焊接速度。焊条电弧焊由于手工操作,焊接速度可以有很大的变动范围。焊接速度过快,熔池加热温度不够,易产生未焊透等缺陷;焊接速度过慢,易产生烧穿等缺陷。适当的焊接速度既能保证焊透,又能获得良好的焊缝成形。

焊接速度的选择主要看焊接电流、焊缝空间位置及焊接坡口形状。

五、焊接层数(n)

大中型焊接结构中钢板较厚,都应用多层焊,多层焊的质量也较佳。焊接层数主要参

考钢板厚度、坡口形式、焊条直径等。通常每层焊缝厚度不超过 4mm～5mm。当进行慢速焊时，则焊缝厚度增大，可使焊接层数减少。

多层焊时，后层焊缝对前层焊缝金属有加热缓冷作用，可使焊缝的力学性能提高。

多层焊中，坡口的宽度较大时，单道焊达不到阔焊缝的成形要求，这时就可以采用多道焊来完成，成为多层多道焊。

焊条电弧焊各种空间位置的焊接工艺参数见表 8-2-2，可供参考。

表 8-2-2 焊条电弧焊各种空间位置的焊接工艺参数

焊缝空间位置	焊缝横断面形式	焊件厚度或焊脚尺寸 /mm	打底层焊缝 焊条直径 /mm	焊接电流 /A	其他各层焊缝 焊条直径 /mm	焊接电流 /A	封底焊缝 焊条直径 /mm	焊接电流 /A
平对接焊缝		2	2	55～60	—	—	2	55～60
		2.5～3.5	3.2	90～120	—	—	3.2	90～120
		4～5	3.2	100～130	—	—	3.2	100～130
			4	160～200	—	—	4	160～210
			5	200～260	—	—	5	220～250
		5～6	4	160～210	—	—	3.2	100～130
							4	180～210
		≥6	4	160～210	4	160～210	4	180～210
					5	220～270	5	220～260
		≥12	4	160～210	4	160～210	—	—
					5	220～270	—	—
船形角焊缝		—	—	—	—	—	—	—
			4	180～210				
			5	220～280				
立对接焊缝		2	2	50～55	—	—	2	50～55
		2.5～4	3.2	80～110	—	—	3.2	80～110
		5～6	3.2	90～120	—	—	3.2	90～120
		7～10	3.2	90～120	4	120～160	3.2	90～120
			4	120～160				
		≥11	3.2	90～120	4	120～160	3.2	90～120
			4	120～180	5	160～200		
		12～18	3.2	90～120	4	120～160	—	—
			4	120～160			—	—
		≥19	3.2	90～120	4	120～160	—	—
			4	120～160	5	160～200	—	—
立角焊缝		—	3.2	90～120	4	120～160	—	—
			4	120～160			—	—

焊缝空间位置	焊缝横断面形式	焊件厚度或焊脚尺寸/mm	打底层焊缝		其他各层焊缝		封底焊缝	
			焊条直径/mm	焊接电流/A	焊条直径/mm	焊接电流/A	焊条直径/mm	焊接电流/A
立角焊缝		2	2	50～60	—	—	—	—
		3～4	3.2	90～120	—	—	—	—
		5～8	3.2	90～120	—	—	—	—
			4	120～160				
		9～12	3.2	90～120	4	120～160	—	—
			4	120～160				
横对接焊缝		2	2	50～55	—	—	2	50～55
		2.5	3.2	80～110	—	—	3.2	80～110
		3～4	3.2	90～120	—	—	3.2	90～120
			4	120～160	—	—	4	120～160
		5～8	3.2	90～120	3.2	90～120	3.2	90～120
					4	140～160	4	120～160
		≥9	3.2	90～120	4	140～160	3.2	90～120
			4	140～160			4	120～160
		14～18	3.2	90～120	4	140～160	—	—
			4	140～160				
		≥19	4	140～160	4	140～160	—	—
横角焊缝		2	2	55～65	—	—	—	—
		3	3.2	100～120	—	—	—	—
		4	3.2	100～120	—	—	—	—
			4	160～200				
		5～6	4	160～200	—	—	—	—
			5	220～270				
		≥7	4	160～200	5	220～230	—	—
			5	220～270				
		—	4	160～200	4	160～200	—	—
					5	220～270		
仰对接焊缝		2	—	—	—	—	2	50～65
		2.5	—	—	—	—	3.2	80～110
		3～5	—	—	—	—	3.2	90～110
							4	120～160
		5～8	3.2	90～120	3.2	90～120	—	—
					4	140～160		
		≥9	3.2	90～120	4	140～160	—	—
			4	140～160				

焊缝空间位置	焊缝横断面形式	焊件厚度或焊脚尺寸/mm	打底层焊缝 焊条直径/mm	打底层焊缝 焊接电流/A	其他各层焊缝 焊条直径/mm	其他各层焊缝 焊接电流/A	封底焊缝 焊条直径/mm	封底焊缝 焊接电流/A
仰对接焊缝		12~18	3.2	90~120	4	140~160	—	—
			4	140~160				
		≥19	4	140~160	4	140~160	—	—
仰角焊缝		2	2	50~60	—	—	—	—
		3~4	3.2	90~120	—	—	—	—
		5~6	4	120~160	—	—	—	—
		≥7	4	140~160	4	140~160	—	—
			3.2	90~120	4	140~160	—	—
			4	140~160			—	—

第三节　电弧的功率和焊接热输入

一、电弧的功率

1. 电功率

由电工学可知,电弧的功率就是电弧电压乘焊接电流,大电流和高电压就是大的电弧功率。电弧功率的大小跟焊机的电源外特性有较大的关系。要获得大的电弧功率,必须用大功率焊机,并调节成大电流,这由调节焊接电源外特性来完成。

2. 弧长变动和电弧功率的变动

焊接电弧燃烧时,焊工是不去调节焊接电流的,所以电源外特性是不变的。如果焊接时拉长电弧,弧长由 L_1 拉长到 L_2,再拉长到 L_3,则电弧燃烧点在电源外特性曲线上,由 O_1 移到 O_2,再移到 O_3 点(图8-3-1)。结果是电弧电压 $U_弧$ 升高,而焊接电流 $I_焊$ 减小。电弧功率 $P = U_弧 I_焊$,可以从电弧燃烧点标明的焊接电流乘电弧电压的面积计算出大小,由图中面积可知,弧长 $L_3 > L_2 > L_1$,电弧的功率 $P_3 > P_2 > P_1$。即 $U_弧$ 在空载电压一半以下时,拉长电弧,增大电弧功率。这是因为增长电弧时,升高 $U_弧$ 百分比大于减小 $I_焊$ 的百分比。这就是薄板焊接时拉长电弧,电弧功率增大,会引起烧穿的原因。当电弧电压约在 1/2 空载电压处,电弧功率最大。当 $U_弧$ 大于 $1/2 U_空$ 时,若再增长电弧,电弧功率反而要减小。

还应该指出,用于加热熔化母材和焊条的功率,是电弧功率的一部分,也就是说要打个折扣,而这个折扣系数随弧长增长而要增大,因为电弧越长,电弧散失在空气、钢板中的热量要增大,电弧的热利用率降低。

二、焊接热输入

焊条电弧焊中的工艺参数有 ϕ、$I_焊$、$U_弧$、$V_焊$、n,一旦焊条直径 ϕ 选定后,$I_焊$、$U_弧$、$V_焊$

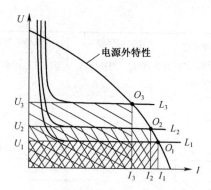

图 8-3-1　弧长变动和电弧功率的变动

就决定了焊接接头受热情况，我们把 $I_{焊}$、$U_{弧}$、$V_{焊}$ 三者综合起来讨论，引入一个综合物理量——焊接热输入。焊接热输入就是电弧输入给单位长度焊接接头的能(热)量。

在钢板上用一根焊条焊一条长 L_e 焊缝，如图 8-3-2 所示，使用焊接电流 $I_{焊}$ 和电弧电压 $U_{弧}$，焊成焊缝的时间为 t_e，于是根据焊接热输入的含义，可以得出

$$E=\frac{总能量}{焊缝长度}=\frac{I_{焊}\,U_{弧}\,t_e}{L_e}=\frac{I_{焊}\,U_{弧}}{L_e/t_e}=\frac{I_{焊}\,U_{弧}}{V_{焊}}$$

式中　E——焊接热输入(J/cm)；

　　　$I_{焊}$——焊接电流(A)；

　　　$U_{弧}$——电弧电压(V)；

　　　L_e——一根焊条熔敷成焊缝长度(cm)；

　　　t_e——熔敷一根焊条所需要的时间(s)；

　　　$V_{焊}$——焊接速度(cm/s)。

由公式可知，焊接热输入 E 确实是 $I_{焊}$、$U_{弧}$、$V_{焊}$ 三参数的综合物理量，E 正比于 $I_{焊}$ 和 $U_{弧}$，反比于 $V_{焊}$。

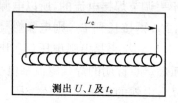

图 8-3-2　根据一根焊条熔敷长度，
测算出焊条热输入

例 1　焊条电弧焊用焊条直径 $\phi=4$mm，焊接电流 $I_{焊}=150$A，电弧电压 $U_{弧}=22$V，熔敷一根焊条的时间 $t_e=94$s，一根焊条熔敷长度 $L_e=220$mm，求焊接热输入 E。

解：$I_{焊}=150$A，$U_{弧}=22$V，$t_e=94$s，$L_e=220$mm$=22$cm

$$E=\frac{I_{焊}\,U_{弧}\,t_e}{L_e}=\frac{150\times22\times94}{22}=14100(\text{J/cm})=14.1(\text{kJ/cm})$$

例 2　焊条电弧焊，$\phi=4$mm，$I_{焊}=160$A，$U_{弧}=24$V，$t_e=90$s，$L_e=135$mm$=13.5$cm，求 E。

解：$V_{\text{焊}} = \dfrac{L_\text{e}}{t_\text{e}} = \dfrac{13.5}{90} = 0.15(\text{cm/s})$

$E = \dfrac{I_{\text{焊}} U_{\text{弧}}}{V_{\text{焊}}} = \dfrac{160 \times 24}{0.15} = 25600(\text{J/cm}) = 25.6(\text{kJ/cm})$

由上面两个例子可以看出，$I_{\text{焊}}$、$U_{\text{弧}}$ 变化不大，且 t_e 变化也不大，而一根焊条的熔敷长度 L_e 由 220mm 变为 135mm 时，焊接热输入 E 发生了较大的变化，由 14.1kJ/cm 变为 25.6kJ/cm，E 增大了 80% 以上。

三、焊接热输入对焊接接头性能的影响

焊接热输入影响着生产率和焊接质量。从生产率考虑，焊接热输入越大，生产率越高。从焊接质量角度考虑，E 过大会产生烧穿等缺陷；E 过小会产生未焊透等缺陷。在焊接某些低合金高强度钢时，焊接热输入还对焊接接头的力学性能有较大的影响。过大的焊接热输入，使焊接热影响区宽大，粗晶区的晶粒更粗大，焊接接头的塑性和韧性下降；过小的焊接热输入，使焊件冷却速度快，钢的淬硬倾向大，热影响区易产生淬硬组织，塑性、韧性也下降，易引起冷裂纹。当钢的强度等级越高时，对焊接热输入越是敏感。

四、焊条电弧焊控制焊接热输入的方法

根据焊接热输入的公式：

$$E = \frac{I_{\text{焊}} U_{\text{弧}}}{V_{\text{焊}}}, \quad V_{\text{焊}} = \frac{L_\text{e}}{t_\text{e}}$$

在焊条电弧焊中，当焊条直径选定后，焊接电流 $I_{\text{焊}}$ 和电弧电压 $U_{\text{弧}}$ 的变动是不大的，而焊接速度 $V_{\text{焊}}$ 可以变动很大。再说一根焊条的熔敷时间 t_e 的变动也是不大的，那么只有一根焊条的熔敷长度 L_e 可以有很大的变动。

焊条电弧焊控制焊接热输入的方法，是在规定的焊条直径、焊接位置和焊接电流条件下，控制一根焊条的熔敷长度。熔敷长度短，焊接热输入大；熔敷长度长，焊接热输入小。这个方法是简便可行的，监控时，只要测量两焊缝接头之间的距离，就可判断焊接热输入是否在规定范围之内。例如，某产品要求 $E = 12\text{kJ/cm} \sim 18\text{kJ/cm}$，当选用 4mm 直径焊条时，$I_{\text{焊}} = 140\text{A} \sim 160\text{A}$，$U_{\text{弧}} = 20\text{V} \sim 22\text{V}$，焊条长 450mm（熔敷后残留焊条头为 50mm），规定要求一根焊条的熔敷长度 $L_\text{e} = 200\text{mm} \sim 250\text{mm}$，这就控制了焊接热输入的范围。

第四节 焊条电弧焊的平焊操作技术

平焊是焊接接缝表面处于水平面位置上的焊缝。平焊有许多优点：首先是容易焊接，熔滴借本身的重力易落入熔池，不易滴落在外，焊缝成形好；其次是观察电弧方便，手持焊钳不易疲劳；还可以使用粗焊条和大电流，生产效率高。无论从质量或生产率考虑，平焊是最佳的焊接空间位置，在生产中尽可能创造条件，将其他位置的焊接转为平焊。

一、平对接焊操作技术

（一）I 形坡口平对接焊操作技术

板厚 6mm 以下的钢板，通常不开坡口，视板的厚薄空 1mm～2mm 的间隙。焊接时

采用 ϕ4mm 或 ϕ4mm 以下的焊条,电弧不宜拉长。平焊时的焊条位置如图 8-4-1 所示,焊条向焊接方向倾斜 10°～25°。采用直线形运条,遇间隙大时,采用直线往返形运条。要注意钢板边缘熔化良好,并使熔透深度约达板厚的 2/3,焊缝余高要有 0.5mm～1.5mm。正面焊好后将钢板翻身,若是重要构件,用风镐或碳弧气刨将焊缝根部扣成一条小槽,并清除根部的焊渣,用钢丝刷清洁一下,然后用 ϕ3.2mm 焊条进行封底焊接,如图 8-4-2 所示。对于不重要的构件,反面可以不扣槽进行封底焊接。

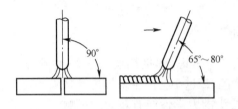

图 8-4-1　Ⅰ形坡口平对接焊的焊条位置

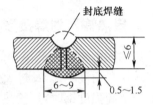

图 8-4-2　封底焊接

(二) 开坡口平对接焊操作技术

1. V 形坡口平对接焊

为了保证焊透,钢板在 6mm 以上就要开坡口。板厚 6mm 的 V 形坡口对接可以焊一层就能达到要求。板厚超过 6mm 的 V 形坡口对接,要用两层或两层以上焊接。打底层(第一层)用 ϕ3.2mm 或 ϕ4mm 焊条,采用直线形或直线往返形运条,既要保证焊透又要防止烧穿。焊后焊渣清除干净,接着焊第二层,可用粗焊条(ϕ4mm～ϕ5mm)选用大电流,以锯齿形运条,在坡口两侧稍作逗留,防止未熔合缺陷。第二层、第三层焊缝的外形要避免过于高凸,以防止焊上面层时坡口两侧产生未熔合和夹渣等缺陷,当坡口中焊缝宽度大于 20mm 时,宜用两道焊一层;当坡口中焊缝宽度大于 35mm 时,宜焊三道作为一层,如图 8-4-3所示。V 形坡口多道焊,多层多道焊时运条可采用直线形或小锯齿形,视需要的焊道宽度而定。同一层焊缝中焊道和焊道的排列要均匀,焊缝外形应无高峰和低谷现象,否则易生成夹渣缺陷。焊盖面层应使焊缝光顺过渡到母材表面,并使焊缝和坡口边缘熔合良好,正面 V 形坡口焊缝焊满后,反面扣槽进行封底焊。

2. X 形坡口平对接焊

板厚 12mm 以上可开成 X 形的坡口,可以节约焊条、电能及减小变形。其每层每道的焊接方法和 V 形坡口平对接焊相似。由于坡口多数是对称的,需要进行对称焊接,如图 8-4-4 所示。为了减小焊件翻身的次数,可以采用两面交替轮先的对称焊法,如图8-4-4(b)所示。

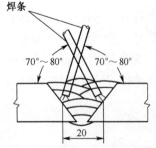

图 8-4-3　V 形坡口对接多层多道焊

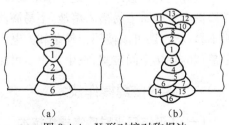

图 8-4-4　X 形对接对称焊法

(a)对称焊法;(b)交替轮先的对称焊法。

二、船形焊操作技术

将 T 形接头中的两板转成和水平线成 45°，焊接两板之间角焊缝，称为船形焊（图 8-4-5）。船形焊是角焊缝中最佳的焊接方法，由于两板挡住液态金属并使之呈水平状态，所以焊缝成形良好，可以避免咬边和焊缝单边等缺陷，同时可用大电流、粗焊条，不但可得到较大的熔深，还可以焊成较大焊脚尺寸的角焊缝。焊缝质量好，生产率高。

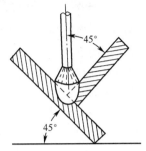

图 8-4-5　船形焊

船形焊的焊条空间位置似同平对接焊，焊条垂直接缝和两板各成 45°角，并向焊接方向倾斜 10°～25°。船形焊的运条方法要视角焊缝焊脚大小而定，直线形运条获得焊脚尺寸较小。要获得大焊脚尺寸，可用锯齿形或月牙形运条，并在两侧稍作逗留，保证熔合良好。

第五节　焊条电弧焊的立焊操作技术

立焊是焊接垂直方向的焊缝。立焊是比较困难的，因为金属受重力的作用，焊条熔化而成的熔滴和熔池中熔融金属要向下坠落（图 8-5-1(a)），这就使焊缝成形困难，焊缝不如平焊美观，且熔敷到焊缝中去的金属也少些。为了解决上述困难，采取以下几项措施：首先选用焊条直径和焊接电流要比平焊的小；其次是电弧要用得短（图 8-5-1(b)）；还有当熔池过热时，电弧应离开熔池，采取跳弧动作，如图 8-5-2 所示。

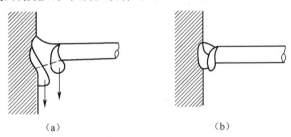

(a)　　　　　　　　　　　　　(b)

图 8-5-1　立焊时熔滴下坠和熔滴过渡

(a) 长弧熔滴下坠；(b) 短弧熔滴过渡。

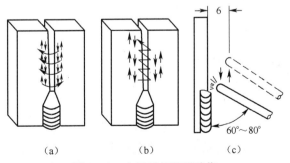

(a)　　　　　　(b)　　　　　　(c)

图 8-5-2　立焊时的跳弧动作

(a) 月牙形跳弧法；(b) 锯齿形跳弧法；(c) 直线形跳弧法。

立焊可以由下向上或由上向下方向进行焊接,由于船体结构中对接焊缝多为重要焊缝,所以对接焊缝都是由下向上立焊,而不重要结构中角焊缝可用由上向下进行立焊。

一、立对接焊操作技术

(一) I 形坡口立对接焊操作技术

采用由下向上焊接,用 $\phi3.2mm$ 焊条,焊接电流比平焊小 10% 左右,在接缝的最低处进行引弧,电弧熔化母材和焊条,在最低处形成的弧坑,焊条向上挑,熔化金属借此机会冷凝而形成一个和托架相似的"焊台"。继后焊条返回到"焊台"上,熔化的熔滴就搁置在"焊台"上面。焊条要根据"焊台"形状作适当的调整左右位置,以使加上去的熔池形状和"焊台"相适应。焊条不断上挑和下返(跳弧动作),于是叠成一片一片的焊波。在正常焊接时,I 形对接向上立焊的焊条位置,如图 8-5-3 所示。正面焊好后,反面扣槽,用略比正面焊接大一些的电流进行封底焊。

(二) V 形坡口立对接焊操作技术

V 形坡口立对接焊较多的采用多层焊,板越厚焊层数越多。打底层焊接选用 $\phi4mm$ 焊条,焊接电流比平焊小,约为 120A～150A,采用跳弧法运条,以后各层可用三角形、月牙形运条,如图 8-5-4 所示。焊条摆动的幅度要视坡口宽度而定。通常每层立焊缝厚度较平焊的大,但每根焊条的熔敷长度减短。立焊时的焊接热输入较大。每层焊后应清渣,每层焊缝表面应比较平坦,要避免中间凸起两侧深凹的现象,否则在焊接后一层时,在两深凹处产生夹渣及未熔合等缺陷。在焊盖面层前,接缝留有 1mm～2mm 坡口深度,以利焊盖面层。焊盖面层时,焊条摆动幅度力求均匀,在两侧应压短电弧并稍作逗留,要防止产生咬边。

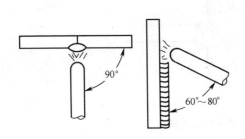

图 8-5-3 I 形坡口对接立焊时的焊条位置

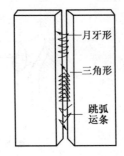

图 8-5-4 V 形坡口立对接焊的运条

二、立角焊操作技术

(一) 由下向上立角焊操作技术

船体结构中多采用不开坡口立角焊缝,焊接电流可比立对接焊偏大一些。焊条位置介于两板的中间,向下倾斜 10°～30°如图 8-5-5 所示。焊打底层时先形成一个"焊台",然后用跳弧法动作,使熔池有规则的堆置,至于焊条在熔池中的位置,视熔池成形而调整,即熔池偏右时,焊条宜偏左些,使焊缝有比较均匀的外形。焊第二层、第三层焊缝时可用三角形或锯齿形或月牙形运条,如图 8-5-6 所示。运条时焊条摆动的幅度要视需要的焊脚尺寸而定。

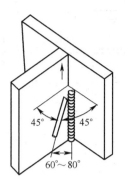

图 8-5-5　由下向上立角焊的焊条位置

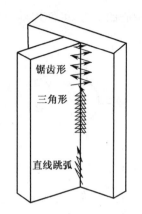

锯齿形

三角形

直线跳弧

图 8-5-6　由下向上立角焊的运条

（二）由上向下立角焊操作技术

船体结构中许多非重要结构的立角焊缝可用由上向下立焊,由上向下立角焊需用专用焊条,其牌号有 CJ426XJ、CJ506XJ、CJ507XJ,其中"X"字母表示"下"行的意义。专用下行焊条均为低氢型药皮,因为熔渣的粘度较大,熔池不易下垂,操作时容易控制。专用下行焊条直径有 4.0mm、5.0mm 和 5.5mm。ϕ4mm 下行焊条焊接电流为 180A～200A,ϕ5mm 下行焊条为 240A～260A,ϕ5.5mm 下行焊条为 280A～310A。通常焊脚 5mm 以下可用一层解决,焊脚 5mm～7mm 可用两层焊成。宜用短弧,弧长不超过焊条直径。焊条向下倾斜 10°～50°(图 8-5-7),这使电弧向上吹力托住熔池不产生下垂,焊条不作横向摆动。焊接电流合适时,熔渣在熔池上端 5mm～8mm 处,大于 8mm 则表示电流偏大,吹力过大,焊缝变宽,表面呈凹形;小于 5mm 时,则表示焊接电流过小,电弧吹力不够,熔渣易淌下,焊缝窄。焊接速度要视熔池状态而定。

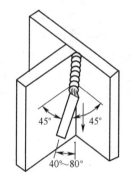

图 8-5-7　向下立角焊
的焊条位置

由上向下立焊,电流大、焊速快、生产率高、焊工劳动强度低,且焊接变形小。向下立角焊的焊缝表面有微凹,熔深也浅,目前尚未推广用于船体重要结构。

第六节　焊条电弧焊的横焊操作技术

一、横对接焊操作技术

（一）I 形坡口横对接焊

I 形坡口横对接焊通常用于板厚 3mm～5mm 的非重要结构,由于重力的缘故熔化金属会下淌易产生上部咬边和下部焊瘤的缺陷,如图 8-6-1 所示。横对接焊时宜采用细焊条(ϕ3.2mm～ϕ4mm)和小焊接电流,电弧宜短,焊条向下倾斜 10°～25°(图 8-6-2),借向上的电弧吹力将液态金属往上推,减少下淌的趋势。运条采用直线往返形法或斜环形法。运用直线往返法运条时,向前离开熔池可使熔池冷凝,防止下淌,返回熔池时,电弧应略偏向熔池中心的上方,可使焊缝成形较好。

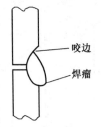

图 8-6-1　横对接焊易产生的缺陷

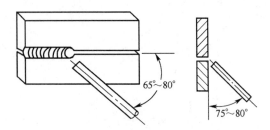

图 8-6-2　Ⅰ形对接横焊的焊条位置

(二)开坡口横对接焊操作技术

横对接焊开的坡口和平焊等不同,其特点是坡口不对称,即下板坡口面角度小于上板的坡口面角度,如图 8-6-3 所示,这样可阻止熔化金属下淌,焊缝成形较佳。

开坡口的横对接焊多采用多层多道焊,焊打底层时,坡口角度为 45°的焊条宜采用 ϕ3.2mm,坡口角度为 60°的可采用 ϕ4mm 焊条,焊条合适的位置是以坡口角度中心为参考轴,焊条向下倾斜 10°～25°,焊条向焊接方向也倾斜 10°～25°。坡口间隙小的可用短弧直线形运条,间隙大的可用直线往返形运条。

焊第二层可分两道焊,先焊下面一道,后焊上面一道。横焊多道焊时,焊条位置应随焊道在坡口中的位置而变化,如图 8-6-4 所示。运条方法要视需要的焊道宽度而变,焊道宽度小的用直线往返法运条,焊道宽度大的可采用斜环形法运条。

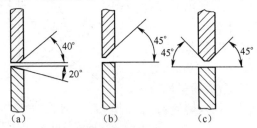

图 8-6-3　横焊时对接接头的坡口型式
(a) V 形坡口;(b) 单边坡口;(c) K 形坡口。

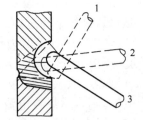

图 8-6-4　横焊多道焊时焊条位置的变化

横焊时,要获得较宽的焊道,可采用斜环形法运条,其倾斜的角度和焊缝轴线夹角为 45°左右,当焊条电弧在熔池上部时应稍作停留,电弧短些,当电弧在熔池下部时,应较快速度返回到熔池上部,如图 8-6-5 所示。多层多道焊过程中,每层焊道的排列应是由下而上堆置,如图 8-6-6 所示。当焊盖面层最后一道焊缝(也是最上一道焊缝)时,宜适当减小焊接电流,或加快焊接速度,可防止产生咬边缺陷。

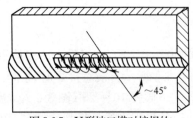

图 8-6-5　V 形坡口横对接焊的
斜环形运条

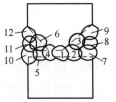
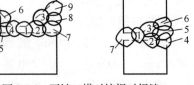

图 8-6-6　开坡口横对接焊时焊缝
各层、道的排列顺序

二、横角焊操作技术

（一）开坡口横角焊操作技术

开坡口横角焊和厚板单边坡口横对接焊是相似的，坡口角度均是在水平线上45°。焊打底层焊条的位置如图8-6-7所示，焊条要深入根部，采用直线形运条。焊中间层时，也是由下向上堆置，电流可允许大一些，因不易产生焊瘤缺陷。焊盖面层前，要注意水平板上的焊道向外移出点，这样可使盖面层焊好后，在水平板上有一定尺寸的焊脚，盖面层的最上面一道焊道的电流可小点，以免产生咬边。

（二）不开坡口横角焊操作技术

不开坡口横角焊是船体结构中应用较广泛的焊接方法。同样由于液态金属受重力的原因，易产生焊脚单边（垂直板上焊脚小于水平板上焊脚）及咬边等缺陷，如图8-6-8所示。横角焊的角焊缝焊脚不大于7mm时，可采用单层焊接。单层焊接采用的焊条直径不大于5mm。焊脚小于6mm的焊缝，可采用ϕ4mm焊条，采用直线形或斜环形运条，宜用短弧，要防止焊脚单边及咬边缺陷。焊条位置除了向焊接方向倾斜10°～25°外，焊条和水平板夹角通常为45°，如图8-6-9（b）所示。若水平板较厚，焊条可向薄板倾斜（图8-6-9（c）），电弧热量多向厚板。为了获得大焊脚的焊缝可采用斜环形运条，如图8-6-10所示。焊脚8mm～10mm可采用两层焊，第一层用ϕ4mm焊条，直线形运条，第二层用ϕ4mm～ϕ5mm焊条采用斜环形法焊接。焊脚大于10mm时宜采用多层多道焊，可选用ϕ5mm焊条进行焊接，其堆焊的焊接顺序也是由下向上，如图8-6-11所示。焊条位置也应按焊缝位置作适当的调整，如图8-6-12所示。横角焊的焊接电流要比横对接焊的大，甚至比平对接焊也大一些，只有在焊盖面层的最上一道焊接电流宜小，以防止咬边缺陷。

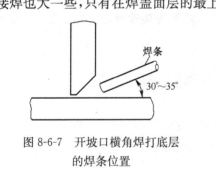

图 8-6-7　开坡口横角焊打底层
的焊条位置

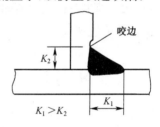

图 8-6-8　不开坡口横角焊易产生
咬边及焊脚单边

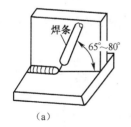

（a）

（b）

（c）

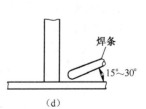

（d）

图 8-6-9　不开坡口横角焊时的焊条位置

（三）铁粉焊条横角焊操作技术

对于不开坡口横角焊，船厂中广泛使用着高效铁粉焊条。铁粉焊条的牌号有

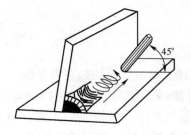

图 8-6-10 焊横角焊缝的斜环形运条

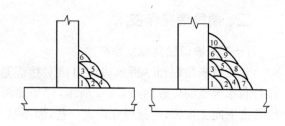

图 8-6-11 多层多道焊的焊道排列

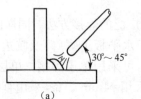 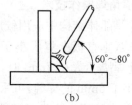

(a)　　　　　　　　　(b)

图 8-6-12 多层多道焊各焊道的焊条角度

CJ421Fe、CJ501Fe、CJ506Fe 等,这些焊条都获得中国船级社 CCS 等的认可。铁粉焊条是在焊条药皮中加入约 30% 的铁粉,铁粉熔入焊缝中,焊条的熔敷效率提高到 140% 以上(一般焊条为 90%)。铁粉焊条可用于平对接焊、船形焊及横角焊。船厂中用 ϕ5mm 焊条,焊条长度为 700mm,使用焊接电流为 210A～270A,宜采用交流电焊接。焊条端头有引弧剂,引弧方便。焊工操作时,将焊条搁置在接缝上不用提起焊条,沿接缝线直线运行,不用横向摆动。焊工可以依据所需的焊脚尺寸来调整焊接速度,还要注意焊条位置的调整,防止焊脚单边现象。

第七节　焊条电弧焊的仰焊操作技术

仰焊是仰视熔池的焊接方法。由于液态金属和熔渣受重力而向下垂落,使熔滴过渡和焊缝成形困难,且劳动条件差(手要高举易疲劳,飞溅熔滴落在人体上不安全),所以说仰焊是几种空间位置中最困难的焊接方法。

仰焊时必须采用短弧焊接,使熔滴在较短的时间内过渡到熔池中,如图 8-7-1(a)所示;若采用长弧焊,必然使熔滴和熔池中的液态金属向下垂落,如图 8-7-1(b)所示。仰焊时要求熔池金属不能太多,尤其是熔池不能太厚。

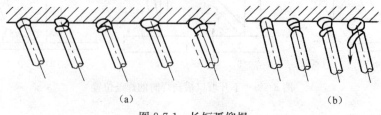

(a)　　　　　　　　　　　　(b)

图 8-7-1 长短弧仰焊

(a) 短弧 ;(b) 长弧。

一、仰对接焊操作技术

（一）I形坡口仰对接焊操作技术

板厚不超过 4mm 可以不开坡口，选用 ϕ3.2mm 或 ϕ4mm 焊条进行仰对接焊。焊条位置如图 8-7-2 所示，电弧要短，并保持均匀向电弧运送焊条。焊小间隙仰对接焊缝，可用直线形运条，间隙稍大时，用直线往返运条。焊接电流可略比向上立对接焊大，要使电弧稳定，熔池热量适中，焊缝成形良好。过大的焊接电流会使熔池液态金属下垂，也会发生烧穿现象。

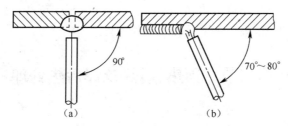

图 8-7-2　I形坡口仰对接焊的焊条位置

（二）V形坡口仰对接焊操作技术

V 形坡口仰对接焊时，采用多层焊或多层多道焊，焊打底层时用 ϕ3.2mm 焊条，运条方法为直线形或直线往返形。焊第二层后的运条方法采用月牙形或锯齿形，如图 8-7-3 所示。运条到焊缝两侧稍作停留，中间过渡稍快，使熔滴向熔池过渡量不宜过多，有利于焊缝成形。

厚板 V 形坡口仰对接焊应采用多层多道焊（图 8-7-4），运条方法可采用直线形，焊条位置应根据每一焊道的位置不同作相应的调整，以利焊缝的成形。

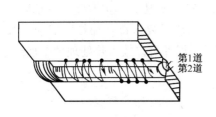

图 8-7-3　V 形坡口仰对接焊的运条

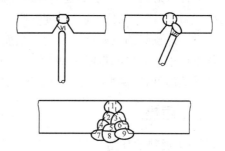

图 8-7-4　V 形坡口仰对接焊的多层多道焊

二、仰角焊操作技术

仰角焊比仰对接焊容易操作，因为液态金属下淌要受垂直板冷金属的牵连，焊缝成形易掌握。焊脚小于 6mm 时采用单层焊，焊脚超过 6mm 可采用多层焊或多层多道焊。

单层仰角焊时，宜用 ϕ3.2mm 或 ϕ4mm 焊条，焊条位置如图 8-7-5 所示，焊条和垂直板夹角为 30°，使电弧向上吹力大些，托住液态金属下淌。焊脚尺寸小的焊缝采用直线形或直线往返形运条。焊脚尺寸大的可用斜环形或斜三角形。

多层仰角焊时，打底层采用直线形运条，焊缝外形要求平滑，不可出现高凸形，这样

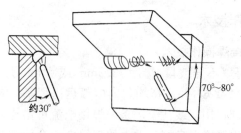

图 8-7-5　仰角焊的焊条位置及运条方法

有利于第二层焊接。第二层可采用斜环形或斜三角形运条,可获得较宽的焊缝。多层多道焊时,也是由下上堆置,最后一道是和水平板连接。

第八节　预热、后热及焊后热处理

一、预热

(一) 预热的作用

预热就是焊前对焊件进行局部或全部加热,到达一定温度后进行焊接。预热的作用有两个:①焊前对接缝周围进行加热,使焊件加热区域温度差别减小,即温度分布较均匀,于是焊接应力减小;②预热降低了焊缝的冷却速度,减小钢的淬硬倾向。预热是防止裂纹的有效措施。对于焊接易淬硬的钢来说,预热是个重要的焊接工艺。

(二) 预热的方法

预热温度应根据钢种的成分和性能、焊件的厚度和刚性、焊条性能及环境气温等因素进行综合考虑,其中主要的是钢种、板厚和气温。易淬硬的钢,预热温度高;板越厚,预热温度越高;环境气温低,预热温度高些。一般钢的预热温度为100℃～250℃。

对工件预热的热源通常采用火焰加热或红外线加热等方法。预热宽度范围是坡口两侧各不得小于5倍的板厚,一般为75mm～200mm。加热时要保持在加热区域的边缘位置是最低温度,此温度应达到规定的预热温度。对于小焊件可以放入热处理炉中加热。

二、后热

(一) 后热的作用

后热就是焊后立即将焊缝加热到250℃～350℃,保温2h～6h,然后在空气中冷却。当温度升高到250℃以上,焊缝中的氢加速运动,就能逸出焊缝金属之外,这就大大降低了焊缝中氢的含量,于是可以防止冷裂纹的产生。由于后热的温度不高,只能消氢,但不能起到松弛焊接内应力的作用。如果焊件焊后立即进行热处理(温度远高于350℃),热处理过程中也可以及时消氢,则就不需要后热。对于易产生冷裂纹的钢,若不能立即进行热处理,则焊件焊后必须及时后热消氢,否则焊件有可能在热处理前的放置时间内产生冷裂纹。

(二) 后热的方法

后热必须在焊后及时进行,不可将焊件搁置长时间。后热采用的热源可和预热方法相同。所不同的是,预热加热到规定温度应立即进行焊接,而后热加热到规定温度后要保持一段时间。

预热和后热都能防止产生冷裂纹。对于有的钢种可以用后热来替代预热,这对焊工来讲,改善了劳动条件。

三、焊后热处理

(一) 焊后热处理的作用

焊后热处理是将已焊好的焊件进行整体或局部高温加热,保温一段时间,然后在炉中冷却,或在空气中冷却。

焊后热处理的作用:①加热到高温 600℃～650℃,钢的屈服强度接近零,这时焊接内应力就被消除;②加热后焊缝金属及其周围热影响区的组织发生变化,有利于提高焊接接头的韧性和塑性等;③对于一些精密机床的焊件,热处理后可以稳定其结构件的尺寸,保证精密度。

(二) 热处理的方法

热处理方法通常根据钢焊件的金属组织和性能要求而定。对于要消除钢中内应力的热处理,通常加热温度在 600℃～650℃ 范围内。若含有钒的低合金钢,消除内应力的退火热处理温度为 550℃～590℃。对于铬钼耐热钢、低温钢等焊后热处理温度则由材料热处理工艺规定。消除应力退火的保温时间一般由板厚确定,每毫米约 1min～2min,最短不少于 30min,但最多不超过 3h。

对于焊件的加热方法可以整体放入热处理炉内加热,这样能获得满意的效果。对于长焊件也可以进行逐段局部热处理。局部热处理时,应保证焊缝两侧有足够的宽度达到一定的温度。局部加热的方法可采用火焰加热、红外线加热等。

第九节　焊条电弧焊的焊接缺陷

一、焊缝尺寸不合要求

焊缝外表形状有高低不齐、宽度不均、焊缝尺寸过大或过小的现象,称为焊缝尺寸不合要求(图 8-9-1)。

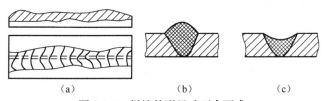

图 8-9-1　焊缝外形尺寸不合要求
(a) 外形高低不平,宽度不一;(b) 过高;(c) 过凹。

产生这种缺陷的原因有:①焊件坡口加工不正确;②装配质量不好(间隙大小不均、坡口上部宽度不均等);③运条不均匀;④焊接工艺参数不当,小电流、慢焊速会形成余高过大的焊缝,长电弧、大电流会造成过宽而低的焊缝。

防止措施是：①焊前检查装配坡口尺寸，使之符合要求；②选择合理的工艺参数；③把握好运条的快慢和摆动幅度。

二、咬边

咬边就是沿焊缝趾部有沟槽，如图 8-9-2 所示。

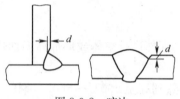

图 8-9-2　咬边

产生咬边的原因有：①焊接电流过大；②运条时将基本金属熔化而吹下；③焊条位置不当，且电弧太长。

防止措施是：①正确选择电流和电压；②焊条位置要合适；③运条方法要合理。

三、未焊透和未熔合

在焊接接头的根部或中部，母材与母材之间未完全熔透，称为未焊透；在焊道和母材、焊道和焊道之间未完全熔合，称为未熔合，如图 8-9-3 所示。

产生未焊透和未熔合的原因有：①坡口角度或装配间隙太小，钝边太大；②焊接电流太小和焊速太快；③坡口不清洁，有氧化铁皮等杂物；④电弧太长；⑤焊条位置不当。

防止措施是：①焊前修正好坡口尺寸，增大间隙和坡口角度，减小钝边；②做好坡口清洁和多层焊层间的清理焊渣工作；③选用合适的焊接电流、焊条位置和运条方法。

四、焊瘤

焊接时熔化金属流淌到正常焊缝之外的局部的多余金属，称为焊瘤（图 8-9-4）。

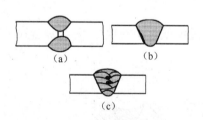

图 8-9-3　未焊透及未熔合
(a) 未焊透；(b) 焊道与母材未熔合；
(c) 焊道与焊道未熔合。

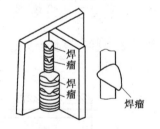

图 8-9-4　焊瘤

产生焊瘤的原因有：①焊接电流太大和焊速过慢；②运条方法不当；③非平焊位置焊时电弧太长。

防止措施是：①按焊接空间位置正确选择工艺参数；②合理的运条方法，如立焊打底层宜用跳弧焊法，横焊宽焊道宜用斜环形运条。

五、气孔

焊接时熔池中的气泡在焊缝凝固时未逸出而形成的空穴,称为气孔。气孔存在于焊缝内部的称为内气孔;气孔存在于焊缝表面的称为表面气孔,气孔缺陷如图8-9-5所示。

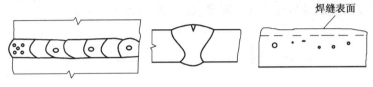

图 8-9-5　气孔缺陷

产生气孔的原因有:①坡口上有水、锈、油、漆等污物;②使用受潮焊条;③长弧焊接,熔池保护不良;④电流太小或焊速过快,熔池存在时间短,气体来不及逸出。

防止气孔的措施是:①清理坡口,烘干水油等污物;②不使用药皮受潮、变质、开裂、剥落或焊芯锈蚀的焊条;③使用稍大的电流和稍慢的焊速;④短弧焊接和合理的运条。

六、夹渣

焊缝金属中局部的空间充满着非金属夹杂物(通常为氧化物、氢化物的混合物及焊渣),称为夹渣(图8-9-6)。

产生夹渣的原因有:①坡口不清洁;②坡口角度小,焊接电流小,渣不易浮出;③多层焊时未将焊渣清理干净;④熔渣的黏度大;⑤运条方法不妥。

防止夹渣的措施是:①仔细清理坡口及其边缘;②将小坡口开大;③选用较大的焊接电流;④多层焊时要清理每层焊渣;⑤选用合宜的运条方法,拌搅熔池,不使熔渣跑在液体金属的前面。

七、裂纹

在焊缝金属或热影响区金属上有分裂金属组织的纹,称为裂纹(图8-9-7)。

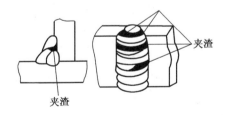

图 8-9-6　夹渣

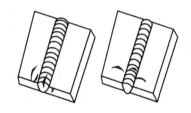

图 8-9-7　裂纹

产生裂纹的原因有:①焊丝和母材中有过多硫和碳;②使用的焊条和母材不匹配;③坡口未仔细清理油、水、锈等污物,导致焊缝有过量的氢;④焊接接头的拘束度较大,焊缝收缩受阻,产生应力大;⑤不合理的焊接顺序。

防止裂纹的措施是:①根据母材性能正确选用焊条,使用低氢焊条;②仔细清理坡口上的油、水、锈等污物,减小焊缝中氢的含量;③对焊件坡口及其两侧进行预热,并保持层间温度;④对于高强度合金钢焊后或焊接中断后须立即进行后热消氢处理;⑤大型厚焊件焊后应进行局部热处理,以减小应力和改善金属组织;⑥合理的焊接顺序,使焊缝的收缩应力小。

八、烧穿(焊穿)

焊缝背部形成金属流垂或穿孔的现象,称为烧穿(图 8-9-8)。

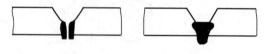

图 8-9-8　烧穿

产生烧穿的原因有:①焊接电流过大;②坡口间隙太大;③运条速度太慢。

防止烧穿的措施是:①正确选择焊接电流和运条方法;②控制焊件的坡口和间隙大小。

九、其他缺陷

焊条电弧焊后有严重的飞溅粘附在母材金属的表面,这也属焊接缺陷,但只要仔细清理干净即可。

弧坑未填满也是焊接缺陷,只要将其填满即可。

复 习 题

1. 引弧有几种方法?

2. 收弧有几种方法?

3. 焊条电弧焊操作时,焊条要做哪几个动作?

4. 焊缝接头有几种形式?

5. 焊条电弧焊的工艺参数有哪些?

6. 怎样选择焊条直径?

7. 怎样选择焊接电流?

8. 焊机空载电压为 80V,焊接时拉长电弧,电弧电压由 20V 升高到 30V 时,电弧的功率如何变动?

9. 什么叫焊热输入? 它对焊接接头性能有何影响?

10. 焊条电弧焊,用焊条直径 $\phi=4mm$,焊接电流 $I_{焊}=160A$,电弧电压 $U_{弧}=23V$,熔敷一根焊条的时间 $t_e=92s$,一根焊条的熔敷长度 $I_e=230mm$,求焊接热输入 E。

11. 试述 I 形坡口平对接焊的焊条位置、运条方法及要注意的问题。

12. 试述 V 形坡口平对接焊的焊条位置、运条方法及要注意的问题。

13. 试述船形焊的焊条位置、运条方法及要注意的问题。

14. 试述 I 形坡口向上立对接焊的焊条位置、运条方法及要注意的问题。

15. 试述 V 形坡口向上立对接焊的焊条位置、运条方法及要注意的问题。

16. 试述向上立角焊的焊条位置、运条方法及要注意的问题。

17. 试述向下立角焊的焊条位置、运条方法及要注意的问题。

18. 试述I形坡口横对接焊的焊条位置、运条方法及要注意的问题。

19. 试述V形坡口横对接焊的焊条位置、运条方法及要注意的问题。

20. 试述横角焊的焊条位置、运条方法及要注意的问题。

21. 试述铁粉焊条横角焊的焊条位置、运条方法及要注意的问题。

22. 试述I形坡口仰对接焊的焊条位置、运条方法及要注意的问题。

23. 试述V形坡口仰对接焊的焊条位置、运条方法及要注意的问题。

24. 试述仰角焊的焊条位置、运条方法及要注意的问题。

25. 焊盖面层前对填充层焊缝表面的外形尺寸有何要求？

26. 焊前对焊件预热，其作用是什么？

27. 什么叫后热？后热的作用是什么？

28. 什么叫焊后热处理？焊后热处理的作用是什么？

29. 试述下列焊条电弧焊焊接缺陷产生的原因及防止措施：咬边、未焊透和未熔合、焊瘤、气孔、夹渣、裂纹。

第九章　焊接变形及应力

第一节　温度变化引起的变形和应力

在第一篇中谈到物体受外力作用要产生应力和变形,现在讨论物体温度变化也会引起变形和应力。物体温度变化,由于热胀冷缩,物体也要发生变形。若物体在自由状态下加热冷却,加热时能自由膨胀,冷却时能自由收缩,那么物体不产生应力。如果膨胀和收缩过程中受到阻碍,则物体内部也会产生变形和应力。

（一）物体加热,膨胀受阻,产生压应力

如果一根钢杆嵌在两端固定间距不能移动的夹钳上(图9-1-1(a)),将钢杆加热到红热状态,按热胀冷缩性质,钢杆要伸长,但夹钳阻止其伸长,这时钢杆就产生了压应力。若压应力超过了钢的屈服强度,钢杆就产生塑性变形。接着让钢杆冷却,这时它能自由收缩,冷却后结果是钢杆比原长缩短了(图9-1-1(b)),缩短的尺寸就是塑性变形的尺寸。

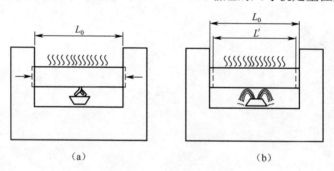

图 9-1-1　钢杆加热后冷却
(a)加热膨胀受阻产生压应力;(b)热钢杆冷却收缩要缩短。

（二）物体冷却,收缩受阻,产生拉应力

如果将加热后未经冷却的钢杆,夹在两端固定间距不能移动的夹钳上,如图9-1-2所示,让其冷却。按金属的热胀冷缩性质钢杆要力求缩短,而不能移动的夹钳不让它缩短,于是钢杆内产生了拉应力,若拉应力超过了钢的抗拉强度,这时钢杆就会被拉断。

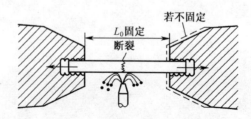

图 9-1-2　热钢杆夹在固定间距的夹钳上冷却

106

若夹钳一端能自由移动,则热钢杆冷却后不会断裂,但要缩短,将夹钳的间距减小,如图 9-1-2 上虚线表示。

(三) 内应力引起物体的变化

上述两个例子物体中产生的应力是由于温度变化而引起的,而不是加外力引起的,这种应力称之为内应力。焊接应力就是内应力。内应力能引起物体变形,甚至可使物体产生裂纹。

我们把一个塑料瓶,对它局部烘烤加热一下,冷却后就立即可以看到塑料瓶发生严重的变形。这是内应力引起的变形。

寒冬的天气,将沸腾的开水冲入次质的厚玻璃瓶(或杯),玻璃瓶会突然爆裂,这也是由于玻璃突然加热膨胀引起了内应力,内应力超过了玻璃的强度极限,玻璃就断裂,这是内应力引起的断裂。

第二节　产生焊接变形及应力的原因

(1)焊接是对焊件不均匀的加热。在钢板中间焊一条焊缝,如图 9-2-1 所示。焊接是对钢板局部加热,也就是不均匀的加热,在焊缝处加热高温可达到钢的熔点以上使钢熔化,而离开焊缝温度急剧下降,远离处甚至未受到热量,只是室温。钢板的温度曲线如图 9-2-1(a)中虚线所示。

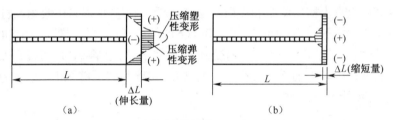

图 9-2-1　钢板中间焊接时的应力与变形

(a) 加热时;(b) 冷却后。

(+)—拉应力;(−)—压应力。

(2)加热时钢板中间焊缝膨胀受阻,产生了压应力和压缩塑性变形。焊接时,钢板受不均匀加热,中间温度高,两侧温度低。在此假设钢板是由许多能自由伸缩的小窄板条组成的,每一小窄板条受热要伸长。伸长情况应该如图 9-2-1(a)中虚线所示。但实际上由于小窄板条是相互牵制的,因此实际伸长情况如图 9-2-1(a)中的直线表示。这样钢板边缘被拉伸了 ΔL,边缘部分产生拉应力,而钢板中间部分被压缩了,产生压缩应力,这个压缩应力超过了钢的屈服强度,产生了压缩塑性变形(图 9-2-1(a)中的空白区域)。

(3)冷却后,中间焊缝部分产生拉应力,两边产生压应力,焊缝长度要缩短。焊缝冷却时,钢板中间焊缝要有较大的收缩,再加上加热时的压缩塑性变形,钢板中间的长度应如图 9-2-1(b)中的虚线所示。结果是使钢板总长度缩短了 ΔL,焊缝部分出现了拉应力,而边缘产生了压应力。焊接引起钢板中的拉应力和压应力,残留在板中,这种内应力又称焊接残余应力。

简单地讲:产生焊接变形及应力的基本根源是,对焊件加热冷却不均匀。产生焊接变形的原因是加热时焊缝膨胀部分产生压缩塑性变形,使焊件尺寸减小。产生焊接应力的原因是,焊接各部分的相互牵连,有拉应力必有压应力。

还应该说明一点,在焊接大尺寸坡口时,焊条熔化坡口的大量液态金属冷凝成固态,体积要收缩,也会产生应力和变形。

一般来说,焊接薄板产生的变形大,焊接厚板产生的应力大。

第三节　减小焊接变形及应力的方法

焊接变形及应力是焊接工艺的缺点,焊接变形会影响到结构的尺寸和形状,影响到焊接结构的工作状态,焊接应力有时是个隐患,严重的会导致焊接结构的破坏。减小焊接变形及应力是焊接工作者应重视的一项工艺。

一、选择合理的焊接顺序

这是常用的、有效的减小焊接变形及应力的方法。下面介绍几个焊接顺序的原则。

(1)让每条焊缝能较自由收缩,先焊焊缝不影响后焊焊缝的收缩。在此讨论简单的拼板构件,由三块钢板用两条焊缝组成 T 字形焊缝(图 9-3-1),两条焊缝先后焊接顺序影响到构件的变形及应力。我们将 A、B 两板拼接的缝称为"支缝",而连接 C 板全长的缝称为"干缝"。正确的焊接顺序是"先焊支缝,后焊干缝"(图 9-3-1(a))。先焊"支缝",A、B 两板连成的"支缝"可以自由横向收缩和纵向收缩,后焊的"干缝"也能自由收缩,故这种焊接顺序的变形及应力小。若先焊"干缝"(图 9-3-1(b)),干缝可以自由横向收缩和纵向收缩。但后焊"支缝"时,"支缝"的横向收缩要受到 C 板("干缝"已将 A、B 两板和 C 板连在一起)的阻碍,就要产生较大的变形及应力。尤其在"支缝"和"干缝"相聚处,产生更大的变形及应力,甚至可能产生裂纹。

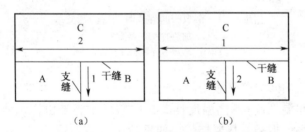

图 9-3-1　T 字形焊缝的焊接顺序
(a) 正确的;(b) 错误的。

应该指出:支缝和干缝的区别在于,支缝是由干缝分叉而出的。它们不是横缝和纵缝的关系,更不是长缝和短缝的关系。

(2)收缩量大的焊缝先焊。收缩量大的焊缝产生的应力也大,先焊收缩量大的焊缝,它不受阻碍收缩比较容易,焊后应力小。若后焊收缩量大的焊缝,则后焊焊缝受到前焊焊缝的阻碍,焊接应力更大,危害性更大。若两条平行的、不同厚度的对接焊缝,则应先焊厚板焊缝。对接焊缝的收缩量比角焊缝的收缩量大,若遇在一起应先焊对接焊缝后焊角焊缝,如图 9-3-2 所示。

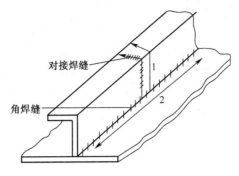

图 9-3-2　角焊缝通过对接焊缝

（3）对称焊接。对于具有中心线的对称结构（如船体结构左右对称），应进行对称焊接，就可以相互抵消变形，也能防止扭曲变形。

（4）长焊缝的焊接顺序。焊接长焊缝时，要考虑到焊接热量在焊缝长度上能均匀分布，由此引出了几种焊接顺序，如图 9-3-3 所示。其中逐段退焊法和分中逐段退焊法应用较广，每段焊缝长度宜为 200mm～400mm，也可以一根或两根焊条熔敷焊缝长度为一段。

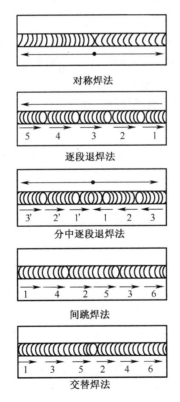

图 9-3-3　长缝的焊接顺序

二、反变形法

这是减小焊接变形及内应力的有效方法。就是在焊前预先将焊件在焊后变形相反的方向加以弯曲或倾斜，焊后焊件获得所需的形状和尺寸，如图 9-3-4 所示。采用反变形法前,应先要掌握焊件焊后变形的规律。

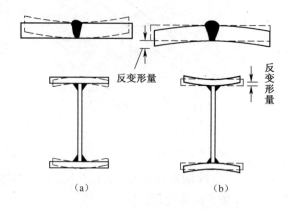

图 9-3-4　用反变形法减小焊接变形
(a) 未作反变形;(b) 作反变形。
实线—焊前形状;虚线—焊后形状。

三、抑制法

这是船厂中较流行的减小焊接变形方法。在焊件上加上一抑制器,焊接过程中可以抑制焊件的变形,焊后将抑制器拆去。船厂中应用的抑制器有"马"和其他卡具。在焊对接焊缝时,为了抑制焊缝的横向收缩和角变形,将"马"焊在钢板上,如图 9-3-5 所示。带有曲面的傍板分段,傍板在胎架上装配焊接,于是用定位焊将傍板焊在胎架上,抑制了傍板的焊接变形。

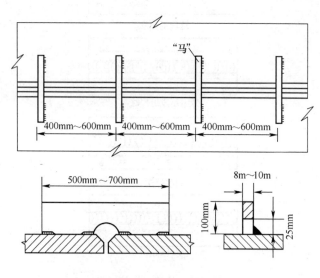

图 9-3-5　抑制焊件变形用"马"

四、预热法

焊前预热接缝周围,可减小焊件加热区的温度差,这样焊缝加热膨胀和冷却收缩受到的阻碍减小,于是可以减少焊接内应力。对于焊接中、高碳钢、高强度结构钢、铸钢件时常

110

用预热法来减小应力。当低碳钢焊件较厚或环境温度很低时也用预热法来减小应力,防止产生裂纹。

五、敲击焊缝法

焊缝金属在冷却过程中收缩受阻而产生拉应力,在焊缝尚未完全冷却前,用手锤或气锤敲击焊缝金属,使焊缝金属产生沿焊缝长度方向微略延伸,从而使焊缝的拉应力得到减小。锤击焊缝的温度宜在焊缝金属塑性较好的热状态时进行。每焊一层焊缝敲击一层,为了保持焊缝的美观,通常对盖面层是不敲击的。

六、焊后热处理

消除焊接钢结构的焊接残余应力,最有效的方法是焊后热处理,通常采用退火热处理。把焊件整体或局部均匀加热到钢的退火温度,并用一定时间的保温,这时钢的屈服强度降得极低,使得钢内的残余应力作用而产生塑性变形,从而使应力得到消除。焊后热处理还可以改善焊缝和热影响区的组织与性能。

对于板较厚且体积不大的工件,如船首柱和船尾柱往往需要用焊后热处理来消除内应力。

七、焊接变形的矫正

焊件产生焊接变形后,可用矫正法来修正焊件形状。矫正法有两种:机械矫正和火焰热力矫正。

机械矫正是借机械力的作用来矫正焊件的变形。可用辊床、油压机、校直机或手锤等设备及工具来矫正焊件。用校直机校直焊接工字梁,如图 9-3-6 所示。

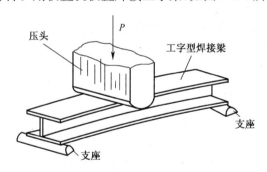

图 9-3-6　工件焊后变形的机械矫正

利用气体燃烧火焰对焊件上适当的地方局部加热,使焊件产生新的变形,来抵消原产生的焊接变形。用热力矫正校直 T 形焊接梁,如图 9-3-7 所示。

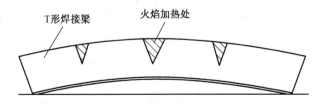

图 9-3-7　T 形焊接梁的热力矫正

第四节 船体结构焊接顺序的基本原则

在焊接产生中,应该有正确的焊接顺序,这种顺序通常在工艺规程中制定。实践证明:正确选择和严格遵守焊接顺序,确能保证小的焊接变形及内应力。焊接顺序要视船体材料和船体结构复杂情况而定。尽管各种船舶结构是各不相同的,但也确实存在着共同的原则。在制定船体结构的焊接顺序时,应该遵守以下几个原则。

(1)拼板构件船底板、内底板、甲板、傍板,焊接顺序的原则是先焊支缝后焊干缝。

(2)平面构架分段(隔舱壁平面分段等)中,既有对接焊缝又有角焊缝,则应该先焊对接焊缝,后焊角焊缝。

(3)在结构中有厚板和薄板,应该先焊厚板,后焊薄板。

(4)具有中心线的对称构件,应该对称焊接,必须有双数焊工同时对称焊接。

(5)有大面积的构架,应该先焊中央,后焊四周,以保证中央的构件能自由收缩。焊接大型的立体分段时,应该尽量使结构的左右、上下、前后进行对称焊接,这样能形成均匀的收缩。

(6)船台大合拢时,先焊接总段中未焊接的底板、内底板、两侧傍板、甲板等纵向对接焊缝,接着焊接大接头环形对接焊缝,最后焊靠近环形大接头处构架的对接焊缝和角焊缝。

(7)焊条电弧焊时,长度超过 0.5m 的焊缝采用逐段退焊法。具有中心线的焊件,长度在 1m 以上的焊缝宜用分中逐段退焊法。

(8)多层缝焊接时,相遇两层焊缝的焊接方向宜相反。各层焊缝的接头必须要互相错开。

(9)焊缝的接头不允许处在纵横焊缝的交叉处。

(10)重要焊缝要连续焊接,不允许有长时间的中断。

复 习 题

1. 加热钢杆件膨胀受阻,而冷却收缩自由,其加热冷却后的结果如何?
2. 热钢件冷却时,不让其收缩,其冷却后的结果如何?
3. 什么叫内应力? 它对物体影响如何?
4. 产生焊接变形及应力的原因是什么?
5. 减小焊接变形及应力的防止措施有哪些?
6. 焊后如何消除焊件的焊接应力和矫正焊件变形?
7. T 字形焊缝的正确焊接顺序应是怎样的?
8. 长焊缝焊接时,其合理的焊接顺序应是怎样的?
9. 船体结构合理的焊接顺序有哪些原则?
10. 船体结构是对称的,焊接顺序应是怎样的?

第十章 水下焊接和碳弧气刨

第一节 船舶水下焊接

水下焊接在 20 世纪 60 年代前仅用于海底打捞工作,此后随着海洋工程和海底油田的开发,不少国家建造了钻井设备、采油平台、海底油管,为了维修这些设备和装置,需要在水下修补焊接,由此水下焊接得到了发展。

近年来船越造越大,大型船舶的吨位已达数十万吨,若干年后修理这些大船也是一项艰难的工作。需要有大型的船坞,维修时费用较大,且耗时。现有人提出大型船舶不进船坞进行船壳的维修,施行船舶水下焊接,这是对船舶工业提出了新的课题,并将开创修船技术的新局面。

一、船舶水下焊接的分类

船舶停在水上,其吃水线以下的船体外板都是接触水的,还有首柱、尾柱及舵等。对这些接触水的构件进行焊接工作,称为船舶水下焊接。

船舶水下焊接方法可以分成两大类:湿式法和干式法,如图 10-1-1 所示。

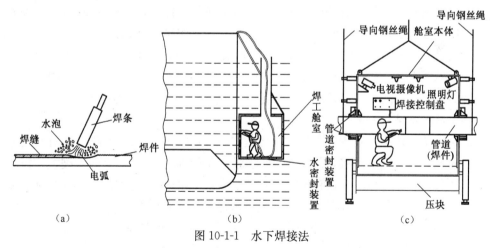

图 10-1-1 水下焊接法
(a) 湿式法;(b) 干式法(室顶开启);(c) 干式法(封闭)。

湿式法就是直接在水下焊接,它没有任何屏蔽设备,采用特殊的药皮焊条,水被排开,电弧在其中燃烧,熔化焊条和焊件,形成焊缝。

按电弧所处水位的深浅,湿式法又可分为浅水湿式法和深水湿式法。浅水湿式法就是对停在水上的船进行湿式焊接,这是船厂使用的方法。深水湿式法是指对海底船舶进行湿式焊接。海底船舶的焊接工作是打捞船舶单位的工作。

干式法就是利用简单的舱室,将结构和焊工工作场所包围起来,并将舱室内的水全部排出,然后焊工进入舱室,在大气中焊接。

干式法按舱室的封闭状态可分为封闭干式法和室顶开启干式法。焊接水上船舶的两侧壳板,可使用室顶开启干式法。焊接海底船舶和海底油管,采用封闭干式法。

二、湿式水下焊接法

(一) 湿式水下焊接的特点

(1)冷却速度快。湿式法焊接时,焊接区和海水直接接触,焊接热量大量被海水吸收,其冷却速度比干式法焊接大好几倍,这很易使焊缝产生淬硬组织。通常只有不会形成马氏体组织的低碳钢,才可以用湿式法焊接。

(2)焊缝中氢含量增多。水分子受热分解出大量的氢,电弧周围充满着大量的氢,并使焊缝金属中氢含量增多,导致产生大量的气孔和氢致裂纹。

(3)要求有高的电弧电压。电弧周围大量水分子带走了大量的电弧热量,要使电弧仍能稳定燃烧,就必须要升高电压。在深水处焊接,需要更高的电弧电压。

(4)飞溅、烟尘增多。在水中电弧燃烧,侵入电弧的水分子增多,所以飞溅、烟尘及气体都相应增多。若水深增大,飞溅、烟尘更为严重。不过,问题不大,因为水流可以把烟尘带走。

(5)熔敷金属中 C、Si、Mn 含量降低。水分子受热分解出氢和氧,这使 C、Si、Mn 等元素氧化而降低其含量。

(二) 湿式水下焊接法的工艺要点

(1)特殊的水下焊接用焊条。水下焊接用的焊条是特殊的,首先是药皮有良好的防水性能,即药皮有抗水外层,药皮不会受潮,适应在水下焊接。其次是有良好的稳弧剂,电弧在水的包围下仍能稳定地燃烧。国产水下焊接的焊条牌号有 TS202 和 TS203 焊条。TS 表示特殊焊条,20 表示水下焊接用,尾部 2 表示钛钙型药皮,尾部 3 表示钛铁矿型药皮。这两种焊条都能在淡水和海水中焊接,具有良好的焊接工艺性能,可进行全位置焊接,适用于低碳钢结构水下焊接。

(2)采用覆板接头。对于船壳板的局部破损,可以采用覆板接头,即在破损处贴上一块覆板,对覆板进行周围焊接,焊在船壳板上,接着将舱内的水排空,然后对破损壳板进行挖孔,孔的尺寸小于覆板尺寸,将焊接处清理干净,烘干水分,用普通焊条(J422)对覆板反面焊缝进行焊接。覆板可为圆形板,也可为四角是圆角的方形板。

当船壳板上是裂纹缺陷时,在补焊前应先在裂纹两端前方各开一个止裂孔,孔径约 20mm,然后盖上覆板进行补焊。

(3)焊接热输入大。由于水冷作用带走大量的电弧热,所以施焊时必须用大电流、慢焊速才能保证焊透。$\phi 3.2mm$ 水下焊条的焊接电流为 110A~150A,4.0mm 为 160A~200A,5.0mm 为 190A~280A。

(4)只能用于低碳钢构件。由于冷却速度快,易产生淬硬组织而形成冷裂纹。所以湿式水下焊接法只能用于淬不硬的低碳钢构件。

三、干式水下焊接法

（一）干式水下焊接法的特点

（1）若背面有水，冷却速度较快。干式法的含义是指钢板焊接的一面是无水的，但其背面可能有水，也可能无水。若背面有水，则焊缝冷却速度较快，也易产生淬硬组织。

（2）易产生气孔。干式法虽然无水，但环境湿度高，使焊条受潮，坡口上有潮气，所以也易产生气孔。

（3）作业环境污染。干式焊接法的焊工作业空间不大，产生的飞溅、烟尘使作业环境污染，影响焊工的视线，不易看清楚熔池。

（二）干式水下焊接法的工艺特点

干式水下焊接法和大气中焊接法没有多大的区别，只是对个别问题应多加关注。

（1）要求有水密且稳固的工作舱室。焊工工作舱室是在水中的，并和船壳板紧贴，又要保证水密，这是要求较高的工作舱室，也是保证焊工正常施工的重要设备装置。舱室还要配置排风机、照明灯及遥控调节焊接电流装置。

（2）选用酸性焊条。由于环境潮湿，适宜用酸性焊条。

（3）烘干焊接处的水分。工作舱室内水排完后，焊接接缝处往往还残留水迹，焊接时必须烘干水分，才能免除产生气孔。

第二节　碳 弧 气 刨

一、碳弧气刨的原理及特点

（一）碳弧气刨原理

碳弧气刨是利用碳极与金属工件间产生的电弧热量，将工件局部加热到熔化状态，同时借助于碳极周围喷射出压缩空气，将熔化金属吹掉，结果在金属表面上形成凹槽，如图10-2-1所示。

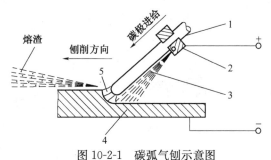

图10-2-1　碳弧气刨示意图

1—碳极；2—刨钳；3—压缩空气流；4—刨件；5—电弧。

（二）碳弧气刨的特点

碳弧气刨和风铲相比，生产效率提高10倍；噪声小，劳动强度低；能进行平、立、横、仰位置工作；用碳弧气刨发现焊接内部缺陷容易且清晰，没有风铲粘没焊缝缺陷的现象。

碳弧气刨的缺点是刨削时产生大量烟尘，必须采取良好的通风措施，以免影响工人的健康。还有吹出的熔渣是引起火灾的苗子，焊工也必须重视熔渣的下落，采取措施确保安全。

碳弧气刨被广泛应用于:清理焊缝根部;刨U形坡口;清除焊缝的缺陷以及清除结构上的残留焊道、马脚等。碳弧气刨不但能用于碳钢及低合金钢,还能用于有色金属。

二、碳弧气刨的设备、工具及材料

(一) 碳弧气刨的电源设备

碳弧气刨的电源设备选用大功率的焊接电源。电源应具有陡降的外特性和良好的动特性。通常用600A~800A的硅弧焊整流器电源。

(二) 碳弧气刨的工具

工具就是碳弧气刨枪,碳刨枪是特殊的夹钳,一要夹住碳棒,并导电流给碳棒;二要在碳棒周围送出压缩空气。

碳弧气刨枪有两种:周围送风气刨枪和侧面送风气刨枪。

1. 周围送风气刨枪

这是目前应用最广的一种气刨枪,其结构如图10-2-2所示。气刨枪后端有气管接头和电缆,有一压缩空气开关,控制气流的断和通,气刨枪头部有一弹性分瓣夹头,用来夹住碳棒,其周围有若干条出风槽,压缩空气由此输出,同时使碳棒受到冷却。刨削时,熔渣能从刨槽的两侧吹出,刨槽的前端无熔渣堆积,刨出槽的外形是底部较平的U形槽。

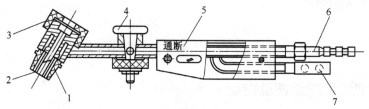

图10-2-2　圆周送风式气刨枪结构图

1—喷嘴;2—弹性夹头;3—绝缘帽;4—压缩空气开关;
5—手柄;6—气管接头;7—电缆接头。

2. 侧面送风式气刨枪

这是夹钳式气刨枪,如图10-2-3所示。碳棒是用夹钳夹持的,在夹钳口一侧有两个小孔,压缩空气由孔射出。喷射出的气体吹向电弧后侧。

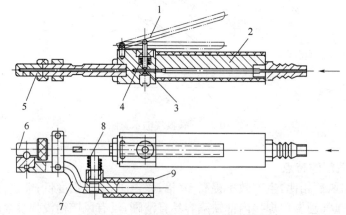

图10-2-3　侧面送风式气刨枪结构图

1—杠杆;2—手柄;3—阀杆;4—弹簧;5—喷嘴;6—钳口;7—弯柄;8—弹簧;9—橡皮管。

（三）碳棒

碳棒是消耗材料,对碳棒的要求是导电性能好,电弧稳定,能耐高温、损耗小。碳棒是用高级碳素材料石墨、碳粉和粘结剂混合后压制成形,然后通过石墨化处理后,并在表面镀上 0.3mm～0.4mm 的铜层,提高导电性能。

碳棒按其断面形状可分为圆形碳棒和扁形(矩形)碳棒两种。圆碳棒的直径有 3mm、4mm、5mm、6mm、7mm、8mm、10mm。扁形碳棒的断面尺寸有 3mm×12mm、4mm×8mm、5mm×10mm、5mm×12mm、5mm×15mm、5mm×18mm、5mm×20mm。圆形碳棒和扁形碳棒的长度规格都是 305mm。

三、碳弧气刨工艺参数

（一）碳棒直径和气刨电流

碳棒直径选用的依据是工件厚度和需要刨槽的宽度。通常选用碳棒直径是比需要刨槽宽度小 2mm～4mm。

气刨电流的大小主要参考是圆碳棒直径或扁碳棒截面积,对于一定的碳棒直径或扁碳棒截面积,如果气刨电流过小,电弧不稳,并易产生夹碳缺陷;如果气刨电流过大,则碳烧损严重。合适的气刨电流可参阅表 10-2-1。

表 10-2-1　碳棒规格和适用的电流

圆碳棒直径/mm	适用电流/A	扁碳棒尺寸/mm²	适用电流/A
3	150～180	3×12	200～300
4	150～200	4×8	180～270
5	150～250	4×12	200～400
6	180～300	5×10	300～400
7	200～350	5×12	350～450
8	250～400	5×15	400～500
9	350～450	5×18	450～550
10	350～500	5×20	500～600

（二）刨削速度

刨削速度对刨槽尺寸和刨削质量有较大的影响。刨削速度增大,刨槽的深度和宽度都要减小。若刨削速度过快,会引起碳棒和工件相碰(即短路),使碳粘在刨槽的顶端,造成夹碳缺陷。对于船体结构工件,刨削速度一般为 8mm/s～20mm/s。

（三）压缩空气的压力

压缩空气压力低于 0.4MPa 时,刨槽内的液态金属难以全部吹除,残留在刨槽两侧形成黏渣。这使得刨槽表面粗糙,且碳渗入增多,还有刨削效率也降低。常用的压缩空气压力为 0.4MPa～0.6MPa。选用压力的大小主要取决于电流大小,电流增大时,压力也应相应增高,使熔化金属停留时间不过长,这样可缩小热影响区,获得光滑的刨槽表面。

（四）电弧长度

碳刨时弧长一般控制在 2mm 左右,电弧过长,会引起电弧不稳定,甚至会发生熄弧。短弧刨削,可减少碳棒损耗。但弧长过短时,操作者不易控制,容易引起碳棒和工件短路,造成夹碳缺陷。

（五）碳棒倾角

碳棒与工件夹角也称倾角,其大小影响着刨槽的深度和宽度。倾角小,刨槽深度浅,宽度大。倾角大,刨槽深度深,宽度小。一般倾角为 $25°\sim45°$,主要视需要刨槽深度而定。

(六) 碳棒伸出长度

碳棒从夹钳口到电弧端的长度称为碳棒伸出长度,也即碳棒导电部分的长度,碳棒伸出长度越长,夹钳口离电弧越远,压缩空气吹到熔渣的风力越差,不能顺利吹去熔渣;且碳棒导电的长度增长,电阻增大,碳棒热量增大,烧损也加快。碳棒伸出长度太短,会使操作不便。一般初始碳棒伸出长度为 80mm$\sim$100mm,当伸出长度熔化烧损到 20mm$\sim$30mm时,应先熄弧,然后进行伸出长度的调整,将夹钳松开,碳棒下送 60mm$\sim$70mm,使碳棒伸出长度回复到 80mm$\sim$100mm。

碳刨的电源极性采用直流反接,这种接法电弧稳定,刨削速度均匀,刨槽表面光滑。

四、碳弧气刨的操作技术

(一) 碳弧气刨的操作

1. 碳刨前的准备

首先要检查碳刨电源的极性接法,应该是直流反接,就是碳弧气刨枪接正极,工件接负极。接着按刨槽尺寸选择碳棒直径,根据碳棒直径调节好电流。调节碳棒伸出长度为 80mm$\sim$100mm。然后检查压缩空气的管路,调节好出风口,使风口对准刨槽。

2. 起刨

起刨时是先送气后引弧,因在引弧时,碳棒与刨件接触造成短路,如不预先送风冷却,很大的短路电流会使碳棒热红,又因刨件金属在极短时间内不能及时熔化,于是热红的碳棒与刨件金属相碰就产生夹碳。在引弧一瞬间,电弧不能拉得太长,以免熄弧。

3. 刨削

开始刨削时,刨削速度要慢些,因刨件金属是冷的,不可能熔化很多的金属,所以引弧后开始时碳棒的倾角要小,刨削量小点,以后逐渐增大至所需的角度。刨削过程中要保持不变的电弧长度和均匀的刨削速度。操作者手要把稳气刨枪,并要看准刨削线,碳棒的倾角基本上保持不变。碳棒不能横向摆动,也不可前后移动,只能沿刨削线向前作直线运动。当碳棒烧损到 20mm$\sim$30mm 时,需要调整碳棒伸出长度,调整时只熄弧而不能停止送风,这可使碳棒有所冷却,在继续刨槽时,引弧应在弧坑上,要防止触及前端正常尺寸的刨槽,避免产生过深的凹痕。刨削过程中应防止产生夹碳、黏渣,若发生则应使用砂轮及钢丝刷清理干净后,才能进行焊接。

4. 刨削结束

刨削结束时,应先断弧,过几秒后关闭送风阀门,使碳棒冷却后,再收拾碳棒。若发现局部刨槽宽度或深度过小,可再引弧刨削修正。

(二) 钢的碳刨工艺

钢在碳刨后,刨削表面附近出现有 1mm$\sim$2mm 宽的热影响区,和 0.1mm$\sim$0.3mm厚的增碳层。故对于碳刨后的坡口,应经磨削清理后才能焊接。这样焊接后,原碳刨的热影响区和增碳层被全部熔化掉,形成的焊缝无明显渗碳,力学性能也和机加工坡口的焊缝相同。所以低碳钢和一般的低合金钢都可以用碳刨进行坡口加工。对于易淬硬的低合金钢,则应像焊接需要预热一样,对此类钢刨前预热,其预热温度同焊前预热温度。而对于某些对冷裂纹特别敏感的高强度钢,则不宜用碳弧气刨加工坡口。一般不锈钢可用碳刨加工坡口和清除焊缝缺陷,但要严格控制工艺参数和操作规则,对刨槽表面,须使用专用不锈钢砂轮和不锈钢钢丝刷打磨清刷干净,然后才能焊接。对于超低碳不锈钢,因不允许有微弱的渗碳,所以不准用碳刨加工坡口。

(三) 碳弧气刨的缺陷

(1)夹碳,原因是碳棒和熔池相接触。

(2)刨槽深浅不均,原因有碳棒夹角变化或碳棒上下波动,还有刨削速度变动。

(3)刨槽宽度不一,原因是碳刨时有横向抖动或刨削速度忽快忽慢。

(4)刨槽偏歪,原因是碳棒中心线和接缝中心线不一致。

(5)刨槽粘渣,原因是压缩空气压力不足。

复 习 题

1. 试述下列水下焊接法的焊接工作条件:浅水湿式法、深水湿式法,封闭干式法、室顶开启干式法。

2. 试述湿式水下焊接的特点及工艺要点。

3. 试述干式水下焊接的特点及工艺要点。

4. TS202 和 TS203 各是什么焊条?

5. 试述焊弧气刨的原理及特点。

6. 碳弧气刨枪的功用是什么?

7. 对碳棒有何要求? 碳棒的断面形状是怎样的?

8. 碳弧气刨的工艺参数有哪些?

9. 碳弧气刨刨削过程中应注意哪些操作要点?

10. 碳弧气刨的缺陷有哪些?

第十一章　钢结构的焊条电弧焊

第一节　碳钢的焊条电弧焊

一、低碳钢的焊条电弧焊

（一）低碳钢的焊接特点

低碳钢的碳含量低，焊接性良好，不易产生裂纹。若钢板厚度不超过 35mm 时，只要不在低温下焊接，即使不采用低氢碱性焊条，也不易产生裂纹。但当钢板很厚时，若不预热，则钢板的冷却速度快，近焊缝的热影响区易产生低塑性的组织，在焊接应力作用下，也会产生焊接裂纹。

（二）低碳钢焊条电弧焊工艺

1. 坡口

低碳钢结构中，通常板厚超过 6mm 以上，才开 V 形坡口，一般低碳钢坡口角度为 50°。如果母材中的 S 和 C 的含量多些，可考虑 60°坡口角度。坡口角度大可减小熔合比，可减少焊缝中的 S 和 C 含量，避免产生裂纹。

2. 预热

一般低碳钢结构不需要预热。当环境温度低于 0℃时，应将焊件坡口预热 30℃～50℃；当焊件厚度大于 70mm 时，预热温度为 100℃～120℃。

3. 焊条

低碳钢结构一般可选用的酸性焊条 E4313(J421)等。若结构是受动载荷，板较厚，或属中、高压容器，则应选用碱性焊条 E4315(J427)。若焊接碳含量略高于 25、30 钢且是重要结构，则可用 E5015(J507)碱性焊条。

4. 焊接工艺参数

低碳钢焊条电弧焊允许用较大的焊接热输入，即用粗焊条、大电流、慢焊速来焊满坡口。

5. 焊后热处理

低碳钢焊接结构一般不进行焊后热处理。焊接板厚、刚性较大的重要结构、壁厚大于 34mm 的容器、精密度要求高的构件(机床床身和减速箱)等需进行焊后热处理，一般选用 550℃～650℃退火处理。焊后热处理后的焊接结构，其应力消除，外形尺寸稳定，还能改善焊接接头各部位的金相组织和性能。

二、一般强度船体结构钢的焊条电弧焊

一般强度船体结构钢的碳含量在 $0.18\%\sim0.23\%$，这也属于低碳钢，故其焊接性良

好。

（一）焊条

一般强度船体结构钢 A、B、D、E 级的屈服强度≥235MPa,抗拉强度>400MPa。船用电焊条级别 1、2、3 级焊条熔敷金属的屈服强度≥306MPa,抗拉强度>400MPa。这焊条和钢是匹配的。通用的结构钢焊条牌号是 J42X,必须通过中国船级社的认可后,才可用于焊接 A、B、D、E 级钢。焊接重要结构,应采用低氢碱性焊条,焊条必须严格烘干。

（二）预热

一般强度船体结构钢用于船体结构,通常是不需要预热的,只有当板厚大、结构刚性大、环境气温很低时,焊前才考虑预热,预热温度的条件见表 11-1-1。

表 11-1-1 一般强度船体结构钢的板厚、环境温度和预热温度的关系

板厚/mm	<16	16～24	25～40	>40
环境温度/℃	<-10	<-5	<0	任何温度
预热温度/℃	100～150			

（三）焊接热输入

一般强度船体结构钢对焊接热输入是没有要求的。大热输入焊接的生产率高,这是受欢迎的。但是用过大电流焊接会使焊条药皮发红,使之失效,这是不允许的。

三、中碳钢的焊条电弧焊

（一）中碳钢的焊接特点

中碳钢的碳含量为 0.3%～0.6%。30 钢的碳含量为 0.30%,它的焊接性良好,仍可按照低碳钢焊接工艺进行焊接。中碳钢碳含量大于 0.4%时,焊接性变差,焊接时存在以下两个问题。

1. 热影响区产生冷裂纹

焊接 40、45、50、55 钢时,由于碳含量较高,焊接后冷却使钢淬硬,热影响区容易形成马氏体组织,性能硬而脆,焊接接头的塑性和韧性下降,在焊接应力作用下,热影响区会产生冷裂纹。如果焊缝中的碳含量较高时,焊缝也可能产生裂纹。

2. 焊缝金属产生热裂纹

55 钢中的碳含量约 0.55%,如果它的硫、磷杂质较高,且焊缝的熔合比较大时,焊缝金属也会产生热裂纹。因为熔合比大,母材中的碳熔入焊缝的量多,使得焊缝的中碳钢由液态转为固态的温度区域增大,也即焊缝冷凝时间延长,焊缝有足够的时间将一些低熔杂质(FeS 的熔点为 988℃)推向焊缝中间,结果形成固态钢焊缝中有一液态薄膜层,在焊接应力作用下,将液态薄膜层扩展成一条裂纹。

（二）中碳钢的焊接工艺

1. 坡口

中碳钢焊接坡口尽可能开成 U 形,可减少母材的熔入量,减小坡口根部应力集中。坡口两侧周围 10mm～20mm 应进行清理污物。

2. 焊条

对于不同碳含量和不同的强度要求的中碳钢,可选用不同型号的焊条。35 钢可选用

焊低碳钢的焊条，E4303(J422)、E4315(J427)。焊 45、55 钢时，如不要求强度的可选用 E4303(J422)、E4315(J427)。对于要求强度高的中碳钢，必须要使用碱性焊条，按强度要求可选用 E5015(J507)、E5515(J557)、E6015(J607)焊条。

3. 预热

对于碳含量高，板较厚，刚性大的焊件，必须要采取预热措施，这是中碳钢焊接的一项重要工艺措施。通常 35、40、45 钢预热选用 150℃～250℃，焊 50、55 钢或板较厚和刚性大时，预热温度提高到 250℃～400℃。通常采取局部预热，加热范围为坡口及其两侧各 150mm～200mm。如果大型构件预热有困难时，可采取将工件焊缝处于立焊或半立焊位置，用 ϕ4mm 焊条横向摆动运条焊成又宽又厚的焊缝（即大焊接热输入），这样可使近缝区缓冷，不产生淬硬组织。

4. 操作

焊打底层，用不大于 ϕ4mm 焊条，焊接电流不宜大，以免熔深大，这样可以减小熔合比，防止热裂纹。多层焊时，可用小锤轻敲焊缝金属表面，以减小焊接内应力，同时可以细化晶粒。

长焊缝可用逐段退焊法，使焊接热量均匀分布。

收弧时一定要将弧坑填满，防止产生弧坑裂纹。

5. 焊后处理

焊后中碳钢焊件应缓冷，可用石棉布将焊件包裹，或送入炉中缓冷。对于碳含量高，厚度大，刚性大的焊件，应及时进行消氢处理和作 600℃～650℃的消除应力回火处理。

第二节 低合金结构钢的焊条电弧焊

一、低合金结构钢的焊接特点

低合金结构钢种类较多，合金成分的差异也很大，所以不同的低合金结构钢的焊接特点是有不同的。总的说来，合金成分高的低合金结构钢焊接起来困难；强度等级高的低合金结构钢焊接也是困难的。

(1)屈服强度 σ_s＝294MPa～353MPa 级低合金结构钢，焊接性良好。这类钢（如 09Mn2、12Mn、16Mn、AH32、DH32、EH32、AH36、DH36、EH36）中的合金元素较少，碳当量较低，焊接热影响区的淬硬倾向比低碳钢稍大，焊接性尚属良好，所以一般焊前不预热。只有在厚板低温情况下施焊，才考虑焊前预热或焊后后热处理。

(2)钢中成分不均匀会产生热裂纹。低合金钢的成分一般是碳少、硫少、锰多，钢中的 Mn/S 都能达到要求，具有抗热裂性能。但当钢中成分不合要求或严重偏折（化学成分不均匀）时，使局部的 C、S 含量偏高时，局部的 M/S 过低，可能会产生热裂纹。还有含 Ni 的低合金钢也易产生热裂纹。低合金钢焊缝中的 FeS（熔点 998℃）和 Ni_3S_2（熔点 645℃），都是低熔杂质。当钢焊缝从液态转为固态（称为一次结晶时），高温（＞1100℃）的焊缝就把这些低熔杂质推向中央，形成一个液态薄膜，在焊接拉应力作用下，薄膜被拉成裂纹，这种裂纹称为热裂纹。铌和钛能和碳形成低熔杂质，也可能导致产生热裂纹。严格控制 C、S、P 和 Ni、Nb、Ti 的含量是防止热裂纹的重要措施。

(3)冷裂纹。低合金结构钢由于加入 Mn、Cr、Mo、V 等合金元素,强度等级提高,同时碳当量增大,钢的淬硬倾向增大。焊接热影响区易产生淬硬的马氏体组织,且焊缝对氢的敏感性也增强,在较大的焊接应力作用下,焊接接头就会产生裂纹。这种裂纹通常是在 200℃~300℃以下产生的,称之为冷裂纹,以区别焊缝一次结晶(液相转为固相)产生的热裂纹。冷裂纹可能在焊后立即出现,也可能焊后几小时,几天,甚至几周后才出现,这种冷裂纹称为延迟裂纹。延迟裂纹是由氢引起的,坡口上的水、锈、油等污物,以及焊条未烘干都会使焊缝吸收氢而产生延迟裂纹。

二、低合金结构钢的焊条电弧焊

(一) 坡口

低合金结构钢的坡口尺寸和碳钢是相同的,板厚 6mm 以上必需开坡口。坡口一般可用氧气切割或碳弧气刨,要求精度高的可用刨削或车削。

坡口及其两侧各 20mm 范围内,应清理水分、铁锈、氧化皮、油污及其他污物。

(二) 定位焊

定位焊的焊条和正式焊缝用的是相同的。定位焊的预热温度也和正式焊缝相同。定位焊缝应有足够的焊缝厚度和长度,要防止定位焊缝薄或太短没有足够的强度而产生裂纹。定位焊的引弧也必须在坡口内,禁止在坡口外的母材钢板上引弧。

(三) 焊条

低合金结构钢选用焊条主要考虑母材的力学性能、化学成分和物理性能。力学性能主要是指强度,塑性和韧性。对强度而言,就是要求焊缝金属的强度应略大于或等于母材的强度。强度有抗拉强度和屈服强度之分,焊条是以抗拉强度分级的,而母材是以屈服强度分级的。所谓等强度原则,通常根据设计的要求,是抗拉强度相等,或是屈服强度相等。若选择屈服强度等强度,则可允许焊缝金属的抗拉强度比母材的抗拉强度低的焊条。对于选用强度低的焊条,通常能提高焊缝的韧性,降低焊接接头产生裂纹的倾向。

对于低合金铬钼耐热钢来说,选用焊条主要考虑母材的化学成分和热强性。

选用低合金结构钢焊条时,应该优先采用低氢碱性焊条,碱性熔渣和酸性熔渣相比,碱性熔渣的脱氧、脱硫较充分,合金元素过渡系数高,氢含量低,焊缝金属的抗裂性较高,力学性能也较高。按低合金钢号选用焊条牌号可参阅表 6-6-1。

(四) 焊接热输入

由于不同低合金结构钢的冷裂倾向和脆化倾向的不同,因此对焊接热输入的要求也不相同。

(1)碳含量低的热轧钢 09Mn2、09MnNb 及碳当量低的 16Mn 钢,焊接时对焊接热输入没有严格的控制要求,因为这些钢的脆化倾向和淬硬倾向小。但从提高过热区塑性和韧性来考虑还是采用不大的焊接热输入为佳。

(2)焊接碳当量偏高的 16Mn 钢时,宜采用较大的焊接热输入,这样可以降低钢的淬硬倾向,有利于防止冷裂纹。

(3)焊接淬硬倾向大的钢,如 18MnMoNb 钢等,宜采用较大的焊接热输入,但也不能过大,以免过热区晶粒粗大。

(4)对于屈服强度高于 755MPa 的调质高强度钢,为了保证焊接接头的韧性,焊接热输入必须限制在 17kJ/cm 以下。

(5)对于焊前预热的焊件,可用较小的焊接热输入进行焊接,既可以防止冷裂纹,又能防止晶粒粗化。

(五) 预热

低合金结构钢的预热温度主要考虑母材的碳当量、环境温度及构件的刚性。

1. 考虑母材的碳当量

母材的碳当量 $C_E < 0.40\%$ 的钢,一般不需预热,$C_E = 0.41 \sim 0.45\%$ 的低合金结构钢可参照碳钢工艺进行预热。$C_E > 0.45\%$ 的低合金结构钢预热温度为 $100℃ \sim 150℃$。

2. 考虑焊接环境温度

对于一般的低合金结构钢,在环境温度低于 $0℃$ 时应进行预热。

3. 考虑构件的刚性及板厚

刚性大、板厚大的屈服强度 $\sigma_s \geqslant 345MPa$ 的低合金结构钢构件,要考虑预热,例如 16Mn 钢板厚大于等于 30mm 时,要求预热 $100℃ \sim 150℃$。对于一些常用低合金结构钢按板厚选定的预热温度可参阅表 11-2-1。

表 11-2-1　常用低合金结构钢的预热温度

母材钢号	板厚/mm	预热温度/℃
16Mn,17Mn4,19Mn6,15Mo3,15MnVTi	≥30	100～150
20MnMo,12CrMo,15CrMo,13CrMo44	≥15	150～200
14MnMoV,18MnMoNb,13MnNiMo54,10CrMo910,22NiCrMo37	≥10	150～200
12CrMoV,13CrMoV42,24CrMoV55,12Cr2WVTiB	≥6	150～200

(六) 焊接操作

低合金结构钢的引弧应在引弧板上或焊接坡口内,不应在坡口外任意划擦,以免产生弧伤。引弧需运用回焊操作,即在引弧点引弧,焊条拉到正式起焊点后要回焊到引弧点再继续正常焊接。断弧后再继续焊时,不允许在前一焊段的弧坑上引弧,同样要运用焊条回焊操作。焊缝收弧时必须填满弧坑,否则容易产生弧坑裂纹。

低合金结构钢宜采用多层多道焊,因为后层焊道对前层焊道热影响区起着回火作用。当一层焊缝需焊三道时,应先焊坡口两侧焊道,后焊中间焊道,可使两侧焊道热影响区获得回火作用。当盖面层需焊三道时,也是先焊两侧焊道后焊中间焊道,还应使中间焊道不能和母材接触,需相距 2mm～5mm,如图 11-2-1 所示。这可使中间焊道的热影响区不涉及母材,有利于提高焊接接头的性能。

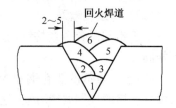

图 11-2-1　回火焊道

(七) 焊后加热处理

低合金结构钢焊后是否需要加热处理,要根据钢的化学成分,结构刚性与板厚,焊接接头形式,环境温度及使用条件等因素而定。焊后加热处理方法有两种:$250℃ \sim 350℃$ 后热消氢处理;高温消除应力热处理。典型低合金高强度钢焊后热处理温度见表 11-2-2。

表 11-2-2　典型低合金高强度钢焊后热处理的温度

钢　号	焊后热处理温度	钢　号	焊后热处理温度
16MnR	600℃~650℃回火(板厚≥30mm)	14MnMoVg	600℃~650℃回火
15MnVR	560℃~590℃回火(板厚≥28mm)	18MnMoNbR	600℃~650℃回火
注：R 为压力容器用钢；g 为锅炉用钢			

三、高强度船体结构钢的焊条电弧焊

（一）焊前坡口准备

高强度船体结构钢的坡口尺寸和装配间隙应符合有关技术文件的规定。

坡口加工通常采用火焰切割、碳弧气刨和刨削。碳弧气刨要避免渗碳和夹碳。

坡口及其两侧各 20mm 范围内必须仔细清理,去除氧化皮、锈、水、油等赃物。

装配时要避免强力装配。如遇坡口间隙过大,可以用匹配的焊条在坡口单侧进行堆焊,并用砂轮打磨钢板表面和坡口面,然后再进行装配定位焊。定位焊用的焊条、焊前预热状态和正式焊缝相同。定位焊缝尺寸可允许大一点,定位焊缝长度可达 60mm。

焊接装配马和起吊马的焊缝应离正式焊缝边缘不小于 30mm。拆除马时,不允许用锤敲击取下,只能用气割割断后,再用风铲或电动铲铲平,且不损伤基本金属表面,最后用砂轮磨平。

（二）焊条

高强度船体结构钢选用焊条的原则是焊条熔敷金属的强度和韧性应和母材的强度和韧性匹配,焊条必须经船级社认可,方可用于船体结构。高强度船体结构钢选用的焊条见表 6-6-2。

（三）焊接热输入

高强度船体结构钢在选用焊接热输入时,主要考虑到焊接接头的质量,焊接效率及焊缝的成形美观。对于碳当量 C_E 小于 0.45% 的结构钢,由于钢不易淬硬,所以主要考虑焊缝成形美观,一般不限制焊接热输入。对于 C_E 大于 0.45% 的结构钢,焊时考虑预热的焊接热输入宜控制在 35kJ/cm 范围内。

（四）预热和层间温度

高强度船体结构钢焊接时,一般不需要采用预热措施,但对钢板较厚,结构刚性大及环境温度低的情况,焊接时需要采取焊前预热措施。对于碳当量 C_E 大于 0.41%,但小于 0.45% 的高强度船体结构钢,可按一般强度船体结构的预热要求进行预热,见表 11-1-1。当碳当量 C_E 大于 0.45% 的高强度钢焊接时,应按船规要求预热 100℃~150℃。层间温度同预热温度。

（五）焊接操作

(1)高强度船体结构钢焊接时尽量使用短弧、小幅摆动运条,焊条摆动幅度不得超过 5 倍焊芯直径。除打底层焊道外,其他各焊层的焊缝厚度应控制在 2mm~4mm 范围内。

(2)为了防止打底层焊道的冷裂,焊打底层时宜选用稍大的电流和慢的焊速,达到加厚焊缝截面的目的。

(3)长焊缝可划分成许多区段,每区段 600mm 左右,在区段内采取逐段退焊法。

（4）对称结构宜对称焊接，对称焊时，两焊工的焊接电流和焊接速度尽可能协调一致。长焊缝也宜用分中逐段退焊法。

（5）多层多道焊时，焊盖面层宜用三焊道，先焊两侧，后焊中央的回火焊道。

（六）焊接缺陷的返修补焊及焊后热处理

如果焊缝缺陷超标，可用风铲，碳弧气刨或砂轮清除，但不应许用电弧将缺陷熔除。缺陷清除后应进行无损检验，以确定缺陷是否被完全清除，在认定缺陷被清除干净后方可进行补焊。缺陷清除后的坡口，要求用砂轮打磨成 U 形，坡口底部呈半圆形，坡口角度约达 30°，坡口的长度不得小于 100mm。过短的焊缝会使冷却速度加快，淬硬倾向加大，易产生冷裂纹。

补焊用的焊条和正式焊缝的相同，而预热和层间温度及加热宽度应比焊正式焊缝的稍高和稍宽。

同一部位缺陷的返修补焊，原则上不得超过两次。

高强度船体结构钢一般不进行焊后热处理。

第三节　不同强度等级结构钢的焊条电弧焊

船体结构中根据船体部位强度要求选用着不同强度等级的钢，如强力甲板边板和一般甲板（强度要求低）的焊接，平面板架结构中的板和型钢的焊接，大多是不同强度等级结构钢的焊接。这些结构件也可以称得上是异种钢的焊接，不过此类钢的金相组织是同类型的（珠光体）。

一、焊条

不同强度等级结构钢的焊接，最关键的问题是选用焊条

（一）板的拼接

当两种不同强度等级的钢板拼接时，一般是选用较低强度级别钢板相匹配的焊条。如高强度级别钢应选用 3Y 级（船级社认可的 J507）焊条，而较低强度级别钢可选用 3 级（船级社认可的 J427）焊条，两者焊在一起可选用 3 级（J427）焊条。通常低强度级别的焊条，其焊缝金属的塑性好，不容易产生裂纹。

当结构在不连续处或应力集中的区域内，则应选用较高强度级别的焊条。

（二）型钢和板

船体构件中型钢和板不少是不同强度级别的，两者连接在一起，通常是根据结构的受力情况和焊缝尺寸，选用和型钢种强度等级相适应的焊条。

（三）和 E 级钢连接的构件

E 级钢是船体结构钢中对冲击韧性（－40℃）要求高的钢，凡是和 E 级钢连接的构件，其焊缝均应采用和 E 级钢相适应的焊条。

二、焊前预热

不同强度等级钢焊接前的预热问题也是十分重要的。若是焊接低强度等级的钢不需要预热，而焊接高强度等级的钢淬硬倾向大需要预热，两种钢焊在一起，则必须按照高强

度等级的钢进行预热。预热温度也按照高强度等级钢的预热温度。

三、焊接过渡层

对于强度等级差别较大的两种结构钢焊接时,也可以不直接焊接这两种钢,而是在一种钢的坡口上堆焊过渡层(一层或数层),然后再将过渡层和另一种钢焊接在一起,如图11-3-1所示。过渡层是用强度低的焊条堆焊在强度高的钢的坡口上。过渡层的厚度要视钢的淬硬倾向大小而定。焊接无淬硬倾向的钢,过渡层厚度约5mm~6mm;焊接淬硬倾向大的钢,则为8mm~9mm。当工件的刚性很大(板厚大于30mm)时,可适当再增加过渡层厚度。

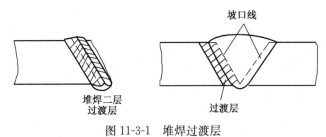

图 11-3-1　堆焊过渡层

第四节　结构钢焊条电弧焊的生产举例

一、甲板的焊条电弧焊

中、小船的甲板,钢板较薄选用焊条电弧焊。船首部和尾部甲板形状如图11-4-1所示。其形状都不是长方形的,首部是尖形、尾部是圆弧形,其中钢板的接缝是纵横错开。这是典型的拼板构件。全部钢板经装配定位焊后,在每条接缝上焊上几只"马",抑制甲板的变形。

根据甲板选用钢种级别,确定焊甲板用的船用焊条的级别,参照焊条表6-6-2。

甲板接缝焊接顺序的原则,首先考虑的是"先焊支缝,后焊干缝",对于支缝和干缝是相对而言的。以图11-4-1(a)船首部甲板为例,焊缝1、2相对而言,1是支缝,2是干缝。焊缝2、4相对而言,2是支缝,4是干缝。同理5是支缝,6是干缝。6是支缝,8是干缝。

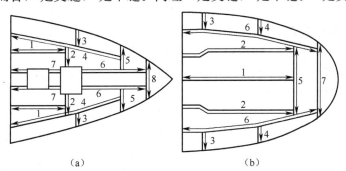

图 11-4-1　甲板的焊接顺序
(a)船首部甲板;(b)船尾部甲板。

127

焊缝 7 不和任何焊缝相连接,其焊接顺序是可以随意的。其次考虑到甲板是对称结构,应该由双数焊工对称焊接。对于长焊缝还要使用逐段退焊法或分中逐段退焊法。

船尾部甲板的焊条电弧焊的几项原则和船首部甲板的焊条电弧焊是类同的,图 11-4-1(b)为船尾部甲板的焊接顺序。

二、板和角钢接头的焊条电弧焊

船体结构中常见到钢板对接和角钢对接在某处相遇,若焊缝相交(图 11-4-2(a)),这是错误的结构,由于该处焊缝集中在一起,会造成过大的应力集中,使焊缝裂开,并沿着 x、y、z 三个方向延伸,导致焊接结构破坏。对于这种结构,首先让角钢的对接缝和钢板的对接缝错开,相距应在 50mm 以上。其次为了避免两焊缝相交,在角钢上开个孔,让板的对接缝通过(如图 11-4-2(b)),这是结构设计上布置焊缝的要求。在焊接工艺上,也要重视焊接顺序,其原则是"先焊对接缝,后焊角焊缝",如图 11-4-1(b)上的 1~5,图上的焊缝是正反两面焊的。在焊半圆孔处的角焊缝要进行包角焊,即在角焊缝正反两面拐弯处也要焊上焊缝,实行包角。包角焊缝的焊脚尺寸应不小于设计焊脚尺寸。

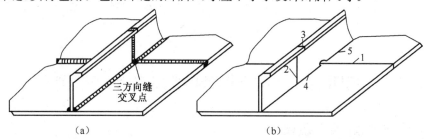

图 11-4-2　角钢接头和板接头

(a)错误的焊接结构;(b)正确的焊接结构及其焊接顺序。

三、小车轨道梁的焊条电弧焊

某工程中小车轨道梁是由两个不同规格的大小 H 型钢和一个扁钢组成,长约 10m,如图 11-4-3 所示。材料均为低合金结构钢(不同型号),焊接性良好,选用焊条为 E5015(J507)。

在适当长度(大于梁的长度)的钢工作平台上,安置大 H 型钢,用定位焊焊在平台上,在大 H 型钢上安装小 H 型钢,定位焊固定,在小 H 型钢上安置扁钢,也用定位焊固定。定位焊缝长度为 30mm~50mm,间距为 200mm~300mm。4 条角焊缝的焊脚尺寸均为 6mm。

大 H 型钢重量大于小 H 型钢,小 H 型钢重量大于扁钢,上轻下重。组成的轨道梁的中性轴应在小 H 型钢中性轴的下方。每条焊缝在长度方向有收缩力,这个焊缝收缩力对轨道梁的中性轴产生弯矩,弯矩的大小为:收缩力×力臂(收缩力离轨道梁中性轴的距离)。由于焊脚均为 6mm,因此可看作每条焊缝收缩力大小是接近的。扁钢角焊缝距轨道梁中性轴远,焊缝收缩力产生的弯矩就大,而大 H 型钢角焊缝距轨道梁中性轴近,产生的弯矩就小。轨道梁中性轴上方产生弯矩要使轨道梁产生中部下垂变形;而轨道梁中性轴下方产生弯矩要使轨道梁产生中部上拱变形。由于轨道梁上方扁钢角焊缝产生的弯矩大于轨道梁下方大 H 型钢角焊缝产生的弯矩,结果是使轨道梁焊后要引起梁中部下垂变形,这是最终变形。

为了减小梁的焊接变形,应该是先焊焊缝的变形和最终变形相反,也可看成先设置一个反变形。为此应该先焊距梁中性轴近的大 H 型钢角焊缝,产生中部上拱变形,继后焊距梁中性轴远的扁钢角焊缝,产生中部下垂变形,但被先焊焊缝抵消了很大部分,最后获得较小的焊接变形。图 11-4-3 上 1、2 表示焊接顺序。对于上下不对称的焊接梁,其正确的焊接顺序是:先焊对焊接梁中性轴产生弯矩小的焊缝,后焊对焊接梁中性轴产生弯矩大的焊缝。

小车轨道梁左右是对称的,应由双数焊工对称焊接,梁左右的焊接方向应是同向的。还有梁的长度较长,宜采用逐段退焊法或分中逐段退焊法。每段焊缝长度为一根或二根焊条熔敷长度。焊接后仍有少量变形,可用火工进行热力矫正。

把船也可看作一个上下不对称的梁,船的重心或中性轴是在船很低的位置,大多数焊缝在中性轴的上面,所以船体焊接后会发生中垂(两头翘起)现象,为了减小变形,应该先焊下面的焊缝,后焊上面的焊缝。

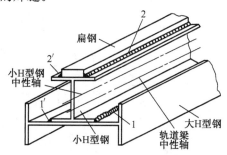

图 11-4-3　小车轨道梁的焊接

四、隔舱壁的焊条电弧焊

隔舱壁是船体分隔舱室的平板构件,它由隔舱板和加强材组成。隔舱壁有纵隔壁和横隔壁之分。

(一)横隔壁的焊条电弧焊

横隔壁是对称于船体中心线的横向平面分段。隔舱板对接焊缝的焊接方法,厚板用埋弧焊,薄板采用焊条电弧焊,小型船舶多采用焊条电弧焊。图 11-4-4(a)所示为横隔壁平面分段的焊接,隔舱板对接焊缝按 A、B、C、D 顺序焊接,这就是先焊支缝后焊干缝。拼板接缝焊接后,装上加强材角钢,以角焊缝和隔舱板连接。角焊缝的焊接顺序是用对称焊法,由双数(两名)焊工从中间向两旁进行对称焊。

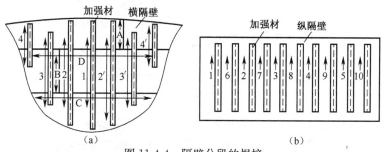

图 11-4-4　隔壁分段的焊接

(a)横隔壁分段的焊接;(b)纵隔壁分段的焊接。

129

(二) 纵隔壁的焊条电弧焊

纵隔壁是船体纵向平面分段,小型船舶的隔舱板是采用焊条电弧焊,用几张钢板拼接而成,其焊接顺序是先焊支缝后焊干缝。对接焊缝焊接后,在隔舱板上装加强材,经定位焊后,用焊条电弧焊焊接角焊缝。由于没有船体中心线,焊接时可以不进行对称焊,在这里采用间跳焊法焊接角焊缝,如图 11-4-4(b)所示,间跳焊法使焊接热量分布均匀,有利于减小变形。

五、舵的焊条电弧焊

舵是船舶操纵系统的重要部件之一。大中型船舶皆采用流线型空心舵,空心舵要能承受水的冲浪压力而不变形,还要求水密。舵由舵杆和舵叶两大部件组成。舵杆是舵的转轴,受操纵系统控制。舵叶由舵外板、纵隔板、横隔板组成。舵外板由舵首材、舵尾材、舵顶板、舵底板及两曲面舵板组成,如图 11-4-5 所示。舵是在胎架上进行装配焊接的,其装焊工艺如下。

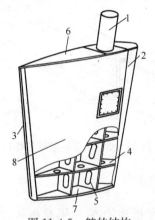

图 11-4-5　舵的结构

1—舵杆;2—舵首材;3—舵尾材;4—横隔板;

5—纵隔板;6—舵顶板;7—舵底板;8—曲面板。

(1)按曲面舵板外形制作胎架板,用两角钢将几块胎架板定位焊连成舵胎架。

(2)在舵胎架上装曲面舵板(在此称下舵板)和舵首材(图 11-4-6),下舵板和舵首材用定位焊固定在舵胎架上,定位焊缝长约 30mm～50mm,间距约 200mm～300mm,可按胎架板的实际空段适当调整。

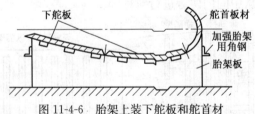

图 11-4-6　胎架上装下舵板和舵首材

(3)焊接下舵板和舵首材的二条对接焊缝,采用逐段退焊法。

(4)分别在纵、横隔板焊上永久垫板,此垫板和上舵板塞焊连接用。

(5)在下舵板上装纵隔板、横隔板、舵尾材(图 11-4-7)及舵杆套筒。在纵隔板和横隔板相交处,应割去一段永久垫板(垫板不能重叠),都用定位焊固定。

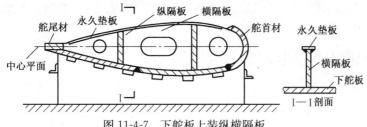

图 11-4-7 下舵板上装纵横隔板

(6)焊接在下舵板上的构架,先焊纵横隔板间的立角焊缝(图 11-4-8),然后焊接下舵板和隔板的横角焊缝(图 11-4-9)。焊接时由双数焊工,对称焊,由中央向两旁焊接。最后焊法兰的一半焊缝,应使用碱性焊条。

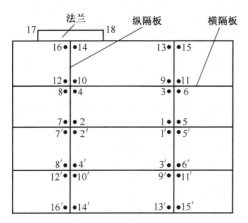

图 11-4-8 下舵板上的纵横隔板的
立角焊缝焊接顺序

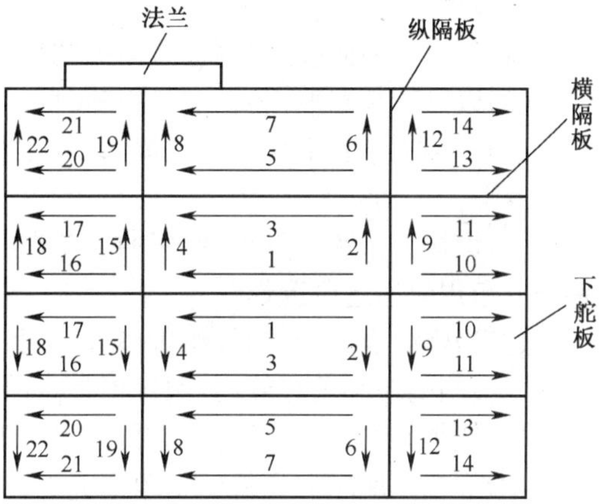

图 11-4-9 纵横隔板与下舵板的
横角焊缝焊接顺序

(7)装上开有塞焊孔的上舵板,其背面边缘预先装上垫板定位焊后,先焊上舵板和舵首材的有垫板对接焊缝(图 11-4-10 中的 1 和 2),然后焊上舵板和纵横隔板的塞焊缝(图 11-4-10 中的 3~28),再焊上舵板和舵顶板、舵底板的角焊缝(图 11-4-10 中的 39、40),最后焊上舵板和舵尾材的角焊缝(图 11-4-10 中的 41)。

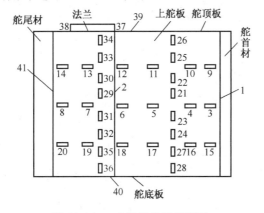

图 11-4-10 上舵板的焊接顺序

(8)将舵从胎架上拆下并翻身,仍置放在胎架上,先焊下舵板和舵首材的两条对接缝的封底焊缝,焊前用碳刨开槽。最后焊下舵板、舵顶板、舵底板、舵尾材的角焊缝,及法兰盘的另一半角焊缝(要防止焊缝接头脱节)。

六、主机座的焊条电弧焊

主机座是安装船舶动力主机的重要构件,除了小型船舶外,船舶主机座和主机都是安装在船体内底板上的。主机座承受着主机的重量,还要保证主机运转时能传递巨大的动力载荷。故对主机座的焊接质量要求比较严格,控制焊接变形,防止焊接缺陷。主机座是由左右两列纵桁、数个横隔板及肘板组成,如图 11-4-11 所示。主机座的纵桁、隔板和肘板都是 T 型部件,焊后均会产生变形,若面板产生较大的变形,将会影响到主机的安装质量。主机座的装焊工艺是在保证焊缝质量前提下,主要解决变形问题。

(1)装配主机座的工作平台应该是平整的,在此平台上划出纵桁、横隔板及肘板等位置线。

(2)将纵桁和面板、横隔板和面板、肘板和面板的 T 型构件的角焊缝先焊好。

(3)以纵桁为基准,装上横隔板和肘板等 T 型构件。

(4)整个机座和平台用定位焊固定,并在两侧肘板上加焊两条临时加强角钢,以抑制机座变形。

(5)焊接纵桁和横隔板、肘板的立角焊缝,由中央向两端向两侧间跳施焊(图 11-4-12)每条立角焊缝用逐段退焊法。

(6)当焊缝全部冷却后,将机座拆下,翻身,以横角焊位置焊接纵桁的面板和横隔板、加强肘板间的短小角焊缝,其顺序也是由中央向四周焊接。

(7)把焊好的机座再翻身,进行火工矫正,然后将机座装上内底板,用定位焊固定。

(8)焊接机座和内底板的横角焊缝,由双数焊工从中间向两端进行对称焊接,其顺序如图 11-4-13 所示。

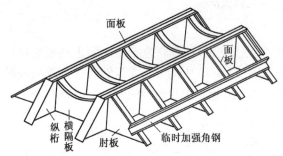

图 11-4-11　主机座焊上临时加强角钢

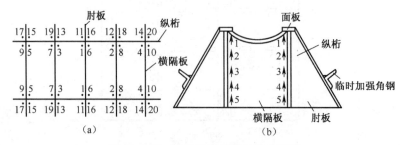

图 11-4-12　主机座角焊缝的焊接顺序
(a)焊接顺序;(b)每条焊缝的顺序。

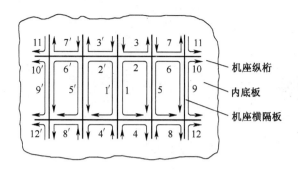

图 11-4-13　主机座和内底板的焊接顺序

复 习 题

1. 低碳钢的焊接性是怎样的?

2. 低碳钢焊接时,如何选用电焊条?

3. 一般强度船体结构钢预热温度如何选定?

4. 中碳钢焊接时,为什么易产生冷裂纹和热裂纹?

5. 焊中碳钢时,如何选用电焊条?

6. 中碳钢的预热温度是多少?

7. 中碳钢焊后,应如何处理?

8. 什么叫冷裂纹? 什么叫延迟裂纹?

9. 对低合金结构钢的定位焊有什么要求?

10. 焊低合金结构钢时,为何优先采用低氢碱性焊条?

11. 焊不同的低合金结构钢,对焊接热输入有何不同的要求?

12. 焊低合金结构钢的预热温度主要考虑哪些因素?

13. 低合金结构钢宜采用多层多道焊,这有什么好处?

14. 碳当量 C_E 不同的高强度船体结构钢,如何选用焊接热输入?

15. 两种不同强度等级的钢板拼接时,如何选用电焊条?

16. 船用 E 级钢和 A 级钢拼接时,如何选用电焊条?

17. 甲板拼板的焊接顺序是怎样的?

18. 钢结构中角钢焊在板上,角钢和板都有对接焊缝,这个结构的焊接顺序是怎样的?

19. 横隔舱壁平面分段的焊接顺序是怎样的?

20. 简述机座的焊接顺序。

第三篇

埋弧自动焊

第十二章　埋弧自动焊概述

第一节　埋弧自动焊原理及优点

一、埋弧自动焊原理

　　焊条电弧焊的电弧是暴露的,埋弧焊的电弧是被埋在颗粒状焊剂层下燃烧的。埋弧焊的原理如图 12-1-1 所示,焊丝末端和焊件之间在电场作用下产生电弧,电弧的热量不仅使熔化了的焊丝和焊件金属构成了熔池,同时也使焊丝末端周围的焊剂熔化,形成熔渣,部分熔渣分解形成一个气体空穴,笼罩在电弧周围。气体空穴又被一层熔渣所包围,这层熔渣隔离了空气和电弧、熔池的接触,获得了良好的熔渣保护。随着电弧的向前行走,熔池在熔渣保护下缓慢冷却形成焊缝,熔渣冷却后成为焊渣。

　　要实现埋弧自动焊,必须有两项操作实现机械化:焊丝给送机械化和电弧移动机械化。必须有焊丝给送装置,由电动机传动送丝轮,不断向电弧给送焊丝。由于焊丝是运动的,导电给焊丝必须是滑动接触的导电器。为了要使焊丝和电弧沿着焊接方向前进,必须有一台小车,载有焊丝、焊剂和焊接机头等沿焊接方向前进。

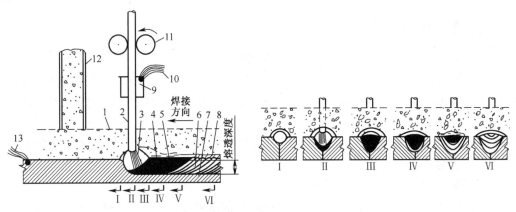

图 12-1-1　埋弧自动焊原理

1—焊剂;2—焊丝;3—电弧;4—熔池金属;5—熔渣;6—焊缝;

7—焊件;8—焊渣;9—导电器;10—接焊丝电缆;11—送丝轮;

12—焊剂输送管;13—接焊件电缆。

二、埋弧自动焊的优点

(一) 生产率高

埋弧自动焊是高效焊接法,它的生产率是焊条电弧焊的 5 倍～10 倍。其主要原因有:①能用大电流焊接,埋弧焊焊丝伸出导电器的长度是较短的(通常是 25mm～50mm),焊接电流通过焊丝产生的电阻热小,因此埋弧焊可以使用很大的电流。ϕ5mm 焊条电弧焊的焊接电流为 190A～250A,而 ϕ5mm 的埋弧焊焊接电流可达 600A～1000A。大的焊接电流使焊丝熔敷速度提高,生产率提高;②埋弧焊 14mm 以下钢板不开坡口,节省了开坡口等辅助工时,提高了生产率。

(二)焊缝质量好

埋弧焊的电弧有厚层的焊剂和熔渣的保护,这就避免空气中氧、氮对电弧的有害侵入。熔渣的缓慢冷却使熔池金属冶金反应充分,焊缝结晶良好。埋弧自动焊焊丝给送和电弧移动是机械化的,并且焊机具有自动调整的功能,可以保持焊接工艺数(焊接电流,电弧电压及焊接速度等)和焊接质量稳定。还有厚层熔渣使得焊缝外形光滑美观。

(三)节省焊丝和电能

埋弧焊的熔深大,厚板可以不开坡口,或开浅坡口,焊缝中的熔敷金属量显著减少,节省了焊丝,也节省了电能。同时不开坡口节省了坡口加工费。

(四)改善了劳动条件

埋弧焊过程中,焊工不受弧光刺激,保护了焊工的眼睛和皮肤。埋弧自动焊是机械化操作的,焊工只需要正确操纵焊机控制板上的按钮、开关和调节器,观察电压表和电流表,用手轮调整焊丝位置和伸出长度。这就减轻了焊工的劳动强度。

(五)焊接变形小

埋弧焊热量集中,填满坡口的焊接层数少,焊接速度快,焊接变形小。对于长焊缝不需要用逐段退焊法。埋弧焊完成的焊件变形小,也减少了防止和矫正焊接变形的工时和费用。

三、埋弧焊的缺点

(一)埋弧焊目前只能用于平焊缝和横角焊缝

埋弧焊焊接平焊缝和横角焊缝时,颗粒状焊剂借重力和摩擦力堆积在钢板上,液态焊缝的成形是靠重力和表面张力。立焊或仰焊时,一是焊剂不能堆积和覆盖电弧;二是液态焊缝金属受重力作用,不能构成良好的焊缝外形。目前有人提出用磁性焊剂吸在钢板上解决焊剂覆盖电弧问题,用冷却滑块使焊缝强制成形,这还有待进一步地研究提高。

(二)灵活性差,不如焊条电弧焊

埋弧焊的设备复杂,焊机的移位比较麻烦,焊前准备工作时间也较长,埋弧焊焊接短小焊缝及薄板的生产率不高,不及焊条电弧焊灵活方便。

(三)对装配精度要求高

埋弧焊使用电流大,熔深大,对于坡口间隙的敏感性大,若焊件局部间隙偏大,往往会发生烧穿现象。埋弧焊对装配精度要求高,尤其是坡口的间隙尺寸。

(四)焊接铝、镁及其合金困难

埋弧焊目前在钢结构生产中占着相当大的领域,而在有色金属方面尚属起步,现可以焊接铜、镍及其合金,但对氧化性强的铝、镁及其合金,焊接有较大的困难,尚需进行探索。

第二节　埋弧焊方法的分类及应用

一、埋弧焊方法的分类

按埋弧焊过程的机械化程度可分为埋弧半自动焊和埋弧自动焊。

(1)埋弧半自动焊。埋弧半自动焊仅是用焊丝给送机构给送焊丝,通过软管进入焊枪送出焊丝,维持电弧燃烧,而焊接电弧移动需由焊工操作。埋弧半自动焊曾在20世纪50年代流行过,但埋弧半自动焊焊工要用手握住焊枪,劳动强度不轻,且焊剂熔渣析出有害气体近人体,卫生条件差,目前已被CO_2气体保护半自动焊所代替。

(2)埋弧自动焊。埋弧自动焊不仅是机械给送焊丝,而且电弧沿焊接方向移动也是机械操作的。现在使用的埋弧焊几乎都是埋弧自动焊。

按焊缝是单面焊成还是双面焊成,可分为单面埋弧焊和双面埋弧焊。

(1)单面埋弧焊。单面埋弧焊时,在接缝的反面安置衬垫,在接缝的正面施行埋弧焊,液态金属由衬垫托住,接缝反面也能使焊缝成形,单面焊接双面成形。

(2)双面埋弧焊。双面埋弧焊是在焊缝正反两面都施行埋弧焊,焊件必须翻身才能操作。

按反面衬垫有无和衬垫结构不同,可分为无衬垫、铜衬垫、焊剂衬垫、软衬垫埋弧焊等。

(1)无垫双面埋弧焊。接缝反面无衬垫,先正面施行埋弧焊,正面焊后将焊件翻身,然后反面施行埋弧焊。无垫埋弧焊必须是双面焊接,因为单面焊做不到既要板厚全焊透又要不烧穿之故。通常讲的双面埋弧焊是指无衬垫的。

(2)铜衬垫埋弧焊。在焊缝反面垫有带圆弧槽的铜垫板,正面施行埋弧焊,液态焊缝金属借重力和电弧吹力到达铜垫板,并使焊缝反面按圆弧槽成形,实现单面焊接两面成形。

(3)焊剂衬垫埋弧焊。将埋弧焊焊剂铺在钢板接缝下面,设法使焊剂垫和接缝反面紧贴,正面施焊,液态金属到达反面焊剂衬垫,使熔化后的衬垫焊剂固化而使焊缝反面成形。

(4)焊剂铜衬垫埋弧焊(FCB法)。在铜板(不开圆弧槽)上敷设一层焊剂,在接缝反面钢板上加压力,使焊剂铜衬垫紧贴接缝反面,然后正面施行埋弧焊,实现单面焊两面成形。

(5)软衬垫埋弧焊(FAB法)。软衬垫是由玻璃纤维和热固化焊剂组成,将软衬垫粘贴在接缝反面(接缝可以是曲线的),在正面实施埋弧焊,反面也获得良好的焊缝成形。

(6)钢垫板埋弧焊。用钢板作为衬垫,紧贴在接缝反面,正面施行埋弧焊,焊后焊缝和钢衬垫连成一体,成为永久垫板。

按焊丝数量多少可分为单丝埋弧焊和多丝埋弧焊。

(1)单丝埋弧焊。单丝埋弧焊就是用一根焊丝施行埋弧焊,这是埋弧焊中最简单的焊接方法。单丝埋弧焊的设备简单,操作容易,这是应用广泛的埋弧焊方法。

(2)多丝埋弧焊。多丝埋弧焊目前有双丝、三丝、四丝埋弧焊。通常每根焊丝有1个~2个焊接电源供电,每根焊丝有一个电弧,多丝焊多数是焊丝前后跟随的,也可以说多层焊一次焊成。显然多丝焊的效率比单丝焊高得多。然而它的设备复杂,操作工序多。

按提高焊敷效率方法不同,可分为加长焊丝伸出长度埋弧焊,附加热丝埋弧焊,加金属粉埋弧焊

(1)加长焊丝伸出长度埋弧焊。普通埋弧焊的焊丝伸出长度较短,可以使用很大的焊接电流,提高了生产率,同时熔深也显著增大。但是在表面堆焊工作中,不需要很大的熔深,只要很浅的熔深。因此,将焊丝伸出长度加长,焊丝进入电弧前的通电预热时间加长,这样焊丝熔敷速度加快,熔敷效率提高,满足了堆焊工作的需求。

(2)附加热丝埋弧焊。加长焊丝伸出长度埋弧焊实质上是热丝埋弧焊方法。热丝埋弧焊的另一种形式是在普通单丝埋弧焊过程中,另外加一根通电加热的辅助焊丝,该焊丝由一独立的加热电源(8V～15V)和独立的焊丝给送装置送入电弧区。电弧同时熔化两根焊丝,大大提高了熔敷效率。其熔敷效率比加长焊丝伸出长度埋弧焊还要高。

(3)坡口中加金属粉埋弧焊。在坡口中先敷设一层金属粉,然后进行埋弧焊,电弧在熔化焊丝的同时,也熔化了金属粉,这样也可提高熔敷效率。同时在金属粉中加入有益的合金元素,过渡进入焊缝,提高焊缝的性能。

二、埋弧焊的应用

埋弧焊是高效的焊接方法。近十几年来,埋弧焊在船舶、锅炉与压力容器、桥梁、起重机械、冶金机械、化工设备、核电设备等制造中得到广泛应用,取得了长足的发展,现已成为主要的焊接工艺方法。在中厚板长焊缝的钢结构生产中,埋弧焊是首选的焊接工艺方法。

埋弧焊目前已能焊接低碳钢、中碳钢、低合金结构钢、耐热钢、低温钢、不锈钢及不锈复合钢等各种钢结构,埋弧焊在焊接钢结构中已成为成熟的焊接工艺。埋弧焊也能焊接铜合金和镍基合金等。对于高碳工具钢、铸钢、铝和镁及其合金,目前尚不能采用埋弧焊,还有待于科技发展。

在船舶制造行业中,普通的单丝双面埋弧焊仍继续得到广泛应用。近几年来,还逐步推广使用有衬垫的单面埋弧焊(双面焊缝成形)、多丝埋弧焊及有衬垫的多丝单面埋弧焊,把埋弧焊的生产率提高到新的阶段。随着科技的进步,船舶制造业的发展,钢结构厚度化的趋向,埋弧焊必将得到更广泛的应用。

复 习 题

1. 试述埋弧自动焊的原理。
2. 埋弧自动焊有哪些优点?
3. 为什么埋弧焊的生产率高?
4. 埋弧自动焊和埋弧半自动焊的区别是什么?
5. 衬垫埋弧焊有几种形式?

第十三章 埋弧焊焊丝和焊剂

第一节 埋弧焊焊丝

一、埋弧焊焊丝的作用及其分类

埋弧焊焊丝有两个作用:①作为电极,引燃电弧;②作为熔敷金属和母材熔合,构成焊缝。埋弧焊焊接不同的钢种,要选用不同的焊丝,配以合适的焊剂,才能获得良好的焊接质量。

埋弧焊焊丝按焊丝构造不同,可分为实心焊丝和药芯焊丝。目前焊接生产中,广泛使用的是实心焊丝。药芯焊丝中间是药粉,外裹有缝钢管或无缝钢管。药芯焊丝通常用于堆焊工作,能获得耐磨性或特殊性能的焊缝表面。使用药芯焊丝仍需用焊剂,否则就不属于埋弧焊的范畴。

埋弧焊焊丝按被焊金属的材质可分为碳钢焊丝、低合金结构钢焊丝、耐热钢焊丝、低温钢焊丝、不锈钢焊丝及有色金属焊丝等。

常用的国产埋弧焊焊丝直径有 3mm、4mm、5mm、6mm,国外英制尺寸焊丝直径有 3.2mm、4.8mm、6.4mm 等。有的钢焊丝表面镀铜,只是为了防止生锈。生产上用的埋弧焊焊丝是盘状供应的。

二、埋弧焊钢焊丝的牌号

根据目前国家标准,将埋弧焊钢焊丝分成三类:低碳结构钢焊丝、合金结构钢焊丝及不锈钢焊丝。现将埋弧焊用钢焊丝牌号及其化学成分见表 13-1-1。

埋弧焊实心钢焊丝牌号的编制是以"H"字母开头,接着有两位或一位数字表示碳的含量,后面以元素符号及数字表示该元素的含量。其具体编制方法如下:

(1)牌号第一个汉字"焊"或拼音"H"表示焊丝。

(2)"H"后的两位或一位数字表示焊丝碳的含量。

(3)数字后有化学元素符号及其跟随后的数字,表示该元素的百分含量数值,若某元素含量小于 1%,可省略化学元素后的数字,只标元素符号。

(4)牌号尾部标有"A"或"E"时,分别表示优质品或高级优质品,表明焊丝 S、P 含量 <0.030% 或 <0.025%。尾部未标"A"或"E"的表示普通焊丝,其 S、P 含量 <0.04%。

埋弧焊钢焊丝牌号举例 1:　　　　　举例 2:

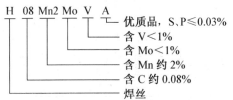

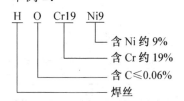

表 13-1-1 国产埋弧焊用钢焊丝

钢种	序号	牌号	代号	化学成分（质量分数/%）									
				C	Mn	Si	Cr	Ni	Mo	V	其他	S	P
低碳结构钢	1	焊08	H08	≤0.10	0.30~0.55	≤0.03	≤0.20	≤0.30	—	—	—	≤0.040	≤0.040
	2	焊08高	H08A	≤0.10	0.30~0.55	≤0.03	≤0.20	≤0.30	—	—	—	≤0.030	≤0.030
	3	焊08特	H08E	≤0.10	0.30~0.55	≤0.03	≤0.20	≤0.30	—	—	—	≤0.025	≤0.025
	4	焊08锰	H08Mn	≤0.10	0.80~1.10	≤0.07	≤0.20	≤0.30	—	—	—	≤0.040	≤0.040
	5	焊08锰高	H08MnA	≤0.10	0.80~1.10	≤0.07	≤0.20	≤0.30	—	—	—	≤0.030	≤0.030
	6	焊15高	H15A	0.11~0.18	0.35~0.65	≤0.03	≤0.20	≤0.30	—	—	—	≤0.030	≤0.030
	7	焊15锰	H15Mn	0.11~0.18	0.80~1.10	≤0.03	≤0.20	≤0.30	—	—	—	≤0.040	≤0.040
	8	焊10锰2	H10Mn2	≤0.12	1.50~1.90	≤0.07	≤0.20	≤0.30	—	—	—	≤0.040	≤0.040
合金结构钢	9	焊08锰钼高	H08MnMoA	≤0.10	1.20~1.60	≤0.25	≤0.20	≤0.30	0.30~0.50	—	钛0.15（加入量）	≤0.030	≤0.030
	10	焊08锰2钼高	H08Mn2MoA	0.06~0.11	1.60~1.90	≤0.25	≤0.20	≤0.30	0.50~0.70	—	钛0.15（加入量）	≤0.030	≤0.030
	11	焊08锰2硅高	H08Mn2SiA	≤0.11	1.80~2.10	0.65~0.95	≤0.20	≤0.30	—	—	铜≤0.20	≤0.030	≤0.030
	12	焊10锰硅	H10MnSi	≤0.14	0.80~1.10	0.60~0.90	≤0.20	≤0.30	—	—	铜≤0.20	≤0.035	≤0.035
	13	焊10锰2钼高	H10Mn2MoA	0.08~0.13	1.70~2.0	≤0.40	≤0.20	≤0.30	0.60~0.80	—	钛0.15（加入量）	≤0.030	≤0.030
	14	焊08锰2钼钒高	H08Mn2MoVA	0.06~0.11	1.60~1.90	≤0.25	≤0.20	≤0.30	0.50~0.70	0.06~0.12	钛0.15（加入量）	≤0.030	≤0.030
	15	焊10锰2钼钒高	H10Mn2MoVA	0.08~0.13	1.70~2.00	≤0.40	≤0.20	≤0.30	0.60~0.80	0.06~0.12	钛0.15（加入量）	≤0.030	≤0.030
	16	焊08铬钼高	H08CrMoA	≤0.10	0.40~0.70	0.15~0.35	0.80~1.10	≤0.30	0.40~0.60	—	—	≤0.030	≤0.030
	17	焊13铬钼高	H13CrMoA	0.11~0.16	0.40~0.70	0.15~0.35	0.80~1.10	≤30	0.40~0.60	—	—	≤0.030	≤0.030
	18	焊18铬钼高	H18CrMoA	0.15~0.22	0.40~0.70	0.15~0.35	0.80~1.10	≤0.30	0.15~0.25	—	—	≤0.025	≤0.030
	19	焊08铬钼钒高	H08CrMoVA	≤0.10	0.40~0.70	0.15~0.35	1.00~1.30	≤0.30	0.50~0.70	0.15~0.35	—	≤0.030	≤0.030
	20	焊08铬镍2钼高	H08CrNi2MoA	0.05~0.10	0.05~0.85	0.10~0.30	0.70~1.00	1.40~1.80	0.20~0.40	—	—	≤0.025	≤0.030
	21	焊30铬锰硅高	H30CrMnSiA	0.25~0.35	0.80~1.10	0.90~1.20	0.80~1.10	≤0.30	—	—	—	≤0.025	≤0.025
	22	焊10钼铬高	H10MoCrA	≤0.12	0.40~0.70	0.15~0.35	0.45~0.65	≤0.30	0.40~0.60	—	—	≤0.030	≤0.030
	23	焊10铬5钼	H10Cr5Mo	≤0.12	0.40~0.70	0.15~0.35	4.00~6.00	≤0.30	0.40~0.60	—	—	≤0.030	≤0.030

钢种	序号	牌号	代号	化学成分（质量分数）（%）									
				C	Mn	Si	Cr	Ni	Mo	V	其他	S	P
	24	焊0铬14	H0Cr14	≤0.06	0.30~0.70	0.30~0.70	13.0~15.0	≤0.60	—	—	—	≤0.030	≤0.030
	25	焊1铬13	H1Cr13	≤0.15	0.30~0.60	0.30~0.60	12.0~14.0	≤0.60	—	—	—	≤0.030	≤0.030
	26	焊2铬13	H2Cr13	0.16~0.24	0.30~0.60	0.30~0.60	12.0~14.0	≤0.60	—	—	—	≤0.030	≤0.030
	27	焊00铬19镍9	H00Cr19Ni9	≤0.03	1.00~2.00	≤1.00	18.0~20.0	8.0~10.0	—	—	—	≤0.020	≤0.050
	28	焊0铬19镍9	H0Cr19Ni9	≤0.06	1.00~2.00	0.50~1.00	18.0~20.0	8.0~10.0	—	—	—	≤0.020	≤0.030
	29	焊1铬19镍9	H1Cr9Ni9	≤0.14	1.00~2.00	0.50~1.00	18.0~20.0	8.0~10.0	—	—	—	≤0.020	≤0.030
	30	焊0铬19镍硅2	H0Cr19Ni9Si2	≤0.06	1.00~2.00	2.0~2.75	18.0~20.0	8.0~10.0	—	—	—	≤0.020	≤0.030
	31	焊0铬19镍9钛	H0Cr19Ni9Ti	≤0.06	1.00~2.00	0.30~0.70	18.0~20.0	8.0~10.0	—	—	钛0.50~0.80	≤0.020	≤0.030
	32	焊1铬19镍9钛	H1Cr19Ni9Ti8	≤0.10	1.00~2.00	0.30~0.70	18.0~20.0	8.0~10.0	—	—	钛0.50~0.80	≤0.020	≤0.030
	33	焊1铬19镍10铌	H1Cr19Ni10Nb	≤0.09	1.00~2.00	0.30~0.800	18.0~20.0	9.0~11.0	—	—	铌1.20~1.50	≤0.020	≤0.030
不锈钢	34	焊1铬19镍11钼3	H0Cr19Ni11Mo3	≤0.06	1.00~2.00	0.30~0.70	18.0~20.0	10.0~12.0	2.0~3.0	—	—	≤0.020	≤0.030
	35	焊00铬19镍12钼2	H00Cr19Ni12Mo2	≤0.03	1.00~2.50	0.60	18.0~20.0	11.0~14.0	2.0~3.0	—	—	≤0.030	≤0.020
	36	焊1铬25镍13	H1Cr25Ni13	≤0.12	1.00~2.00	0.30~0.70	23.0~26.0	12.0~14.0	—	—	—	≤0.020	≤0.030
	37	焊1铬25镍20	H1Cr25Ni20	≤0.15	1.00~2.00	0.20~0.50	24.0~27.0	17.0~20.0	—	—	—	≤0.020	≤0.030
	38	焊1铬15镍13锰6	H1Cr15Ni13Mn6	≤0.12	5.00~7.00	0.40~0.90	14.0~16.0	12.0~14.0	—	—	—	≤0.020	≤0.030
	39	焊1铬20镍10锰6	H1Cr20Ni10Mn6	≤0.12	5.00~7.00	0.30~0.70	18.0~22.0	9.0~11.0	—	—	—	≤0.030	≤0.040
	40	焊0铬20镍10铌	H0Cr20Ni10Nb	≤0.08	1.00~2.50	0.60	15.0~21.5	9.0~11.0	—	—	铌10×c%~1.0	≤0.030	≤0.020
	41	焊0铬21镍10	H0Cr21Ni10	≤0.06	1.00~2.50	0.60	19.5~22.0	9.0~11.0	—	—	—	≤0.030	≤0.020
	42	焊00铬21镍10	H00Cr21Ni10	≤0.03	1.00~2.50	0.60	19.5~20.0	9.0~11.0	—	—	—	≤0.030	≤0.020
	43	焊1铬21镍10锰6	H1Cr21Ni10Mn6	≤0.10	5.0~7.0	0.20~0.60	20.0~22.0	9.0~11.0	—	—	—	≤0.020	≤0.030
	44	焊1铬20镍7锰6硅2	H1Cr20Ni7Mn6SiZ	≤0.12	5.0~7.0	1.80~2.60	18.0~21.0	6.5~8.0	—	—	—	≤0.020	≤0.030
	45	焊1铬25钼3钒2钛	H1Cr25Mo3V2Ti	≤0.15	0.40~0.70	0.60~1.00	24.0~26.0	≤0.60	2.40~2.60	2.00~2.50	钛0.20~0.30	≤0.030	≤0.030
	46	焊0铬26镍21	H0Cr26Ni21	≤0.08	1.0~2.50	0.60	25.0~28.0	20.0~22.5	—	—	—	≤0.030	0.020

三、埋弧焊焊丝的选用

选用埋弧焊焊丝时,主要考虑下面三个问题:①母材的化学成分和性能,对于不同化学成分和性能的钢,应选用不同的焊丝。通常低碳钢和低合金结构钢埋弧焊,要根据母材的不同强度等级,选用不同强度等级的焊丝。耐热钢埋弧焊,要选用与母材化学成分相匹配的焊丝。高铬镍不锈钢埋弧焊,要选用铬镍含量略高于母材的不锈钢焊丝。②焊接接头的坡口形式,不开坡口的焊缝,熔入焊丝的量较少,因此对焊丝中合金成分要求不高,例如焊不开坡口 16Mn 钢时,可用普通碳钢焊丝(H08A)。但是对开坡口的 16Mn 钢焊缝,焊丝熔入量多,焊丝要有一定量的合金 Mn,必须用含锰焊丝(H08MnA、H08Mn2A)。③焊丝要和焊剂配合使用,对于焊接有的钢种,若用高锰焊剂配用低锰焊丝,而低锰焊剂配用高锰焊丝。常用钢号埋弧焊选用的焊丝和焊剂见表 13-1-2。

表 13-1-2　常用钢号埋弧焊选用的焊丝和焊剂

母　材　钢　号	焊　丝	焊　剂
Q235、Q255、10、15	H08A、H08E	HJ430、HJ431、SJ401
20、20g、20R、30	H08MnA、H10Mn2	HJ431、HJ430、HJ330
船体 A、B、D、E	H08A、H08E、H08Mn、H08MnA	HJ431、HJ430
40、45、50	H10Mn2	HJ350、HJ351、SJ301
09Mn2、09Mn2Si、09Mn	H08A、H08MnA	HJ430、HJ431、SJ301
16Mn、16MnCu、16MnR 14MnNb	薄板 H08Mn、H08MnA	SJ501、SJ502
	Ⅰ形坡口 H08A	HJ430、HJ431、SJ301
	中板 V 形坡口 H08MnA、H10Mn2	HJ430、HJ431、SJ301
	厚板深坡口 H10Mn2、H08MnMoA	HJ350
15MnVN、15MnVCu、15MnVNR	H10Mn2	HJ431
	H08MnMoA、H08Mn2MoA	HJ350、HJ250、SJ101
	H08MnMoA	HJ431
18MnMoNb、14MnMoV、14MnMoVCu、 14MnMoVg、18MnMoNbg、18MnMoNbR	H08Mn2MoA、H08Mn2MoVA H08Mn2NiMo	HJ250、HJ252、HJ350、 SJ101
船体 A32、A36	Ⅱ47M(船用焊丝级别)	HJ350、HJ431
船体 D32、D36、E32、E36	Ⅲ47M(船用焊丝级别)	HJ350、HJ431
12CrMo	H08CrMoA、H10CrMoA	HJ350、SJ103
15CrMo	H08CrMoA、H10CrMoA、H13CrMoA	HJ350、SJ103
12CrMoV	H08CrMoV	HJ350、HJ250、SJ103
0Cr13	H0Cr14、H1Cr19Ni9	HJ150
1Cr17、1Cr17Ti、1Cr17Mo	H1Cr17、H0Cr21Ni10、H0Cr24Ni13	HJ151、HJ171、SJ601、SJ608
0Cr18Ni9、1Cr18Ni9	H0Cr19Ni9、H0Cr21Ni10	
1Cr18Ni9Ti、0Cr18Ni9Ti	H1Cr19Ni10Nb、H0Cr21Ni10Ti	SJ601、SJ605、SJ701、
0Cr18Ni10N	H00Cr21Ni10	HJ101、HJ151、HJ260
0Cr23Ni13	H1Cr25Ni13	

第二节　埋弧焊焊剂

一、埋弧焊焊剂的作用

埋弧焊有厚层的焊剂覆盖接缝,熔化后又有厚层熔渣覆盖于熔池,其作用有以下几点。

(1)隔离空气,稳定电弧燃烧。埋弧焊电弧是在焊剂层下封闭的空间中燃烧的,形成的熔渣使电弧和空气隔离,电弧不受空气中氧、氮的侵入。同时避免了气流对电弧的影响,稳定了电弧燃烧,可以在风力较大的露天场地进行焊接。

(2)焊丝和焊剂联合渗合金,焊缝合金成分高。埋弧焊的焊丝和焊剂都能有效渗合金进入焊缝,尤其是熔渣的量多,渗合金的效果远大于焊条电弧焊的药皮。焊缝合金成分高,能满足焊合金钢的要求。

(3)熔池缓冷,焊缝质量高。埋弧焊不仅有厚层焊剂覆盖,还有厚层熔渣覆盖熔池,使熔池冷却缓慢,这就改善了焊缝的结晶。熔池缓冷也有利于熔池中的气体逸出,减少了气孔。熔池缓冷也使焊缝成形得到改善。

二、对埋弧焊焊剂的要求

(1)保持电弧稳定燃烧。埋弧焊焊剂中加入稳弧剂(钾、钠、钙),提高电弧稳定性。

(2)保证焊缝的化学成分和力学性能符合要求。埋弧焊焊剂通常都有足够的 SiO_2、MnO,通过化学反应,使 Mn 和 Si 渗入到焊缝,以保证焊缝的化学成分和力学性能符合要求。

(3)保证焊缝不产生裂纹和气孔。焊剂中加入足量的 MnO 可以去硫,防止产生 FeS 而引起的热裂纹。降低 P 在焊剂中的含量,可以减少焊缝的冷脆倾向。提高焊剂中萤石 (CaF_2)、SiO_2、MgO、MnO 的含量,可以减少焊缝中的气孔。

(4)使焊缝成形良好,脱渣容易。焊剂应具有适合焊接的物理性能,焊剂的熔点应比焊缝金属熔点低 200℃~300℃,一般不超过 1200℃~1300℃。钢焊缝在液态时,熔渣的粘度很小,流动性良好,可使焊缝有良好的成形。形成的焊渣强度较低,容易敲去。形成焊渣不易脱离焊缝表面的原因,主要是焊渣和焊缝表面生成了化学结合力。焊剂的组成应使熔渣与金属的膨胀系数有较大的差异,并尽可能减小它们的化学结合力。

(5)焊接时放出有害气体少。埋弧焊析出的有害气体主要与氟化硅(SiF_4)和氟化氢(HF)有关,因此使焊剂中的氟化钙(CaF_2)和二氧化硅(SiO_2)的含量应尽可能低。

三、埋弧焊焊剂的分类

(一)按用途分类

(1)埋弧焊焊剂按适用于焊接的金属可分为碳钢焊剂、合金钢焊剂、不锈钢焊剂、铜和铜合金焊剂及镍基合金焊剂等。

(2)按埋弧焊方法不同可分为高速埋弧焊焊剂、多丝埋弧焊焊剂、窄间隙埋弧焊焊剂、带极埋弧焊焊剂等。

(二)按焊剂化学组成分类

按焊剂化学组成可分为酸性焊剂和碱性焊剂。

埋弧焊焊剂中的 SiO_2 和 TiO_2 是酸性氧化物;焊剂中的 CaO、FeO、MnO、Na_2O、Al_2O_3 是碱性氧化物。碱性氧化物总量大于酸性氧化物总量,称为碱性焊剂。碱性焊剂中碱性氧化物越多,即碱性越重,渗入焊缝中的合金元素越多,焊缝的冲击韧度越高。

(三)按焊剂成分分类

按焊剂中主要成分量的多少,可分为高合金焊剂和的低合金焊剂。

(1)按 MnO 含量可分为高锰焊剂、中锰焊剂、低锰焊剂、无锰焊剂。

(2)按 SiO_2 含量可分为高硅焊剂、中硅焊剂、低硅焊剂。

还有按氟化钙含量可分为高氟焊剂、中氟焊剂、低氟焊剂。

现行的焊剂牌号表明了锰、硅、氟三者的含量。例 HJ43X 焊剂称为高锰高硅低氟焊剂，HJ25X 焊剂称为低锰中硅中氟焊剂。

（四）按焊剂制造方法分类

按焊剂的制造方法可分为熔炼焊剂和烧结焊剂。

(1)熔炼焊剂是将按比例配方的原材料混合组成炉料，然后放入电炉或火焰炉中，加热到 1300℃以上熔炼，出炉后经水冷粒化烘干筛选而成。

(2)烧结焊剂是将各种炉料粉碎成细粉末状，均匀混合后加入水玻璃粘合，制成一定粒度的小颗粒，经 1000℃以下温度烧结烘干而成。表 13-2-1 为熔炼焊剂和烧结焊剂的比较。

表 13-2-1 熔炼焊剂和烧结焊剂的比较

比 较 项 目	熔炼焊剂	烧结焊剂	比 较 项 目	熔炼焊剂	烧结焊剂
焊缝外形	美观	稍逊	变动工艺参数影响焊缝成分	焊缝成分均匀，波动小	焊缝成分波动较大
熔深	大	小			
焊缝冲击韧度	一般	优良	倾斜焊接性能	稍差	适合
渗合金效果	小	大	吸潮性能	较小	较大
大电流操作性	一般，易粘渣	良好，易脱渣	焊剂强度	高	低
高速焊接性能	焊道均匀，不易产生气孔和夹渣	焊道无光泽，易产生气孔和夹渣			

四、埋弧焊焊剂的牌号

埋弧焊焊剂是用型号和牌号来反映焊剂的类别及其性能特征，焊剂的型号是依据国家标准的规定来划分的，焊剂的牌号是由生产焊剂工厂依据一定的规则来编排的。

我国有关埋弧焊焊剂型号的国家标准，目前有 GB/T 5293—1999《埋弧焊用碳钢焊丝和焊剂》、GB/T 12470—2003《埋弧焊用低合金钢焊丝和焊剂》和 GB/T 17854—1999《埋弧焊用不锈钢焊丝和焊剂》等。在实际生产中，习惯使用的是焊剂牌号，这些工厂的焊剂牌号是符合国家标准型号的。1987 年国家机械工业委员会编制了《焊接材料产品样本》，其中对埋弧焊焊剂牌号编制方法做了如下说明。

（一）熔炼焊剂牌号

熔炼焊剂牌号的表示方法为 $HJX_1X_2X_3$。

(1)HJ 表示熔炼焊剂，HJ 是"焊剂"两字拼音的首位字母。

(2)第一位数字 X_1，以 1、2、3、4 表示，代表焊剂中氧化锰的含量高低，见表 13-2-2。

表 13-2-2 熔炼焊剂牌号中第一位数字(X_1)的含义

焊剂牌号	焊剂类型	氧化锰(MnO)含量/%	焊剂牌号	焊剂类型	氧化锰(MnO)含量/%
$HJ1X_2X_3$	无锰	<2	$HJ3X_2X_3$	中锰	15~30
$HJ2X_2X_3$	低锰	2~15	$HJ4X_2X_3$	高锰	>30

(3)第二位数字 X_2，以 1~9 表示，表征熔炼焊剂中的二氧化硅和氟化钙的含量高低，见表 13-2-3。

(4)第三位数字 X_3，表示同一类焊剂的不同序号，以 1～9 顺序排列。

(5)同一牌号焊剂有两种颗粒度时，在焊剂牌号后加"X"字，表示细颗粒焊剂，X 是"细"字拼音的首位字母。

熔炼焊剂牌号举例：

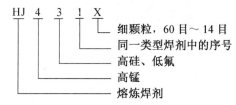

表 13-2-3　熔炼焊剂牌号第二位数字（X_2）的含义

焊剂牌号	焊剂类型	二氧化硅（SiO$_2$）含量/%	氟化钙（CaF$_2$）含量/%	焊剂牌号	焊剂类型	二氧化硅（SiO$_2$）含量/%	氟化钙（CaF$_2$）含量/%
HJX$_1$1X$_3$	低硅低氟	<10	<10	HJX$_1$6X$_3$	高硅中氟	>30	10～30
HJX$_1$2X$_3$	中硅低氟	10～30	<10	HJX$_1$7X$_3$	低硅高氟	<10	>30
HJX$_1$3X$_3$	高硅低氟	>30	<10	HJX$_1$8X$_3$	中硅高氟	10～30	>30
HJX$_1$4X$_3$	低硅中氟	<10	10～30	HJX$_1$9X$_3$	待研究	—	—
HJX$_1$5X$_3$	中硅中氟	10～30	10～30				

（二）烧结焊剂牌号

烧结焊剂牌号的表示方法为 SJX$_1$X$_2$X$_3$。

(1)SJ 表示烧结焊剂，SJ 是"烧结"两字拼音的首位字母。

(2)第一位数字 X_1 表示熔渣渣系，1～6 表示，见表 13-2-4。

(3)第二、第三位数字 X_2X$_3$ 表示同一渣系类型中的几种不同的牌号，由 01 开始顺序排列。

烧结焊剂牌号举例：

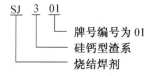

国内常用的熔炼焊剂和烧结焊剂的牌号成分及其使用范围，分别列于表 13-2-5 和表 13-2-6。使用较广的熔炼焊剂牌号有 HJ43X（高锰高硅低氟型）和 HJ35X（中锰中硅低氟型）。使用较广的烧结焊剂牌号有 SJ101（氟碱型）和 SJ301（硅钙型）。

表 13-2-4　烧结焊剂牌号中第一位数字（X_1）的含义

焊剂牌号	熔渣渣系类别	主要组成范围
SJ1X$_2$X$_3$	氟碱型	CaF$_2$ 的含量不少于 15%；CaO、MgO、MnO、CaF$_2$ 的含量和大于 50%；SiO$_2$ 的含量不少于 20%
SJ2X$_2$X$_3$	高铝型	Al$_2$O$_3$ 的含量不少于 20%，Al$_2$O$_3$、CaO、MgO 的含量和大于 45%
SJ3X$_2$X$_3$	硅钙型	CaO、MgO、SiO$_2$ 的含量和大于 60%
SJ4X$_2$X$_3$	硅锰型	MnO、SiO$_2$ 的含量和大于 50%
SJ5X$_2$X$_3$	铝钛型	Al$_2$O$_3$、TiO$_2$ 的含量和大于 45%
SJ6X$_2$X$_3$	其他型	

表 13-2-5 国产熔炼型埋弧焊剂牌号、成分及其使用范围

牌号	成分类型	组成成分(质量分数,%)											用途	配用焊丝	适用电源种类
		SiO₂	CaF₂	CaO	MgO	Al₂O₃	MnO	FeO	K₂O+Na₂O	S	P	其他			
HJ130	无锰高硅低氟	35~40	4~7	10~18	14~19	12~16	—	0~2	—	≤0.05	≤0.05	TiO₂7~11	低碳钢、低合金钢	H10Mn2	交直流
HJ131	无锰高硅低氟	34~38	2.5~4.5	48~55	—	6~9	—	≤1.0	1.5~3.0	≤0.05	≤0.08	—	镍基合金(薄板)	Ni基焊丝	交直流
HJ150	无锰中硅中氟	21~23	25~33	3~7	9~13	28~32	—	≤1.0	≤3	≤0.08	≤0.08	—	轧辊堆焊	2Cr13	直流
HJ151	无锰中硅中氟	24~30	18~24	≤6	13~20	22~30	—	≤1.0	—	≤0.07	≤0.08	—	奥氏体不锈钢焊接或堆焊	奥氏体不锈钢焊丝	直流
HJ172	无锰低硅高氟	3~6	45~55	2~5		28~35	1~2	≤0.8	≤3	≤0.05	≤0.05	ZrO₂2~4 NaF2~3	高铬铁素体钢	相应钢种焊丝	直流
HJ173	无锰低硅高氟	≤4	45~58	13~20	—	22~33	—	≤1.0	—	≤0.05	≤0.04	ZrO₂~4	锰、钼合金钢	相应钢种焊丝	直流
HJ230	低锰高硅低氟	40~46	7~11	8~14	10~14	10~17	5~10	≤1.5	—	≤0.05	≤0.08	—	低碳钢、低合金钢	H08MnA、H10Mn2	交直流
HJ250	低锰中硅中氟	18~22	23~30	4~8	12~16	18~23	5~8	≤1.5	≤3	≤0.05	≤0.05	—	低合金高强度钢	相应钢种焊丝	直流
HJ251	低锰中硅中氟	18~22	23~30	3~6	14~17	18~23	7~10	≤1.0	≤3	≤0.08	≤0.05	—	珠光体耐热钢	Cr-Mo钢焊丝	直流
HJ252	低锰中硅中氟	18~22	18~24	2~7	17~23	22~28	2~5	≤1.0	—	≤0.07	≤0.08	—	低合金高强度钢	H06Mn2NiMoA, H08Mn2Mo2MoA、H10Mn2	直流
HJ253	低锰中硅中氟	20~24	24~30	—	13~17	12~16	6~10	≤1.0	—	≤0.08	≤0.05	TiO₂2~4	低合金高强度钢(薄板)	相应钢种焊丝	直流
HJ260	低锰高硅中氟	29~34	20~25	4~7	15~18	19~24	2~4	≤1.0	—	≤0.07	≤0.07	—	不锈钢、轧辊堆焊	不锈钢焊丝	直流
HJ330	中锰高硅低氟	44~48	3~6	≤3	16~20	≤4	22~26	≤1.5	≤1	≤0.08	≤0.08	—	重要低碳钢高强钢及低合金钢	H08MnA、H10Mn2	交直流
HJ350	中锰中硅中氟	30~35	14~20	10~18	—	13~18	14~19	≤1.0	—	≤0.06	≤0.07	—	重要低合金高强度钢	Mn-MoMn-Si及含Ni高强度钢焊丝	交直流
HJ351	中锰中硅中氟	30~35	14~20	10~18	—	13~18	14~19	≤1.8	—	≤0.04	≤0.05	TiO₂2~4	锰钼、锰硅及含的低合金钢	相应钢种焊丝	交直流
HJ430	高锰高硅低氟	38~45	5~9	≤6	—	≤5	38~47	≤1.8	—	≤0.10	≤0.10	—	重要低碳钢及低合金钢	H08A、H08MnA	交直流

牌号	成分类型	组成成分（质量分数,%）										用途	配用焊丝	适用电源种类
		SiO₂	CaF₂	CaO	MgO	Al₂O₃	MnO	FeO	K₂O+Na₂O	S	P	其他			
H431	高锰高硅低氟	40~44	3~6.5	≤5.5	5~7.5	≤4	34.5~38	≤1.8	—	≤0.10	≤0.10	—	重要低碳钢及低合金钢	H08A,H08MnA	交直流
HJ433	高锰高硅低氟	42~45	2~4	≤4	—	≤3	14~47	≤1.8	0.3~0.5	≤0.15	≤0.10	—	低碳钢	H08A	交直流
HJ434	高锰高硅低氟	40~45	4~8	3~9	≤5	≤6	35~40	≤1.5	—	≤0.05	≤0.05	TiO₂1~8	低碳钢、低合金钢	H08A,H08MnA,H10MnSi	交直流

表 13-2-6　国产烧结焊剂牌号、成分及其使用范围

牌号	渣系类别	碱度	主要成分（质量分数,%）						配用焊丝	用途	适用电源种类
			SiO₂+TiO₂	CaO+MgO	Al₂O₃+MnO	CaF₂	S	P			
SJ101	氟碱	1.8	25	30	25	2.0			H08MnA,H08MnMoA	多层焊、多丝焊	交流、直流反接
SJ102	氟碱	3.5	10~15	35~45	15~25	20~30			H08Mn2MoA,H10Mn2		直流反接
SJ104	氟碱	2.7	30~35	20~25	20~25	20~25			H08Mn2,H08MnMoTi	窄间隙双单焊	交流、直流反接
SJ105		2.0	16~22	30~34	18~20	18~25	≤0.08		H08MnA		
SJ301	硅钙	1.0	25~35	20~30	25~40	5~15	≤0.06		H08A,H08MnA	双层焊、多丝焊	直流反接
SJ302	硅钙	1.1	20~25	20~25	20~40	8~20			H08MnMoA	双单焊	
SJ401	硅锰	<1	45	10	40	—			H08A	常规单丝焊	
SJ402	硅锰	0.7	35~45	40~50	5~15	—	≤0.04	0.04	H08A	薄板较高速堆焊	直流反接
SJ403	硅锰	—	≥45	≥20	≥20	—				耐磨堆焊	
SJ501	铝钛	0.5~0.8	25~40	45~60	≤10	—			H08A,H08MnA,H08MnMoA	多丝高速焊	
SJ502	铝钛	<1	45	30	10	5	≤0.06	0.06	H08A	薄板较高速焊	直流反接
SJ503	铝钛	0.7~0.9	25~35	45~60	6~10	≤17		0.08	H08A,H08MnA	常规单丝焊	
SJ601	其他	1.8	5~10	30~40	6~10	40~50	≤0.06		H00Cr21Ni10,H0Cr21NiTi	多道焊不锈钢	直流反接
SJ604	其他	1.8	5~8	30~35	4~8	40~50			H08MnNiMoA,H10Cr2MolA	厚壁压力容器	直流反接
SJ641	其他	2.0	20~25	20~22	15~20	20~25					
CHF602		3.0~3.2	(SiO₂)8~12	(MgO)24~30	(Al₂O₃)8~12	20~25	(BaCO₃)38~21		H13Cr2MolA,H11CrMoA	Cr-Mo钢	交流、直流反接
CHF603		2.3~2.7	(SiO₂)6~10	(MgO)22~28	18~23	15~20	(CaCO₃)20~24		H04Ni13A,H08Mn2Ni2A	Ni钢	

147

第三节　焊丝、焊剂的保管和使用

埋弧焊焊接材料的良好保管和正确使用是保证焊接质量的重要环节。焊丝生锈和焊剂受潮、沾污会严重影响焊接质量。发错和用错焊接材料会造成重大的质量事故。必须重视焊丝和焊剂的保管和使用。

一、焊丝的保管和使用

(一) 焊丝的保管

(1)焊丝进厂后,必须由材料管理部门进行验收。

(2)焊丝应有生产厂的质量保证书,每包焊丝必须有产品说明书和检验合格证。

(3)保管焊丝的仓库必须是通风良好,保持干燥,库房的室温应在 10℃～15℃以上,最大的相对湿度为 60%。

(4)堆放焊丝不允许放在地面上,必须堆放在架子上,架子离开地面墙壁应不小于300mm。

(5)焊丝要按牌号、规格分别堆放和标识,要防止混放,避免发错焊丝。

(6)在搬运焊丝时,要防止乱扔乱放,禁止滚动焊丝包,防止焊丝包乱散,焊丝沾污。

(7)焊丝没有必要在焊前烘培,只有在焊丝严重受潮后,可采用 120℃～150℃烘干1h～2h。

(二) 焊丝的使用

(1)焊工应按照产品焊接工艺规程领用焊丝,领用时应看清焊丝的标记牌号和直径。

(2)焊工将焊丝开包后应在 2 天内用完,当天焊丝未用完,可放在焊机上过夜,但必须用塑料纸或其他物品将焊丝盘罩住,防止焊丝沾污和减少焊丝受潮。

(3)对于 3 天以上未用的焊丝,应将焊丝盘取下,退回材料仓库保管。

(4)焊丝装上焊机时,用钳子把焊丝的端部圆弧形校正成直线形,以便焊丝进入导电器。

(5)焊丝进入导电器前,应看清导电器的规格和焊丝直径是否匹配,若不匹配,应更换导电器。

(6)若发现焊丝有大量的锈斑或明显的弯折,应取下焊丝盘,退回给焊丝仓库。

二、焊剂的保管和使用

(一) 焊剂的保管

(1)进厂的焊剂必须经材料管理部门验收。

(2)焊剂应有生产厂的质量保证书,每包焊剂必须有检验产品合格证。

(3)焊剂应放在通风良好、干燥的库房内。

(4)搬运焊剂时,切莫乱扔乱放,防止包装破损,焊剂流散而沾污。

(5)焊剂发放前必须按规定的标准进行烘培,例 HJ431 烘焙温度 250℃、2h,然后进入保温箱(120℃～150℃)存放,随用随发。

（二）焊剂的使用

（1）焊工领用焊剂应认清牌号，从库房领出的焊剂应放入焊剂保温箱（5kg 容量）内，用时倒入焊剂斗内。

（2）领出烘干的焊剂要防止受潮、沾污和混杂。

（3）埋弧焊坡口两侧各 20mm 范围内，焊前应清扫干净，避免回收焊渣上的焊剂时，混入垃圾、铁锈等杂物。

（4）现场未使用完的焊剂在大气中放置时间不得超过规定的时间，熔炼焊剂为 24h，烧结焊剂为 10h。若超过规定的时间，必须将焊剂退回库房重新烘焙。

（5）正确使用焊剂回收装置，要防止其他杂物混入。

（6）焊剂倒入焊机上焊剂斗时，不可将焊剂斗的筛网除去，防止块状焊渣落入焊剂斗内，阻塞焊剂，影响输送。

（7）埋弧焊收弧前，应先关闭焊剂斗闸门，搬移焊机时，要注意闸门是否紧闭。

复 习 题

1. 埋弧焊的焊丝起什么作用？

2. 试述下列焊丝牌号的含义：H08、H08MnA、H10Mn2、H08Mn2MoVA、H0Cr19Ni9、H1Cr19Ni9Ti、H00Cr21Ni10Mn6、H0Cr26Ni21。

3. 选用埋弧焊焊丝时，应考虑哪些问题？

4. 埋弧焊的焊剂起什么作用？

5. 对埋弧焊焊剂有什么要求？

6. 试述下列焊剂牌号的含义：HJ431X、SJ401、HJ350、SJ103、HJ101。

7. 指出下列钢号埋弧焊可选用的焊丝和焊剂牌号：Q235、20、船 E 级、45、16Mn（Ⅰ形坡口）、船 A32、船 E36、1Cr18Ni9。

8. 如何合理保管和正确使用埋弧焊焊丝？

9. 如何合理保管和正确使用埋弧焊焊剂？

10. 焊前焊丝不需要烘焙，而焊剂必须焙烘，这是为什么？

第十四章 埋弧自动焊机

第一节 埋弧焊的焊接电源

一、对埋弧焊焊接电源的要求

首先要了解埋弧焊的电弧静特性,就是在电弧长度固定的条件下,电弧电压和焊接电流之间的关系。埋弧焊是大电流工作的,气体的电离程度高,所以继续增加焊接电流,不需要提升电弧电压,也就是说埋弧焊的电弧静特性曲线是水平的,如图14-1-1所示。拉长电弧,电弧静特性曲线平行向上移。这说明电弧电压是取决于电弧长度。要使埋弧焊的电弧稳定燃烧,对埋弧焊焊接电源应具有以下几个要求。

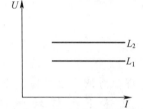

图 14-1-1 埋弧焊的电弧特性曲线
弧长 $L_2 > L_1$

1. 合适的降压电源外特性

电源外特性是指焊接电源的输出电压和输出电流之间的关系。埋弧焊对焊接电源外特性的要求是降压的,就是电源输出电压要随焊接电流的增大而下降。降压有缓降和陡降之分。等速给送焊丝的焊机,宜用陡降的电源外特性。变速给送焊丝的焊机宜用缓降的电源外特性。

2. 保证电弧稳定燃烧

焊条电弧焊遇到定位焊缝时,焊工可以迅速提升焊条,使焊接电流和电弧电压波动不大。电弧过了定位焊缝后,迅速降低焊条,回复正常焊接状态。埋弧焊是看不见定位焊缝的,也看不见电弧,这就要求埋弧焊电源遇到电弧负载突发变动时,能迅速相应地跟随变动,保证电弧稳定燃烧。

3. 能供应足够大的电弧功率

埋弧焊的焊接电流比焊条电弧焊大得多,一般的电弧电压也高达三十几伏(焊条电弧焊为二十几伏)。若埋弧焊的直流焊接电流1000A,电弧电压40V,则电弧功率达40000W。焊接电源必须能供应足够大的功率给电弧。同时还要求焊接电源有足够宽广的调节电流范围,能适应不同直径焊丝的埋弧焊。所以,焊接电源应有足够大的容量。

4. 有远距离调节电流装置

埋弧焊通常焊接长焊缝,若采用断弧去调节焊接电流,必须要重新引弧,并形成焊缝的接头,这是麻烦的事。为此,埋弧焊电源必须有远距离调节电流的装置,这样可在不断弧的情况下,随时可调节电流。远距离调节电流装置应设在焊机操纵盘上,调节方便。

埋弧焊采用的焊接电源,有直流和交流。大电流埋弧焊宜用交流电,较小电流埋弧焊宜用直流电,用交流电时电弧稳定性差。通常用于埋弧焊的电源种类有:电抗器式弧焊变压器(BX_2系列)、动铁芯式弧焊变压器、磁放大器式弧焊整流器、晶闸管式弧焊整流器。埋弧焊常用焊接电源的主要技术特性见表14-1-1。

表 14-1-1　埋弧焊常用焊接电源的主要技术特性

型　号	BX_1-1000型动铁芯式弧焊变压器	BX_2-1000型电抗器式弧焊变压器	ZX-1000型磁放大器式弧焊整流器	ZX5-630型晶闸管式弧焊整流器	ZX5-1000型晶闸管式弧焊整流器	ZD-1250型晶闸管式弧焊整流器
电源电压/V	380	380	380	380	380	380
主变压器电源相数	1	1	3	3	3	3
频率/Hz	50	50	50	50	50	50
空载电压/V	75	69～78	90/80	65	80	55
工作电压/V	44	30～44	24～44	44	24～44	20～44
额定焊接电流/A	1000	1000	1000	630	1000	1250
额定负载持续率/%	60	60	60	60	60	100
电流调节范围/A	300～1200	400～1200	100～1000	100A/23V～630A/44V	100～1000	250～1250
额定输入容量/kVA	77.75	76	100	43	82.3	70
质量/kg	510	560	820	280	400	500
外形尺寸(长×宽×高)/mm	820×636×1280	744×950×1220	1100×700×1200	810×620×1020	1016×565×762	780×595×1440
同类焊接电源型号	BX_1-1000-1		ZXG-1000型 ZXG-1000R型 ZDG-1000R型			

二、电抗器式弧焊变压器(BX_2-1000型)

(一) 构造原理

电抗器式弧焊变压器是把降压变压器和电抗器联成一体的,其外形和内部基本结构如图14-1-2所示。它有两个铁芯(固定铁芯和可动铁芯)和三个绕组(初级绕组、次级绕组及电抗绕组)组成,电抗绕组和次级绕组是串联的。三相电动机通过减速传动装置可使可动铁芯移动。固定铁芯的下半部可看作是一个普通降压变压器。电抗绕组、可动铁芯在固定铁芯上半部分组成一个电抗器。

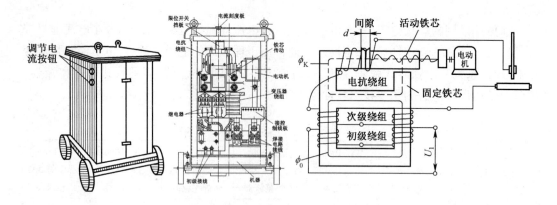

图 14-1-2　电抗器式弧焊变压器的外形和基本结构

电抗器接入交流电路,由于电抗绕组中电流的变动引起磁通的变动,变动的磁通使电抗绕组产生自感电动势,其结果使电抗绕组产生电抗电压降。电抗电压降是交流焊接电流和绕组的电抗(电抗大小取决于绕组匝数和铁芯的磁路状态)的乘积。弧焊变压器的输出电压就等于降压变压器的次级电压减去电抗绕组的电抗电压降,用公式表示为 $u_出 = u_{次级} - i_焊 X_{电抗}$。$u_{次级}$ 是不变的,焊接电流 $i_焊$ 增大,电抗电压降 $i_焊 X_{电抗}$ 增大,输出电压 $u_出$ 就下降,获得焊机的降压特性。

(二) 工作状态

(1)空载。空载时焊接电流为零,电抗绕组不产生电抗电压降,焊机输出电压较高。

(2)焊接。焊接时有焊接电流通过电抗绕组,产生电抗电压降,于是输出电压下降,焊接电流越大,输出电压越低。

(3)短路。短路电流通过电抗绕组,产生很大的电抗电压降,其值接近于次级绕组的电压,于是弧焊变压器的输出电压近于零。

(三) 调节电流

(1)调节电流原理。移动可动铁芯,使可动铁芯和固定铁芯之间的间隙变化,可使电抗绕组的电抗改变,电抗电压降大小可变动,焊接电流变动。若铁芯间的间隙增大,电抗绕组的电抗减小,电抗电压降作用减弱,于是焊接电流增大;反之,铁芯间的间隙减小,焊接电流减小。

(2)调节电流装置。利用三相电动机驱动传动装置,可使可动铁芯移动。借改变电动机的旋转方向可使可动铁芯改变移动方向,实现铁芯间隙增大或减小,从而使电源外特性改变,焊接电流增大或减小。三相电动机正反转的控制按钮设置在弧焊变压器外壳的上侧。按“增流”按钮,可使铁芯间隙增大,焊接电流增大;按“减流”按钮,铁芯间隙减小,焊接电流减小。两按钮是联锁的,同时按“增流”和“减流”,则电动机不会动作。

弧焊变压器的接线板上,可以引出三根线接到焊车上的“增流”和“减流”按钮,就可以在焊车上实现远距离调节焊接电流。

(3)调节电流的限位装置。弧焊变压器内装有两只限位按钮开关,若焊工按住“增流”按钮不放,可动铁芯拉出,间隙增大,当铁芯拉出到极限位置时,碰撞限位按钮开关,就立即切断电动机的电源,电动机停,可动铁芯停,这表明焊机已调到最大电流值,无法再增大,此时只有按"减流"按钮,才能使电动机反转,铁芯送进,焊接电流能减小。同理,当铁芯送进到另一极限位置时,碰撞另一限位按钮开关,也立即切断电动机电源,电动机停止送进可动铁芯,表明无法再减小电流。此时只有按"增流"按钮,才可使焊接电流增大。

(四)调节空载电压

BX$_2$-1000 型弧焊变压器的初级绕组接线板上有两种接法,改变初级绕组的接法,可以获得 78V 或 69V 两种空载电压,在小电流焊接时宜用 78V 较高的空载电压,有利于引弧。

(五)电抗器式弧焊变压器的常见故障及其排除方法

表 14-1-2 为电抗器式弧焊变压器的常见故障及其排除方法。

表 14-1-2 电抗器式弧焊变压器的常见故障及其排除方法

故 障 现 象	故 障 原 因	排 除 方 法
变压器强烈嗡嗡响和熔断器烧断	(1)初级绕组或次级绕组或电抗绕组部分短路。 (2)可动铁芯的拉簧未拉紧	(1)排除短路处。 (2)拉紧弹簧,并旋紧螺帽
调节焊接电流范围达不到	(1)可动铁芯不能移动到两个极限位置。 (2)电抗绕组部分线匝短路。 (3)电源电压不足。 (4)电源电压过高	(1)调节可动铁芯上的螺钉位置,使可动铁芯能移动到两个极限位置。 (2)排除短路。 (3)将变压器的初级绕组接成高空载电压 78V。 (4)将变压器的初级绕组接成空载电压 69V
引不起电弧或经常断弧	(1)次级绕组或电抗绕组部分线匝短路。 (2)可动铁芯严重振动。 (3)焊接电缆过细、过长,压降太大。 (4)接头接触不良,接线板处接头冒烟、接线板烧焦。 (5)网路电压不足	(1)排除短路。 (2)使可动铁芯不松动。 (3)更换粗短电缆。 (4)使接触良好。 (5)改善网路负荷状态
电动机不转	(1)熔断器烧断。 (2)电动机坏。 (3)控制线路接线断。 (4)继电器不工作。 (5)按钮或继电器触头接触不良。 (6)控制电路用的变压器坏	(1)更换熔断器。 (2)修复电动机。 (3)修复线路。 (4)修复继电器。 (5)更换或修复按钮或继电器。 (6)更换或修复变压器
焊机过热	(1)绕组短路。 (2)铁芯螺杆绝缘损坏。 (3)超载工作	(1)排除短路。 (2)修复绝缘。 (3)按规定负载进行工作

三、晶闸管式弧焊整流器

(一)构造原理

在电路中的晶闸管相当于水管路系统中的单向阀,单向阀可以控制水的单向流通和截止,还能控制水的流量大小。电路中的晶闸管是个可以控制的硅整流元件(又称可控硅)。晶闸管有三个极,阴极和阳极接入整流电路,触发极接入触发电路,触发极被触发,阴极和阳极就单向导通。利用触发电路可以控制半个交流周期内的晶闸管导通时间(或称导通角),晶闸管导通时间越长,整流电路输出电压越高。

晶闸管弧焊整流器(ZX5－1000 型)的构造如图 14-1-3 所示,其电路方框图如图 14-1-4 所示。

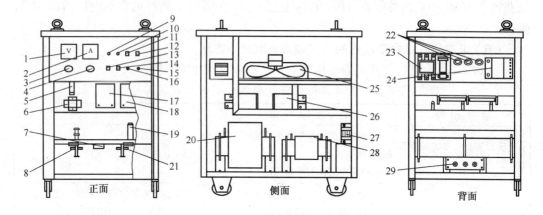

图 14-1-3　ZX5-1000 型晶闸管弧焊整流器的构造

1—电压表;2—电流表;3—推力电流调节旋钮;4—焊接电流调节旋钮;5—继电器;6—隔离变压器;7—控制电缆插座;8—焊接电流输出负极;9—变压器熔断器;10—小车电源熔断器;11—工作指示灯;12—电源指示灯;13—手工/自动切换;14—远/近控制开关;15—启动按钮;16—停止按钮;17—保护电路板;18—触发电路板;19—维持电阻;20—主变压器;21—焊接电流输出＋极;22—熔断器;23—主接触器;24—控制变压器;25—风扇;26—晶闸管;27—分流器;28—平衡、输出电抗器;29—三相电源进线。

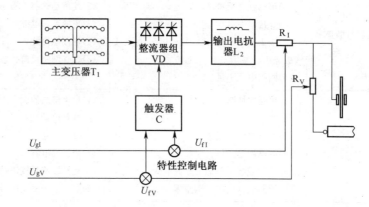

图 14-1-4　晶闸管弧焊整流器的基本组成框图

三相主变压器 T_1 是个降压变压器,是为焊接电弧供电。晶闸管整流器组 VD,将降压变压器输出的交流变成直流。晶闸管的触发导通由触发器 C 承担。晶闸管整流电路如图 14-1-5 所示。晶闸管整流电路由 6 个晶闸管 $VD_1 \sim VD_6$ 组成三相整流电路,6 个晶闸管的触发极($G_1 \sim G_6$)分别与 6 个触发电路接通(图上未画出),这个整流电路实际上是由正极性和反极性两个三相半波整流电路并联而成。电路中接入平衡电抗器 L_1,能使两组半波整流电路互不干扰。经晶闸管整流后的直流尚需通过输出电抗器 L_2 的滤波,获得平稳的直流电。

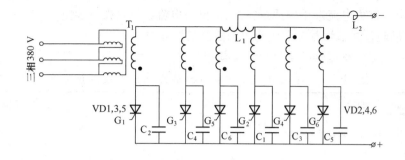

图 14-1-5 晶闸管弧焊整流器的整流电路

T_1—三相变压器；$VD_1 \sim VD_6$—晶闸管；$G_1 \sim G_6$—控制极；L_1—平衡电抗器；

$C_1 \sim C_6$—电容器；L_2—输出电抗器。

特性控制电路将弧焊整流器连接成一个闭环系统。特性控制输入有 4 个信号：由与焊接电路串联的电阻 R_I 取出 1 电流反馈信号 U_{fl}，由和电弧电压并联的电阻 R_V 取出 2 电压反馈信号 U_{fv}，这两个反馈信号分别随焊接电流和电弧电压的变动而变动。特性控制电路还输入 3 给定的电压信号 U_{gv} 和 4 给定的电流信号 U_{gi}。通过电压信号的比较和电流信号的比较，晶闸管式整流器可以输出多种电源外特性，如图 14-1-6 所示。这样晶闸管式弧焊整流器可以适用于焊条电弧焊、埋弧自动焊及 CO_2 气体保护电弧焊。若需要降压的外特性，当焊接电流增大时，电流反馈信号 U_{fl} 也增大，在控制电路中和给定的信号比较后，输送给触发器，触发器使晶闸管的导通时间减小，于是输出电压减小，获得降压特性。

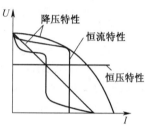

图 14-1-6 晶闸管弧焊整流器的多种电源外特性

（二）埋弧焊时弧焊整流器工作状态

埋弧焊时，电源外特性是降压的。

(1)空载：无焊接电流，电流反馈信号为零，而高的给定电压，触发电路使晶闸管导通角增大，焊接电源输出较高的空载电压。

(2)焊接：有焊接电流通过，电流反馈信号增大，使晶闸管的导通角减小，输出电压下降。

(3)短路：大的焊接电流使电流反馈信号激增，经比较后的信号很微弱，触发器使晶闸管的导通角剧烈减小，输出电压下降到接近于零。

（三）焊接电流的调节

调节焊接电流有近控和远控两种方法。近控时，将焊机面板上的近远控选择开关拨到近控位置，并调节焊机面板上的焊接电流调节器旋钮，这旋钮就是调节给定电压用的，给定电压增大，晶闸管导通角增大，电源外特性向外移，焊接电流增大；反之，焊接电流减小。远控时，将选择开关拨到远控位置，远控调节电流用的电位器的插头插入焊机上的插座，这样就可实现远控调节电流。

（四）推力电流

焊机内有推力电流电路，当输出电压较低（<15V）时，电路会增大给定电压，若输出端短路时，则焊机在短时间内，会使短路电流增大，不让焊丝被粘住。推力电流调节器设

155

置在面板上。推力电流选用要适量,过大的推力电流会使电弧不稳定。

(五)晶闸管式弧焊整流器的常见故障及其排除方法

晶闸管式弧焊整流器的常见故障及其排除方法见表14-1-3。

表14-1-3　晶闸管式弧焊整流器的常见故障及其排除方法

故 障 现 象	故 障 原 因	排 除 方 法
1. 接通网路电源后,按启动按钮,接触器不动作	(1)三相电源中缺相。 (2)保险丝被烧断。 (3)启动按钮接触不良	(1)补全三相电源。 (2)更换保险丝。 (3)修复启动按钮
2. 启动焊机后,电源指示灯亮,风扇转,但焊机无输出电压	(1)焊机电源输出线未接好。 (2)焊机面板上的调节电位器接线有脱焊或接触不良	(1)接通焊接电缆,使接触良好。 (2)修复接通电位器电路
3. 焊接电源工作正常,近控能调节电源,而远控时无焊接电流	(1)远控盒内的电位器电路不通。 (2)遥控盒插头、插座接触不良	(1)接通电位器电路。 (2)修复接通遥控盒
4. 焊接过程中,焊机输出电压突然消失	(1)三相进线电路中,有一相突然烧断保险丝。 (2)焊机内的电路板故障	(1)更换保险丝。 (2)更换机内的电路板
5. 焊接电源启动后,焊接时电流冲击很大,焊接参数调节失控	(1)焊机面板上的控制电路保险丝被烧。 (2)焊机中的控制电路故障	(1)更换保险丝。 (2)修复控制电路

第二节　埋弧焊的自身调整

一、埋弧自动焊对焊机的基本要求

焊条电弧焊焊一根焊条,要实现三个过程:引弧、焊接和收弧。埋弧焊就是将这三个过程用机械化来完成。

1. 引弧

通常先将焊丝和焊件接触短路,接着按启动按钮,焊丝接通焊接电源并上抽,引燃电弧,引弧后焊丝下送,进入正常焊接过程。

2. 焊接

焊接过程是焊丝送入电弧区,维持电弧燃烧,并使电弧沿焊接方向前进。还要保持焊接电流和电弧电压稳定。

3. 收弧

收弧时,要求做到先停止焊丝,后切断焊接电源,焊接工作结束。这样既可以填满弧坑,又可避免焊丝粘在弧坑上。

为了用机械化完成上述三项工作,埋弧自动焊机可由四部分组成:①焊接电源,供应电弧的能源;②焊接机头,将焊丝送入电弧区;③小车,使电弧沿焊接方向前进;④控制系统,控制焊接电源的接通和切断、控制焊丝给送、控制小车的行走。通常焊接机头装在小车上,这样埋弧自动焊机由三大件组成:焊接电源、焊车、控制箱,如图14-2-1所示。若将控制箱和焊接电源合并,或将控制装置和焊车合并,则埋弧自动焊机只有两大件。

表 14-2-1 为国产埋弧自动焊机的主要技术特性。

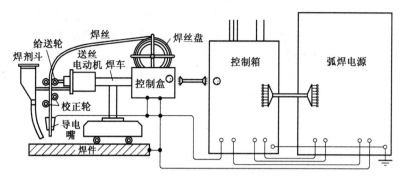

图 14-2-1　焊车式埋弧焊机

表 14-2-1　国产埋弧自动焊机的主要技术特性

型号	送丝方式	焊机结构特点	焊接电流/A	焊丝直径/mm	送丝速度/(m/h)	焊接速度/(m/h)	电流种类	送丝速度调节方法	焊车质量/kg
MZ1-1000	等速	焊车	200～1000	1.6～5	52～403	16～126	直流或交流	调换出轮右级调速	45
MZ-1000	弧压反馈变速给送	焊车	400～1200	3～6	30～120(弧压35V)	15～70	直流或交流	电位器调节	65
MZ-1-1000	弧压反馈变速给送	焊车	200～1000	3～6	30～120	15～70	直流	晶闸管无级调速	70
MZ-1250	等速、变速给送	焊车	250～1250	3～6	27.5～225	15～90	直流		160
MZ2-1500	等速	悬挂式机头	400～1500	3～6	28.5～225	13.5～112	直流或交流	减速齿轮	160
MZ3-500	等速	电磁爬行小车	180～600	1.6～2	108～420	10～65	直流或交流	自耦变压器无级调速	13
MZ-630	弧压反馈变速给送、等速	焊车	60～630	1.2～2	100～450	15～70	直流或交流	晶闸管无级调速	30
MZ-2×1600	前丝等速	焊车	直流1600	3～6	30～250	10～86	前丝直流		165
	后丝弧压反馈变速给送		交流1600				后丝交流		

二、等速送丝制的电弧自身调整

等速送丝制就是焊机在焊接过程中,总是保持恒定的速度给送焊丝,不论电弧的长短,也不论焊丝和焊件短路与否。

(一)焊丝等熔化速度曲线

焊工在使用等速送丝制焊机过程中,选定好焊丝直径、焊接速度、焊接电流和电弧电压后,想要利用焊接电源外特性调大一点焊接电流,然而电弧电压也跟随升高,并且能使电弧稳定燃烧。若调小一点焊接电流,电弧电压也随之降低,电弧也稳定燃烧。为此在焊丝给送速度不变的条件下,记录下不同的电弧稳定燃烧点的焊接电流和电弧电压,画在

IU坐标轴上,将这些点连成一条曲线。这条曲线就在$V_{给}$不变条件下,电弧稳定燃烧($V_{熔}=V_{给}$),电弧电压和焊接电流之间的关系,称为焊丝等熔化速度曲线(图中14-2-2中C_1)。电弧电压升高,焊接电流增大,电弧功率增大,而焊丝熔化速度为何不变?这是因为电弧电压升高(即电弧拉长),电弧的热效率略有降低。焊丝等熔化速度曲线是略向右倾斜的直线。这说明焊接电流对焊丝熔化速度的影响远大于电弧电压的影响。如果将焊丝给送速度增大,则焊丝等熔化速度曲线向右移(图14-2-2中C_2)。不同的焊丝给送速度,可以得到一系列的焊丝等熔化速度曲线。

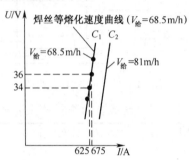

图 14-2-2　焊丝等熔化速度曲线

(二) 等速送丝制的电弧稳定燃烧点

这里的电弧稳定燃烧,仅是指弧长不变,即$V_{熔}=V_{给}$。$V_{熔}$是和$I_{焊}$有很大的关系,我们可以看作$V_{熔}$正比于$I_{焊}$,于是可将$V_{熔}$折算成$I_{焊}$,也列入IU坐标轴上。在$V_{熔}=V_{给}$的条件下,电弧稳定燃烧,$I_{焊}$的大小就相当于$V_{熔}$的大小。于是把电源外特性曲线、电弧静特性曲线和焊丝等熔化速度曲线三者画在一起,如图14-2-3所示。三条曲线的交点就是电弧稳定燃烧点,这点的$I_{焊}$和$U_{弧}$。使$V_{熔}=V_{给}$,电弧长度是稳定的。三条曲线中,主要是电源外特性曲线和等熔化速度曲线,两条曲线的交点确定了电弧稳定燃烧时的$I_{焊}$和$U_{弧}$,电弧静特性曲线在焊接过程中通常会变动,这个变动就使它适应其他两条曲线的交点。最后也形成三曲线相交于一点,稳定电弧燃烧。

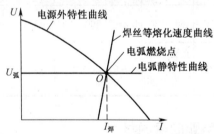

图 14-2-3　等速送丝剂的电弧稳定燃烧点

(三) 等速送丝制的电弧自身调整

等速制焊机焊前设定好一个焊丝给送速度,不论电弧长短,总是以等速给送焊丝,这样能否保持电弧稳定燃烧?下面就讨论等速送丝制的电弧自身调整问题。

焊接过程中,遇到定位焊或接缝低凹处,弧长肯定要变化的。如埋弧焊原弧长L_1,电弧在O_1点稳定燃烧,$V_{熔}=V_{给}$,遇到定位焊,弧长要突然缩短,从L_1缩短到L_2,如图14-2-4所示,电弧燃烧点从O_1点变到O_2点,焊接电流从$I_{焊1}$增大到$I_{焊2}$,而电弧电压从$U_{弧1}$减小

到 $U_{弧2}$。由于焊接电流的增大，使焊丝熔化速度增大，而焊丝给送速度是不变的，于是 $V_{熔}>V_{给}$，电弧长度就要逐渐拉长，电弧燃烧点要从 O_2 沿着电源外特性曲线回到 O_1 点，恢复到原来弧长稳定燃烧。

等速送丝制突然缩短弧长，其电弧自身调整过程简要表述如下：

$$O_1 \Rightarrow L_弧 \downarrow \Rightarrow (L_1 \to L_2) \Rightarrow (O_1 \to O_2) \Rightarrow (I_焊 \uparrow U_弧 \downarrow) \Rightarrow V_熔 \uparrow \Rightarrow (V_熔 > V_给) \Rightarrow L_弧 \uparrow \Rightarrow O_1$$

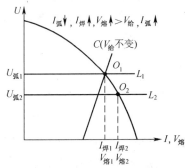

图 14-2-4　等速制弧长变化时，电弧的自身调整

若焊接过程中突发电弧拉长，经过调整电弧仍可恢复到原来的弧长。电弧长度发生变化时，会产生焊接电流和电弧电压的变化，从而引起焊丝熔化速度的变化，造成焊丝熔化速度和焊丝给送速度的差异，最后使电弧恢复到原来的长度而稳定燃烧，这就是电弧的自身调整。

三、变速送丝制的电弧自身调整

(一) 随弧压变速送丝曲线

变速送丝，通常是随电弧电压变速给送焊丝。随弧压变速送丝制电路设计时，取用了两个电压，一是电弧电压信号，二是给定电压信号（可调节），两者进行比较，这个比较信号经放大后，去控制驱动送丝电动机，控制焊丝给送速度。当给定电压信号设定后，电弧电压的变化，焊丝给送速度也随之变动，随弧压变速送丝曲线如图 14-2-5 所示。改变给定电压信号，也可以得出一系列随弧压变速送丝曲线。从图中可以看出，电弧电压较高时，焊丝给送速度 $V_给$ 也相应增大。还可以看出当 $U_弧 \approx 0$（焊丝和焊件短路）时，$V_给$ 为负值，就是焊丝不是下送而是上抽，立即变短路为燃弧。

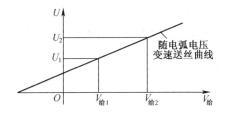

图 14-2-5　随弧压变速送丝曲线

$U_2 > U_1$；$V_{给2} > V_{给1}$。

(二) 随弧压变速送丝制的电弧稳定燃烧点

在变速送丝制中，焊丝熔化速度也是正比于焊接电流的，焊接电流大，焊丝熔化速度快。也可把随弧压变速送丝曲线、电源外特性曲线、电弧静特性曲线三者画在一起,如图 14-2-6 所示。这三条曲线的交点就是电弧稳定燃烧点,这点的 $I_焊$ 和 $U_弧$,能使 $V_熔 = V_给$,电弧长度是稳定的。

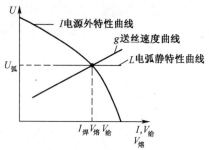

图 14-2-6　随弧变压送丝制的电弧稳定燃烧点

(三) 变速送丝制的电弧自身调整

这里用图 14-2-7 来说明,电弧原在 O_1 点稳定燃烧,这时的 $V_{熔1} = V_{给1}$,遇到电弧突然拉长,由 L_1 变为 L_2,电弧燃烧点由 O_1 移到 O_2,焊接电流从 $I_{焊1}$ 减小到 $I_{焊2}$,焊丝熔化速度减小到 $V_{熔2}(<V_{熔1})$;而电弧电压从 $U_{弧1}$ 升高到 $U_{弧2}(>U_{弧1})$,焊丝给送速度随弧压升高而增大到 $V_{给2}(>V_{给1})$,结果是 $V_{给2} \gg V_{熔2}$,电弧长度很快被缩短,电弧燃烧点由 O_2 点沿电源外特性曲线向下移而回复到 O_1 点,弧长复原,使 $V_熔 = V_给$,电弧又稳定燃烧。当电弧长度突然减短时电弧燃烧点下移,$I_焊$ 增大,$V_熔$ 增大;同时 $U_弧$ 降低,$V_给$ 减小,于是 $V_熔 \gg V_给$,电弧要拉长,结果是回复到原电弧燃烧点稳定工作。

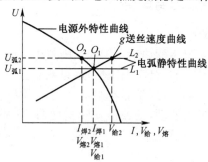

图 14-2-7　变速送丝制发生弧长变化时的电弧自身调整

随弧压变速送丝制焊机在突然拉长电弧时的调整过程可表述如下:

$$O_1 \Rightarrow L_弧 \uparrow \Rightarrow (L_1 \rightarrow L_2) \Rightarrow (O_1 \rightarrow O_2) \Rightarrow \{(I_焊 \downarrow \rightarrow V_熔 \downarrow);(U_弧 \uparrow \rightarrow V_给 \uparrow)\} \Rightarrow (V_熔 \ll V_给) \Rightarrow L_弧 \downarrow \Rightarrow O_1$$

随弧压变速送丝制的调整是借 $V_熔$ 的变动和 $V_给$ 的变动,双管齐下,显然,变速制电弧自身调整速度快于等速送丝制的调整。

第三节　MZ1-1000 型埋弧自动焊机

MZ1-1000 型埋弧自动焊机是等速送丝制焊机,焊机仅有一台三相电动机,要执行给送焊丝和焊车前进的两项任务。送丝速度和焊接速度是利用更换齿轮对进行有级调速的,焊机可焊接对接焊缝、船形焊缝、横角焊缝及搭接焊缝,还适宜焊接圆筒体内的焊缝。

160

焊机结构简单、体积小、重量轻、价格低。

一、MZ1-1000型埋弧自动焊机的焊机构造

MZ1-1000型埋弧自动焊机由控制箱、焊接电源及焊车三大部件组成。

（一）MZ1-1000型埋弧自动焊机焊车

焊车（图14-3-1）是台多功能小车，它有一台三相感应电动机作为送丝机构和小车行走机构的共同驱动源。这种结构紧凑，重量轻。焊车的前车轮（从动）和后车轮（主动）都装有橡皮轮，和焊件绝缘。焊车托架上装有焊丝盘、焊剂斗、操纵按钮盒、焊丝校直装置和导电嘴等，还装有大扇形蜗轮，用调整手轮可使蜗轮转一角度，用来调节焊丝的横向移位，以适应焊接不同类型焊缝的要求。

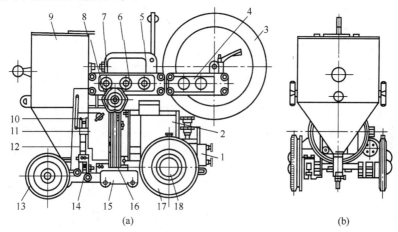

图14-3-1　MZ1-1000型埋弧自动焊机的焊车

1—焊车减速机构；2—电动机；3—焊丝盘；4—电压、电流表；5—启动按钮；6—向下停1按钮；7—向上停2
按钮；8—调整手轮；9—焊剂斗；10—压轧轮；11—送丝减速机构；12—导电嘴；13—前车轮（从动）；
14—滑杆；15—前底架；16—扇形蜗轮；17—后车轮（主动）；18—离合器手轮。

1. 焊丝给送和焊车行走

焊车的传动系统如图14-3-2所示，电动机前轴传动送丝机构，送丝机构由蜗轮、蜗杆、可换齿轮对（主动轮和从动轮）、给送轮、压轧轮等组成，焊丝经给送轮送出通过导电嘴进入电弧区。调节压轧轮和给送轮之间的距离，以适应不同直径的焊丝。更换可换齿轮对能调节送丝速度，范围为52m/h～403m/h。送丝速度和可换齿轮对的关系见表14-3-1。

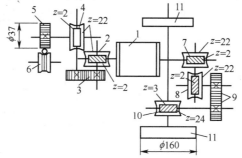

图14-3-2　MZ1-1000型埋弧自动焊机焊车的传动图

1—电动机；2—蜗轮蜗杆；3—送丝的可换齿轮对；4—蜗轮蜗杆；5—焊丝给送轮；
6—压轧轮；7，8—蜗轮蜗杆；9—焊车的可换齿轮对；10—蜗轮蜗杆；11—主动后轮车。

表 14-3-1 MZ1-1000 型埋弧自动焊机可换齿轮对齿数和送丝速度、焊接速度的关系

主动轮齿数	从动轮齿数	送丝速度/(m/h)	焊接速度/(m/h)	主动轮齿数	从动轮齿数	送丝速度/(m/h)	焊接速度/(m/h)
14	39	52.0	16.0	27	26	150	47.0
15	38	57.0	18.0	28	25	162	50.5
16	37	62.5	19.5	29	24	175	54.5
17	36	68.5	21.5	30	23	189	59.0
18	35	74.5	23.0	31	22	204	63.5
19	34	81.0	25.0	32	21	221	69.0
20	33	87.5	27.5	33	20	239	74.5
21	32	95.0	29.5	34	19	260	81.0
22	31	103	32.0	35	18	282	88.0
23	30	111	34.5	36	17	307	96.0
24	29	120	37.5	37	16	335	104
25	28	129	40.5	38	15	367	114
26	27	139	43.5	39	14	403	126

电动机后轴传动焊车的行走机构,由蜗轮、蜗杆、可换齿轮对及带有橡皮的后车轮等组成,可换齿轮对可调节焊车行走速度,范围为 16m/h~126m/h,焊接速度和可换齿轮对的关系见表 14-3-1。后车轮上装有摩擦式离合器,由后车轮一侧的手轮控制,旋紧离合器,电动机才能带动焊车行走;松开离合器焊工可以用手推动焊车。

2. 导电嘴

焊接电流是通过导电嘴传导给焊丝,并导送焊丝进入电弧区。MZ1-1000 型焊机的导电嘴有两种形式:管式和滚轮式(图 14-3-3)。

(1)管式导电嘴。供细焊丝($\phi 1.6mm$ 和 $\phi 2mm$)和焊接电流小于 400A 使用。导电管的中心线和导电嘴的中心线不是同心的(偏差 5mm),使焊丝受到强制弯曲,并借焊丝的弹性使焊丝在导电管和导电嘴内接触良好,导电良好。这种导电嘴适用于倾斜焊丝的横角焊。

(2)滚轮式导电嘴。供直径 3mm~5mm 焊丝和焊接电流 1000A 以下时使用。导电嘴下部有两个耐磨铜导电滚轮,焊丝从滚轮中间滑过。滚轮间的距离可用螺钉调整弹簧压力来调节。滚轮式导电嘴用于焊接对接焊缝和船形角焊缝。

3. 焊丝校直装置

焊丝校直装置是用来校直焊丝盘出来的焊丝,此装置根据三点校直的原理,用于校直的有三个滚轮,两个是固定的,中间一个能滑动的可以被调整,以适应不同直径的焊丝,校直后焊丝送入电弧区。

4. 调整手轮

转动调整手轮(联动蜗杆),使大扇形蜗轮偏转,焊丝作横向移位(转微小角度),以达

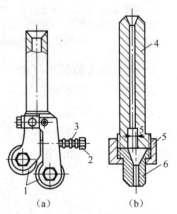

图 14-3-3 导电嘴结构形式
(a) 滚轮式;(b) 管式。
1—导电滚轮;2—旋紧螺钉;3—弹簧。
4—导电杆;5—螺母;6—导电嘴。

到焊丝对准接缝线的要求。扇形蜗轮还联动焊丝给送装置、焊丝盘、操纵盒一起作横向倾斜,最大的倾斜角为±45°,以适应焊横角焊缝的要求。

5. 焊剂斗

焊剂斗是用来引送焊剂到电弧前方区。焊机备有两只焊剂斗:一只用于焊接时焊丝垂直的场合(平对接焊、船形角焊);另一只用于焊接时焊丝倾斜的场合(横角焊)。

焊剂斗下装有一根焊剂斗管,上下可移动,用来调节焊剂层的堆放厚度。管子上装有指示针,指示针指示焊丝即将到达的位置。指示针和焊车其他部件绝缘,以免发生短路而烧坏。

6. 焊丝盘

焊丝盘是薄铁皮制成的空心圆盘,它被安置在操作盒一侧的悬臂小轴上,利用横销防止焊丝盘滑出。每台焊机有两只焊丝盘,交替使用。

7. 操纵盒

焊工是用操纵盒来操作焊机的。操纵盒上有三个按钮:"向上-停2"、"向下-停1"及"启动"。向上和向下两个按钮在焊前可以操作焊丝上下移动。启动按钮可以操作接通焊接电源和焊丝上抽引弧,松开启动按钮后转入正常送丝焊接。停止时可操作先停焊丝(停1)后停焊接电源(停2)。

8. 电流表和电压表

电压表用来测量焊机的空载电压和电弧电压,电流表用来测量焊接电流。电压表的量程为 $0\sim100V$,电流表的量程为 $0\sim1000A$。交流表和直流表不能混用。

(二)控制箱

控制箱内装有以下电气器械。

(1)交流接触器:主要用来接通焊接电源。

(2)三个继电器:①接通焊车电动机正转使焊丝向下;②接通焊车电动机反转使焊丝向上;③接通交流接触器,接通焊接电源。

(3)控制变压器:电压为 $380/36V$,供焊车三相交流电动机及控制电路的电源。

(4)测量电流用的互感器(交流)或分流器(直流)。

(5)三相熔断器:在控制箱外壳上装有三相电源开关,接通控制箱用电源。下部装有供外部接线用的接线板,连接三相网路电压和单相变压器的电源。还有连接弧焊变压器的电缆和焊件接地线及焊车的控制线等。

(三)焊接电源

MZ1-1000 型埋弧自动焊机的焊接电源可配用 BX_2-1000 型电抗器式弧焊变压器,也可配用具有下降外特性的硅弧焊整流器或晶闸管式弧焊整流器。

二、MZ1-1000 型埋弧自动焊机的操作

(一)焊接不同焊缝时焊车的准备

用 MZ1-1000 型焊机焊接不同焊缝时,需要对焊车适当的更换零件,这是焊前必须要做的操作准备。

1. 焊接不开坡口Ⅰ形对接焊缝

焊车的结构状态如图 14-3-1 所示,在前底架 15 连接的滑杆 14 上,装两个直径相同包橡胶的前车轮 13,前车轮在焊丝前面的距离,要根据焊件结构和焊缝形状而定。

2. 焊接 V 形对接或有 2mm 间隙的 I 形对接焊缝

焊车的结构状态如图 14-3-4 所示,在前底架的一个滑杆上装双滚轮导向轮,焊接时双滚轮导向轮嵌在焊丝前面的坡口缝内,引导焊丝沿坡口接缝线前行。在另一个滑杆上装有一只前车轮,前车轮放在最短的距离内,轮子的高低位置应在焊接时不接触焊件,而只是在焊接将结束时,由于导向轮已离开坡口缝,于是前车轮和焊件接触,用来完成终端焊缝的工作。

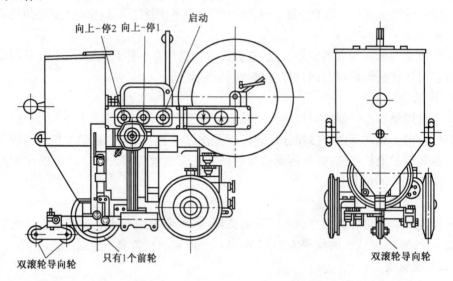

图 14-3-4 MZ1-1-1000 型焊机焊接有坡口(或间隙)对接焊缝时焊车的构造

3. 焊接船形角焊缝

焊接船形角焊缝如图 14-3-5 所示,转动调整手轮,使导电嘴和焊剂斗转 45°左右(有 5°倾斜),在前底架上安装专用的导杆及导向轮,并在后车轮后面外壳上固定一个支撑滚轮,支撑滚轮靠着焊件滚动,可防止焊车的倾倒。

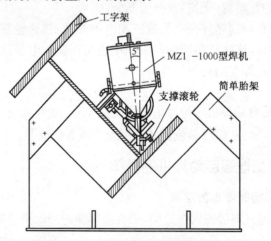

图 14-3-5 MZ1-1000 型焊机焊接船形角焊缝

4. 焊接倾斜焊丝横角焊缝

横角焊时,先将导电嘴转 45°角,并接长导电嘴,接着在焊车前轮和后轮后外壳上各装上支撑轮(前短、后长)。焊接时支撑滚轮靠着焊件滚动,使焊机能沿接缝线在焊件上行走。

(二) 焊前引弧准备

(1)接通弧焊变压器和控制箱的电源,合上控制箱的三相电源开关。

(2)根据焊丝直径选用匹配的导电嘴。

(3)装上焊丝盘,将焊丝送入给送轮、焊丝校直装置,通过导电嘴送出,调整导电嘴高低。导电嘴下端距焊接坡口约 40mm～50mm。

(4)根据工艺规程要求的焊接电流、电弧电压、焊接速度选择送丝速度和焊车速度(选择可换齿轮对),并初调焊接电源外特性。必要时在试板上试焊,并调整焊接工艺参数,使之符合要求。

(5)将焊车推移到焊件坡口接缝(已清理过)上,横移焊车或调整手轮,使焊丝对准接缝线。按不同的焊缝的需要,安置好小车轨道(平行接缝线)或使接缝线和焊车的指示针对准。

(6)按"向下－停 1"和"向上－停 2"按钮,使焊丝与焊件接缝良好接触。

(7)旋紧后车轮的离合器手轮。

(8)打开焊剂斗闸门,把焊剂撒在焊丝周围,焊剂层高度约 30mm～60mm。

(三) 启动

焊机采用短路抽丝引弧。

(1)按下"启动"按钮不松手,焊接电源接通,焊丝由短路变为上抽,引燃电弧,持续 0.5s～1s。

(2)松开"启动"按钮,电弧燃烧继续,焊丝下送,焊车前行,进入正常焊接状态。如果松开"启动"按钮太迟,则电弧拉得太长,会烧坏导电嘴。

(四) 焊接

(1)观察电压表和电流表的读数是否符合工艺要求,可适当调节电源外特性,使电弧电压和焊接电流略有变动,但焊接速度和送丝速度是无法调节的。

(2)随时注意焊丝和指示针是否对准接缝线,发现偏差用调整手轮使之对准。

(3)注意焊剂斗内的焊剂量,及时添加焊剂,回收焊剂时要防止焊渣混入焊剂斗内,也要关注焊丝盘内的焊丝量。

(4)观察焊车行走情况,是否有障碍物(包括焊车的电缆线等)影响焊车前行。

(五) 停止

焊机停止采用二次操作按钮法,即先按"停 1",后按"停 2"。

(1)当焊丝离收弧点前 50mm～100mm 处关闭焊剂斗闸门。

(2)按"向下－停 1"按钮,焊车电动机切断电源。此时焊接电源未切断,焊丝因惯性而继续下送一段长度,电弧仍继续燃烧被拉长,焊丝熔化填入弧坑。

(3)按"向下－停 1"按钮 1s～2s 后,再按下"向上－停 2"按钮,于是焊接电源被切断,焊接工作停止。按住"向上－停 2"不放,则焊丝向上抽,离开焊剂。

如果按"向上－停 2"距按"向下－停 1"的时间很短,这会发生焊丝粘住在熔池上的现象。因为按下"向下－停 1"后,虽然切断电动机电源,但电动机因惯性仍在旋转,继续送丝一段长度,在焊丝尚未停止前按"向上－停 2",瞬时切断焊接电源,于是断弧后的焊丝继续下送到红热的熔池中,结果焊丝粘在熔池上。

(4)用手轮松开焊车的离合器,推动焊车,移至别处焊接。

(5)回收未熔化的焊剂,敲去焊渣,检查焊缝。

(六) 调节焊接电流

先停止焊机,然后把送丝机构中的可换齿轮对更换,增大主动轮齿数,减小从动轮齿数,使送丝速度加快,焊接电流增大;反之,送丝速度减慢,焊接电流减小。我们把等熔化速度曲线和电源外特性曲线画在一起,如图 14-3-6 所示,增大送丝速度后,即将等熔化速度曲线向右移,电弧燃烧点由 O_1 点移到 O_2,焊接电流就增大。若焊接电源外特性未变,则在焊接电流增大的同时,电弧电压要下降。若要改变电弧电压,则需要调节电源外特性。

(七) 调节电弧电压

调节焊接电源外特性,可以改变电弧电压,如图 14-3-7 所示。将电源外特性曲线向外移,电弧燃烧点变动,由 O_1 移到 O_2,电弧电压升高,焊接电流略有增大。若将电源外特性曲线向内移,则电弧电压降低,焊接电流略有减小。

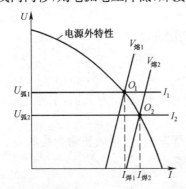

图 14-3-6　等速送丝制调节焊接电流原理　　　　图 14-3-7　等速送丝制调节电弧电压原理

(八) 调节焊接速度

也先要停机,然后更换小车行走机构中的可换齿轮对,主动轮齿数增加,从动轮齿数减少,焊接速度加快;反之,焊接速度减慢。调节后的焊接速度见表 14-3-1。

三、MZ1-1000 型埋弧焊机的故障及其排除方法

(一) MZ1-1000 型埋弧焊机的机械故障

表 14-3-2 为 MZ1-1000 型埋弧焊机的机械故障及其排除方法。

表 14-3-2　MZ1-1000 型埋弧自动焊机的常见机械故障及其排除方法

故 障 现 象	故 障 原 因	排 除 方 法
送丝不均匀,电弧不稳	(1)送丝轮、压轧轮已磨损。 (2)焊丝被卡住。 (3)送丝机构有故障	(1)更换送丝轮及压轧轮。 (2)清理焊丝,防止过度弯曲。 (3)检修送丝机构
焊丝在导电嘴中摆动,焊丝不时发红,电弧不稳	(1)导电嘴被磨损严重。 (2)导电不良	(1)更换导电嘴。 (2)清除焊丝的油污和锈蚀

故 障 现 象	故 障 原 因	排 除 方 法
焊接过程中,机头或导电嘴的位置时有改变	调节机头或导电嘴的可动部分存在游隙	检查消除游隙或更换磨损零件
焊接过程中,焊剂停止输送或输送量很小	焊剂已用完 焊剂斗被焊渣或杂物堵塞	(1)添加焊剂。 (2)疏通焊剂斗
焊缝成形不良,中间凸起,两边凹陷	导电嘴过低,使铺焊剂的焊剂圈过低,造成拖带高温熔渣	调高焊剂圈和导电嘴高度,焊剂层高度达 30mm～40mm
焊丝还未和焊件接触,而焊接电路已接通	焊车车轮和焊件之间绝缘损坏	检查修复车轮的绝缘
焊车行走中断	(1)台车的离合器松开。 (2)车轮被焊接电缆卡住	(1)将离合器合紧。 (2)拉开焊接电缆

(二)MZ1-1000 型埋弧焊机的电气故障

表 14-3-3 为 MZ1-1000 型埋弧焊机的电气故障及其排除方法。

表 14-3-3　MZ1-1000 型埋弧自动焊机的常见电气故障及其排除方法

故 障 现 象	故 障 原 因	排 除 方 法
按焊丝向上和焊丝向下,焊丝动作相反	三相感应电动机的三相接线错误	将三相感应电动机的输入三相接线任意二相对换
按"向下－停1"和"向上－停2"按钮,电动机不动作	(1)电动机线路损坏。 (2)电动机有故障	(1)检查修复电动机线路。 (2)修理电动机
启动后,焊丝有上下动作,电弧未引燃,焊丝顶起焊车	(1)焊接电路未接通。 (2)焊丝未和焊件接触	(1)检查接通焊接电路。 (2)清洁焊丝和焊件接触部位,使焊丝和焊件接触良好
启动后,焊丝粘住在焊件上,焊丝顶起焊机	(1)焊丝和焊件接触太紧。 (2)按住"启动"按钮的时间太短	(1)使焊丝和焊件轻微接触。 (2)延长按压"启动"按钮时间
导电嘴末端与焊丝一起熔化	(1)电弧太长,焊丝伸出长度太短。 (2)焊接电流太大。 (3)送丝停止和焊车停止,电弧仍在燃烧	(1)增加焊丝伸出长度。 (2)减小焊接电流。 (3)检查电动机停止的原因,并排除
焊机无故障,焊丝末端周期性地粘住焊件	(1)电弧电压太低,焊接电流太小。 (2)网路电压太低	(1)增加电弧电压和焊接电流。 (2)改善网路负荷状态
焊机无故障,电弧经常熄灭	(1)电弧电压太高,焊接电流太大。 (2)网路电压太高	(1)减小电弧电压和焊接电流。 (2)改善网路负荷状态
焊接停止后,焊丝与焊件粘住	不先按"停1",而直接按"停2"	应先按"停1",待熄弧后,再按"停2"

第四节　MZ-1-1000 型埋弧自动焊机

MZ-1-1000 型埋弧自动焊机是根据随电弧电压变速送丝原理设计而制造的,焊机配用直流弧焊整流器为焊接电源,焊机采用电子线路来控制送丝速度和焊车速度,电弧稳定,变速送丝的调整速度快,调节方便。焊机可以焊接开坡口或不开坡口的平对接焊缝、船形角焊缝及横角焊缝。

一、MZ-1-1000 型埋弧自动焊机

MZ-1-1000 型埋弧焊自动焊机的构造由两大部分组成:焊接电源及焊车。

(一) 焊接电源

焊机的焊接电源选用直流弧焊整流器,可配用 ZX5-1000 型晶闸管式弧焊整流器。

晶闸管式弧焊整流器由三相变压器、晶闸管整流电路、电抗器、控制板及冷却用风扇等大件组成。焊接电源具有缓降的外特性。弧焊整流器面板上装有:①电压表;②电流表;③启动按钮,接通弧焊整流器的电网用;④停止按钮,切断弧焊整流器的电源用;⑤焊接电流调节按钮,用来调节电源外特性,改变焊接电流;⑥远控一近控转换开关,把转换开关拨到远控位置,可在焊车的控制盒上调节电源输出外特性;⑦电源指示灯,指示电源的断通。弧焊整流器除了要接三相网路电源线外,输出直流电源的正负极要接通焊件和导电器,还有许多控制线和焊车的控制盒接通,通过控制盒输电给焊车电动机和送丝电动机,并能控制两电动机通断及调速。

(二) 焊车

焊车(图 14-4-1)由小车及其支架、焊接机头、焊接操作控制盒、焊丝盘、焊剂斗等组成。

图 14-4-1 MZ-1-1000 型焊车

1. 小车

小车是由直流电动机通过减速装置驱动车轮行走。小车的速度即焊接速度。小车装有离合器,合上离合器,电动机转,小车走;松开离合器,若电动机转,小车不走,但可以用手推动小车。

2. 焊接机头

焊接机头的功用是传导焊接电流给焊丝,并给送焊丝到电弧区。焊接机头(图 14-4-2)是由送丝机构、校直焊丝装置及导电嘴等组成。

送丝机构是由一台直流电动机 1 经齿轮和蜗轮蜗杆减速传动给送轮 3,焊丝 17 被夹紧在给送轮 3 和压轧轮 4 之间,夹紧力的大小可通过调节螺母 14、弹簧 15 及摇杆 2 来改变,以适应不同直径的焊丝。焊丝送出后,通过校直轮 5 和校直轮 6 校直,再通过导电嘴 9 进入电弧区。导电嘴的高低可通过机头上方的手轮来调整,以改变焊丝伸出长度。

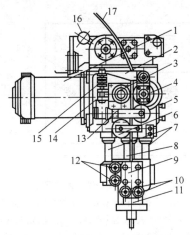

图 14-4-2 MZ-1-1000 型焊机的焊接机头

1—送丝电动机;2—摇杆;3—给送轮;4—压轧轮;5,6—校直轮;7—圆柱导轨;

8—螺杆;9—导电块;10—螺钉;11—导电嘴;12—螺钉;

13—螺钉;14—调节螺母;15—弹簧;16—手柄;17—焊丝。

导电嘴是采用夹瓦式结构(图 14-4-3),内有可换衬瓦,以适应不同直径的焊丝。导电嘴的左侧有两个螺钉12,是连接焊接电缆用。

焊接机头为了适应不同类型的焊缝,需要有一个活动范围,如图 14-4-4 所示。机头可绕立柱转动,顺反转各 90°;机头可绕水平横梁轴转动,顺反转各 45°;机头可向外转动 45°;机头可随同立柱进行横向移动±30mm;还有导电嘴可上下移动 85mm。这些调节可满足各种不同位置焊缝对焊丝位置的需求。

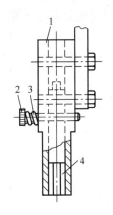

图 14-4-3 夹瓦式导电嘴

1—接触夹瓦;2—螺钉;
3—弹簧;4—可换衬瓦。

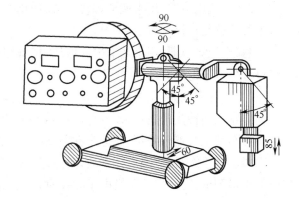

图 14-4-4 MZ-1-1000 型焊机的焊接机头的活动范围

3. 控制盒

MZ-1-1000 型埋弧焊机没有单独的控制箱,由于是电子元件做得较小,控制电器都安置在控制盒内。在控制盒的面板上,装有下列控制电器及仪表(图 14-4-5):

(1)电压表:用来测量焊机空载电压和焊接电压。

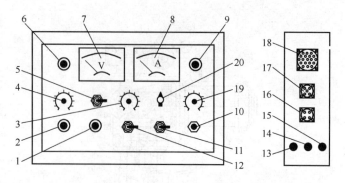

图 14-4-5　MZ-1-1000 型埋弧焊机控制盒面板

1—焊丝向下按钮;2—焊丝向上按钮;3—焊接电流调节器;4—电弧电压调节器;5—极性转换开关;6—启动按钮;7—电压表;8—电流表;9—停止按钮;10—急停按钮;11—小车空载行走开关;12—焊车调试;13、14、15—熔断器;16—小车电动机插座;17—送丝电动机插座;18—主控制电缆插座;19—焊接速度调节器;20—焊车方向转换开关。

(2)电流表:用来测量焊接电流。

(3)焊丝向上按钮:焊前调整焊丝位置用,按向上按钮,焊丝向上,放松按钮,焊丝停。

(4)焊丝向下按钮:焊前按向下按钮,焊丝向下,放松按钮,焊丝停。

(5)启动按钮:引弧用,有两种引弧方法:短路抽丝引弧和慢速送丝刮擦引弧。引弧后正常焊接。

(6)停止按钮:收弧用,先停止给送焊丝(不切断焊接电源),拉长电弧,填满弧坑,然后切断焊接电源。

(7)焊接电流调节器:用来调节焊接电流,使用时必须把弧焊整流器面板上的近控—远控转换开关放在远控位置上。

(8)电弧电压调节器:用来调节电弧电压,把旋钮转向低值处,送丝速度加快,电弧电压下降;反之,电弧电压升高。

(9)焊接速度调节器:用来调节焊车的行走速度,就是焊接速度。

(10)焊车方向转换开关:可改变焊车行走方向,焊车向前或向后。

(11)焊车空载行走开关:可使焊车在空载(未焊接)时行走。

(12)紧急停止按钮:如遇意外事故,紧急停止焊机工作。

(13)焊机调试开关:焊机调换电子元件时,需要对工作点进行调试,用此开关进行调试。

控制盒侧面还装有焊车电动机和送丝电动机的接线插座．主控制电缆的插座及三个熔断器。

二、MZ-1-1000 型埋弧自动焊机的操作

(一)焊前焊丝的动作

焊机如果采用短路抽丝引弧方法,则要求焊前焊丝要和焊件接触良好。为此要求焊丝上下移动。

（1）按"焊丝向下"按钮，焊接机头上的送丝电动机工作，使焊丝向下。

（2）按"焊丝向上"按钮，送丝电动机反转，使焊丝向上。

通过焊丝上下运动，要使焊丝和钢板接触良好，也不能太紧密接触，以推动焊车焊丝能在钢板上划出金属光泽痕迹为准。

（二）引弧

MZ-1-1000 型埋弧焊机有两种引弧方法：短路抽丝引弧；刮擦引弧。

1. 短路抽丝引弧

引弧前使焊丝和焊件接触良好，引弧时按"启动"按钮，即可松开。按一下"启动"按钮后，电路工作，立即接通焊接电源，同时焊丝上抽，这就引燃了电弧。引弧后焊机进入焊接状态，焊丝下送，焊车前进。

2. 刮擦引弧

本焊机在焊丝和焊件不接触或接触不良时，也能引弧。按下"启动"按钮不立即松开，这时焊接电源接通，借高的空载电压通过电路控制送丝电动机以慢速送丝，同时焊车前进，于是形成了慢速刮擦引弧。待电弧引燃后，松开"启动"按钮，焊机进入正常工作状态。

（三）收弧

MZ-1-1000 型焊机没有"停1"和"停2"两个按钮，只有一个停止按钮，只要按一下"停止"按钮，立即松开就可完成收弧工作。一按"停止"按钮后，焊车电动机和送丝电动机皆切断电源，但焊接电源未切断，电弧仍能继续燃烧，电弧拉长，电弧电压升高，当电弧电压升到 52V 时，电路工作把焊接电源切断，焊接工作停止。这种收弧称为定电压收弧。没有人工操作的"停1"和"停2"动作，也不会发生焊丝粘在熔池上的现象，并能填满弧坑。

（四）调节焊接工艺参数

焊工可在控制盒面板上直接调节焊接电流、电弧电压及焊接速度，不需要停机。

（1）调节焊接速度：用面板上焊接速度调节器可实现焊速的变动，其原理是改变焊车电动机的转速。其中 0—50 的刻度是供电位器的定位参考，不是速度数值指示。焊速调节范围为 15m/h～70m/h。

（2）调节焊接电流：用面板上焊接电流调节器可改变焊接电流，其实质上是调节焊接电源外特性，将焊接电源外特性向外移，就可得到焊接电流的增大，如图 14-4-6 所示。调节后的焊接电源外特性和变速送丝速度曲线的交点是电弧燃烧点。由图可知，在增大焊接电流的同时，电弧电压也有所提高。

在焊车上调节焊接电流时，必须把焊接电源上的远控—近控开关放在远控位置上。焊接电流调节器上刻度 0～10 也是定位参考，焊接电流的调节范围为 400A～1000A。

（3）调节电弧电压：用面板上的电弧电压调节器可调节电弧电压，这是借改变给送焊丝速度曲线来实现的，如图 14-4-7 所示。调节后的给送焊丝速度曲线和电源外特性曲线的交点是电弧燃烧点。由于电源外特性曲线未改变，所以电弧电压升高的同时，焊接电流却反而减小点。调节器上的刻度也不表示电弧电压的值。

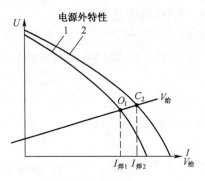

图 14-4-6　焊接电源外特性外移，
焊接电流增大

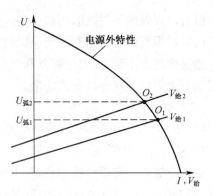

图 14-4-7　电源外特性不变，调节给送
焊丝速度曲线，电弧电压变动

（五）其他操作开关及按钮

（1）极性接法转换开关。焊机使用的是直流电源，直流电弧有正接和反接，只要将极性接法转换开关改变位置，就能实现极性的变换。

（2）焊接方向转换开关。此开关有三个位置，可控制焊车向右走、向左走及停止。

（3）焊车调试开关。在维修电子元件组成的电器装置时，需要对电子元件的工作点进行调试，才用此开关。焊工操纵焊机时不需要接触此开关。

（4）电压指示转换开关。此开关可使电压表用于测量电弧电压或焊车电压。测量焊车电压是调试时用的。

（5）控制电源开关。接通和切断控制电源用。

（6）紧急停止按钮。焊接过程中如遇意外事故，按此紧急停止按钮，焊接电源、送丝电动机、焊车电动机全部切断电源。紧急停止会发生焊丝粘住在熔池上的现象。

三、MZ-1-1000型埋弧自动焊机的常见故障及其排除方法

MZ-1-1000型埋弧自动焊机的常见故障及其排除方法见表14-4-1。

表 14-4-1　MZ-1-1000 型埋弧自动焊机的常见故障及排除方法

故障现象	故障原因	排除方法
焊接电源无法启动，风扇声音异常	（1）三相电源进线缺相。 （2）焊接电源中继电器或接触器损坏。 （3）控制箱中继电器损坏。	（1）补接上三相线。 （2）修复继电器、接触器。 （3）修复继电器
启动后线路工作不正常，焊丝给送速度反常或不能引弧	（1）送丝电动机有故障。 （2）焊丝上抽或翻转用的晶体管有损坏。 （3）晶闸管触发电路不正常	（1）检查修复电动机。 （2）更换晶体管。 （3）修复触发电路
焊接电源接触回路良好，按焊丝向上、向下按钮时，送丝电动机只上不下或只下不上	（1）送丝电动机电枢电源不通或熔断器断。 （2）触发电路中元件损坏或虚焊。 （3）晶闸管损坏。 （4）送丝电动机电刷接触不良。 （5）送丝电动机磁场供电不正常。 （6）向上、向下按钮或继电器触点接触不良。 （7）电机绝缘损坏，电压串入控制系统，击穿元件	（1）接通电枢电源或更换熔断器。 （2）检查更换元件。 （3）更换晶闸管。 （4）修复电刷。 （5）检查修复激磁电路。 （6）修复按钮、继电器触点。 （7）修复电机绝缘及损坏元件

故 障 现 象	故 障 原 因	排 除 方 法
焊车不动作或行走不正常	(1)焊车电动机电枢电流不通,熔断器断。 (2)触发电路元件损坏或虚焊。 (3)晶闸管损坏。 (4)焊车电动机电刷接触不良。 (5)焊车电动机磁场供电不正常。 (6)焊车方向转换开关损坏	(1)接通焊车电动机的电枢电源或更换熔断器。 (2)检查更换元件。 (3)更换晶闸管。 (4)修复电刷。 (5)检查修复激磁电路。 (6)修复转换开关
焊机可以启动,焊接电流稳定,但无法调节	(1)电源三相变压器有缺相。 (2)电源主接触器吸合不好或接头脱落使主变压器缺相。 (3)电源控制板损坏	(1)检查修复变压器缺相。 (2)检查修复接触器。 (3)更换控制板
线路工作正常,但送丝不均匀,电弧不稳	(1)焊接工艺参数不正确。 (2)送丝轮、压轧轮打滑。 (3)送丝轮磨损过多。 (4)导电嘴与焊丝接触不良。 (5)焊丝盘内拉出时阻力大。 (6)送丝机构故障	(1)调节焊接工艺参数。 (2)调整压轧轮的压力。 (3)更换送丝轮。 (4)清理焊丝,更换导电嘴。 (5)重新盘焊丝。 (6)检修送丝机构

第五节　埋弧自动焊机的合理使用和保养

埋弧焊设备是投资大的重要设备,合理的使用和良好的保养是保证焊接质量和延长焊接设备使用寿命的重要环节。

一、埋弧焊机的合理使用

(1)根据生产的实际情况,配置埋弧焊设备,在船台大合拢焊接时,受作业环境条件限制,埋弧焊机只需要配置小车行走轨道就可生产。在内场拼板焊接的埋弧焊机,为了提高生产率,通常配置压力架、电磁平台。在焊接环缝时,埋弧焊机应配置滚动胎架和操作机。

(2)每台埋弧焊设备应建立"设备使用卡",记录设备的技术性能、故障及维修情况。每台埋弧焊设备必须定期进行维修。

(3)根据焊机实用性能的良好程度,将焊机分成两个等级。性能优良的焊机用于焊接重要的结构;性能尚可的焊机用于焊接非重要结构。

(4)埋弧焊设备接入的电源网路,必须有足够的容量,网路电压的波动必须在允许范围内。必要时可设置埋弧焊专用电源网路。有些焊机内设有稳压电路,则可优先考虑使用于生产重要结构。

(5)实际焊接生产时,必须要按照额定焊接电流和额定负载持续率进行工作。通常额定电流1000A 的焊接电源(BX2-1000 型、ZX5-1000 型等),其额定负载持续率为60%,即在10min 工作周期内允许用1000A 焊接6min,其余4min 不焊接。若要连续焊接10min以上,即负载持续率达100%,则必须减小焊接电流使用。允许连续焊接电流计算式为

$$I_{续焊} = I_{额} \times \sqrt{\frac{额定负载持续率}{100\%}} = 1000 \times \sqrt{\frac{60\%}{100\%}} = 775（A）$$

使用这种埋弧焊焊接电源时,焊工必须记住这个数字。因为超过这个电流,连续焊接10min就是超载,焊接电源会因超载而烧坏。

(6)埋弧焊设备使用时,必须将机壳接地,以防触电。

(7)埋弧焊设备中的电压表和电流表不能交直流混用。

(8)改变埋弧焊的极性接法和焊车行走方向,必须在停机时操作,调换焊接电源粗调节的接线时,也必须在切断焊接电源后进行。

(9)焊接工作结束或暂离工地,应关掉焊机。

二、埋弧焊机的保养

(一) 焊接电源的保养

(1)焊接电源应安置在通风良好、防雨水、避高热的地方,机身要保持平稳。

(2)所有的电缆接头应紧密连接,导电良好,外包绝缘胶布。

(3)经常检查电缆是否破损,如发现破损,应及时用绝缘胶布包好。

(4)经常关注焊接电源的接地线是否可靠。

(5)定期用压缩空气对焊接电源进行一次除尘。

(6)定期检查和更换可动铁芯减速箱内的润滑油。

(7)焊接电源接通三相网路后,风扇必须连续工作(不论焊接与否),直至关机。

(8)定期测量焊接电源的绝缘电阻,应符合规定的要求。

(9)定期检查电路、电器元件、电表,有不合格的应予以更换。

(二) 控制箱的保养

(1)控制箱连接的电缆必须有足够的截面,相互连接的接头必须旋紧,导电良好。电缆接头用绝缘胶布包扎。

(2)经常关注控制箱机壳的接地线是否可靠。

(3)经常检查控制箱内电器元件工作是否正常,如发行元件损坏应及时更换。

(4)搬移控制箱时应避免过分的震动,防止箱内电器元件的损坏。

(5)每3个月至6个月用压缩空气对控制箱内部进行一次除尘。

(三) 焊车的保养

(1)连接控制箱和焊车的多芯控制线必须连接良好,即插头对准插入插座,防止松动。严禁拖拉控制线来移动焊车。

(2)经常检查导电嘴的导电情况,如发现磨损过大造成接触不良时,必须及时更换。

(3)根据焊丝直径调整压轧轮的压力,压力过大会使焊丝变形,压力过小会使焊丝打滑。

(4)焊丝给送轮磨损过大,使送丝不稳,必须及时更换。

(5)经常检查电机、电器元件及电表是否正常工作,如电表读数误差超标应予以更换。

(6)定期检修机械传动装置,更换损坏零件,添加润滑油。

(四) 多芯控制线的保养

(1)多芯控制线应放在妥当的地方,要避免重物压叠。

(2)多芯控制线的插头,在插入插座时应特别小心,要防止弄断线头。

(3)发现多芯控制线的绝缘破损,应用绝缘胶布包扎好。

(4)多芯控制线不应有过度的弯曲,以免发生个别控制线的断路。

复 习 题

1. 对埋弧焊焊接电源有什么要求?

2. 试述电抗器式弧焊变压器(BX2-1000 型)的构造原理及调节电流方法。

3. BX2-1000 型弧焊变压器内有两个限位开关,这有什么作用?

4. 试述电抗器式弧焊变压器的常见故障及排除方法。

5. 试述晶闸管式弧焊整流器的构造原理及调节电流方法。

6. 弧焊整流器中有推力电流调节,推力电流起什么作用?

7. 试述晶闸管式弧焊整流器的常见故障及其排除方法。

8. 什么是焊丝等熔化速度曲线?

9. 电源外特性曲线、电弧静特性曲线、焊丝等熔化速度曲线三者和电弧稳定燃烧点的关系是怎样的?

10. 等速送丝制的埋弧焊,遇到弧长突然拉长,其电弧自身调整的过程是怎样的?

11. 变速送丝制的埋弧焊,遇到弧长突然缩短,其电弧自身调整的过程是怎样的?

12. MZ1-1000 型埋弧自动焊机由哪几个大部件组成?

13. MZ1-1000 型埋弧自动焊机如何调节焊接速度和焊丝给送速度?

14. 怎样使 MZ1-1000 型埋弧自动焊机的焊丝实现横向移位?

15. MZ1-1000 型埋弧自动焊机由几种形式导电嘴?

16. MZ1-1000 型埋弧自动焊机上有几个操纵按钮? 各自的功能是什么?

17. 如何更换 MZ1-1000 型焊车上的零部件,以适应焊接四种不同形式(I 形对接、V 形对接、船型焊、横角焊)的焊缝?

18. 怎样做 MZ1-1000 型焊机引弧前的准备工作?

19. MZ1-1000 型焊机如何启动焊接?

20. MZ1-1000 型焊机如何停止焊接?

21. MZ1-1000 型焊机如何调节焊接电流?

22. MZ1-1000 型焊机如何调节电弧电压?

23. 试述 MZ1-1000 型焊机的常见故障及其排除方法。

24. MZ-1-1000 型焊机的焊车由哪几部分组成?

25. MZ-1-1000 型焊机的焊接机头由哪几部分组成?

26. MZ-1-1000 型焊机的焊接机头的活动范围是怎样的?

27. 夹瓦式导电嘴如何适应不同焊丝直径的导电要求?

28. MZ-1-1000 型焊机的控制面板上装有哪些控制电器及仪表?

29. MZ-1-1000 型焊机如何实施短路抽丝引弧和慢速刮擦引弧?

30. MZ-1-1000 型焊机如何收弧?

31. MZ-1-1000 型焊机如何调节焊接电流?

32. MZ-1-1000 型焊机如何调节电弧电压?

33. MZ-1-1000 型焊机如何调节焊接速度?

34. MZ-1-1000 型焊机如何改变焊接电源的极性?

35. MZ-1-1000 型焊机如何改变焊车运走方向?

36. 试述 MZ-1-1000 型焊机的常见故障及其排除方法。

37. 焊机的额定焊接电流为 1000A,额定负载持续率为 60%,若要连续焊接,则焊接电流应控制为多少安培?

38. 如何对焊车保养?

第十五章 埋弧焊的操作技术

第一节 埋弧焊的坡口准备及焊缝形状尺寸

一、埋弧自动焊的坡口基本形式和尺寸标准

焊条电弧焊板厚超过 6mm 要开坡口。埋弧焊使用大电流,通常板厚超过 14mm 才开坡口。表 15-1-1 为 GB 986—88《埋弧自动焊坡口的基本形式和尺寸》,国家标准规定了碳钢和低合金钢埋弧焊焊接接头的坡口形式和尺寸,可以根据钢板厚度、焊接构件特点及焊接工艺方法来选定。国家标准中的主要坡口形式有:I 形不开坡口、V 形、X 形、U 形等。对于对接接头来说,埋弧焊开坡口的目的有:①对于很厚的钢板,开了坡口可使焊丝伸入坡口根部,保证焊透根部;②对于较厚的钢板,埋弧焊大电流(可达 1200A 以上)可以达到熔透,但是大电流必然有大量的焊丝熔敷金属堆在不开坡口的钢板表面上,形成很高很宽的焊缝,开坡口就可以把大量的熔敷金属安置在坡口内,使焊缝成形美观;③通常焊丝金属的质量优于母材金属,开了坡口可使焊缝金属中含有较多的焊丝中合金成分,改善了焊缝金属的性能。坡口角度通常为 45°～60°。为了保证厚板的焊透,坡口要空间隙,厚板间隙通常为 2mm 左右。坡口留钝边是为了防止烧穿,这是大电流埋弧焊必须要考虑的问题,钝边通常不小于 4mm,厚板坡口的钝边可为 6mm～8mm。U 形坡口的坡口角度减小为 20°,即每个坡口面角度为 10°,但坡口的根部制成圆弧形,半径为 8mm～10mm。U 形坡口的焊缝面积比 V 形坡口的焊缝截面积减小,焊丝消耗量减少。T 形接头中,在相等的焊缝强度条件下,开坡口可以减小焊缝截面积,减少焊丝消耗量。

表 15-1-1 埋弧自动焊坡口基本形式及尺寸(摘自 GB 986—88)

序号	适用厚度/mm	坡口形式	焊缝形式	基本尺寸/mm				标注符号
1	3～10		$S>0.7\delta$	b	0^{+1}			
2	3～14			b	0^{+1}			
3	6～24			b	1^{+1}或加 HD$2^{\pm1}$			HD
4	3～12	20～40		δ	3～5	>5～9	>9～12	
				b	$2^{\pm1}$	$3^{\pm1}$	$4^{\pm1}$	

序号	适用厚度/mm	坡口形式	焊缝形式	基本尺寸/mm			标注符号
5	10~24			δ	10~16	>16~24	HD / TD
				b	2^{+1}	3^{+1}	
				P	3^{+1}	4^{+1}	
6	10~30			b	$2+1$	3^{+1}	HD
				P	5^{+1}	6^{+1}	
7	10~30			δ	10~16	>16~20	>20~30	
				b	7^{+1}	3^{+1}	4^{+1}	
				P	4^{+1}			
8	16~30			b	3^{+1}		
				P	4^{+1}		
9	12~20			b	2^{+1}		SF
				H	6^{+1}		
10	24~60			b	1^{+1}		
				P	6 ± 1		
11	50~160			δ	50~100	>100~160	
				a	$10°\pm2°$	$6°^{+2}$	
				P	8^{+1}		
				b	0^{+2}		
				R	10^{+1}		
12	60~300			β	$2°^{+1°}$		SF
				b	0^{+1}		
				P	3^{+1}		
				H	10^{+1}		
				R	10^{+1}		
13	6~14			δ	6~9	9~14	SF
				b	0^{+1}		
				K_{min}	3	4	
14	10~20			δ	10~15	>15~20	SF
				K_{min}	4	6	
				b	0^{+2}		
				P	2^{+1}		

178

序号	适用厚度/mm	坡口形式	焊缝形式	基本尺寸/mm							标注符号
15	20～40			b	0^{+2}						
				P	2^{+1}						
				H	8^{+1}						
				K_{min}	4						
16	4～60			δ	4~6	>6~12	>12~18	>18~25	>25~40	>40~60	
				K_{min}	3	4	6	8	10	12	
17				b	0^{+1}		0^{+2}				
18	10～24			δ	10～15	>15～20	>20～24				
				K_{min}	6	8	10				
				b	0^{+2}						
				P	2^{+1}						
19	16～40			b	0^{+2}						
				P	4^{+1}						

注：SF—手工焊条电弧焊封底；HD—焊剂垫；TD—铜衬垫；δ—板厚；b—间隙；P—钝边；α—坡口角度、坡口面角度；β—坡口面角度；R—根部半径；K—焊脚

二、埋弧焊的坡口成形加工

目前工厂中对埋弧焊坡口加工方法有氧气切割、碳弧气刨、刨削和车削及等离子切割等。

（一）氧气切割

氧气切割可以加工任何坡口角度的 V 形或 X 形坡口，它被广泛应用于低碳钢和低合金钢的坡口加工，但不能切割不锈钢、高合金钢及有色金属。

（二）碳弧气刨

碳弧气刨在埋弧焊领域中广泛应用于双面埋弧焊的清根工作、U 形焊接坡口的刨槽、焊缝表面和内部缺陷的清除等。

（三）刨削和车削

对于直线接缝的平板坡口，可利用刨边机来加工任何形状的坡口。当加工不开坡口的钢板端面时，可将数张钢板叠在一起，一次刨削加工而成，生产率高。圆筒体埋弧焊环缝的坡口，可用立式车床进行车削，坡口可为任何形状，坡口加工质量高。

（四）等离子切割

等离子切割和氧气切割有本质的区别。它是利用高温、高速的等离子弧及焰流，把工件切割部位加热到熔化、蒸发状态，并借高速等离子弧焰流的机械冲刷力，把熔化的材料

吹离基体,形成割缝。等离子切割能切割所有的金属,特别适合切割那些氧气切割不能切割的不锈钢、高合金钢、有色金属及高熔点金属,它还可以切割非金属材料。等离子切割功率大,速度快,质量好,但设备复杂,使用不方便。

三、坡口的清理

埋弧焊坡口上的铁锈斑、氧化皮、气割和碳刨的残渣、漆、油污、潮气等物都会影响到埋弧焊焊缝的质量,产生气孔、夹渣、未焊透等缺陷。埋弧焊前必须清理坡口面及其两侧各 20mm 范围内的污物,如图 15-1-1 所示。

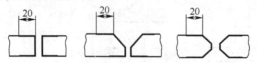

图 15-1-1　坡口的清理范围

(一) 喷丸清理

用喷丸机把钢丸高速喷向钢板表面,就可将钢板表面的铁锈等彻底清除,不仅可以清除坡口,还能对结构件全面清理,但必须在封闭的车间内进行,喷丸时钢丸到处飞溅,劳动保护环境差。

(二) 砂轮磨削

用电动砂轮机或风动砂轮机对坡口面磨削,可使钢板露出金属光泽。砂轮磨削还可对焊缝表面进行修整,清除焊缝的缺陷及装配的"马脚"等。

(三) 钢丝刷擦刷

焊前钢丝刷用来扫落在坡口中的垃圾。焊后可用钢丝刷擦清焊缝趾部,观察咬边等缺陷。对于不锈钢焊件应该用不锈钢钢丝刷。

(四) 用有机溶剂(丙酮)揩脱油脂

用有机溶剂揩坡口上的油脂污物,能有效脱脂,焊接不锈钢及有色金属时,应用较为普遍。

(五) 气体火焰加热

气体火焰的高温可把油污、氧化铁皮烧掉,能去除坡口上的水分和潮气。埋弧焊前必须把留在坡口间隙内的潮气烘干清除。切忌对坡口稍微加热就将火焰移去,这样在母材的冷却作用下潮气会变成水珠,水珠进入间隙缝内,将产生相反的效果,使焊缝产生气孔。

四、埋弧焊的定位焊

埋弧焊构件的定位焊工作通常是用焊条电弧焊或 CO_2 气体保护半自动焊来完成的。对于碳钢或低合金钢构件的定位焊应采用 E5015(结 507)或 E4315(结 427)焊条或 H08Mn2SiA 焊丝。对于不开坡口 I 形对接缝,定位焊缝的厚度应不高出钢板表面 0.5mm~1mm;对于开坡口对接缝,定位焊缝的厚度 d 通常为 6mm~8mm,且不超过板厚的 1/2。定位焊缝长度 l 一般为 30mm~50mm,对于高强度钢可超过 60mm,定位焊缝的间距 t 为 200mm~500mm。开坡口对焊缝定位焊尺寸如图 15-1-2 所示。定位焊时如发现接缝的局部间隙有超差,则可用焊条电弧焊或 CO_2 气体保护半自动焊进行填补,以防止烧穿。

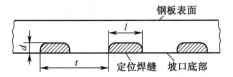

图 15-1-2　开坡口对接缝定位焊缝的尺寸

$d=6\text{mm}\sim8\text{mm}$；$l=30\text{mm}\sim60\text{mm}$；$t=200\text{mm}\sim500\text{mm}$。

五、焊缝的形状和尺寸

埋弧焊时,在电弧热作用下焊丝和母材被熔化,在电弧底下形成液态金属熔池,如图 15-1-3 所示。熔池的形状和尺寸可由熔宽、熔深及熔池长度来表示,这三个尺寸的大小是由电弧的功率和电弧移动速度(即焊接速度)来决定的。熔池尺寸的大小和电弧功率成正比,而与焊接速度成反比。

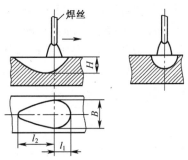

图 15-1-3　埋弧焊熔池的形状和尺寸

H—熔池深度；B—熔池宽度；l_1+l_2—熔池长度。

电弧形成熔池,随着电弧的前移,形成新的熔池,而原来的熔池冷凝结晶成焊缝。焊缝的形状和尺寸由熔宽 B、熔深 H 和余高 a 来表示,如图 15-1-4 所示,熔宽和熔深就是熔池的宽度和深度,而余高取决于焊丝熔化敷入的量。为了保证焊缝的力学性能,焊缝必须有足够的熔深,和合适焊缝的尺寸比例。对接焊缝的熔宽和熔深之比称为焊缝的形状系数,$\varphi=B/H$。φ 小的焊缝形状窄而深,这种焊缝中的气体和杂质不易逸出焊缝表面,易产生气孔、夹渣及裂纹等缺陷；φ 大的焊缝截面形状宽而浅,也可能形成未焊透等缺陷。对于埋弧焊来说,合适的焊缝形状系数为 1.3～2.0。余高是焊缝的增强量,适量的余高是有利于提高焊缝的强度。但不是余高越大越好,过大的余高将使焊缝趾部形成截面突变,造成应力集中,降低了焊接接头的动载强度。在埋弧焊对接焊缝中,通常控制的余高为熔宽的 1/4～1/8,一般为 0.5mm～3mm。在重要的承受动载的结构中,有时需要焊缝是无余高的,这时可先焊成略有余高的焊缝,然后用砂轮打磨去余高,因为直接焊成无余高的焊缝是困难的。

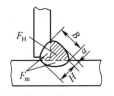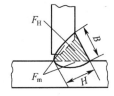

图 15-1-4　各种焊缝横截面的形状和尺寸

F_m—母材熔化的横截面积；F_H—焊丝熔敷的横截面积；H—熔深；B—熔宽(焊缝宽度)；a—余高。

181

焊缝金属是由母材被熔化部分的金属和焊丝熔化敷入坡口中的金属两部分组成。两者对焊缝金属都有着较大的影响。为此,引入熔合比的概念,熔合比就是母材金属熔化部分占焊缝金属的百分比,从焊缝横截面(图 15-1-4)来看,熔合比 $r = \dfrac{F_m}{F_m + F_H} \times 100\%$,熔合比 r 大,就是母材熔化面积 F_m 大,也即焊丝熔敷面积 F_H 小。熔合比的大小影响着焊缝的性能。如果焊丝熔敷金属的质量优于母材熔化金属的质量,则希望焊缝中焊丝熔敷金属的量多一些,而母材熔化金属量少一些,即熔合比小为好。开大坡口焊缝的熔合比小于开小坡口焊缝的熔合比。

第二节　埋弧焊工艺参数

埋弧焊工艺参数有:焊丝直径、焊接电流、电弧电压、焊接速度、焊丝伸出长度、焊丝的倾角等。这些焊接工艺参数影响着焊缝形状尺寸和焊缝质量。焊条电弧焊时,焊缝的尺寸可凭焊工的操作灵活掌握运条方法来控制。埋弧焊时为了获得一定形状尺寸的焊缝,必须要正确选择好焊接工艺参数。为此,焊工必须掌握焊接工艺参数对焊缝形状尺寸的影响。下面就讨论埋弧焊工艺参数对焊缝形状尺寸的影响,讨论的前提是假定其他工艺参数不变,仅是单项工艺参数变化。

一、焊丝直径

选择焊丝直径的依据是母材的板厚、焊接接头和坡口形式、焊缝的空间位置(如船形焊位置、横角焊位置)及焊缝尺寸要求等。

焊丝直径增大,弧柱直径也增大,熔池的熔宽也增大。由于焊接电流等都不变,电弧热量不增大,则因熔宽增大而使熔深减小。焊丝直径对熔宽和熔深的影响如图 15-2-1 所示。由于焊丝熔化量不变,则因熔宽增大而使余高减小。焊丝直径减小,电流密度增大,电弧吹力加强,热量更集中,使熔深增大,而熔宽减小,余高增大。应该指出,随着焊丝直径减小的同时,需要提高电弧电压,增大熔宽,从而获得良好的焊缝成形(B/H 应大于 1.3)。

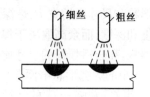

图 15-2-1　焊丝直径对熔宽和熔深的影响

二、焊接电流

焊接电流是埋弧焊中关键的工艺参数之一。增大焊接电流,要引起电弧功率的增大和焊丝熔化速度的增大。电弧功率增大,电弧吹力增大,电弧可以更深入基本金属内,熔深显著增大。虽然电弧电压不变,而电弧功率有所增大,所以熔宽是略有增大。由于焊丝熔化速度增大,焊丝熔敷到坡口上的量也增大,则因熔宽变化不大而余高增大。焊接电流对焊缝形状尺寸的影响如图 15-2-2 所示,由图可知,熔深 H 曲线几乎是直线,也就是熔深几乎是和焊接电流成正比关系。

选择焊接电流的依据是:焊丝直径、接头坡口形式、工件所要求的熔深。焊丝直径选定后,则选用的焊接电流就有一定的范围,因为对于直径一定的焊丝,为维持电弧稳定燃烧,焊丝承受焊接电流的能力有一定的极限程度,表 15-2-1 为焊接电流和焊丝直径之间的关系。

表 15-2-1　焊接电流和焊丝直径之间关系

焊丝直径/mm	1.6	2.0	3.0	4.0	5.0	6.0
焊接电流/A	200~500	240~600	300~700	400~900	500~1200	600~1300

　　为了要得到较大的熔深,单纯地增大焊接电流,则将会使焊缝形状系数 $\varphi = B/H$ 减小,φ 小的焊缝易产生气孔、夹渣,甚至裂纹。所以从焊缝形状系数考虑,增大熔深的同时,必须相应增大熔宽,这就是说,增大焊接电流的同时需要提高电弧电压。

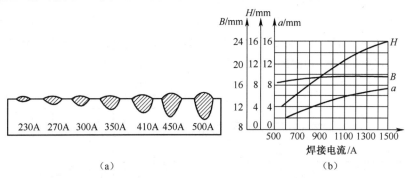

(a)　　　　　　　　　(b)

图 15-2-2　焊接电流对焊缝形状尺寸的影响

(a) 不同焊接电流时焊缝横截面形状;(b) 焊接电流和焊缝尺寸的关系。

H—熔深;B—熔宽;a—余高。

三、电弧电压

　　电弧电压是电弧长度的标志。提高电弧电压,即增长电弧,电弧的活动范围增大,即熔宽显著增大。由于焊接电流不变,焊丝熔化速度不变,焊丝熔敷量也不变,结果是因熔宽增大而使余高减小。同理,电弧功率虽略有提高,但因熔宽增大过多,而使熔深有所减小。电弧电压对焊缝形状尺寸的影响如图 15-2-3 所示。

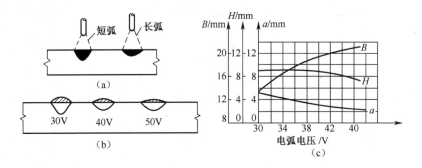

图 15-2-3　电弧电压对焊缝形状尺寸的影响

(a) 不同弧长的熔池;(b) 电弧电压变化时焊缝横截面形状;(c) 电弧电压和焊缝尺寸的关系。

B—熔宽;H—熔深;a—余高。

　　前面已叙述过,为了获得良好的焊缝成形($\varphi \geqslant 1.3$),在增大焊接电流的同时,应适当提高电弧电压,即电压和电流应匹配,其关系式为:

$$U = 0.02I + 22$$

式中　U——电弧电压(V);

I ——焊接电流(A)。

例如,焊接电流 $I=500$A,则电弧电压 $U=0.02I+22=0.02\times500+22=32$(V)。

选择电弧电压的主要依据是焊接电流和熔宽的要求。过高电弧电压,不仅使熔深降低,电弧不稳定,造成焊件未焊透,焊缝外表粗糙,脱渣困难,还会引起咬边和气孔缺陷。在开坡口的多层埋弧焊操作时,由于坡口上面的宽度大,为此要提升电弧电压来获得较大的熔宽。

四、焊接速度

提高焊接速度,单位长度焊缝吸收电弧热量减少,因此使熔深减小。同时单位长度焊缝得到熔敷金属量也减少,因而使熔宽和余高都减小,相比之下,熔宽比余高减小得多一些。焊接速度(通常大于 20m/h)对焊缝形状尺寸的影响如图 15-2-4 所示。

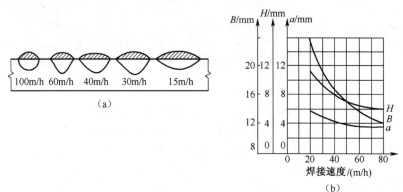

图 15-2-4　焊接速度对焊缝形状尺寸的影响

(a) 不同焊接速度的焊缝横截面形状;(b) 焊接速度对焊缝尺寸的影响。

H—熔深;B—熔宽;a—余高。

应该指出:当焊接速度很小时,电弧的吹力几乎是垂直向下的,由于受到熔池中液态金属的阻挡作用,不能排开液态金属而深入熔化基本金属,这样熔深反而较浅。随着焊接速度增大,电弧逐渐倾斜,电弧吹力把熔池底部的液态金属向后排开作用加大,电弧能更深入熔化基本金属,结果是增大了熔深,而熔宽减小。但当焊接速度增加到一定值时,再增加焊接速度,则单位长度焊缝受到热量减少,而使焊缝的熔深、熔宽和余高都减小。

焊接速度过快会产生咬边、未焊透及气孔等缺陷。焊接速度过慢,熔池满溢,造成夹渣、未熔合等缺陷。

焊前选择焊接工艺参数时,通常先选择好焊接电流和电弧电压,然后再来选择焊接速度。当需要同时调整焊缝的熔宽和熔深时,就首先考虑调整焊接速度来达到要求。

五、焊丝伸出长度

焊丝伸出长度是指焊丝从导电嘴末端伸出到电弧之间的长度。这一段焊丝是通焊接电流的,产生电阻热($I^2R_{丝}t$),这个电阻热对进入电弧前的焊丝起着预热作用。焊丝的熔化速度是由电弧热和电阻热共同决定的。焊丝伸出长度越长,焊丝电阻越大,且通电时间越长,电阻热越大,焊丝的熔化速度越大。另外,焊丝伸出长度增长后,焊丝易摇晃,使电弧加热宽度增大,熔宽有所增大。若加热熔化基本金属的热量不变,则因熔宽增大要使熔深减小。关于余高变化的问题,要视熔宽增大的比例和焊丝熔敷量(和焊丝熔化速度成正比)增大的比例,通常焊丝熔敷量增大比例较大,则因熔宽增大不多,而形成余高增大。焊丝伸出长度过长,会形成熔深浅而余高过大的焊缝。为了保证焊缝有良好的成形,对于不同直径的焊丝可选用的焊丝伸出长度见表15-2-2。

表 15-2-2　不同直径焊丝选用的焊丝伸出长度

焊丝直径/mm	合适的焊丝伸出长度/mm	焊丝直径/mm	合适的焊丝伸出长度/mm
2,2.5,3.0	25～30	4,5,6	30～80

六、焊丝的倾斜角

埋弧焊的焊丝通常是垂直于焊接钢板的,但有时也采用倾斜焊丝进行焊接。焊丝顺焊接方向倾斜,称为焊丝前倾;焊丝背着焊接方向倾斜,称为焊丝后倾。焊丝前倾时,倾斜的电弧吹力能把熔池中的液态金属向后推移,使电弧能进一步潜入基本金属,熔深增大,而熔宽减小,余高增大。焊丝后倾时,电弧把液态金属吹在未熔化的基本金属上,液态金属阻碍了电弧潜入基本金属,使熔深减小,同时电弧吹在上面,其活动范围增大,结果是熔宽增大,而余高减小。表15-2-3为焊丝倾角对焊缝成形的影响。

表 15-2-3　焊丝倾角对焊缝成形的影响

焊丝倾角	前倾 15°	垂直 0°	后倾 15°
示意图			
熔深	深	中等	浅
余高	大	中等	小
熔宽	窄	中等	宽
焊缝形状			

七、其他工艺因素对焊缝形状尺寸的影响

(一) 焊接电流种类和极性

埋弧焊的焊接电源有交流和直流。在薄板埋弧焊时,为了保证电弧稳定,宜用直流电。由于埋弧焊焊剂中有较多的萤石(氟化钙 CaF_2),采用直流正接(焊件接正极,焊丝接负极)的焊缝熔深,不及直流反接(焊丝接正极,焊件接负极)的焊缝熔深大。图15-2-5为直流两种接法的焊缝截面形状,由图可知,熔深是直流反接为大,熔宽也是直流反接稍微大点,而余高因直流正接的焊丝熔敷量大而显增。直流埋弧焊焊接厚板,多采用直流反接。用埋弧焊堆焊时,为了获得较厚的堆焊金属层,不需要熔深大,则采用直流正接,这时熔敷效率高。当采用交流电埋弧焊时,焊缝的熔深在两者之间,如图15-2-6所示,余高也在两者之间。

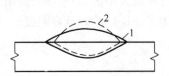

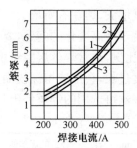

图 15-2-5　直流极性对焊缝形状尺寸的影响　　　　图 15-2-6　埋弧焊电流种类与极性对熔深的影响

1—直流反接;2—直流正接。　　　　　　　　　　1—直流反接;2—交流电;3—直流正接。

(二) 坡口尺寸

当坡口的间隙增大时,熔池液态金属易向下垂流,同时电弧也向下移,于是增大了熔深。若焊丝熔敷金属量不变,由于填入间隙中的熔敷金属量增大,则焊缝的余高必然减小,如图 15-2-7(a)、(b)所示。在薄板埋弧焊中,不采取有效的工艺措施,焊件局部间隙过大而引起的烧穿现象是屡见不鲜的。

当坡口角度增大时,电弧也易向下移,坡口根部得到的热量也较多,熔深就增大。同时熔融金属也易铺开,于是熔宽显著增大,而余高则减小,如图 15-2-7(c)、(d)所示。

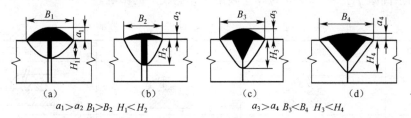

$a_1 > a_2\ B_1 > B_2\ H_1 < H_2$　　　　　　　　$a_3 > a_4\ B_3 < B_4\ H_3 < H_4$

图 15-2-7　间隙和坡口角度对焊缝形状尺寸的影响

(a) 间隙小;(b) 间隙大;(c) 坡口角度小;(d) 坡口角度大。

钝边的尺寸只要不烧穿,它的大小对正面焊接的焊缝形状尺寸几乎是不影响的。

间隙、坡口角度、钝边的尺寸误差是由坡口加工和装配质量而引起的,其中间隙尺寸对熔深的影响也是最大。焊工在焊前必须仔细地检查间隙的尺寸。当发现局部间隙偏大时,可用定位焊进行填补。若局部间隙过大,应设法在大间隙下面垫上临时衬垫,然后进行埋弧焊。

综合上述各种工艺参数对焊缝形状尺寸的影响归纳于表 15-2-4。

表 15-2-4　埋弧焊工艺参数对焊缝形状尺寸的影响

下面工艺参数单项变化		熔 深	熔 宽	余 高	焊缝形状系数 $\left(\dfrac{熔宽}{熔深}\right)$
焊丝直径↑		↓	↑	↓	↑
焊接电流↑		⇑	↑	↑	↑
电弧电压↑		↓	⇑	↓	↑
焊接速度↑	<20m/h	↑	↑	↓	↓
	≥20m/h	↓	↓	↓	—

186

下面工艺参数单项变化		熔 深	熔 宽	余 高	焊缝形状系数$\left(\dfrac{熔宽}{熔深}\right)$
焊丝伸出长度↑		↓	↑	↑	↑
焊丝前倾		↑	↓	↓	↓
焊丝后倾		↓	↑	↓	↑
直流	正接	↓	↓	↑	—
	反接	↑	↑	↓	—
坡口间隙↑		↑	↓	↓	↓
坡口角度↑		↑	↑	↓	—

注：↑表示增大；↓表示减小；⇑表示剧增

第三节　埋弧焊的焊接热输入

一、埋弧焊的焊接热输入

埋弧焊是大电流、高效率的焊接方法，焊接时电源输入给单位长度焊缝的热（能）量大，也即大的热输入焊接。焊接热输入的公式为

$$E=\frac{IU}{V_{焊}}$$

式中　E——焊接热输入（J/cm）；

I——焊接电流（A）；

U——电弧电压（V）；

$V_{焊}$——焊接速度（cm/s）。

例 1　埋弧焊焊某焊缝，工艺参数为焊丝直径 $\phi4mm$，焊接电流 $I=600A$，电弧电压 $U=36V$，焊接速度 $V_{焊}=30m/h$，求焊接热输入。

解：$I=600A$，$U=36V$，$V_{焊}=30m/h=\dfrac{300cm}{3600s}=\dfrac{5}{6}$（cm/s）

$$E=\frac{IU}{V_{焊}}=\frac{600\times36}{\dfrac{5}{6}}=25920（J/cm）=25.92（kJ/cm）$$

例 2　焊接某合金钢对接焊缝，焊接工艺要求热输入不得超过 30kJ/cm，现进行埋弧焊，选用焊丝直径 $\phi4mm$，焊接电流 $I=500A$，电弧电压 $U=33V$，问焊接速度为何值才能达到控制热输入的要求？

解：$I=500A$，$U=33V$，$E\leqslant30kJ/cm$，求 $V_{焊}$

$$E=\frac{IU}{V_{H}}，V_{焊}=\frac{IU}{E}=\frac{500\times33}{30\times1000}=0.55（cm/s）=\frac{0.55\times3600}{100}=19.8（m/h）$$

焊接速度应不小于 19.8m/h（0.55cm/s），才能达到控制焊接热输入的要求。

埋弧焊焊接厚板时，它的焊接热输入时很大的，远大于焊条电弧焊。从提高生产率观点来看，焊接热输入越大，生产率越高。但是在焊接低合金钢时，过大的焊接热输入会使热影响区中粗晶区的晶粒更粗大，导致焊接接头脆化，接头的冷弯曲角度达不到要求，同

时冲击韧也显著下降。在埋弧焊生产过程中,必须要控制过大的焊接热输入。

二、埋弧焊焊接热输入的测量

控制埋弧焊的热输入,就是控制焊接电流 I、电弧电压 U 及焊接速度 $V_{焊}$,焊接电流和电弧电压可以通过自动焊机控制盘来调节,并由电流表和电压表来监控。而焊接速度也可以通过操纵焊速的控制旋钮来调节,但焊接时的实际焊接速度要通过测长计时法计算而定。

用测长计时法测算出焊接速度 $V_{焊}$ 后,然后用公式 $E = \dfrac{IU}{V_{焊}}$ 算出焊接热输入。计算时要注意焊速的单位,焊接热输入公式中运用的单位是 cm/s。

三、焊接工艺参数的可换性

埋弧焊时,用两种不同的焊接工艺参数焊接相同钢板坡口的焊缝,若两者的焊接热输入相等,则两者熔化母材金属的量接近相等,焊丝熔敷金属的量也接近相等,也即相同的焊接热输入,焊接获得的焊缝金属体积也是接近相等的。如果再假定两者的电弧电压相等,两焊缝的熔宽相等,可获得相同的焊缝截面形状和尺寸。在焊接热输入 E 和电弧电压 U 相等条件下,可获得相同焊缝截面形状和尺寸,这时两者的焊接电流和焊接速度的关系如下:

$$E_1 = E_2 , \frac{U_1 I_1}{V_{焊1}} = \frac{U_2 I_2}{V_{焊2}} , U_1 = U_2 , \frac{I_1}{V_{焊1}} = \frac{I_2}{V_{焊2}}$$

这就使选择焊接工艺参数有多种答案。例如有一焊件,焊接工艺参数规定是 $I_1 = 750A \sim 800A$, $U_1 = 36V \sim 38V$, $V_{焊1} = 25m/h$。今因焊接电源容量不足,用 $I_2 = 700A \sim 750A$, U_2 不变仍为 $36V \sim 38V$,若要保持焊接热输入和熔宽都不变,获得相同的焊缝截面,则焊接速度应为

$$\frac{I_1}{V_{焊1}} = \frac{I_2}{V_{焊2}} , V_{焊2} = \frac{I_2}{I_1} \times V_{焊1} = \frac{725}{775} \times 25 = 23.4 (m/h)$$

这就是说,用两种不同的焊接工艺参数,要获得相同焊缝截面形状和尺寸,除了两者用相同的电弧电压外,它们的焊接电流之比,等于它们的焊接速度之比。按照这个原理,大电流快焊速的工艺参数可以做到和小电流、慢焊速的等效,大电流焊接可以提高生产率。相反,在焊接电源受额定电流和额定负载持续率的限制情况下不能用大电流焊接,则可以用较小的电流和慢的焊速来焊接,这就是工艺参数的可换性。当然工艺参数的变动范围不能过大,变动过大时,熔池的尺寸难以保持原来的状态。

第四节　引弧、收弧及焊缝的连接

一、引弧

(一) 引弧方法

埋弧焊的引弧有三种方法:尖焊丝短路引弧,短路抽丝引弧,慢速刮擦引弧。

1. 尖焊丝短路引弧

这种方法适用于细焊丝引弧。先把细焊丝剪成尖头,然后使尖焊丝和工件形成良好的接触,周围撒焊剂,接着按启动按钮,接通电源就形成短路,焊丝尖端面积小,大的电流

密度很快把焊丝尖端熔化,电弧被引燃。

2. 短路抽丝引弧

这是通常用的引弧方法。用焊机的焊丝向上和焊丝向下按钮使焊丝和焊件良好接触(接触的松紧程度是以推动焊车能使焊丝划出金属光泽痕迹为准),焊丝周围撒上焊剂,若是用 MZ1-1000 型焊机,按下启动按钮不放,接通焊接电源和焊丝上抽,引燃电弧,放松启动按钮,焊丝下送,引弧结束。若是用 MZ-1-1000 型焊机,按一下启动按钮即可完成引弧过程,刚按下启动按钮时,焊接电源接通是短路状态,焊丝上抽,引燃电弧。待电弧拉长到电弧电压一定数值后,焊丝转为下送,转入正常焊接。

3. 焊丝慢速刮擦引弧

这是 MZ-1-1000 型焊机具有的引弧功能。引弧前焊丝不接触焊件,按住启动按钮不松开,焊接电源接通,焊车前行,焊丝是慢速送下,形成焊丝刮擦焊件,引燃电弧,松开启动按钮,焊机正常焊接。

(二) 引弧板

上述引弧方法只解决了引燃电弧,但保证不了引弧处焊缝的质量,因为引弧时钢板是冷的,电弧热量往往不能达到有足够的熔透深度,也就是易产生未焊透缺陷。为此,在正式接缝的始端外装上一块引弧板,将质量不能保证的焊缝安排在引弧板上,正式焊缝就可以得到满意的质量。

引弧板的坡口,原则上应和正式焊缝相同。在焊接大厚度的有坡口对接焊缝时,引弧板坡口应和正式焊缝同(图 15-4-1(a))。对于厚度不大的 V 形对接焊缝的引弧板,可在等厚度钢板上碳刨刨出一条槽来代替坡口(图 15-4-1(b)),刨去金属的量相当于填平 V 形坡口所需的金属量。对于 I 形对接焊缝的引弧板,可直接用等厚度的钢板制成(图 15-4-1(c))。通常引弧板的尺寸为 150mm×150mm。引弧板用定位焊焊在正式接缝外侧。引弧板在正式焊缝焊好后予以割去,其残留焊缝应打磨清理。

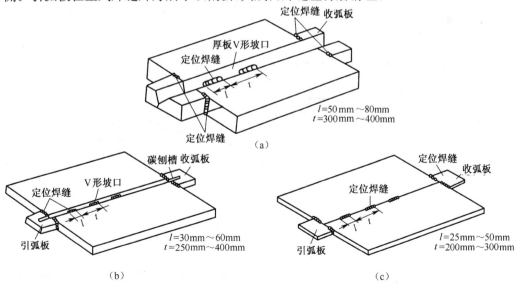

图 15-4-1 引弧板和收弧板

(a) 厚板 V 形坡口;(b) V 形坡口;(c) I 形坡口。

二、收弧

(一) 收弧方法

埋弧焊的收弧需分两步进行。

①先切断送丝电动机电源,电动机因惯性仍旋转,送丝一段长度,电弧拉长;

②后切断焊接电源,焊接工作停止。

在收弧操作时有两种方法。

①两次操作按钮法(MZ1-1000 型焊机),即第一次按"停 1"按钮,切断送丝电动机电源,第二次按"停 2"按钮,切断焊接电源。

②一次操作按钮法(MZ-1-1000 型焊机),按一下停止按钮,电弧逐渐被拉长到一定的电弧电压数值后,切断焊接电源。

(二) 收弧板

埋弧焊收弧处有较大的弧坑,焊缝质量不好,故也需要在对接缝外侧装上收弧板。收弧板的尺寸和引弧板同,引弧板和收弧板统称为工艺板。两者可以通用。

三、焊缝的连接

埋弧焊焊缝的连接形式和方法有 4 种,如图 15-4-2 所示。

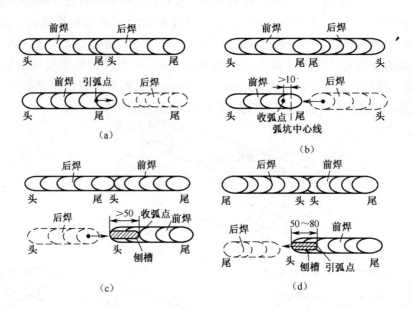

图 15-4-2 焊缝的连接形式和方法
(a) 头接尾;(b) 尾接尾;(c) 尾接头;(d) 头接头。

(一) 头接尾

头接尾的连接形式和方法如图 15-4-2(a)所示,引弧点在前焊焊缝的弧坑前端处,引弧时焊接电流宜比正常焊接的大一些,引弧后可按正常焊接的工艺参数进行焊接。这种焊缝接头可能有偏高的现象,焊后可用砂轮打磨去除。也可在前焊焊缝的弧坑处用碳刨刨出一条小槽沟,以利改善焊缝的外形。

(二) 尾接尾

尾接尾焊缝的连接形式和方法如图 15-4-2(b)所示。后焊焊缝焊到前焊焊缝的弧坑中心,再继续向前焊大于 10mm 才收弧。焊工在收弧前要将前焊焊缝的弧坑中心或收弧点作出标记。因为当电弧运行到前焊焊缝的弧坑前,焊剂撒在接缝上是无法正确判断出弧坑位置的。

(三) 尾接头

尾接头焊缝的连接形式和方法如图 15-4-2(c)所示。先将前焊焊缝的端头区域,用碳刨刨出一条槽沟,长度不小于 50mm,刨出的焊缝金属体积,相当于前焊焊缝中熔敷金属体积。当电弧行走到槽沟的终端处收弧。收弧点的位置也应事先在钢板上标注好。刨条槽沟目的是使焊缝成形良好,避免过高的焊缝接头。

(四) 头接头

头接头焊缝的连接形式和方法如图 15-4-2(d)所示。先将前焊焊缝的端头区域,用碳刨刨出一条槽沟,长度达 50mm～80mm,刨去的焊缝金属体积,相当于前焊焊缝中的熔敷金属体积,或略大点。后焊焊缝的引弧点就在槽沟的端点,引弧后按正常的工艺参数进行焊接。

第五节　无垫双面埋弧焊

无垫对接双面埋弧焊是把对接接头焊件直接放置在工作平台上(不用衬垫),对焊件施行双面埋弧焊。这种埋弧焊方法不需要焊接辅助材料及焊接辅助装置,只要一台埋弧自动焊机,工艺简单,操作方便。这是目前国内工厂中普遍应用的方法。这种焊接方法简称为双面埋弧焊。

一、I 形对接无垫双面埋弧焊

这种焊接方法,钢板厚度在 14mm 以下采用不开坡口 I 形对接,间隙为 0～1mm。焊正面(第一面)焊缝要求熔深小于板厚的 50%。焊反面(第二面)焊缝可采用较大的焊接电流,熔深达到板厚的 60%～70%,并保证两面焊缝的熔深交叠在 2mm 以上。

(一) 坡口准备

对接焊件的装配间隙尽可能小,通常不超过 1mm。两板的高低不平的误差不大于 1mm。I 形对接焊缝的熔合比较大,必须对钢板端面及接缝两侧各 20mm 范围内的锈、油、水等污物清理干净,同时必须烘干坡口间隙中的潮气、水分。

(二) 定位焊

定位焊可在正面接缝上施行,但如遇接缝局部间隙过大,可在接缝的反面进行密集点焊,以阻止熔渣和液态金属流淌。不能用连续长焊缝替代点焊,因为正面埋弧焊时,间隙中的气体无法从反面逸出,使焊缝产生气孔。而密集点焊可使气体从点焊间的空隙逸出。

(三) 焊丝和焊剂

根据母材钢号和坡口按表 13-1-2 选择焊丝和焊剂。由于不开坡口的焊缝,熔合比较大,即母材金属熔入焊缝的量大,所以焊丝中的合金成分可少些。如焊接 16Mn 钢不开坡口 I 形对接,可选用 H08A 低碳钢焊丝,而焊剂选用 HJ43X 高锰、高硅、低氟焊剂。

(四) 焊接工艺参数

焊正面焊缝时,为了防止烧穿,焊接电流略小点;焊反面焊缝时,因为正面已焊好,不易烧穿,焊接电流要求大些,以保证焊缝良好的焊透。I 形对接无垫双面埋弧焊的工艺参数见表 15-5-1。

表 15-5-1　I 形对接无垫双面埋弧焊的工艺参数

焊缝形式	钢板厚度 δ/mm	焊道	焊丝直径 /mm	送丝速度 /(m/h)	焊接速度 /(m/h)	焊接 电流/A	焊接 电压/V	焊接 电源	反面碳刨 深度/mm
	4	1	3	57	43.5	300~325	29~31	直流	
		2		74.5		375~400	30~32	反接	
	6	1	3	74.5	37.5	400~450	34~35	直流	
		2		87.5		450~475	36~37	反接	
	8	1	4	62	34.5	425~450	34~36	直流	
		2		74.5		500~550	36~38	反接	
	10	1	4	68.5	34.5	525~550	34~36	直流	
		2		81	32	600~650	36~38	反接	
	10	1	5	57	37.5	550~600	35~36	交流	
		2		68.5	34	650~700	36~38		
	12	1	5	57.5	34	550~600	35~36	交流	
		2		68	27	700~750	36~38		
	14	1	5	62	32	600~650	34~38	直流	
		2		81		750~800	38~40	反接	
	14	1	5	68	37	650~700	35~36	交流	
		2		87.5	34	750~800	36~38		
	16	1	5	68	27	650~700	36~38	直流	4
		2		81	25	750~800	40~42	反接	
	18	1	5	74.5	25	725~775	42~44	直流	4
		2		87	19.5	825~875	44~46	反接	
	20	1	5	87	19.5	825~875	44~46	直流	4
		2		103		900~950	48~50	反接	

(五) 焊丝对准接缝线

这是 I 形对接双面埋弧焊的操作要点。可以在接缝单侧铺设轨道,焊车车轮置放在轨道上保持轨道线和接缝线始终是等距离。有的焊工在初焊引弧板上焊缝后,立即扫去未熔化的焊剂,观察熔渣的相对位置,判断是否焊歪,借此还可观察焊缝的外形。若焊丝未对准接缝,则会发生未焊透缺陷,这并不是因为电流小、熔深浅而造成的(图 15-5-1)。

(六) 碳刨清根

钢板厚度在 14mm 以下的 I 形对接双面埋弧焊,可以不碳刨清根。厚度在 16mm 以上钢板,在反面焊缝焊前用碳刨清根,刨槽深度达 4mm 以上,清根后必须把碳刨的熔渣清理干净。刨槽能保证焊透,并改善反面焊缝的成形。

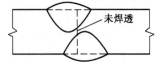

图 15-5-1　焊丝未对准接缝引起的未焊透

二、V 形对接无垫双面埋弧焊

(一) V 形坡口准备

钢板厚度在 16mm 以上通常采用 V 形坡口对接,坡口角度为 45°～60°,间隙为 0～

1mm,钝边可选为板厚的一半。

对于 V 形坡口的清理,应清理坡口面、钝边及坡口两侧各 20mm 范围。

(二) 定位焊

装配时,通常 V 形坡口在上面,定位焊缝也安置在坡口内。对于 V 形对接的引弧板和收弧板最好和正式焊缝一样开相同尺寸的坡口,或者在引弧板上用碳刨刨一条和 V 形坡口相适应的圆弧槽。

(三) 焊接工艺参数

对于板厚 20mm 以下的 V 形对接,采用正反面两层焊缝可焊成。板厚 22mm～24mm 要在正面焊两层,反面碳刨后焊一层。板厚 26mm 以上要用多层多道焊。焊正面第一层时,为防止烧穿,焊接电流不宜大。焊反面层可用较大的电流。焊丝直径选用 5mm。表 15-5-2 为 V 形对接悬空双面埋弧焊的工艺参数。

表 15-5-2　V 形对接悬空双面埋弧焊的工艺参数

焊缝形式	钢板厚度 δ/mm	焊丝直径/mm	焊道	送丝速度/(m/h)	焊接速度/(m/h)	焊接电流/A	焊接电压/V	电源种类	反面碳刨深度/mm
δ=12	12	4	1	74.5	27	550～600	34～35	交流	4
			2	87.5	23	650～700	34～35		
δ=16	16	5	1	74.5	21	725～775	34～36	交流	6
			2	81		800～850	36～38		
δ=18	18	5	1	81	19.5	750～800	34～36	交流	6
			2	87.5		800～850	34～36		
δ=20	20	5	1	81	19.5	775～825	32～34	交流	6
			2	87.5		875～925	34～36		
δ=22	22	5	1	74.5	19.5	700～750	35～37	直流反接	4
			2	81		800～850	42～44		
			3	103		900～950	46～48		
δ=24	24	5	1	87.5	19.5	800～850	33～35	交流	8
			2	68.5		625～675	34～37		
			3	111		950～1000	36～38		
δ=26～28	26～28	5	1	81	19.5	750～800	35～37	直流反接	6
			2	68.5		650～700	42～44		
			3	68.5		650～700	42～44		
			4	68.5		950～1000	48～50		
			5	68.5		650～700	42～44		
			6	68.5		650～700	42～44		

(四) 焊丝对准接缝线

V 形对接埋弧焊第一层时,要保证焊丝对准接缝线,MZ1－1000 型焊机可用双滚轮导向轮引导焊丝对准接缝,也可采用轨道,轨道线要和接缝线保持等距离,但不可以用V形坡口上部宽度边缘线为基准,因为V形坡口宽度有相当大的偏差范围。然而在焊盖面层时,则必须以坡口上部宽度为基准,确定轨道线的位置。

(五) 碳刨清根

碳刨清根是为了保证焊透和使反面焊缝成形良好。在V形坡口正面焊好后,焊件翻身碳刨清根,通常槽深为6mm,圆弧槽的中心线要求和接缝线重合。

对于可以使用大焊接热输入的钢板,也可以不清根或刨槽深度浅些,使用大的焊接电流或慢的焊接速度,达到焊透的要求。

三、X形对接无垫双面埋弧焊

(一) 坡口尺寸

钢板厚度24mm以上,可考虑采用X形对接无垫双面埋弧焊。在相同板厚条件下,X形坡口的焊缝截面积要比V形坡口的小,约为1/2。X形对接节省焊丝及电能,且焊接变形及应力也小。X形坡口的角度通常为45°～60°,钝边约为板厚的1/3,间隙尽可能为零,通常不超过1mm。X形坡口可以制成对称的,也可以制成不对称的。

(二) 焊接工艺参数

采用X形对接的钢板都较厚,宜选用5mm焊丝直径。焊正面打底层焊缝需用偏小的焊接电流防止烧穿。焊反面焊缝可用较大的焊接电流,使得正反面焊缝的熔深交叠2mm以上。板厚16mm～28mm X形对接无垫双面埋弧焊的工艺参数见表15-5-3。

表15-5-3 X形对接无垫双面埋弧焊的工艺参数

接 头 形 式	板厚/mm	h_1/mm	h_2/mm	h_3/mm	焊道	焊丝直径/mm	送丝速度/(m/h)	焊接速度/(m/h)	焊接电流/A	焊接电压/V	焊接电源
	16	4	6	6	1	5	57	29	550～600	36～38	直流反接
					2		74	25	775～825	38～40	
	18	5	6.5	6.5	1	5	74.5	27	750～800	36～38	交流
					2		87.5	25	900～950	38～40	
	20	6	7	7	1	5	81	27	800～825	36～38	交流
					2		95	25	950～975	38～40	
	24	8	8	8	1	5	81	19.5	800～850	36～38	交流
					2		103	18	900～950	38～40	
	26	8	9	9	1	5	87.5	19.5	850～900	36～38	交流
					2		111		950～1000	38～40	
	28	8	10	10	1	5	95	25	900～950	38～40	交流
					2		111	19.5	950～1000	38～40	

(三) 多层多道焊

板厚在30mm以上的X形对接,宜采用多层多道焊。焊打底层时,要防止烧穿用的是较小焊接电流,焊以后的填充层,为了提高生产率,宜用大的焊接电流。焊盖面层前,焊缝表面应低于钢板表面1mm～2mm,观察一下焊缝有否高低不齐的情况,若发现局部焊缝比较低,则可用高电弧电压、高焊速焊上一薄的焊道,达到填平焊缝的要求。盖面层焊接电流宜小,可使焊缝外形美观。

(四) 对称焊接

为了减小焊接应力和变形,对于对称的 X 形坡口,可采用对称焊法,如图 15-2-2(a)所示。当焊接更大厚度的 X 形对接时,为了要减小焊件翻身的次数,可采用两面交替轮先的对称焊法,如图 15-5-2(b)所示。

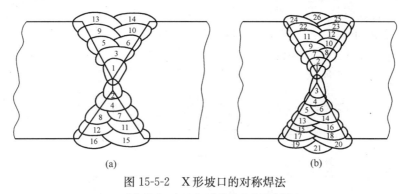

(a)   (b)

图 15-5-2   X 形坡口的对称焊法

(a) 对称焊法;(b) 两面交替轮先的对称焊法。

第六节   衬垫双面埋弧焊

无垫双面埋弧焊遇到焊件局部间隙过大或坡口的钝边过小处,熔融金属在重力和电弧吹力作用下,经常会发生局部烧穿现象。在焊正面焊缝时,用衬垫托在接缝的反面,托住熔融金属,这样就可避免烧穿现象。常用双面埋弧焊的衬垫有焊剂垫、铜衬垫、石棉板衬垫等。

一、焊剂垫双面埋弧焊

(一) 焊剂垫双面埋弧焊的原理及优点

焊剂垫双面埋弧焊是以焊剂作为衬垫,紧托在接缝的反面,正面施行埋弧焊(图 15-6-1)焊后翻身,反面不用衬垫完成埋弧焊。由于焊剂的衬托,阻止了熔渣和熔融金属的向下流淌,避免了正面焊缝易烧穿现象。

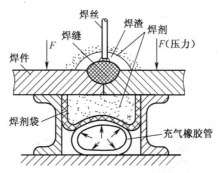

图 15-6-1   正面焊缝在焊剂垫上进行埋弧焊

这种焊接方法不仅解决易烧穿的问题,并且对装配的间隙要求可以放宽。还可以利用加大间隙和使用大电流,对很厚的钢板实施不开坡口双面埋弧焊,并能得到全焊透的接头,进一步提高了生产率。目前我国有的船厂采用32mm以下钢板实施不开坡口焊剂垫双面埋弧焊。

(二) 焊剂垫双面埋弧焊的操作要点

1. 焊剂的有效衬托

所谓有效衬托就是在埋弧焊过程中焊剂不流失和松散。可以在接缝下面把焊剂放在开口的焊剂袋中,下面用空气橡胶管把焊剂托起。而钢板可以用压力架压紧,或被电磁平台吸住。简单的方法是焊剂铺设在长的槽钢内,焊剂的高度略高于槽钢,靠焊件的自重压在焊剂上,如图15-6-2所示。

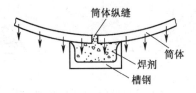

图15-6-2 焊件自重压在焊剂垫上埋弧焊

2. 焊正面焊缝

由于接缝下面有焊剂作衬垫,焊正面焊缝时可用较大的焊接电流,使熔深能达到60%~70%的钢板厚度,但不可烧穿。

3. 反面碳刨清根

正面焊缝焊后,用碳刨清理接缝反面的焊渣和刨槽,并对刨槽打磨干净。

4. 焊反面焊缝

焊反面焊缝不用衬垫,由于反面碳刨去除了小部分的母材金属,所以反面焊缝的熔敷金属要多一些,为此可加大焊接电流和减慢焊接速度进行焊接。

若正面焊缝熔深较大,碳刨槽的尺寸又较小,则也可以利用正面焊缝的工艺参数进行反面焊缝的焊接。

(三) 焊剂垫双面埋弧焊的工艺参数

对于间隙为0~1mm的不开坡口I形对接缝,可参照无垫双面埋弧焊的工艺参数进行焊接。

加大间隙可以增大熔深,容易烧穿,但如果用于大厚板,熔深达不到板厚尺寸,则不会烧穿。于是就形成了厚板大间隙不开坡口焊剂垫双面埋弧焊。表15-6-1为大间隙I形对接焊剂垫双面埋弧焊的工艺参数。表15-6-2为V形、X形对接焊剂垫双面埋弧焊的工艺参数。

表15-6-1 大间隙I形对接焊剂垫双面埋弧焊的工艺参数

钢板厚度 δ/mm	装配间隙 b/mm	焊丝直径 ϕ/mm	焊接电流 /A	电弧电压 /V	焊接速度 /(m/h)	备 注
14	3～4	5.0	700～750	34～36	30～32	
16	3～4	5.0	700～750	34～36	27～28	
18	4～5	5.0	750～800	36～40	27～28	
20	4～5	5.0	850～900	36～40	27～28	正面焊缝和反面焊缝的工艺参数相同
24	4～5	5.0	900～950	38～42	25～26	
28	5～6	5.0	900～950	38～42	20～22	
30	6～7	5.0	950～1000	40～44	16～18	
40	8～9	5.0	1100～1200	40～44	12～14	
50	10～11	5.0	1200～1300	44～48	10～12	

表 15-6-2　V 形、X 形坡口对接接头焊剂垫双面埋弧焊的工艺参数

钢板厚度 δ/mm	坡口形式	坡口尺寸		焊丝直径 /mm	焊道顺序	焊接电流/A	电弧电压/V	焊接速度 /(m/h)
		α/(°)	H/mm					
14		$80^{+2°}$	6^{+1}	5.0	正 反	820～850 600～620	36～38 36～38	24～25 45～47
16		$70^{+2°}$	7^{+1}	5.0	正 反	820～850 600～620	36～38 36～38	20～21 45～46
18		$60^{+2°}$	8^{+1}	5.0	正 反	820～860 600～620	36～38 36～38	20～21 43～45
22		$55^{+2°}$	12^{+1}	5.0	正 反	1050～1150 600～620	38～40 36～38	18～20 43～45
24		$60^{+2°}$	10^{+1}	5.0	正 反	1000～1100 800～900	38～40 36～38	22～23 26～28
30		$70^{+2°}$	12^{+1}	6.0	正 反	1000～1100 900～1000	38～40 36～38	16～18 18～20

二、铜衬垫双面埋弧焊

（一）铜衬垫双面埋弧焊的原理及优点

以铜板为衬垫，紧贴在焊件接缝下面，正面进行埋弧焊如图 15-6-3 所示，焊后焊件翻身，反面不用衬垫进行埋弧焊。铜板的紧贴优于松散焊剂的衬托。若焊件因局部间隙大而烧穿，熔融金属流到铜板上，由于铜的导热性好，熔融金属很快被降温，冷凝成固态，铜板确保了衬托的作用，阻止了熔融金属的继续下淌。

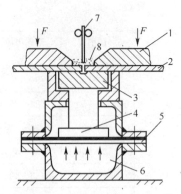

图 15-6-3　正面焊缝在铜衬垫上埋弧焊固定铜垫的压紧装置

1—压板；2—焊件；3—铜衬垫；4—梗塞；5—橡胶帆布；

6—空气室；7—焊丝；8—焊剂。

（二）铜衬垫双面埋弧焊的操作要点

1. 铜衬垫和接缝紧贴

焊件接缝要和铜衬垫紧贴，这是重要的工艺关键，要想借钢板的自重来压紧铜衬垫，这是不可能的。因为焊件和铜衬垫都不是很平整的，必须用外加压力使两者紧贴。工厂中广泛使用着压力架，图 15-6-4 为在压力架上使用铜衬垫埋弧焊，有数个汽缸加压将焊件接缝压在平台上，并在长形压缩空气室通入压缩空气，使柱塞顶起，将铜衬垫紧贴在接缝的反面。

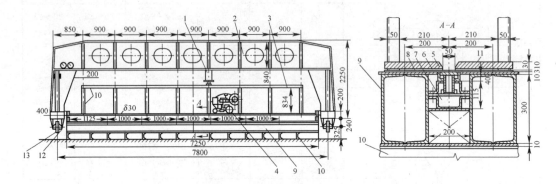

图 15-6-4　压力架上铜衬垫埋弧焊

1—加压汽缸(共 8 个)；2—行走大车；3—加压架；4—焊机；5—铜衬垫；

6—柱塞；7—长形压缩空气室；8—平台板；9—平台板纵向支座；

10—横向底座；11—焊件；12—轨道；13—车轮。

2. 焊丝对准接缝

铜衬垫是刨有弧形槽的铜板，焊接时首先要求焊件接缝和铜衬垫弧形槽对齐，接着启动压力架，使接缝和铜衬垫紧贴。然后调整焊丝的横向位置，对准接缝。

3. 使用较大的焊接电流

由于铜的导热率高，电弧的散热消耗增大，电弧的热利用率降低。所以焊接时应增大焊接电流。通常正面焊缝的熔深要达到 60％板厚以上。反面焊缝的工艺参数可和正面焊缝相同,并确保两面焊缝的熔深有 2mm 以上的交搭。

三、临时衬垫双面埋弧焊

(一)临时衬垫双面埋弧焊的原理及优点

焊剂垫或铜衬垫埋弧焊通常需要辅助的衬托设备,无衬托设备是难以实施的。现介绍临时衬垫双面埋弧焊,在接缝反面设置临时衬垫。临时衬垫可用石棉绳、石棉板、薄扁钢及纸胶带,如图 15-6-5 所示。临时衬垫的作用是托住间隙中的焊剂,也能防止烧穿、漏渣及熔融金属的流淌。用粘胶纸带(纸带宽约 50mm)粘贴在接缝反面,并在接缝间隙中塞入细颗粒焊剂,就能在正面施行埋弧焊。通常埋弧焊的焊接速度比钢板的热传导速度快,所以在熔池结晶完成后,反面的纸带才烧焦,这就避免了熔渣和熔融金属的流出。正面焊缝焊好后,翻身去除临时衬垫及缝隙中的残渣,焊反面焊缝,确保正反两面焊缝有大于 2mm 的焊缝交搭。

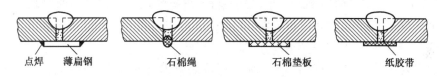

点焊　薄扁钢　　　石棉绳　　　　石棉垫板　　　　纸胶带

图 15-6-5　临时衬垫的双面埋弧焊

(二)临时衬垫双面埋弧焊的操作要点

1. 固定临时衬垫

临时衬垫必须在焊接焊缝结束前不失落,薄扁钢可用定位焊焊在接缝反面,石棉绳可嵌入缝隙,石棉板需设置托架,纸胶带粘住反面。

2. 缝隙中塞满细颗粒焊剂

如果缝隙中不塞焊剂,则熔渣和液态金属直接从缝隙中流出,难免烧穿。塞入细颗粒焊剂后,先要熔化缝隙中的焊剂,形成的熔渣就能起到阻挡作用。

3. 正反面焊接的工艺参数

正面焊缝焊接时,宜用较小的焊接电流和较快的焊接速度,可避免烧穿。反面焊接电流应大于正面的焊接电流,而焊接速度应小于正面的焊接速度。

第七节　焊剂铜衬垫单面埋弧焊(FCB 法)

一、焊剂铜衬垫单面埋弧焊的原理及特点

焊剂铜衬垫单面埋弧焊的原理如图 15-7-1 所示,在铜板上敷设一层厚度均匀的衬垫焊剂(热固化焊剂),用压缩空气通入软管,把敷好焊剂的铜垫板升顶起,并以一定压力紧贴在钢板接缝的反面,正面施行埋弧焊,电弧熔化了坡口根部,借衬垫焊剂和铜衬垫的作用获得单面焊双面成形的焊缝。

焊剂铜衬垫单面埋弧焊中,衬垫焊剂和钢板接缝反面直接接触使焊缝反面成形良好。

焊剂下的铜衬垫，既不与熔融金属接触，又有良好的导热性，它可以有效控制焊缝反面的余高，而且还允许使用大的焊接电流。

焊剂铜衬垫单面埋弧焊已在国内外船厂的平面分段流水线拼板焊接工作中得到广泛的应用，现已成为大型船厂拼板焊接中的主要焊接工艺之一。

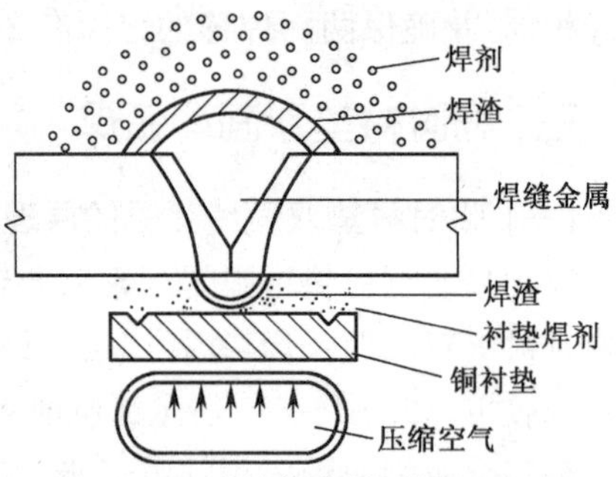

图 15-7-1　焊剂铜衬垫单面埋弧焊

二、焊接设备

目前国内引进的焊剂铜衬垫埋弧焊整套设备，主要是日本日铁溶工和神户制钢所制造的，它是三丝焊，适用板厚为 10mm～35mm、板宽为 2m～3m、板长 16m～20m 的大拼板焊接。

整套焊接设备主要由门架式台车、衬垫装置、衬垫焊剂自动敷设和回收装置、三丝埋弧自动焊机、表面焊剂敷设和回收装置、焊接电源、控制装置及气动装置等组成。

（一）门架式台车

门架式台车是由台车移动装置、拼板移位装置及电磁铁组等组成。台车移动装置可根据拼板接缝的位置来移动台车。拼板移位装置可把拼板分段进行移动。为了固定拼板的接缝位置，在衬垫装置的两侧共装有 22 个电磁铁，借磁力固定拼板接缝。

（二）衬垫装置

衬垫装置由铜垫板、空气软管、升降机械装置及微调装置等组成。铜垫板上表面的边缘位置开有槽，这种铜垫板不仅可焊钢板厚度相等的对接缝，还可焊接不同厚度的对接缝。焊接时铜垫板的固定位置如图 15-7-2 所示。在铜垫板下面，设置两根空气软管，压缩空气通入软管，两软管并列向上顶升，使焊剂铜衬垫紧贴在接缝下面。

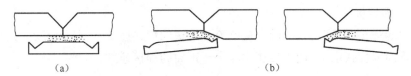

（a）　　　　　　　　　　（b）

图 15-7-2　铜垫板的固定位置
（a）焊相同板厚的铜垫板位置；（b）有板厚差的铜垫板位置。

铜垫板由升降装置操纵升降。下降铜垫板，留出作业空间，可将衬垫焊剂敷设在铜垫板上，或回收用过的衬垫焊剂和渣壳。升降行程可达 300mm。

衬垫装置的纵向两端，设有微调装置，可使铜衬垫横向移动，达到铜衬垫中心线和拼板接缝中心线重合的要求。微调范围为±10mm。

（三）衬垫焊剂的敷设和回收装置

此装置的作用是焊前在铜垫板上敷设衬垫焊剂，供焊缝反面成形用；焊后回收用过已固化的焊渣（不能再利用）和剩余的未熔化的衬垫焊剂。

（四）三丝埋弧自动焊机

工作时有三个电弧,三丝埋弧自动焊机有三套焊丝给送装置,三只焊丝盘、三套导电装置。每套焊丝给送机构都能独立工作,可分别调节焊丝给送速度。可分别选用的焊丝直径为 4.8mm～6.4mm,分别由三只容量为 150kg 的焊丝盘供应焊丝。

焊丝导向装置如图 15-7-3 所示,其作用是使焊丝保持在坡口中心位置,如有偏差,跟踪探测器发出调整信号,使焊丝给送装置进行上下或左右的移位,精度为±0.5mm,自动调整速度为 2mm/s～3mm/s。

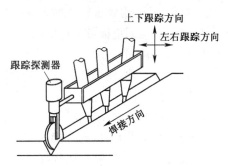

图 15-7-3　焊丝导向装置工作原理

滑车是悬挂在门架式台车的横梁上,空载时车轮可快速行走,速度为 10m/min,焊接时移动速度(焊接速度)为 0.3m/min～1.5m/min,并确保车轮在导轨上匀速移动。

（五）表面焊剂敷设和回收装置

该装置在三丝焊埋弧焊机上,和电弧同步前行。借助重力向接缝区敷设表面焊剂,使用风机回收用过的焊剂。焊剂斗容量为 110L,可用手动开启或关闭焊剂阀门。焊剂斗配备有上限和下限的位面检测器,当斗内焊剂高出上限位面或低于下限位面时,会发生警报。焊剂斗的吸入和回收口装有自动阀,当焊接停止时阀自动关闭,使焊剂和外界空气隔离。焊剂斗还有加热器,即使外界气温剧降时,焊剂也不会因空气冷却而形成水珠。此外,还能分离易吸潮的焊剂粉末,从正常焊剂中取出。

（六）焊接电源

三丝埋弧焊采用交—交—交弧焊,采用 6 台 KRUMC-1000 型交流弧焊电源,每台弧焊电源的容量为 58kV·A,额定输出电流为 1000A。每根焊丝一个电弧,由两台弧焊电源并联供电。

（七）控制操作装置

控制操作装置是设置在三丝埋弧自动焊机的左侧,在控制面板上设有:焊接电流表、电压表、焊接速度表;触膜式焊接工艺参数设定显示器(包括焊接工艺参数的设定、显示、故障、输入等都由画面表示,且在各画面的下部有板厚设定、焊接工艺参数设定、故障等 8 种画面的选择开关);焊接电流、电弧电压和焊接速度调节旋钮;焊机向东、向西运行转换开关;焊车低速和高速运行设定开关;表面焊剂铺设、回收的启动和停止按钮;焊接启动、停止及应急停止按钮等。

此外,整套焊接设备还设有地上控制盘、机上控制盘及机上操作盘等。其中地上控制盘主要控制钢板输送驱动、衬垫焊剂铺设台车驱动、电磁铁绕组及焊接电源等的网络输入。机上控制盘主要控制横行台车驱动、焊丝给送驱动及焊枪驱动等。机上操作盘能实现钢板搬送、衬垫焊剂铺设、电磁铁吸放、焊接回路接地锁定及铜衬垫升降等操作控制。

三、焊剂铜衬垫单面埋弧焊机的操作

(1)操作准备:接通焊接电源、操作盘等的电源;开通压缩空气阀门;确认焊丝、衬垫焊剂及表面焊剂的供应量,能完成焊缝的焊接。

（2）敷设衬垫焊剂：衬垫焊剂台车内添加衬垫焊剂，并按要求高度自动敷设，其位置通常应是铜垫板的中心；当两板有板厚差的情况下，衬垫应敷设在铜垫板的一边（接缝的厚钢板方向）。

（3）将钢板输入：钢板输入时要注意接缝位置和单面焊传送带的方向选择。

（4）接缝对准铜垫板：选择低速状态传送钢板，并对准铜垫板的中心位置，或有板厚差的接缝对准铜垫板的一边。

（5）铜垫板上升：使铜垫板贴于接缝的反面。

（6）电磁铁定位：接通接缝两侧的电磁铁电源，吸住接缝两侧的钢板，接缝定位。

（7）向铜垫板下的充气软管供气：使铜垫板紧密贴于接缝的反面。

（8）接地铜板上升：接通焊接回路的接地线。

（9）横行台车移动：移动到焊接开始位置。

（10）焊枪设置定位：将三焊丝的焊枪组设置在焊接坡口上方位置，使焊丝对准坡口中心；将仿形器设在自动位置；调整好焊丝的伸出长度、倾角及焊丝间距；在前丝和工件之间夹入钢丝线团（引弧用）。

（11）敷设表面焊剂：按调整好的焊剂高度敷设表面焊剂。

（12）设定焊接工艺参数：按板厚和坡口实际尺寸设定焊接工艺参数。

（13）启动：按启动按钮，即可实现引弧，引弧后焊丝下送，三丝焊机前进。

（14）焊接：焊接过程中，需确认各焊丝的焊接电流、电弧电压及共同的焊接速度等，若需微调可用按钮操作。

（15）收弧：按停止按钮，焊丝停送，焊车停，焊接电源切断

（16）焊接停止：按以下程序操作，焊枪上升→横行台车移开→接地铜板下降→铜垫板充气软管排气→电磁铁解除→铜垫板下降及钢板输出→清除铜垫板上的衬垫焊渣。

四、焊接材料

焊剂铜衬垫单面埋弧焊的焊接材料有焊丝、衬垫焊剂和表面焊剂。目前国内使用的有日本神钢、新日铁及上海纪好旺生产的配套焊接材料，见表 15-7-1。

表面焊剂中通常含有铁粉，所以其熔敷效率高。衬垫焊剂中含有热固化树脂，在电弧的热作用下，很快固化成板形状，能阻挡住焊剂和熔敷金属的流动，也防止了背面焊瘤的形成。此外，衬垫焊剂的耐火温度也较高，因此焊接时的熔化量也少，使焊渣均匀而不会造成咬边缺陷。使用衬垫焊剂需严防受潮，因为这种焊剂是不能焙烘的，受潮就是报废。

表 15-7-1　焊剂铜衬垫单面埋弧焊使用焊接材料

焊　　丝	JHW.FCB-1W	Y-A	US-43	US-43
表面焊剂	JHW.FCB-1	NSH-50	PFI-45	PFI-50
衬垫焊剂	JHW.FCB-1R	NSH-1R	PFI-50R	
船级社认可级别	2Y级	2Y级	3级	3Y级
母材钢种	D32、D36	D32、D36	E	E32、E36
焊材生产厂	上海纪好旺	新日铁	日本神钢	

五、焊剂铜衬垫单面埋弧焊的工艺

(一) 坡口准备

焊剂铜衬垫单面埋弧焊的坡口尺寸主要视焊丝数量、板厚而定。用单丝进行焊剂铜衬垫单面埋弧焊，通常用于 14mm 以下的不开坡口 I 形对接，为了保证焊透和焊缝反面成形良好，需要有间隙，一般为 3mm～4mm 左右。

用双丝进行焊剂铜衬垫单面埋弧焊，通常开 V 形坡口，留 3mm 钝边，无间隙，坡口角度为 60°。

用三丝进行焊剂铜衬垫单面埋弧焊，通常用 V 形坡口，留 3mm～4mm 钝边，无间隙，坡口角度为 50°。

对坡口及其两侧各 20mm 范围内的锈、漆及油污等应清理干净。

(二) 引弧板、收弧板和拘束固定焊缝

对厚板进行单面埋弧焊，由于采用大的热输入焊接，所以焊缝终端处存在着较大的横向拉伸应力，在接缝的首尾端极易产生纵向裂纹。这种裂纹称为终端裂纹。为了防止终端裂纹的产生，对接缝两端的引弧板和收弧板需作特殊的焊接加工，如图 15-7-4 所示。引弧板和收弧板的板厚和工件相同，尺寸为 200mm×200mm，和工件连接的一侧开 30°～40°坡口角度，用焊条电弧焊将坡口填满，使和工艺板和工件牢固连在一起。接着在工件接缝两端的正式坡口内，仍用焊条电弧焊焊拘束固定焊缝，长度不小于 450mm，焊缝厚度为板厚的 2/3，施行多层焊接，每层焊缝由下向上相应减短 50mm，呈阶梯形。有一定长度的拘束固定焊缝和工艺板拉住了两钢板，阻止它们横向分离，这样焊接的横向拉应力就难以使焊缝产生纵向裂纹。

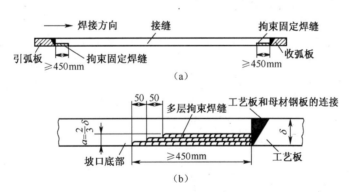

图 15-7-4　接缝首尾端的拘束固定焊缝
(a) 首尾两端拘束处理；(b) 拘束固定焊缝。

(三) 焊剂铜衬垫单面埋弧焊的工艺参数

1. 焊剂铜衬垫单丝单面弧焊的工艺参数

单丝单面焊用于不开坡口 I 形对接，要有间隙，选用焊丝直径 4mm，焊接电流随板厚增大而增大，而焊接速度随板厚增大而减小。表 15-7-2 为焊剂铜衬垫单丝单面埋弧焊的工艺参数。

表 15-7-2　焊剂铜衬垫单丝单面埋弧焊工艺参数

	板厚 δ/mm	装配间隙 b/mm	焊丝直径 ϕ/mm	焊接电流/A	电弧电压/V	焊接速度/(m/h)
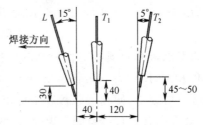	3	1～2	3.0	380～420	27～29	46～47
	4	2～3	4.0	450～500	29～31	40～41
	5	2～3	4.0	520～560	31～33	37～38
	6	2～3	4.0	550～600	33～35	37～38
	7	2～3	4.0	640～680	35～37	34～35
	8	3～4	4.0	680～720	35～37	31～32
	9	3～4	4.0	720～780	36～38	27～28
	10	4～5	4.0	780～820	38～40	27～28
	12	4～5	4.0	850～900	39～41	23～24
	14	4～5	4.0	880～920	39～41	21～22

2. 焊剂铜衬垫多丝单面埋弧焊的焊丝位置

图 15-7-5 为焊剂铜衬垫三丝单面埋弧焊的焊丝位置,前丝(L)向前倾斜 15°,中丝(T_1)垂直,后丝(T_2)向后倾斜 5°,后丝后倾是为了获得较大的熔宽,使焊缝正面成形良好。

图 15-7-5　焊剂铜衬垫多丝单面埋弧焊的焊丝位置

3. 焊剂铜衬垫多丝单面埋弧焊的主要工艺参数

焊剂铜衬垫多丝单面埋弧焊的主要工艺参数是指各焊丝直径、各焊丝的焊接电流、各焊丝的电弧电压、焊接速度及两焊丝的间距。

多丝单面埋弧焊用于厚板 V 形坡口,前丝采用小直径焊丝、大焊接电流、低电弧电压,以确保根部焊透和焊缝反面成形良好。后丝采用大直径焊丝、小焊接电流、高电弧电压,以获得较宽的熔宽。表 15-7-3 为焊剂铜衬垫双丝、三丝单面埋弧焊的工艺参数,由表可知,增大板厚时,焊接电流增大很少,而靠降低焊接速度来满足增加熔敷金属的要求。

表 15-7-3　焊剂铜衬垫双丝、三丝单面埋弧焊的工艺参数

坡口形式及尺寸	板厚/mm	焊丝(数目)	焊丝直径/mm	焊接电流/A	电弧电压/(V)	焊接速度/(cm/min)	两丝间距/mm
	10	L	4.8	1000	36	90	40
		T	4.8	930	44		
	12	L	4.8	1100	36	84	40
		T	4.8	960	44		
	14	L	4.8	1150	36	88	40
		T1	4.8	1000	40		120
		T2	6.4	880	44		
	16	L	4.8	1170	36	80	40
		T1	4.8	1070	40		120
		T2	6.4	940	44		
	18	L	4.8	1210	34	74	40
		T1	4.8	1130	40		120
		T2	6.4	960	44		

坡口形式及尺寸	板厚/mm	焊丝(数目)	焊丝直径/mm	焊接电流/A	电弧电压/(V)	焊接速度/(cm/min)	两丝间距/mm
50°（图）	20	L	4.8	1260	34	73	40
		T1	4.8	1210	40		
		T2	6.4	900	44		120
	22	L	4.8	1310	34	67	40
		T1	4.8	1250	40		
		T2	6.4	950	44		120
50°（图）	25	L	4.8	1380	34	66	40
		T1	4.8	1300	40		
		T2	6.4	1060	44		120
	30	L	4.8	1420	34	51	40
		T1	4.8	1320	40		
		T2	6.4	1100	44		120
45°（图）	32	L	4.8	1450	34	43	40
		T1	4.8	1350	40		
		T2	6.4	1000	46		120
	35	L	4.8	1450	34	38	40
		T1	4.8	1350	40		
		T2	6.4	1000	46		120

第八节　对接环缝埋弧焊

一、对接环缝埋弧焊的特点

(一) 焊缝成形困难

环缝焊接时,筒体是旋转的,埋弧焊形成的熔池也是跟着旋转的,不可能让熔池停在水平位置冷却形成良好的焊缝外形。焊接环缝时,不是上坡焊,就是下坡焊。这就很难控制焊缝的成形。还有厚板多层焊时,熔池所处的半径位置也要变的,焊外环缝时,熔池离圆心越来越远(半径越来越大);焊内环缝时,熔池离圆心越来越近。半径的变化会使电弧的焊接速度变化,会使焊缝外形发生变化。

(二) 需要焊接辅助设备

环缝焊接时,圆筒体要旋转,这需要一个滚轮架,滚轮架有一个动力机械,它使滚动轮旋转,滚动轮带动圆筒体旋转。埋弧焊机头要能在筒体内的最低区域焊接内环缝;要在筒体最高区域焊接外环缝。还要焊接筒体内、外纵缝,这就需要一台操作机,能让机头焊丝放置在一个需要的位置。

(三) 可以连续多层焊

环缝焊接时,不论焊缝层数多少,都可以连续焊多层多道,一次焊成一面(内面或外面)焊缝,生产效率显著提高。

二、滚轮架和操作台

(一) 滚轮架

滚轮架是环缝焊接的必要设备。滚轮架是电动机通过减速器传动主动滚轮,主动滚轮借摩擦力使圆筒体旋转。对滚轮架的要求:①有足够的动力推动圆筒体旋转;②能调节滚轮转速,结果可使圆筒体转速改变,即环缝焊时焊接速度改变;③两滚轮间的中心距可调节,用来适应不同直径筒体的需要。

(二) 操作机

操作机用于安置和迁移埋弧焊机,还能使焊机沿操作机上的轨道按选定的速度行走。有一种伸臂式操作机,如图 15-8-1 所示。操作机主要由台车、立柱、滑座、横臂等组成。操作机的底座安装在台车上,可以在轨道上行走。立柱能使横臂回转 180°~270°。横臂可以用手动或机动方式进行伸缩。操作机上可以焊接内、外环缝和内外纵缝。焊接内环缝时,操作机的横臂可沿筒体轴线方向在筒内自由伸缩。滑座连同横臂可以沿立柱上下移动。

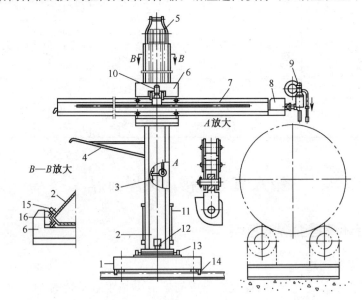

图 15-8-1　焊环缝用操作机

1—台车;2—立柱;3—配重;4—导线支架;5—滑座升降机构;6—滑座;7—横臂;
8—焊机控制盘;9—自动焊机;10—横臂驱动机构;11—电气箱;12—磁力启动器;
13—旋转底座;14—夹轨器;15—导向辊轮;16—导向辊轮座。

三、对接环缝埋弧焊操作技术

(一) 引弧和收弧

1. 引弧

环缝上无法设置引弧板,环缝埋弧焊的引弧只能在正式环缝上进行,为了防止烧穿,用小电流引弧,引弧后过渡到正式的焊接工艺参数施焊。对于引弧段焊缝可以用两种方法处理:①用碳刨刨去引弧段;②用第二层的大电流将引弧段焊透。

引弧时必须做到先引燃电弧,后启动滚动轮驱动筒体转动。若同时启动焊机和滚轮架,有时引不燃电弧,而滚动轮驱动筒体转动,就扰乱了引弧的过程。

2. 收弧

环缝多层焊时,只要焊过前一层的开始端部约 50mm 即可收弧。关于环缝单层焊收弧问题,为了使接头处焊缝成形良好,先将开始焊缝的端头,刨出大于 50mm 长的槽沟,待电弧行走到槽沟的终端处收弧。

(二) 焊丝偏移距离

平焊位置埋弧焊时,熔池是在水平位置冷凝成固态,焊缝成形好。对接环缝埋弧焊时,熔池从开始形成至冷凝成固态,它的空间位置时刻在变的。假如焊丝处在水平位置,即内环缝的最低点或外缝的最高点,焊接时熔池跟随筒体旋转,那末熔池形成的熔融金属从水平位置转到倾斜位置冷凝成固态,这样的焊缝成形差。正确的焊丝位置应该是,电弧加热形成的熔池跟随筒体转到水平位置冷凝成固态,焊缝成形最佳。故而在焊外环缝时,焊丝应处在下坡焊位置;焊内环缝焊丝应处在上坡焊位置,如图 15-8-2 所示。

焊丝偏移筒体垂直中心线的距离直接影响着焊缝的成形,偏移距离过大,则熔池还未到水平位置已冷凝;偏移距离过小,则熔池要过了水平位置才冷凝。这两种情况都不好,理想的偏移距离是熔池转到水平位置时恰好冷凝。图 15-8-3 表示了三种偏移距离对外环缝的焊缝成形的影响。合适的焊丝偏移距离,应由筒体直径和板厚、焊接电流的大小及焊接速度(筒体转速)而定。通常大直径筒体厚板用的焊接电流也大,熔池的尺寸大,冷凝时间长,焊丝偏移距离也应大些。若焊接速度慢,焊丝偏移距离可以小些。表 15-8-1 为焊丝偏移筒体垂直中心线的距离,可供参考。

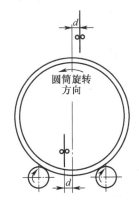

图 15-8-2　焊内环缝、外环缝时
焊丝的偏移位置

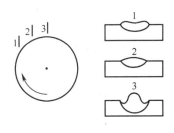

图 15-8-3　焊丝偏移距离对外环缝
焊缝形成的影响

1—焊缝明显下凹,熔深最浅;2—焊缝平整,美观易脱渣;
3—焊缝明显凸鼓,熔深最大。

表 15-8-1　焊丝偏移筒体垂直中心线的距离

筒体直径/m	0.6～0.8	0.8～1.0	1.0～1.5	1.5～2.0	>2.0
焊丝偏移距离/mm	15～30	25～35	30～50	35～55	40～75

(三) 厚板环缝埋弧焊工艺参数的变动

厚板环缝埋弧焊时,电弧离开筒体中心的距离(半径 R)是在变的。焊外环缝逐层向上时,电弧和筒体中心距离(R)逐层增大,虽然筒体的转速不变,而电弧移动速度(焊接速度)增大了。越向上层焊接,焊接速度越大,这样改变了焊接工艺参数,影响到焊缝的质量。为此可采取两种办法解决:一是逐层减小筒体转速,使焊接速度保持不变;二是逐层增大焊接电流,以弥补因增大焊接速度而减小的焊接热输入。在增大焊接电流的同时,应相应提高电弧电压。当焊内环缝逐层向上时,若筒体转速不变,越向上焊,电弧和筒体中心距离(R)逐层减小,焊接速度减小。这时应增大筒体转速或减小焊接电流。

(四) 环缝的焊接顺序

1. 纵缝和环缝

大型容器的筒体有纵缝和环缝,焊接顺序的原则是先焊纵缝,后焊环缝。这也是先焊支缝后焊干缝的原则。

2. 内环缝和外环缝

对于低碳钢和低合金钢筒体的内环缝和外环缝,焊接顺序的原则是先焊内环缝后焊外环缝。这是因为在筒体外碳刨和焊接工作环境比较好。而对于不锈钢筒体的环缝,考虑到不锈钢的腐蚀,焊接顺序是先焊外环缝后焊内环缝。

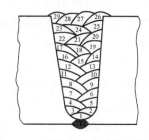

图 15-8-4　多层多道环缝的焊接顺序

3. 环缝多层多道焊的焊接顺序

厚板开坡口环缝的多层多道焊,考虑到连续焊接,焊接顺序的原则是就近移位连续焊接。也就是安排焊道顺序,只要将焊丝就近横向移动或就近提升,保证连续焊接,一气呵成。图 15-8-4 为多层多道环缝的焊接顺序。

第九节　角焊缝的埋弧焊

角焊缝主要出现在 T 形接头和角接接头中,船体结构中的外板和内部构架的连接广泛应用着 T 形接头的角焊缝。焊接角焊缝有两种焊接方法:船形位置角焊和倾斜焊丝角焊(横角焊)。图 15-9-1 为两种角焊缝的焊接方法。

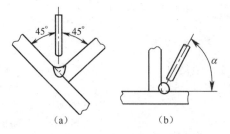

图 15-9-1　T 形接头角焊缝的两种焊法
(a) 船形位置焊;(b) 倾斜焊丝焊(横角焊)。

一、船形角焊

(一) 船形角焊的特点

(1)焊缝成形好,可焊大尺寸焊脚。船形角焊缝焊接时,熔池处于水平位置,焊缝成形良好,焊成角焊缝的两边焊脚尺寸相等。对于大尺寸的焊脚 8mm～12mm,可一次焊成。

(2)使用大电流,提高生产率。

船形角焊使用的电流比平对接、横角焊还要大,盖面层可用粗焊丝,生产率显著提高。

(二)船形角焊的操作

1. 工件的安装

船形角焊的焊缝成形好和生产效率高,故被广泛应用于焊接 T 形结构件、工字梁及箱形梁,工件的安置影响着焊接质量和生产率。制造一个简单的工字梁胎架,如图 15-9-2 所示,将工字梁安放在胎架上。在胎架旁侧设置自动焊机的轨道,用 MZ-1-1000 型焊机沿轨道行进,完成船形焊。若是大型工字梁船形焊,可将 MZ1-1000 型焊机配上导向轮、支撑滚轮直接置放在工字梁上进行船形焊。

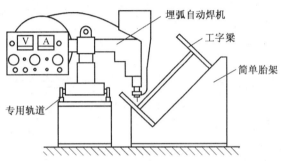

图 15-9-2　用简单胎架焊接工字梁的船形角焊缝

2. 焊丝的位置

两板厚度相等的 T 形接头,施行船形焊时,焊丝置放在垂直位置,和两板成 45°角,如图 15-9-3(a)所示。若两板厚度不等时,使焊丝的电弧偏向厚板,如图 15-9-3(b)所示。焊接不对称船形角焊缝(焊件和水平线夹角不是 45°)时,可能在一板上易产生咬边,为此,焊丝仍可保持垂直,但要向易产生咬边的板偏离点,如图 15-9-3(c)、(d)所示。

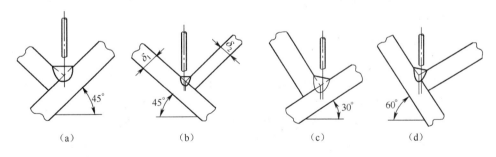

(a)　　　　　(b)　　　　　(c)　　　　　(d)

图 15-9-3　船形焊焊丝的位置

3. 粗焊丝、大电流、慢焊速

由于熔池水平,不易产生两板焊脚不等现象,所以船形角焊可选用粗焊丝、大电流及慢焊速,可以一次焊成 12mm 焊脚。表 15-9-1 为不开坡口船形角焊缝埋弧焊的工艺参数。

209

表 15-9-1　不开坡口船形角焊缝埋弧焊的工艺参数

焊接接头形式与焊接位置		焊脚 K/mm	焊丝直径 ϕ/mm	焊接电流 /A	电弧电压 /V	焊接速度 /(m/h)
		6	2	400～475	34～36	40～42
		8	2	475～525	34～36	28～30
			3	550～600	34～36	30～32
			4	575～625	34～36	31～33
			5	675～725	36～38	33～35
		10	3	600～650	33～35	21～23
			4	650～700	34～36	23～25
			5	725～775	34～36	24～26
		12	3	600～650	34～36	15～17
			4	725～755	36～38	17～19
			5	775～825	36～38	18～20
		14	第一层	5	650～700	32～34	31～33
			第二层	5	675～725	33～35	23～25

二、横角焊

一块水平板,一块垂直板,两板构成 T 形接头用角焊缝连接,焊接时,需要倾斜焊丝,称为倾斜焊丝角焊。按焊缝的空间位置称为横角焊。

(一) 横角焊的特点

1. 不易烧穿

横角焊缝的坡口间隙是水平方向的,而焊丝是倾斜的,电弧是倾斜方向的,间隙不是在电弧正下方,因此对间隙的敏感性不大,不易烧穿。

2. 易产生咬边和焊脚单边的缺陷

焊接横角焊缝过程中,电弧熔化的熔融金属,要受到重力的作用而向下流淌,于是垂直板上易产生咬边缺陷,还有熔融金属向下流淌到水平板上,结果是形成水平板的焊脚大于垂直板的焊脚,即焊脚单边的缺陷。

3. 单道焊缝的焊脚小

焊大尺寸焊脚横角焊时,必然会产生焊脚单边现象,所以单道焊缝不可能获得符合要求的大尺寸焊脚。通常单道焊缝的截面在 40mm² 以下,如果焊脚大于 9mm,就要进行多层焊或多道焊。

(二) 横角焊的操作要点

1. 合理的焊丝位置

合理的焊丝位置主要能解决熔融金属向下流淌问题。首先是焊丝和垂直板的夹角不是 45°,而是 20°～40°,如图 15-9-4 所示,这可以使电弧热量给水平板多一些,也就是使垂直板被熔化的金属少一些,向下流淌的熔融金属少一些。其次焊丝向外移,也就是电弧吹力向外移,一是可以减小垂直板的受电弧热量,减少了熔融金属的量,二是电弧外移后还可以借电弧吹力把熔融金属吹向垂直板,阻止熔融金属流向水平板,可避免产生咬边和焊脚单边的趋势。焊丝向外移的距离由焊丝直径、焊脚尺寸及焊接电流而定,通常外移

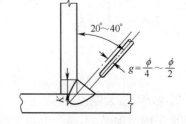

图 15-9-4　横角焊时焊丝的正确位置
g—焊丝中心线至焊缝中心线的间距;
ϕ—焊丝直径;K—焊脚。

的距离为 $\phi/4\sim\phi/2$。

2. 选用细焊丝、小电流、快焊速

为了解决熔融金属向下流淌问题,就是使熔融金属量少些,焊接时必须用细焊丝、小电流、快焊速。焊脚 8mm 以下选用 3mm、4mm 焊丝直径。横角焊缝埋弧焊的工艺参数见表 15-9-2。

表 15-9-2　横角焊缝埋弧焊的工艺参数

焊缝形式	焊脚 K/mm	焊丝直径 ϕ/mm	焊接电流 /A	电弧电压 /V	焊接速度 /(m/h)	电源类型
	3.0	2.0	200～220	25～28	58～60	直流反接
	4.0	2.0	280～300	28～30	54～55	交流
		3.0	310～360	28～30	54～55	交流
	5.0	2.0	380～400	30～32	52～54	交流
		3.0	440～460	30～32	54～56	交流
		4.0	480～500	28～30	60～64	交流
	6.0	3.0	450～470	28～30	54～57	交流
		4.0	480～500	28～30	58～60	交流
	7.0	3.0	480～500	30～32	47～48	交流
		4.0	600～650	30～32	50～51	交流
	8.0	3.0	500～530	30～32	44～46	交流
		4.0	670～700	32～34	48～50	交流

第十节　埋弧焊焊接缺陷

埋弧焊的焊接质量,取决于焊工的技术、焊接设备、母材和焊接材料、焊接方法及焊接的环境温度等。埋弧焊焊接缺陷的产生原因及防止措施见表 15-10-1。

表 15-10-1　埋弧焊焊接缺陷的产生原因及防止措施

缺　陷	产　生　原　因	防　止　措　施
热裂纹(焊缝由液相冷却到固相附近出现的裂纹)	(1)母材和焊丝中硫、磷、碳、镍含量较多。 (2)焊缝的形状系数 $B/H\leqslant1.3$。 (3)弧坑未填满,形成弧坑裂纹。 (4)构件对焊缝的拉应力大	(1)限制母材和焊丝中的有害质量。 (2)采用高锰焊丝。 (3)提高焊缝的形状系数,$B/H>1.3$。 (4)采用 V 形坡口,多层多道焊,小的焊接热输入焊接。 (5)填满弧坑或使用收弧板。 (6)合理的焊接顺序
冷裂纹（焊接接头冷却到 200℃～300℃以下产生的裂纹）	(1)母材碳当量高,焊丝选用不当。 (2)焊剂未烘干或受潮。 (3)坡口上有锈、油、漆、水等污物。 (4)焊接热输入太小,致使冷却速度快。 (5)未采取预热、后热等措施。 (6)焊接顺序不当	(1)正确选用焊丝和焊剂。 (2)烘干焊剂,防止焊剂受潮。 (3)仔细清理坡口上的水、油、锈、漆等污物。 (4)选用偏大的焊接热输入焊接。 (5)采取预热后热及焊后热处理措施。 (6)合理的焊接顺序

缺　陷	产　生　原　因	防　止　措　施
终端裂纹(单面埋弧焊到接缝终端位置时产生的纵向裂纹)	(1)定位焊缝长度短。 (2)一次焊成的焊道截面积过大。 (3)焊接热输入过大	(1)首尾端拘束固定焊缝。 (2)采用小焊接热输入焊接。 (3)运用弹性收弧板(收弧板上开一定长度的槽)。 (4)终端加热法(在接缝终端区域加热以减小应力)
气孔	(1)坡口及其两侧附近有油、水、锈、漆等污物。 (2)焊丝生锈或粘上油污。 (3)焊剂受潮未烘干。 (4)焊剂覆盖保护电弧不良。 (5)发生磁偏吹	(1)仔细清理坡口及其两侧。 (2)对焊丝应除锈和去污。 (3)烘干焊剂。 (4)焊接过程保证焊剂供应不中断。 (5)用交流电焊接
夹渣	(1)选用焊剂不当,熔渣粘度太大。 (2)下坡焊接,熔渣流到电弧前方。 (3)焊接电流太小,未能充分熔化焊剂。 (4)引弧板、收弧板的厚度,坡口形状跟焊件不一致,焊缝两端夹渣。 (5)焊盖面层时,电弧电压过高。 (6)前层焊渣未清除	(1)选用合适的焊剂。 (2)放平位置焊或采用上坡焊。 (3)加大焊接电流,充分熔化焊剂。 (4)引弧板和收弧板的厚度与坡口形状应和母材相同。 (5)焊盖面层的电弧电压不宜过高。 (6)多层焊的层间焊渣应仔细清理
未焊透或未熔合	(1)坡口角度太小、钝边太大。 (2)坡口根部未清理。 (3)焊丝未对准坡口中心。 (4)焊接电流太小、焊接速度太快。 (5)电弧电压太高、焊接电源极性不正确。 (6)网络电压太低	(1)坡口形状尺寸应符合技术标准要求。 (2)清理坡口,尤其是坡口根部。 (3)校直好焊丝,对准坡口根部。 (4)调整好焊接工艺参数(I.U.V)。 (5)避开用电高峰,选用有网路电压补偿的焊接电源
咬边	(1)焊接电流太大。 (2)电弧电压太高。 (3)焊接速度不当。 (4)焊丝位置不正确	(1)选择合适的焊接工艺参数。 (2)选用正确的焊丝位置。 (3)将T形接头置于船形位置焊接
焊瘤	(1)焊接电流太大,焊接速度太慢。 (2)焊环缝时焊丝偏移的位置不当。 (3)衬垫未紧贴接缝,形成反面焊瘤	(1)减小焊接电流,调整好焊接速度。 (2)焊环缝时,调整好焊丝偏移距离。 (3)衬垫紧贴接缝
焊缝的宽度和余高不均匀,局部焊缝尺寸过大或过小	(1)坡口尺寸变动大,不符合标准。 (2)焊接工艺参数不当。 (3)焊丝位置不当或有摇摆不定。 (4)网络电压波动	(1)焊前检查坡口尺寸,不合要求的坡口应予以修正。 (2)选用合理的工艺参数。 (3)调整好焊丝的位置,检修送丝机构和更换导电嘴。 (4)选用有网络电压补偿的焊接电源

第十一节　埋弧焊生产举例

一、平台板Ⅰ形对接双面埋弧焊

(一)产品结构和材料

某船平台板拼接,材质为船用 A 级板,板厚为 10mm,外形如图 15-11-1 所示。坡口为Ⅰ形对接,间隙为 0,允许可达 1mm,采用无衬垫双面埋弧焊。

焊丝牌号为 H08A,焊剂牌号为 HJ431。

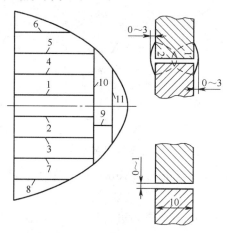

图 15-11-1　平台板的焊接顺序

(二) 装焊工艺

(1)对钢板接缝端面及其两侧各 20mm 范围内的水、锈、油、漆等污物进行清理。

(2)把钢板铺在装焊工作平台上,进行装配定位焊,用 E4315(J427)4mm 焊条定位焊,定位焊缝长度为 30mm~50mm,间距为 200mm~300mm,厚度不高出钢板表面 1mm。

(3)在接缝的外伸部位装上引弧板和收弧板其尺寸为 10mm×150mm×150mm。

(4)对正面接缝进行埋弧焊,用 5mm 焊丝,焊接工艺参数见表 15-11-1。要求熔深达到板厚的 50% 左右。

(5)根据"先焊支缝后焊干缝"和"由中央向两侧对称焊"两个原则,按图 15-11-1 上焊接顺序进行焊接正面焊缝,焊后要求焊缝余高为 0~3mm。

(6)正面焊缝焊好后,将平台板翻身。

(7)焊反面焊缝,焊接工艺参数见表 15-11-1,用比正面焊缝焊接电流大,保证焊透。焊接顺序同正面焊缝。

(8)焊后 20% 焊缝长度进行超声波探伤。若发现焊接缺陷,可用焊条电弧焊修补。

表 15-11-1　低碳钢平台板Ⅰ形对接双面埋弧焊的工艺参数

板厚/mm	间隙/mm	焊丝直径/mm	焊道顺序	焊接电流/A	电弧电压/V	焊接速度/(m/h)	备注
10	0~1	5	1(正)	550~600	35~36	37~38	焊丝 H08A
			2(反)	650~700	36~38	33~35	焊剂 HJ431

二、合金钢管纵缝Ⅴ形对接双面埋弧焊

(一) 产品结构和材料

某结构中的钢管是由钢板轧圆圈成开缝管,用埋弧焊焊接。钢管材质为 16Mn,钢管外径为 900mm,壁厚为 24mm,每段管长 4m。现对管子纵缝进行双面埋弧焊,采用 Ⅴ形坡口,坡口设在管内面,坡口角度为 60°,间隙为 0~1mm,钝边为 12mm,钢管截面和坡口

213

形状如图 15-11-2 所示。

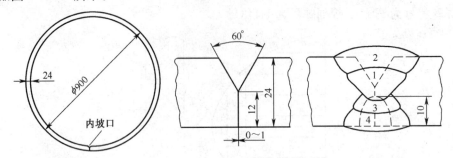

图 15-11-2　钢管的 V 形坡口和焊缝

焊丝牌号为 H10Mn2G(相当于 H10Mn2),焊剂牌号为 HJ331。

(二) 装焊工艺

(1)对坡口及其两侧各 20mm 范围内进行打磨清理。

(2)用 ϕ4mmE5015(J507)焊条进行定位焊,定位焊焊缝设置在管子外接缝上,接缝两端装焊上平直的引弧板和收弧板。板的坡口尺寸同钢管纵缝,板的尺寸为 150mm×150mm×24mm。

(3)将钢管接缝转到下面,使用 MZ1-1000 型焊机,装上焊有坡口对接的导轮装置,并把焊机送入管内。

(4)用 ϕ5mm10Mn2G 焊丝和 HJ331 焊剂,焊接工艺参数见表 15-11-2。焊内纵缝第一层,为防止烧穿,焊接电流偏小点。第一层焊后清渣,调整工艺参数再焊第二层,将坡口填满。

(5)将钢管接缝转到上面水平位置,在钢管外面用碳刨清根,刨槽深 10mm,清除碳刨残留的熔渣。

(6)焊接钢管外纵缝两层,焊接工艺参数见表 15-11-2。要清除层间的焊渣,时刻关注焊丝中心是否对准接缝坡口的中心。

表 15-11-2　钢管纵缝 V 形对接双面埋弧焊的工艺参数

板厚/mm	坡口尺寸	焊丝直径/mm	焊道序号		焊接电流/A	电弧电压/V	焊接速度/(m/h)	焊接热输入/(kJ/cm)	备注
24	坡口角度 60°　钝边 12mm　间隙 0～1mm　管外碳刨槽深 10mm	5.0	管内坡口	1	650～700	32～33	26.4	28.4～31.5	直流反接　焊丝 H10Mn2G　焊剂 HJ331
				2	700～750	33～34	26.4	31.5～34.8	
			管外坡口	3	650～700	32～33	26.4	28.4～31.5	
				4	700～750	33～34	26.4	31.5～34.8	

三、容器筒体纵缝焊剂垫双面埋弧焊

(一) 产品结构和材料

容器的压力为 0.8MPa,内径为 1200mm,壁厚为 16mm,筒体长为 1600mm。材质为

214

20g。筒体纵缝采用焊剂垫双面埋弧焊。选用不开坡口Ⅰ形对接,间隙3mm～4mm。焊丝为H08MnA,焊剂为HJ431。

(二) 装焊工艺

(1)对筒体纵缝坡口两侧各20mm范围内的污物进行清理。

(2)用φ4mm E4315(J427)焊条进行定位焊,长度50mm～60mm,间距200mm～250mm。并在纵缝两端装上工艺板。

(3)取一槽钢(长度超过筒体长度)平放在平台上,槽钢内铺满HJ431焊剂。

(4)将筒体吊在槽钢内的焊剂上,纵缝对准铺设焊剂中部,借筒体自重压紧焊剂,在接缝间隙中塞入细颗粒焊剂。

(5)筒体和平台用钢板条接通焊接回路。不可借用槽钢使筒体和平台接通。

(6)焊接筒体内纵缝,焊接工艺参数见表15-11-3。要关注焊丝是否对准接缝线。

(7)将筒体吊离槽钢,置放在普通工作平台上,使纵缝转到上方水平位置,用碳刨清根。

(8)用相同的焊接工艺参数焊接外纵缝。

(9)接着焊筒体和封头的两条环缝,容器全部焊好后,进行水压试验,试验压力为1.0MPa,若发现有泄漏,用焊条电弧焊修补。

表15-11-3　容器筒体纵缝焊剂垫双面埋弧焊

板厚 /mm	间隙 /mm	焊丝直径 /mm	焊接电流 /A	电弧电压 /V	焊接速度 /(m/h)	备　注
16	3～4	5	700～750	34～36	27～28	内纵缝和外纵缝工艺参数相同

四、T形构件横角焊缝的埋弧焊

(一) 产品结构和材料

T形构件的腹板厚度为10mm,翼板厚度为14mm,选用不开坡口T形接头,焊脚尺寸要求为7mm,如图15-11-3所示。T形构件材质为Q345钢($\sigma_s \geqslant 345$MPa),采用埋弧焊进行横角焊。焊丝为H10Mn2,焊剂为SJ101。

(二) 装焊工艺

(1)对坡口及其周围的污物进行清理。

(2)将翼板放置在装焊工作平台上,腹板竖立安装,用E5015(J507)φ4mm焊条进行定位焊。并在T形构件两端装焊上引弧板和收弧板(和母材相同板厚,翼板宽200mm,腹板宽100mm,组成T形构件,长150mm)。

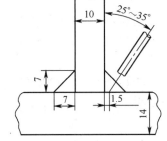

图15-11-3　T形构件横角焊缝的埋弧焊焊丝位置

(3)焊单道横角焊缝,焊丝和垂直板夹角为25°～35°,焊丝端点对准角焊缝顶点向外偏移1.5mm左右,如图15-11-3所示。按表15-11-4的工艺参数进行焊接。焊后焊脚为7mm。

(4)焊接过程中,要关注观察焊缝的熔渣,判断焊缝是否有单边现象,如果有则应适当调整焊丝位置。

表 15-11-4　T 形构件横角焊缝的埋弧焊工艺参数

焊脚尺寸/mm	焊道	焊丝直径/mm	焊接电流/A	电弧电压/V	焊接速度/(cm/min)	电源类型	备注
7	正面和反面	4.0	600～650	30～32	50～51	交流	

(5)正面角焊缝焊好后,焊反面角焊缝,可以选用和正面焊缝相同的工艺参数。

(6)正、反面焊缝的焊接方向应该是同方向的,即正面焊是向右焊,反面焊缝是向左焊。

(7)焊后测量焊脚尺寸是否符合要求,同时用超声波探伤检验,如发现有缺陷(包括焊脚尺寸不足),可用焊条电弧焊进行修补。

五、T 形构件船形焊缝的埋弧焊

(一)产品结构和材料

T 形构件的翼板厚 40mm,腹板厚 16mm,组成不开坡口的 T 形接头,间隙为 0～2mm,焊脚为 12mm。T 形构件的材质为 16Mn钢。采用船形位置埋弧焊,如图 15-11-4 所示。

焊丝为 H10Mn2,直径 4mm;焊剂为 HJ431。

(二)装焊工艺

(1)清理坡口及其两侧各 20mm 范围内的油、锈、漆、水等污物。

(2)对坡口进行预热,温度为 100℃～150℃。

(3)用 φ4mmE5015(J507)焊条进行装配定位焊。并在焊缝两端装上引弧板和收弧板,两工艺板板厚和正式产品相同,伸出接缝外 150mm,翼板宽度为 200mm,腹板宽度为100mm。

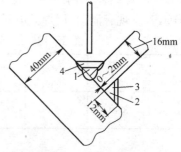

图 15-11-4　T 形构件船形焊

(4)将装配定位焊好的 T 形构件吊运到船形焊胎架上,使焊缝处于船形焊位置。

(5)若用 MZ1-1000 型焊机,可直接放在 T 形构件上,利用它的导向滚轮引导焊丝对准接线。若用 MZ-1-1000 型焊机,可在船形焊胎架侧设置轨道,焊车在轨道上行走,施行船形焊。

(6)继续对坡口进行预热,保持 100℃～150℃温度。

(7)按表 15-11-5 的焊接工艺参数焊第一道焊缝,焊脚达 8mm 以上,焊后将 T 形构件翻身。

(8)安置好工件和焊机,继续保持 100℃～150℃预热温度。

(9)仍按原焊接工艺参数,焊第二道和第三道,道间清渣,道间温度控制在 100℃～300℃。

(10)再将工件翻身,保持预热温度,按原工艺参数焊第四道焊缝。

(11)焊后外观检验和磁粉探伤。

216

表 15-11-5　T 形构件船形角焊缝埋弧焊的工艺参数

焊缝位置	焊脚 /mm	焊丝直径 /mm	焊接电流 /A	电弧电压 /V	焊接速度 /(m/h)	送丝速度 /(m/h)	预热温度 /℃
船形焊	12(2层)	4	650～750	38～40	24.2～30.7	78	100～150

六、内底板大接缝焊条电弧焊打底的埋弧焊

(一) 产品结构和材料

船体内底板大接缝是连接前后两分段的重要焊缝,如图 15-11-5 所示,内底板的材质为船用 D 级板属低碳钢,厚度为 25mm,采用陶质衬垫焊条电弧焊打底,再用焊条电弧焊加高,最后用埋弧焊焊满坡口。选用 V 形坡口,坡口角度为 50°,无钝边,留 5mm～6mm 间隙。

焊接材料:焊条 E4315(J427),直径为 4mm 和 5mm;陶质衬垫 JN-1 型;焊丝 H08A,直径为 5mm;焊剂 HJ431。

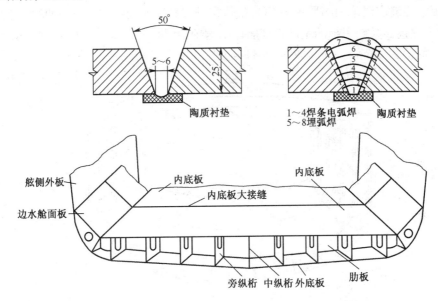

图 15-11-5　内底板大接缝焊条电弧焊打底的埋弧焊

(二) 装焊工艺

(1)清理坡口及其两侧各 20mm 范围内的污物,并打磨光洁。

(2)对内底板大接缝进行装配定位焊,用Ⅱ形"马"对大接缝定位,不准在坡口内焊定位焊缝。同时对底板、旁板、甲板大接缝进行装配定位焊。待全部大接缝装配定位焊完成后,才可焊接大接缝。

(3)焊工带着陶质衬垫进入双层底舱内,粘贴陶质衬垫时,要使衬垫中心线对准接缝中心线。

(4)用 ϕ4mmE4315(J427)焊条在陶质衬垫上进行打底层焊接,单面焊双面成形。用相同的工艺参数焊第二层(表 15-11-6)。再用 ϕ5mm 焊条焊第三、第四层,工艺参数参阅表 15-11-6。每焊一层焊缝后,清理一次焊渣。

(5)用埋弧焊焊第五道至第八道,盖面层是两道一层。焊接工艺参数见表 15-11-6。

217

(6)焊后对焊缝进行超声波探伤,按比例对焊缝进行 X 射线探伤。

表 15-11-6　陶质衬垫焊条电弧焊打底的埋弧焊的工艺参数

板厚 /mm	坡口	焊道序	焊接方法	焊条直径 /mm	焊丝直径 /mm	焊接电流 /A	电弧电压 /V	焊接速度 /(cm/min)	备注
25	V 形对 接坡口角 度 50°间隙 5～6 陶质 衬垫	1,2	焊条电弧焊	4		140～160	23～25		焊条 E4315 (J427) 焊丝 H08A 焊剂 HJ431
		3,4	焊条电弧焊	5		220～240	24～26		
		5	埋弧焊		5	675～725	32～34	37	
		6	埋弧焊		5	725～775	32～34	32	
		7,8	埋弧焊		5	650～700	32～34	42	

七、高强度钢甲板大接缝 CO_2 焊打底的埋弧焊

(一) 产品结构和材料

甲板大接缝广泛采用陶质衬垫 CO_2 气体保护焊打底的埋弧焊,这种焊接方法焊接质量高,生产率高。某船甲板的是高强度船体结构钢,牌号为 DH32,板厚为 25mm,坡口角度为 50°,间隙为 4mm～8mm,如图 15-11-6 及图 15-11-7 所示。

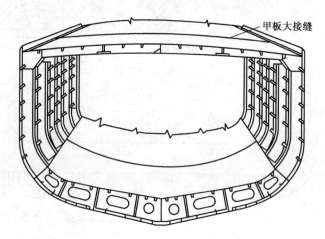

图 15-11-6　甲板大接缝 CO_2 焊打底埋弧焊

CO_2 气体保护焊材料:MG-50T 焊丝,直径为 1.2mm;JN4 型陶质衬垫。
埋弧焊材料:H10Mn2 焊丝,直径为 5mm;HJ331 焊剂。

(二) 装焊工艺

(1)装配前清理坡口及其两侧各 20mm 范围内的污物。

(2)对甲板大接缝的装配用 Ⅱ 形"马"进行定位焊,Ⅱ 形"马"的间距约 500mm。同时对底板、内底板、旁板等大接缝进行装配定位焊,待全部大接缝装配定位焊后,方可开始焊接。

(3)焊前焊工进入船舱内,在甲板大接缝下面粘贴陶质衬垫,要求是衬垫中心线对准甲板大接缝坡口中心线。

(4)用 CO_2 气体保护焊在陶质衬垫上焊第一层,要求是单面焊两面成形。焊接工艺参数见表 15-11-7,焊接电流略小,使反面成形良好。焊好第一层后,将"马"拆去。

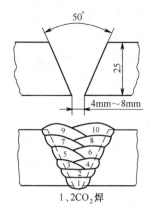

15-11-7　CO_2 焊打底的埋弧焊

(5)第一层焊渣去除后,再用 CO_2 气体保护焊焊第二层,焊后使焊缝厚度达到 7mm 以上。

(6)用埋弧焊参数表 15-11-7 的工艺参数焊第 3～10 焊道。由于母材是高强度钢,不宜选用大的焊接热输入进行焊接,故采用多层多焊道。

(7)焊后对焊缝进行超声波探伤,按比例进行射线探伤。如发现缺陷,用 CO_2 气体保护焊进行修补。

表 15-11-7　CO_2 气体保护焊打底埋弧焊的工艺参数

板厚/mm	坡口	焊道序	焊接方法	焊丝直径/mm	焊接电流/A	电弧电压/V	焊接速度/(m/min)	焊接电源种类	备注
25	V 形坡口 间 隙 4mm～8mm 角度 50°陶质衬垫	1	CO_2 焊	1.2	180～190	20～27	—	直流反接	流量 20L/min
		2	CO_2 焊	1.2	230～240	25～28	—		
		3～4	埋弧焊	5	625～675	33～34	48～50	直流反接	
		5～8	埋弧焊	5	675～725	32～33	40～42		
		9～10	埋弧焊	5	675～725	32～33	33～35		

复习题

1. 埋弧焊开坡口的目的是什么? 通常钢板厚度几 mm 以上要开坡口?

2. 埋弧焊的坡口成形加工方法有哪几种?

3. 埋弧焊坡口面及其两侧的清理范围是多少? 清理坡口的方法有哪些?

4. 什么叫焊缝形状系数? 什么叫熔合比?

5. 埋弧焊的工艺参数有哪几个?

6. 焊接电流对焊缝形状尺寸如何影响?

7. 电弧电压对焊缝形状尺寸如何影响?

8. 埋弧焊的电弧电压如何和焊接电流匹配?

9. 焊丝伸出长度对焊缝形状尺寸如何影响?

10. 焊丝倾斜对焊缝形状尺寸如何影响?

11. 焊接某钢种,焊接工艺要求焊接热输入不超过 30kJ/cm,现选用焊接电流 600A,电弧电压 34V,问焊接速度何值才可能达到控制热输入的要求?

12. 埋弧焊有几种引弧方法?

13. 为什么埋弧焊收弧时要分两步进行?

14. 为什么埋弧焊要设置引弧板和收弧板?

15. 埋弧焊焊缝的连接有几种形式? 如何焊好焊缝的接头?

16. 进行无垫双面埋弧焊时,如何保证两面焊缝的熔深有 2mm 以上的交叠?

17. 为什么大电流两面埋弧焊也会产生未焊透缺陷?

18. 怎样做好焊剂垫双面埋弧焊?

19. 试述铜衬垫双面埋弧焊的优点及操作要点。

20. 试述临时衬垫双面埋弧焊的优点及操作要点。

21. 试述焊剂铜衬垫单面埋弧焊(FCB法)的原理及特点。

22. 焊剂铜衬垫单面埋弧焊机由哪些部件组成?

23. 焊剂铜衬垫单面埋弧焊机的控制面板上有哪些电器及仪表?

24. 焊剂铜衬垫单面埋弧焊机的整套设备中还有地上控制盘、机上控制盘及机上操作盘等,它们的功用是什么?

25. 焊剂铜衬垫单面埋弧焊的操作步骤是怎样的?

26. 焊剂铜衬垫单面埋弧焊需使用哪些焊接材料?

27. 什么叫终端裂纹?

28. 为了防止终端裂纹,接缝首尾端的工艺板如何焊接?

29. 焊剂铜衬垫三丝单面焊的焊丝位置是怎样的?

30. 焊剂铜衬垫三丝单面焊,前丝和后丝的工艺参数有何大的差异?

31. 对接环缝埋弧焊有哪些特点?

32. 对接环缝弧焊的引弧和收弧是怎样操作的?

33. 焊丝偏移距离对环缝的焊缝成形有何影响?

34. 厚板多层环缝焊时,为何要逐层调节工艺参数?

35. 环缝多层埋弧焊的焊接顺序是怎样的?

36. 船型角焊的特点是什么?

37. 船型角焊缝埋弧焊的焊接工艺是怎样的?

38. 横角焊的特点是什么?

39. 横角焊缝埋弧焊的焊接工艺是怎样的?

40. 试述下列埋弧焊的焊接缺陷产生的原因及防止措施:热裂纹、冷裂纹、终端裂纹、气孔、未焊透夹渣。

41. 直径为 900mm 的低合金钢管纵缝 V 形对接,如何实施双面埋弧焊?

42. T 形构件横角焊,如何实施埋弧焊?

43. 内底板大接缝,如何实施焊条电弧焊打底的埋弧焊?

44. 甲板大接缝,如何实施 CO_2 焊打底的埋弧焊?

第四篇

CO_2 气体保护电弧焊

第十六章　CO_2 气体保护电弧焊概述

第一节　CO_2 气体保护电弧焊的原理及优点

一、CO_2 气体保护电弧焊原理

焊接电源的两电极分别接焊丝和焊件,焊丝和焊件之间产生电弧,熔化金属,以 CO_2 气体作为保护介质,保护电弧和熔池,从而获得良好的焊接接头,这种焊接方法称为 CO_2 气体保护电弧焊(图 16-1-1),简称为 CO_2 焊。

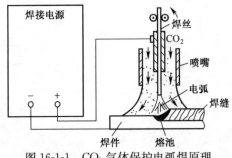

图 16-1-1　CO_2 气体保护电弧焊原理

CO_2 气体保护电弧焊过程中,焊丝被电弧熔化后熔敷入焊接坡口,同时焊件也被电弧熔化部分,焊丝的熔敷金属和焊件的熔化金属,熔合形成熔池,冷却后成为焊缝,焊缝表面一层渣壳,就是焊渣。

二、CO_2 气体保护电弧焊的优点

1. 生产效率高

CO_2 气体保护电弧焊用的焊丝直径不大,而焊接电流不小,故而 CO_2 气体保护电弧焊的电流密度大,电弧热量集中,焊丝的熔敷系数(焊丝在 1h 内 1A 电流,焊丝金属熔敷入焊缝内的质量数)极高,可达 $15g/(A \cdot h) \sim 22g/(A \cdot h)$,此值远大于焊条电弧焊,且比一般的埋弧焊还高,熔敷系数高就是焊丝熔化快,生产效率高。CO_2 气体保护电弧焊是连续给送焊丝的,可以持续焊接,又很少清理焊渣,节约许多辅助工作时间。CO_2 气体保护电弧焊生产效率比焊条电弧焊提高了 1 倍～3 倍。

2. 焊接成本低

CO_2 气体来源广,价格低,焊接过程能源消耗也少。通常 CO_2 气体保护电弧焊的成本约为焊条电弧焊的 $40\% \sim 50\%$,这是廉价的焊接方法。

3. 抗锈能力强

CO_2 气体保护电弧焊在高温时具有强烈的氧化性,可减少熔池中氢的含量,故而对

铁锈的敏感性低,焊缝不易产生气孔。

4. 焊接变形小

CO_2 气体保护电弧焊的电弧热量集中,加热面积小,并且 CO_2 气体喷向焊件也带走一些热量,使热影响区减小,于是焊接变形减小。

5. 适用范围广

CO_2 气体保护电弧焊可以焊低碳钢、低合金结构钢、不锈钢与铸铁。CO_2 焊不仅可用于平焊,还可用于全位置焊。焊接板厚可达 350mm 以上,也能焊 0.8mm 的薄板。

CO_2 气体保护电弧焊技术尚在发展中,目前还存在以下缺点。

(1)在室外风大的环境下难以施焊,必须要设立有效的挡风装置。

(2)不能焊接易氧化的有色金属(铝镁及其合金等)。

(3)采用实心焊丝 CO_2 气体保护电弧焊,飞溅严重,焊缝外形余高偏大。

第二节　CO_2 气体保护电弧焊的分类及应用

一、CO_2 气体保护电弧焊的分类

(1)按焊接过程机械化程度可分为:半自动焊和自动焊。

CO_2 气体保护半自动焊是指焊丝给送是机械化的,而电弧向前行进是靠手工操作的(图 16-2-1)。

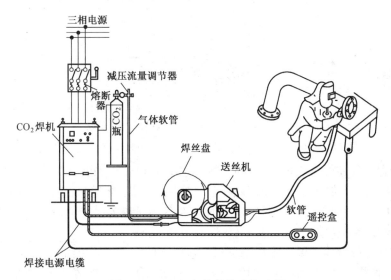

图 16-2-1　CO_2 气体保护半自动焊

CO_2 气体保护自动焊不仅是焊丝机械化给送,并且电弧沿焊接方向移动也是机械化操作的(图 16-2-2)。

(2)按焊丝直径粗细可分为:细丝焊、中丝焊、粗丝焊。

细丝焊的焊丝直径≤1.2mm,焊缝成形好,能进行全位置焊。

中丝焊的焊丝直径 $\phi=1.4$mm。

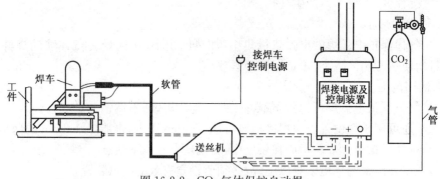

图 16-2-2 CO₂ 气体保护自动焊

粗丝焊的焊丝直径≥1.6mm,可使用大电流,生产率高。

(3)按焊丝结构形式不同可分为实心焊丝 CO_2 焊和药芯焊丝 CO_2 焊。

实心焊丝就是裸焊丝,CO_2 焊的初期就是使用实心焊丝进行焊接。

药芯焊丝又称管状焊丝,其中间是粉状焊药,外裹钢皮。药芯焊丝 CO_2 焊如图16-2-3所示,电弧在 CO_2 气体保护下,熔化焊丝,其中粉状焊药熔化成熔渣,熔渣覆盖保护熔池,构成气体和熔渣的双重保护,焊接过程电弧稳定,焊缝成形好,飞溅也少,近几年来,钢结构生产中,药芯焊丝 CO_2 焊已取代了大部分的实心焊丝 CO_2 焊。

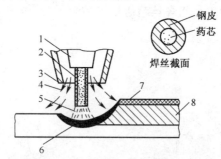

图 16-2-3　药芯焊丝 CO_2 气体保护电弧焊

1—导电嘴;2—药芯焊丝;3—喷嘴;4—CO_2 气体;5—电弧;6—熔池;7—熔渣;8—焊缝。

(4)按保护气体的组成可分为:纯 CO_2 气体保护电弧焊和混合气体保护电弧焊。

在 CO_2 气体中加入 20%～30%氧气,可使用大电流、熔透深、生产率高。

在 CO_2 气体中加入 80%氩气,这里的 CO_2 气体已退为第二位,这种混合气体能克服氩弧焊中电弧漂移现象,熔滴过渡平稳。

(5)按成形焊缝要求单面施焊还是双面施焊,可分为:CO_2 单面焊和 CO_2 双面焊。

CO_2 单面焊按所用的衬垫不同可分为:无衬垫 CO_2 单面焊、铜衬垫 CO_2 单面焊、钢衬垫 CO_2 单面焊、焊剂石棉衬垫 CO_2 单面焊、陶质衬垫 CO_2 单面焊。

二、CO₂ 气体保护焊的应用

近年来 CO_2 气体保护焊得到了广泛的推广应用,在钢结构生产中已占有较重要的地位,在船体结构建造中,CO_2 气体保护焊已列入焊接高效化率的首位,基本上可以取代焊条电弧焊。由于药芯焊丝的发展,改变了实心焊丝 CO_2 焊焊缝外形不佳的缺点。CO_2 焊钢焊丝的开发,使 CO_2 焊可应用于所有的钢结构(碳钢、低合金结构钢、耐热钢、低温钢、不锈钢等），并获得了良好的焊接质量。CO_2 气体保护焊领域内，大部分由 CO_2 半自动焊所占领的局面也将有所突破，CO_2 自动焊可改变手工操作 CO_2 焊的落后面貌。多少年来船体大接头焊缝难以实现自动化的局面，也被 CO_2 自动气电焊突破，并取得了良好的焊接质量。陶质衬垫 CO_2 单面焊也正在健康地发展，改变了用焊条电弧焊仰焊封底焊接大接缝的传统工艺。

随着科学技术的进步和发展，CO_2 气体保护焊将不断创新，成为应用更广泛的电弧焊接方法。

第三节 CO_2 气体保护电弧焊的熔滴过渡

一、CO_2 气体保护电弧焊的熔滴过渡形式

CO_2 气体保护电弧焊时，焊丝被电弧熔化形成熔滴，它向熔池过渡有三种形式：短路过渡、滴状过渡和射流过渡。

（一）实心焊丝的熔滴过渡形式

1. 滴状过渡

当电弧较长、电流不大时，焊丝末端就能形成较粗大的熔滴，待熔滴长大到一定尺寸（未达到弧长尺寸）后，受重力、气体吹送力等作用，熔滴就过渡到熔池（图 16-3-1(a)）。滴状过渡电弧不稳、飞溅严重、焊缝成形差。

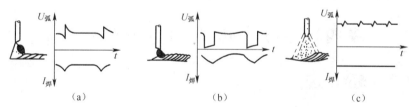

图 16-3-1 CO_2 焊实心焊丝的熔滴过渡形式
(a)滴状过渡；(b)短路过渡；(c)射流过渡。

2. 短路过渡

当电弧较短、电流不大时，形成的熔滴尚未长大到最大尺寸就与熔池接触，形成短路（图 16-3-1(b)）状态，电弧被熄灭，然后液态熔滴金属受电磁力、重力、表面张力等力的作用，过渡到熔池中。熔滴过渡后又重新点燃电弧再形成短路，如此反复循环，熔滴断续过渡到熔池。短路过渡电弧稳定，焊缝成形好，宜用于细焊丝，焊薄板及全位置焊缝。

3. 射流过渡

当电弧较长，电流又很大时，大电流使熔滴变细，并使熔滴沿电弧轴线射向熔池，完成了过渡（图 16-3-1(c)）。射流过渡适用于粗焊丝、大电流焊接。

（二）药芯焊丝的熔滴过渡形式

药芯焊丝由于粉状焊药熔化成熔渣，此熔渣使焊丝熔化形成的熔滴细化，即熔滴变小，实现细滴过渡。细滴状过渡电弧稳定、飞溅小。同时由于熔渣的作用，使焊缝成形美观。

225

二、短路过渡的特点

(一) 对熔池"加热、冷却"

短路过渡可看成由两段时间交替完成,一是燃弧时间;二是短路时间。燃弧时间内,电弧热熔化金属,它的电弧功率大,热量大,足以使母材熔化而形成一定熔深,同时使焊丝熔化成熔滴。短路时间内,尽管短路电流大,但由于短路电阻很小,电压又很低,所以产生的电阻热要比电弧热小得多。对熔池而言,短路时熔池吸收的电阻热少于熔池被母材热传导散失的热量,这样熔池要降温冷却。可以说短路过渡是熔池的"燃弧加热—短路冷却"的交替过程。

(二) 焊接过程稳定

短路过渡是小电流,但由于是细焊丝,电流密度还是很大,这就使电弧燃烧稳定。由于低电压短电弧,熔滴过渡的路程短,过渡过程也是比较平稳。所以短路过渡的焊接过程是稳定的。

(三) 能全位置焊接

短路过渡是对熔池"加热—冷却"的交替过程,这就为立焊焊接需要冷却熔池提供了可行性的条件,CO_2 细丝焊采取短路过渡,可实施立焊,并能获得良好的焊缝成形。CO_2 细丝焊可实施全位置焊接。

(四) 熔透深度不大

短路过渡是小电流、低电压,电弧功率小,再加上短路时熔池冷却,所以得到的熔透深度是不大的,适用于薄板焊接。

第四节　CO_2 气体保护电弧焊的飞溅

一、产生飞溅的原因

(一) 一氧化碳(CO)引起的飞溅

CO_2 气体保护电弧焊在高温时,CO_2 分解成 O_2 和 CO,CO 在熔池中、熔滴中会发生升压膨胀,使熔滴和熔池产生爆破,其结果是使一部分破碎的金属熔滴飞出熔池外,造成了飞溅。

(二) 熔滴过渡不正常引起的飞溅

我们知道,由于电弧燃烧转为短路,电流要增大,这个电流增长速度,称为短路电流增长速度,它的快慢影响着短路过渡稳定性。短路电流增长速度太慢或太快,都会发生大量的飞溅,只有短路电流增长速度适当才能使飞溅较少。这个问题是由焊接电源具有良好的动特性来解决。

(三) 焊接工艺参数选用不当引起的飞溅

CO_2 气体保护电弧焊时,若电弧电压太高,焊接电流小,则会形成粗滴状过渡,这是不稳定的电弧,会引起较大颗粒的飞溅。若焊接电流过大,熔滴变细,同时熔滴数量剧增,超大量的熔滴要涌向狭窄的电弧通道(焊丝直径细,电弧截面小)过渡到熔池,则必然把部分熔滴挤出电弧通道之外,引起飞溅。

（四）极性接法错误引起的飞溅

当 CO_2 气体保护电弧焊使用直流正接（焊丝接负极、焊件接正极）时，由于焊丝是阴极，电弧中质量大的正离子向阴极撞击，焊丝上熔滴受到过大的撞击力作用，会形成粗大的熔滴，且被撞击而产生非轴向过渡，由此出现大颗粒熔滴飞溅。若使用直流反接（焊丝接正极、焊件接负极）焊接，撞击焊丝的是质量较小的电子（带负电荷），撞击力显著减小，CO_2 焊应使用直流反接。

二、减小飞溅的措施

（一）选用低飞溅的焊丝

（1）选用药芯焊丝，药芯焊丝中的药粉中含有稳弧剂、脱氧剂及造渣剂等，可使电弧稳定，飞溅减少。

（2）选用低碳焊丝，焊丝中碳含量降低，则减少了 CO 的量，飞溅也就减少。

（二）合理选用焊接电源

CO_2 气体保护电弧焊时，不同的焊丝直径，要有不同的短路电流增长速度，为此，要求焊接电源应具有调节电感的功能。调节焊接电路中的电感，获得合适的短路电流增长速度，使熔滴过渡平稳，飞溅减少。用细焊丝焊接，短路频率高，短路电流增长速度应快些，电感值应小些。

（三）选用适宜的焊接工艺参数

先根据焊丝直径和焊接空间位置，选定焊接电流，继后选择电弧电压，要和焊接电流匹配。还要选择合适的焊枪角度和焊丝伸出长度，也可使飞溅减少。

（四）选用直流反接

选用直流反接，可使焊丝受到的撞击力减小，飞溅减小。当使用药芯焊丝时，若药粉是碱性的，则必须接成直流反接。

复 习 题

1. CO_2 电弧焊中 CO_2 气体起什么作用？

2. 试述 CO_2 电弧焊的优点。

3. CO_2 自动焊和 CO_2 半自动焊有何区别？

4. 如何划分 CO_2 粗丝焊、中丝焊、细丝焊？

5. 实心焊丝 CO_2 焊的过渡形式有哪几种？

6. 短路过渡有什么特点？

7. CO_2 焊产生飞溅的原因有哪些？

第十七章　CO_2 气体和焊丝

第一节　CO_2 气体

一、CO_2 性质

CO_2 有三种状态:气态、液态和固态。固态 CO_2 不能用于焊接。CO_2 气体无色、无味,密度为空气的 1.5 倍,在常温下很稳定,在高温 4700℃时,CO_2 分解成 CO 和 O_2。CO_2 液态也是无色的,温度低于−11℃时比水重,而高于−11℃时比水轻。液态 CO_2 在常温下就能气化。1kg 液态 CO_2 在 0℃和 1 个大气压(0.1MPa)下,可气化成 509L 气态 CO_2。

焊接用的 CO_2 是以液态贮存于钢瓶中,使用时将瓶内的液态 CO_2 气化后输出。

二、CO_2 气体纯度

CO_2 气体中的杂质是水、氮及 CO,其中水的危害最大。液态 CO_2 中含有水,少量的水溶于 CO_2 液态中,而大量的水沉于瓶底部(常温下水比 CO_2 重)。溶于 CO_2 液态中的水,随着 CO_2 气化而一起蒸发。当 CO_2 液化气瓶内压力低于 1.0MPa 时,沉于瓶底的水也要跟随蒸发,于是输出的 CO_2 气体中含水量剧增。瓶内压力越低,CO_2 气体中的含水量越多,当 CO_2 气体中含水量超过 $2g/m^3$ 时,就不能用于焊接。所以当瓶内压力低于 1.0MPa 时,应停止使用。

焊接用 CO_2 气体纯度一般不低于 99.5%(Ⅱ类Ⅰ级),对于质量要求高的,CO_2 气体纯度不低于 99.8%(Ⅰ类)。低纯度的 CO_2 中含有过量的水,焊接时会产生氢气孔,同时焊缝中含氢量增加,使塑性和韧性下降。

第二节　实心焊丝

一、实心焊丝的作用

CO_2 气体保护电弧焊的实心焊丝的作用有三点:①作为电极,引燃电弧;②作为熔敷金属构成焊缝;③在焊接过程中,实心焊丝还起着脱氧、加入合金元素等冶金反应的功能。这点和埋弧焊的焊丝有不同的,埋弧焊的冶金反应任务主要是由焊剂来完成的。

CO_2 气体保护电弧焊焊丝应含有更多的合金元素,例如焊低碳钢时,埋弧焊可用低碳钢焊丝 H08A,焊缝中的锰可以由焊剂加入。而 CO_2 实心焊丝,则必须用含有合金成分的焊丝 H08Mn2SiA。因为 CO_2 焊产生的氧,要把金属氧化,所以焊丝中必须有足够量的脱氧合金元素。焊丝中加入较多的锰和硅满足脱氧的要求,而生成的 MnO 和 SiO_2,结合成焊渣,焊后予以清除,达到符合要求的焊缝金属的成分。

二、实心焊丝的牌号

国家标准中规定的实心焊丝牌号是以字母"H"开头,后面以元素符号及数字来表示该元素的近似含量。具体编制方法为:

(1)字母"H"表示焊丝;

(2)"H"后的一位或两位数字,表示焊丝的平均碳含量;

(3)数字后有化学元素符号及跟随后的数字,表示该元素的近似含量百分数,当某元素含量不足1%,可省略数字,只标元素符号;

(4)焊丝牌号尾部有"A"时,表示优质品,表明S、P杂质含量低。

实心焊丝牌号举例:

1. 焊接碳钢和低合金钢的实心焊丝牌号:

2. 焊接不锈钢实心焊丝牌号:

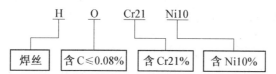

实心焊丝的牌号表明了焊丝的化学成分,从而决定了它的用途。表 17-2-1 为 CO_2 气体保护焊常用实心焊丝的牌号及其化学成分。表中有的牌号焊丝也可用于氩弧焊和埋弧焊。

表 17-2-1　CO_2 气体保护焊常用实心焊丝的牌号、化学成分及用途

牌 号	化学成分/%									用途
	C	Mn	Si	Cr	Ni	Mo	其他	S≤	P≤	
H08MnSi	≤0.11	1.20～1.50	0.04～0.70		0.03	—	Cu≤0.20	0.035	0.035	焊接碳钢和低合金钢
H08Mn2Si		1.70～2.10	0.65～0.95					0.035	0.035	
H08Mn2SiA		1.80～2.10	0.65～0.95					0.03	0.03	
H10MnSi	≤0.14	0.80～1.10	0.60～0.90	≤0.20				0.035	0.035	
H11Mn2SiA	0.07～0.15	1.40～1.85	0.85～1.15		≤0.15	≤0.15	V≤0.05	0.025	0.025	
H10MnSiMo	≤0.14	0.90～1.20	0.70～1.10			0.15～0.25	Cu≤0.20	0.03	0.035	
H10MnSiMoTiA	0.08～0.12	1.00～1.30	0.40～0.70		≤0.30	0.20～0.40	Ti0.05～0.15	0.025	0.03	
H08CrMnSiMoVA	≤0.10	1.20～1.60	0.60～0.90	0.95～1.25	≤0.25	0.50～0.70	V0.20～0.40	0.03	0.03	焊接耐热钢
H08CrNi2MoA	0.05～0.10	0.50～0.85	0.10～0.30	0.70～1.00	1.40～1.80	0.20～0.40	—	0.025	0.03	

牌　号	化学成分/%									用途
	C	Mn	Si	Cr	Ni	Mo	其他	S≤	P≤	
H1Cr13	≤0.12	≤0.60	≤0.50	11.5~13.5	≤0.60					
H2Cr13	0.13~0.21	≤0.60	≤0.60	12.0~14.0	≤0.60	—	—	0.03	0.03	焊接不锈钢
H1Cr17	≤0.10	≤0.60	≤0.50	15.5~17.0	≤0.60					
H0Cr21Ni10	≤0.08	1.0~2.5	≤0.60	19.5~22.0	9.0~11.0					
H00Cr19Ni12Mo2	≤0.03			18.0~20.0	11.0~14.0	2.0~3.0				
H0Cr20Ni10Ti	≤0.08			18.5~20.5	9.0~10.5	—	Ti9×C%~1.0			
H1Cr19Ni9	≤0.14	1.0~2.0	≤0.60	18.0~20.0	8.0~10.0	—				
H1Cr19Ni10Nb	≤0.09	1.0~2.0	0.3~0.8	18.0~20.0	9.0~11.0	—	Nb1.20~1.50	0.02	0.03	

三、实心焊丝的型号

焊丝的牌号是由生产厂制定的,焊丝的型号是国家标准规定的,型号不仅有焊丝的化学成分,还有熔敷金属的力学性能。按照国家标准要求,在焊丝产品样本或包装标签上注明产品"符合国标"或不加标注(即与国标不符),以便用户能按焊接产品的要求,对照标准来选用。

碳钢和低合金钢实心焊丝的型号是按强度等级和成分类型命名的。以"ER"字母开头,后有强度等级及化学成分等,具体编制方法为:

(1)字母"ER"表示实心焊丝;

(2)"ER"之后有两位数字表示熔敷金属抗拉强度的最小值,数字后有一短划;

(3)两数字和短划后有 A1、B2、C3、D2 等字母和数字,表示熔敷金属化学成分类型代号,A 表示碳钼钢焊丝、B 表示铬钼钢焊丝、C 表示镍钢焊丝、D 表示锰钼钢焊丝,1、2、3 表示成分有差异;

(4)两数字和短划后无 A、B、C、D,则有 1、2…7,其数字表示力学性能中的冲击功有所不同;

(5)型号尾部如有元素符号,例如 Mn、V、Ti 等焊丝中含有略多的锰、钒、钛等。

碳钢和低合金钢实心焊丝型号举例1:

ER 55-B2-Mn V

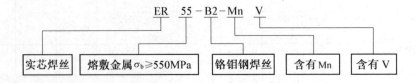

碳钢和低合金钢实心焊丝型号举例2:

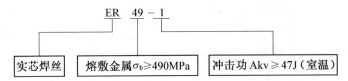

ER 49 - 1

实芯焊丝 —— ER

熔敷金属 $\sigma_b \geq$ 490MPa —— 49

冲击功 Akv ≥ 47J（室温）—— 1

碳钢和低合金钢 CO_2 气体保护焊常用实心焊丝型号见表 17-2-2。

表 17-2-2　碳钢和低合金钢 CO_2 焊常用实心焊丝的型号、化学成分、性能及用途

序号	型号 GB/T	牌号	特征和用途	焊丝化学成分/%						熔敷金属力学性能			
				C	Si	Mn	S	P	其他	σ_b /MPa	σ_s /MPa	δ/%	Akv/J
1	ER49-1	MG49-1（H08Mn2SiA）	具有良好的抗气孔性能，飞溅较少，用于焊接低碳钢和某些低合金钢	≤0.11	0.65～0.95	1.80～2.10	≤0.03	≤0.03	—	≥490	≥372	≥20	≥47（室温）
2	ER49-G	MG49-G	含有适量的 Ti，具有细化熔滴和稳弧作用。焊缝晶粒细小，低温韧性优良、用于船舶、桥梁等结构，可使用大电流，适于厚板焊接	≤0.15	0.55～1.10	1.4～1.9	≤0.03	≤0.03	—	≥490	≥390	≥22	≥27（0℃）
3	ER50-3	MG50-3	具有优良的焊接工艺性能，用于焊接碳钢及低合金钢	0.06～0.15	0.45～0.75	0.9～1.4	≤0.035	≤0.025	—	≥500	≥420	≥22	≥27（−18℃）
4	ER50-4	MG50-4	采用 CO_2 或 Ar+(5～20)%CO_2 作为保护气体，具有优良的焊接工艺性，电弧稳定，飞溅小。适于薄板的高速焊接，可用于管子的向下立焊。用于碳钢焊接	0.07～0.15	0.65～0.85	1.0～1.5	≤0.035	≤0.025	—	≥500	≥420	≥22	—
5	ER50-6	MG50-6	保护气体和焊接工艺同 MG50-4，焊丝熔化速度快，抗铁锈能力强，气孔敏感性小，可全位置施焊。用于碳钢及 500MPa 级高强钢结构焊接	0.06～0.15	0.8～1.15	1.4～1.85	≤0.035	≤0.025	—	≥500	≥420	≥22	≥27（−30℃）
6	ER50-G	MG50-G	Ar+CO_2 混气体保护焊焊丝，熔池流动合性好，抗裂性优良，飞溅少，熔渣少且易清除。适于高速焊接，尤其是薄板焊接	≤0.15	0.4～1.0	0.85～1.6	≤0.03	≤0.03	—	≥490	≥345	≥22	≥27（−30℃）
7	—	MG50-G	飞溅少，成形良好，用于 590MPa 级高强度钢，如 HQ60 等。适于焊接起重机、堆土机零部件、工程机械和桥梁等	0.04～0.07	0.6～0.8	1.3～1.6	≤0.03	≤0.03	Ni0.6～0.9 Mo 0.3～0.6	≥590	≥450	≥16	≥47（−20℃）

不锈钢实心焊丝型号和低合金钢焊丝型号是不同的。其焊丝型号是按不锈钢化学成分的代号来命名的。在"ER"后面跟着三位数字,以区别不锈钢熔敷金属的类别和成分差异。如有特殊要求的化学成分,将其元素符号附后。字母"L"表示低碳量,字母"H"表示高碳量。

不锈钢实心焊丝型号举例:

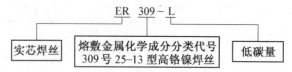

不锈钢实心焊丝型号有:ER308、ER308L、ER309、ER309L、ER347、ER316、ER316L、ER310 等。

第三节 药 芯 焊 丝

一、药芯焊丝的优点

药芯焊丝是钢皮管内填充粉状焊药,这是一种大有发展前途的焊接材料。药芯焊丝CO_2焊实施的是气体——熔渣双重保护,克服了实心焊丝的缺点,它具有以下几个优点。

(1)电弧稳定,飞溅少。药芯焊丝中间的粉状焊药加入了稳弧剂,使电弧燃烧稳定,熔滴过渡平稳,飞溅显著减少。

(2)熔池保护良好,焊缝成形好。粉状焊药熔化成渣,覆盖于液态焊缝金属表面,像焊条电弧焊的熔渣一样,可使焊缝表面成形良好,克服了实心焊丝CO_2焊焊缝表面成形不佳的缺点。

(3)大电流焊接,生产率高。药芯焊丝的通电部分是外层钢管,其散热条件好,可以使用大的焊接电流、高的电流密度。焊丝熔化速度加快,焊丝的熔敷系数提高,生产率提高。

(4)适应焊各种钢。焊条电弧焊的焊条是成熟的焊接材料,能焊接各种钢,获得良好的焊接质量。药芯焊丝借鉴制成药皮焊条的原材料,也制造了各种钢的药芯焊丝。同样还可以通过调整粉状焊药的合金剂成分,满足焊缝所要求的合金成分,制成各种不同成分的药芯焊丝,以适应焊接各种钢。

二、药芯焊丝的分类

(1)按钢管有无缝可分为:有缝药芯焊丝和无缝药芯焊丝。无缝药芯焊丝密封性好,不易受潮生锈,但制造成本高,目前焊丝制造工厂绝大多数生产的是有缝药芯焊丝。

(2)按焊丝内粉状焊药成分可分为:钛型(酸性渣)、钛钙型(中性渣)和钙型(碱性渣)。酸性渣的电弧稳定,焊缝成形美观,全位置焊接工艺性能优良。碱性渣的焊缝韧性和抗裂性优良。中性渣介于两者之间。

(3)按粉状焊药中有无造渣剂可分为:药粉型(有造渣剂)和金属粉型(无造渣剂)。金属粉型焊丝中大部分是金属粉末,焊接时渣量少,可连续焊 3 层~4 层才清渣,适用于焊厚板。

(4)按用途不同可分为:碳钢及低合金结构钢药芯焊丝、铬钼耐热钢药芯焊丝、不锈钢药芯焊丝、堆焊药芯焊丝。

几种药芯焊丝的焊接特性见表17-3-1。

表 17-3-1 几种药芯焊丝的焊接特性

项目 / 类型		药 粉 型			金属粉型
		钛型	钛钙型	钙型	
主要粉剂组成		TiO_2、SiO_2、MnO	TiO_2、$CaCO_3$	CaF_2、$CaCO_3$	Fe、Si、Mn
焊接工艺性	焊道外观	美观	一般	稍差	一般
	焊道形状	平滑	稍凸	稍凸	稍凸
	电弧稳定性	良	良	良	良
	熔滴过渡方式	细小滴过渡	滴状过渡	滴状过渡	滴状过渡
	飞溅量	粒小,极少	粒小,极少	粒大,多	粒小,极少
	熔渣覆盖性	良	稍差	差	极少
	脱渣性	良	稍差	稍差	稍差
	烟尘量	一般	稍多	多	少
接头性能	缺口韧性	一般	良	优	良
	扩散氢量/(mL 100g)	2～10	2～6	1～4	1～3
	含氧量/%	$(6～9)×10^{-2}$	$(5～7)×10^{-2}$	$(4～7)×10^{-2}$	$(4～7)×10^{-2}$
	抗裂性	一般	良	优	优
	抗气孔性	稍差	良	良	良

三、药芯焊丝的牌号

焊丝牌号是由焊丝生产厂自行编制的。在我国,过去为了用户方便选用,曾参照药皮焊条牌号而制定了统一的药芯焊丝牌号。它表示了该药芯焊丝的用途、熔敷金属的力学性能或化学成分类别以及粉状焊药的类型。药芯焊丝牌号具体编制方法如下。

(1)第一个字母"Y"表示药芯焊丝。

(2)第二个字母表示该焊丝的大类别,J 表示结构钢、R 表示耐热钢、B 表示不锈钢、G 表示铬不锈钢、A 表示奥氏体不锈钢、D 表示堆焊。

(3)继后两位数字,表示该焊丝的小类别,在结构钢药芯焊丝中以两位数字表示熔敷金属抗拉强度的最低值。在耐热钢和不锈钢焊丝中,两位数字表示熔敷金属的主要成分、等级及同一等级中不同编号。

(4)第三位数字,表示粉状焊药的渣系的类别和使用极性。1 表示金红石型酸性渣,交直流两用,2 表示钛钙型,7 表示碱性渣系,直流反接。

(5)有的焊丝牌号后还拖有:1 表示气体保护,2 表示自保护(不需要外加保护气体)。

药芯焊丝牌号举例:

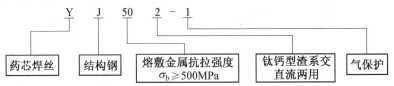

Y J 50 2 - 1

| 药芯焊丝 | 结构钢 | 熔敷金属抗拉强度 $\sigma_b \geqslant 500MPa$ | 钛钙型渣系交直流两用 | 气保护 |

从统一的药芯焊丝牌号可以看出,药芯焊丝和药皮焊条的关联,药芯焊丝 YJ502 相当于焊条 J502,实际生产中我们可以用 CO_2 焊的 YJ502 焊丝来替代焊条电弧焊的 J502 焊条。国产常用药芯焊丝牌号、化学成分、性能及用途见表 17-3-2。随着市场经济的发展,

表 17-3-2　国产常用药芯焊丝的牌号、化学成分、性能及用途

序号	牌号	焊丝直径/mm	特征和用途	熔敷金属化学成分/(%)及力学性能												
				C	Si	Mn	Ni	Cr	Mo	Cu	Nb	σ_b	σ_s/MPa	力学性能	A_{KV}/J
1	YJ502	1.6,2.0 2.4,2.8 3.2,3.8	钛钙型渣系,可焊较重要的低碳钢和普低钢结构,如船舶,压力容器等	≤0.1	0.5	1.2						≥490	—	≥22	80(0℃) 47(−20℃)
2	YJ507	1.6,2.0 2.4,2.8 3.2,3.8	低氢型渣系,用途同YJ502	≤0.1	0.5	1.2						≥490	—	≥22	80(−30℃) 47(−40℃)
3	YJ607	1.6,2.0	低氢型渣系,可焊接低合金钢、中碳钢等,如15MnV、15MnVN钢结构	≤0.12	0.6	1.25~1.75			0.25~4.5			≥590	≥530	≥15	≥27 (−50℃)
4	YJ707	1.6,2.0	低氢型渣系,用于焊接低合金高强度钢结构,如大型起重机、推土机等	≤0.15	0.6	1.5	1.0		0.3			≥690	≥590	≥15	≥27 (−50℃)
5	YJ502CuCr	1.6,2.0	钛钙型渣系,用于焊接耐大气腐蚀的结构,如铁道、车辆、集装箱等	≤0.12	≤0.6	0.5~1.2		0.25~0.60		0.20~0.50		≥490	≥350	≥20	≥47 (0℃)
6	YR307	1.6,2.0	低氢型渣系,用于焊接1%Cr～0.5%Mo耐热钢,如锅炉管道、石油精炼设备	0.05~0.12	≤0.6	≤0.9		1.0~1.5	0.4~0.65			≥540	≥440	≥17	—

234

(续)

序号	牌号	焊丝直径/mm	特征和用途	熔敷金属化学成分/(%)及力学性能											
---	---	---	---	C	Si	Mn	Ni	Cr	Mo	Cu	Nb	σ_b	σ_s/MPa	力学性能	A_{KV}/J
7	YB102	1.6,2.0	钛钙型渣系,焊接工作温度低于300℃的0Cr19Ni9、0Cr19Ni11Ti不锈钢结构,也可堆焊表面	≤0.08	≤1.0	1.0~2.5	9~11	18~21	—	—	—	≥550	—	≥35	—
8	YB107	1.6,2.0	低氢型渣系,用途同YB102	≤0.08	≤1.0	1.0~2.5	9~11	18~21	—	—	—	≥550	—	≥35	—
9	YB132	1.6,2.0	钛钙型渣系,用于焊接重要的耐腐蚀含钛不锈钢结构	≤0.08	≤1.0	1.0~2.5	9~11	18~21	—	—	≤1.0	≥515	—	≥30	—
10	YJ502-1	1.6,2.0	钛钙型渣系,用于焊接船舶、石油、压力容器、化工等重要结构	≤0.1	≤0.5	≤1.2	—	—	—	—	—	≥490	—	≥22	47(-20℃)
11	YJ507-1	1.6,2.0	低氢型渣系,直流,焊接船舶、石油、压力容器、化工设备的重要机械、起重的重要结构	≤0.1	≤0.5	≤1.2	—	—	—	—	—	≥490	—	≥22	47(-20℃)
12	YD212	1.6,2.0,2.4,2.8,3.2,3.8	钛钙型渣系,用于堆焊磨损的机件表面,如齿轮、铲斗等	0.48	0.9	1.7	—	3.6	1.5					HRC≥50	

235

各生产焊丝厂又陆续编制了自己的产品牌号。有的厂就在统一牌号前冠以厂名代号,如 AT-YJ507-1(安泰)。也有自行编制的,如 CHT711(四川大西洋)。目前焊接结构建造中,常用的国内外焊接碳钢和低合金结构钢的药芯焊丝牌号见表 17-3-3。

表 17-3-3　常用国内外焊接碳钢和低合金结构钢 CO_2 焊的药芯焊丝牌号

焊丝牌号	生产厂家	药芯类型	GB/T 型号	相当于 AWS	备　注
GL-YJ502(Q)	北京钢廉	钛钙型	E500T-1	E70T-1	表内焊丝都能用于碳钢和 σ_b 为 500MPa 的低合金结构钢。AWS 是美国焊接学会标准
SF50	上海焊接器材	钛型	E501T-1	E71T-1	
YCJ501-1	武汉铁锚	酸性	E501T-1	E71T-1	
PKYJ507-1	北京金钢	碱性	E500T-1	E70T-5	
CHT711	四川大西洋	钛型	E501T-1	E71T-1	
SQJ501	天津三英	酸性	E501T-1	E71T-1	
AT-YJ507-1	安泰科技	碱性	E500T-5	E70T-5	
TWE-711	天泰焊接	酸性	E501T-1	E71T-1	
DW-100	日本神钢	钛型		E71T-1	
MX-200		金属粉		E70T-1	
SF-1	日本日铁			E71T-1	
SF-3		钙型		E71T-1	
OC70	美国林肯			E70T-1	
OC75-H				E71T-5	
K-71T	韩国高丽			E71T-1	
SF-71	韩国现代	钛型		E71T-1	

四、药芯焊丝的型号

牌号是焊丝厂对其出厂产品的各种焊丝的特定编号。型号是国家标准中对各种焊丝规定的编号。牌号是焊丝厂制定的,型号是国家标准,焊丝厂生产的焊丝必须符合国家标准。对于药芯焊丝我国已有三个标准,GB/T 17493—1998《低合金钢药芯焊丝》、GB/T 17852—1999《不锈钢药芯焊丝》、GB/T 10045—2002《碳钢药芯焊丝》。

(一) 碳钢药芯焊丝的型号

碳钢药芯焊丝的型号是据其熔敷金属的力学性能、焊接位置及焊丝类别特点(保护气体、电流类别及渣系等)进行划分的。碳钢药芯焊丝型号具体编制方法举例如下:

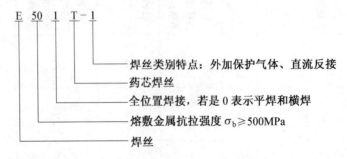

E　50　1　T-1

焊丝类别特点:外加保护气体、直流反接
药芯焊丝
全位置焊接,若是 0 表示平焊和横焊
熔敷金属抗拉强度 $\sigma_b \geqslant 500$ MPa
焊丝

常用的碳钢药芯焊丝型号、化学成分、力学性能及用途见表 17-3-4。

236

表17-3-4 常用碳钢和低合金结构钢 CO_2 焊药芯焊丝的型号、化学成分、力学性能及用途

| 序号 | 型号 GB/T(AWS) | 牌号 | 保护气体 | 特征和用途 | 熔敷金属化学成分/% | | | | | σ_b /MPa | $\sigma_{0.2}$ /MPa | δ_5 /% | A_{kv} /J |
					C	Si	Mn	Ni	其他				
1	E501T-1 (E71T-1)	YJ501-1	CO_2	钛型渣系,用于碳钢及490MPa级高强钢焊接,工艺性能优良	≤0.10	≤0.90	≤1.75	—		≥500	≥410	≥22	≥47 (0℃)
2	E501T-1L (E71T-1J)	YJ501 Ni-1	CO_2	钛型渣系用于结构的对接及角接,如造船、海上石油钻、桥梁和机械制造	≤0.10	≤0.90	≤1.75	≤0.50		≥500	≥410	≥22	≥47 (−40℃)
3	E500T-1 (E70T-1)	YJ502-1	CO_2	钛钙型渣系,用于重要的低碳钢及相应强度的低合金钢,如压力容器、船舶、石油化工重要结构的焊接	≤0.10	≤0.90	≤1.75	—		≥500	≥410	≥22	≥27 (0℃)
4	—	YJ502 R-1	CO_2	钛钙型渣系,用于重要的低碳钢及低合金钢的焊接,如船舶、压力容器、起重机械等	≤0.10	≤0.90	≤1.75	—		≤500	≥410	≥22	≥47 (0℃)
5	E500T-5 (E70T-5)	YJ507-1	CO_2	碱性渣系,用于重要的低碳钢及低合金高强钢的焊接,如机械制造、压力容器、船舶等结构	≤0.10	≤0.90	≤1.75	—		≤500	≥410	≥22	≥47 (−30℃)
6	E500T-5 (E70T-5)	YJ507 TiB-1	CO_2	碱性渣系,熔敷金属含Ni-Ti-B元素,低温下具有优良的冲击及断裂韧性,用于重要低合金钢结构的焊接	≤0.12	≤0.75	≤1.60	0.35~1.0	Ti≤0.04 B≤0.005	≥500	≥410	≥22	≥47 (−40℃)

序号	型号 GB/T(AWS)	牌号	保护气体	特征和用途	熔敷金属化学成分/%					σ_b /MPa	$\sigma_{0.2}$ /MPa	δ_5 /%	A_{KV} /J
					C	Si	Mn	Ni	其他				
7	—	YJ507Ni-1	CO_2	碱性渣系,用于重要的低碳钢及相应的低合金钢焊接,如船舶、压力容器、起重机械、石油化工等重要结构	≤0.12	≤0.90	≤1.75	≤0.50		≤500	≥410	≥22	≥47 (−30℃)
8	E601T-1 (E91T-1)	YJ602G-1	CO_2	钛钙型渣系,用于重要的低合金高强钢焊接,如船舶、压力容器等重要结构	≤0.12	≤0.60	1.25~1.75	—		≤590	≥470	≥22	≥27 (−40℃)
9	E601T-5 (E91T-5)	YJ607-1	CO_2	碱性渣系,用于焊接相应强度等级的低合金高强钢,如15MnV、15MnVN等,也可焊接中碳钢结构	≤0.12	≤0.60	1.25~1.75	—	Mo0.25~0.45	≤590	≥450	≥15	≥27 (−30℃)
10	E700T5-Ni1 (E80T5-Ni1)	YJ707-1	CO_2	碱性渣系,用于焊接15MnMoVN、14MnMoNb等高强钢结构,如重型矿山运输机、大吨位汽车起重机,大型推土机等	≤0.15	0.30~0.60	1.20~1.70	1.0~1.20	Mo0.1~0.50	≥680	≥590	≥15	≥27 (−30℃)
11	E550T5-B2 (E80T5-B2)	YR307-1	CO_2	碱性渣系,焊接工作温度在520以下的1%Gr~0.5%Mo低合金耐热钢,如锅炉炉管道、石油精炼设备等结构	≤0.12	≤0.60	≤0.90	—	Cr1.0~1.5 Mo0.40~0.65≥	≥540	≥440	≥17	—

注:GB/T中国国家标准;AWS美国焊接学会标准

(二) 低合金钢药芯焊丝的型号

根据国家标准规定,低合金钢药芯焊丝的型号是根据其熔敷金属力学性能、焊接位置、焊丝类别特点及熔敷金属的化学成分进行划分的。低合金钢药芯焊丝型号具体编制方法举例如下:

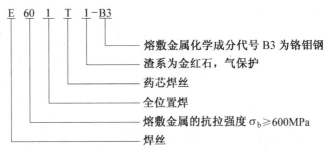

低合金钢药芯焊丝型号中第 3 位数字,1 表示全位置焊,若是 0 表示平焊和横焊。T后的数字,1 表示金红石(钛型)渣系和气保护,5 表示碱性渣系和气保护。B3 表示铬钼钢,C1 表示镍钢,D2 表示锰钼钢。表 17-3-4 为常用碳钢和低合金钢 CO_2 气体保护焊药芯焊丝型号、化学成分、力学性能及用途。

(三) 不锈钢药芯焊丝的型号

据标准规定,不锈钢药芯焊丝型号是根据其熔敷金属的化学成分、焊接位置、保护气体及焊接电流种类来划分的。不锈钢药芯焊丝型号具体编制方法如下:不锈钢药芯焊丝的型号中,E 表示焊丝。E 后三位数字 3XX(309) 为铬镍不锈钢,如是 4XX(410) 为铬不锈钢。L 表示超低碳。T 表示药芯焊丝。T 后 1 表示全位置焊,如是 0 表示平焊、横焊。型号尾部-1 表示 CO_2 气体保护焊,如是-4 表示 $Ar+CO_2$(20%～25%)混合气体保护焊。

常用不锈钢药芯焊丝型号有:E308LT-1、E316LT-1、E316T-1、E347T-1、E309LT-1、E309T-1 等。

五、药芯焊丝的使用

1. 对焊接电源要求不高

药芯焊丝是管状焊丝,中间夹入药粉,这就改善了电弧的稳定性,使之接近药皮焊条电弧焊。药芯焊丝除了可用 CO_2 焊专用的焊接电源外,也可使用焊条电弧焊的焊接电源。可用直流电,也可使用交流电。

2. 对焊丝给送机构要求高

药芯焊丝通常由薄钢皮卷成,焊丝的刚性较差,故而对送丝机的要求较高,压紧滚轮的压力不能太大,压力太大会压偏焊丝,增加送丝困难。有的焊机配置两对给送滚轮,这样增加了给送滚轮和焊丝接触面积,又增大了送丝推力。

3. 长弧焊接

药芯焊丝的药粉多为酸性的,焊接时宜用长弧焊接,能使熔融金属铺开,焊缝成形美观。还有由于使用大电流,和之匹配的电弧电压也需要提高。药芯焊丝的电弧电压一般在 20V 以上,有时可高达三十几伏。

4. 使用粗焊丝,加大电流密度

药芯焊丝的公称直径是钢管的外径,在相同直径条件下,药芯焊丝的钢截面积显然小于实心焊丝的钢截面积。但是药芯焊丝的散热条件好，又因为加入稳弧剂，所以，可使用较大的电流密度。为了提高生产率，有必要加粗药芯焊丝。通常实心焊丝应用较广的是 1.2mm 焊丝直径，而药芯焊丝使用的最小直径为 1.2mm，还有使用的是 1.6mm 和 2.4mm 焊丝直径。加粗焊丝和增大电流密度的结果，药芯焊丝使用的焊接电流大于实心焊丝的焊接电流，生产率得到进一步的提高。

5. 保管好药芯焊丝

有缝的药芯焊丝，潮气易从缝隙进入内部药粉，使之受潮，焊接工艺性能变差，易产生气孔等缺陷。一旦焊丝生锈，锈蚀到钢管内部，这时只有作报废处理。所以必须重视药芯焊丝的保管工作。

第四节 CO_2 气体保护焊焊丝的选用

CO_2 气体保护焊选用焊丝的依据是：①母材的化学成分和性能，尽可能做到焊缝和母材的化学成分和性能相接近，力学性能应包括常规的抗拉、弯曲、冲击试验等，有的钢种要求高温持久强度，有的要求低温韧性，对于不锈钢还要求有耐腐蚀性等。②焊接施工条件，包括板厚和坡口形状，焊缝的空间位置及使用的气体（CO_2 气体还是 $CO_2 + Ar$ 混合气体）。因为不同的焊丝对施工条件的适应性也有所不同，有的焊丝只能进行平焊，而有的能全位置焊，有的还需要富氩混合气体保护；③在保证焊接质量的前提下，还要考虑焊工的工作条件（有害气体）、生产率及经济性。以上几点中最重要的是母材的化学成分和性能，即按钢号来选用焊丝，表 17-4-1 为按钢号选用 CO_2 气体保护焊焊丝，可供参考。

表 17-4-1 按钢号选用的 CO_2 气体保护焊焊丝

钢类	钢 种	钢 号	保护气体	实芯焊丝		药芯焊丝	
				型 号	牌 号	型 号	牌 号
碳素结构钢	低碳钢	Q235 Q255 Q275 15 20 20g 22g 20R 25	CO_2	ER49-1 ER50-2 ER50-3 ER50-4 ER50-6	H08MnSi H10MnSi H08Mn2Si H08Mn2SiA MG49-1 MG50-3 MG50-4 MG50-6 MG50-G	E500T-1 E501T-1	YJ501-1 YJ502-1 YJ50R-1 YJ507-1 GL-YJ502Q （北京钢廉） SF50 （上海斯米克） YCJ50H （武汉铁锚） PK507-1 （北京宝钢） AT-YJ507-1 （安泰） CHT711 （四川大西洋） TWE-711 （天泰）

钢类	钢种	钢号	保护气体	实心焊丝		药芯焊丝	
				型号	牌号	型号	牌号
碳素结构钢	中碳钢	30 35 40 45	CO_2	ER49-1 ER50-2 ER50-3 ER50-6 ER50-G	H08MnA H08Mn2Si H08Mn2SiA MG49-1 MG50-3 MG50-4 MG50-6 MG50-G	E500T-1 E501T-1 E601T-1	YJ501-1 YJ501Ni-1 YJ502-1 YJ50R-1 YJ507-1 YJ607-1
低合金结构钢	295(σ_s)	09Mn2 09Mn2Si 09MNV	CO_2	ER49-1 ER50-2 ER50-3 ER50-6	H08Mn2SiA MG49-1 MG50-3	E500T-1 E501T-1 E501T-5	YJ501-1 YJ502-1 YJ507-1
	345(σ_s)	16Mn 16MnR 16MnCu 14MnNb	CO_2	ER49-1 ER50-2 ER50-6	H08Mn2SiA MG49-1 MG49＝Ni MG49-G MG50-6	E500T-1 E501T-1 E500T-5 E501T-5	YJ501-1 YJ502-1 YJ502R-1 YJ507-1 YJ507TiB-1 YJ507Ni-1
	395(σ_s)	15MnV 15MnVCu 16MnNb					
	440(σ_s)	15MnVN 15MnVTiRe 15MnVNCu	CO_2 或 Ar＋20％CO_2	ER49-1 ER50-2 ER55-D2 ER55-D2	H08Mn2SiA MG49-1 MG59-1	E600T-5 E601T-1	YJ607-1 YJ607G-1
	490(σ_s)	18MnMoNb 14MnMoV 14MnMoVCu	CO_2 或 Ar＋20％CO_2	ER55-D2	H08Mn2SiA	E601T-5 E701T-1 E700T5-NiL	YJ607-1 YJ602-G YJ707-1
低合金耐热钢	0.5Mo	16Mo	CO_2		H08MnSiMo		YR102-1 YR107-1
	0.5Cr-0.5Mo	12CrMo	CO_2		H08CrMnSiMo	E551T-B2 E550T5-B2	YR302-1 YR307-1
	1Cr-0.5Mo 1.25Cr-0.5Mo	15CrMo					
	1Cr-0.5Mo-V	12Cr1MoV	CO_2	ER55-B2-MnV	H08CrMnSi MoVA	E551T1-B1 E550T5-B1	YR202-1 YR207-1
		15Cr1Mo1V			H08Cr1Mo1MnSiV		
		20CrMo			H08CrMnSiMo	E551T1-B2 E550T5-B2	YR302-1 YR307-1
	2.25Cr-Mo	Cr2MoV	CO_2 或 Ar＋20％CO_2		H08Cr3MoMnSi	E601T1-B3 E600T5-B3	YR402-1 YR407-1
	2Cr-MoWVTiB	12Cr2MoWVTiB			H08Cr2Mo WVNbB		
	5Cr-0.5Mo	12Cr5Mo	Ar＋5～20％CO_2		H0Cr5MoA		

复 习 题

1. 液态 CO_2 比水重还是比水轻？

2. 当 CO_2 液化气瓶内压力低于 1MPa 时,为什么要停止使用 CO_2 气？

3. CO_2 焊实心焊丝的作用有哪些？

4. CO_2 焊碳钢焊丝,为什么含 Mn 和 Si 的量比较多？

5. CO_2 焊焊碳钢和低合金钢,最常用的是什么牌号焊丝？

6. CO_2 焊实心焊丝牌号 H08Mn2SiA 和型号 ER49-1 的含义是什么？

7. 药芯焊丝的优点是什么？

8. YJ502-1、YB132、YR307 各是什么钢种的药芯焊丝？

9. E501T-1、E601T-B2 型号焊丝中各字母和数字的含义是什么？

10. 有缝药芯焊丝生锈后如何处理？

11. CO_2 焊选用焊丝的依据是什么？

12. 母材钢号 Q235、Q275、20、45、16Mn、15MnVN、15CrMo 分别可选用什么焊丝？

13. CO_2 焊丝 YJ507-1、YR302-1、E309LT-1 分别用于什么钢种？

14. E501T-1 型号和 YJ501-1 型号中的"1"的含义有何区别？

第十八章 CO_2 气体保护半自动焊机

第一节 CO_2 气体保护电弧焊焊机的电源

在钢结构生产中应用较广的电弧焊设备是 CO_2 气体保护半自动焊机。CO_2 半自动焊设备要解决三个问题：①气体的输送；②焊丝给送；③电弧焊接电源的接通。CO_2 半自动焊机是由焊接电源、控制装置、焊丝给送机构、焊枪及供气系统等组成。国产 CO_2 半自动焊机的主要技术性能见表18-1-1。

表18-1-1 国产 CO_2 气体保护半自动焊机的主要技术性能

型 号	NBC-160	NBC-250	NBC-400	NBC-200	NBC-350
电源电压/V	380	380	380	380	380
相数	3	3	3	3	3
频率/Hz	50	50	50	50/60	50/60
整流方式	三相桥式全波	三相桥式全波	三相桥式全波	双反星形带平衡电抗器	双反星形带平衡电抗器
额定电流/A	160	250	400	200	350
电流调节范围/A	40～160	60～250	80～400	50～200	60～350
空载电压/V	18～29	19～37	20～50	33	45～55
电压调节范围/V	16～22	17～27	18～34	14～25	16～36
负载持续率/%	60	60	60	60	50～60
焊丝直径/mm	0.6～1.0	0.5～1.0	0.8～2.0	0.5～1.0	0.8～1.6
功率/k·VA	4.5	9.2	18.8	7.5	18
外特性曲线	平	平	平	L	L
调节外特性方式	抽头式硅整流	抽头式硅整流	抽头式硅整流	晶闸管	晶闸管
送丝方式	拉丝	推丝	推丝	推丝	推丝
送丝速度/(m/min)	2～9	2～12	2～12	1～16	1～16
质量/kg	98	148	166	125	140
型号	NBC-500	NBC-630	NBC-315	NBC-450	NBC-350
电源电压/V	380	380	380	380	380
相数	3	3	3	3	3
频率/Hz	50/60	50	50	50	50/60
整流方式	双反星形带平衡电抗器	双反星形带平衡电抗器	三相桥式全波	三相桥式全波	三相桥式全波

型　号	NBC-500	NBC-630	NBC-315	NBC-450	NBC-350
额定电流/A	500	630	315	450	350
电流调节范围/A	100～500		60～315	50～450	40～350
电压调节范围/V	55～70		18～40	48	
电压调节范围/V	16～45		17～32	14～38	15～36
负载持续率/%	60		60	100	100
焊丝直径/mm	1.2～2.0		0.8～1.4	0.8～1.6	0.8～1.6
功率/k·VA	32		12.5	17.1	18
外特性曲线	L	L	平	L	L
调节外特性方式	晶闸管	晶闸管	抽头式硅整流	晶闸管	晶体管逆变式
送丝方式	推丝	推丝	推丝	推丝	推丝
送丝速度/(m/min)	1～16		2～12	2.5～18.4	1～16
质量/kg	175		120	210	63

一、CO_2 焊电弧的静特性和电源外特性

（一）CO_2 焊电弧的静特性

CO_2 焊是在细焊丝、高电流密度下工作的。它的电流密度比埋弧焊还高，其电弧静特性不同于埋弧焊和焊条电弧焊。高电流密度的含义是在狭小的电弧截面内要通过很大的电流，在这样条件下再要增加电流是困难的，就必须升高电弧电压。另外，由于 CO_2 气流对电弧有冷却作用，也需要升高电压才能维持原有电流。所以 CO_2 焊电弧静特性曲线是上升的（图 18-1-1），即随着焊接电流的增大，电弧电压要升高。

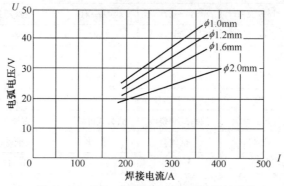

图 18-1-1　CO_2 气体保护电弧的静特性曲线

ϕ—焊丝直径。

当电弧拉长时，电弧静特性曲线也是要由下向上移动（图 18-1-2）；反之，电弧长度减短，电弧静特性曲线向下移。

（二）CO_2 焊的电源外特性

在焊接电弧稳定工作状态下，焊接电源的输出电压和输出电流之间的关系，称为电源外特性。用于电弧焊的焊接电源外特性曲线有三种：水平的、缓降的、陡降的。CO_2 焊宜

用水平的外特性,就是焊接电源的输出电压不随输出电流而变。

(三) 三种焊接电源外特性的电弧自身调整

三种焊接电源外特性曲线,1 是水平的;2 是缓降的;3 是陡降的。电弧长度 L_1,电弧在 O 点燃烧(图 18-1-3)。由于某种原因(焊枪突然抬高或电弧遇到接缝底凹处),电弧长度由 L_1 拉长到 L_2,电弧静特性曲线向上移,分别和三种电源外特性曲线相交于 a、b、c 点(新的电弧燃烧点),使焊接电流减小。由图可知,在相同的弧长变化情况下,水平外特性引起焊接电流减小值 ΔI_a 要比陡降外特性的焊接电流减小值 ΔI_c 大的多,$\Delta I_a > \Delta I_b > \Delta I_c$。焊接电流减小要引起焊丝熔化速度 $V_{熔}$(与 I 成正比)的减小,而焊丝给送速度 $V_{给}$ 不变(等速给送焊丝),这样 $V_{熔} < V_{给}$,弧长要减短,电弧静特性曲线向下移,L_2 移到 L_1,最后仍回到原来的 O 点燃烧,这就是 CO_2 焊电弧的自身调整。调整过程可以简要表达如下:

$$O_点 \Rightarrow L_弧 \uparrow \Rightarrow (L_1 \rightarrow L_2) \Rightarrow (O \rightarrow a) \Rightarrow I_焊 \downarrow \Rightarrow V_熔 \downarrow \Rightarrow (V_熔 < V_给) \Rightarrow L_弧 \downarrow \Rightarrow O_点$$

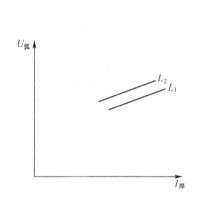

图 18-1-2 弧长变动,电弧静特性
曲线移动弧长 $L_2 > L_1$

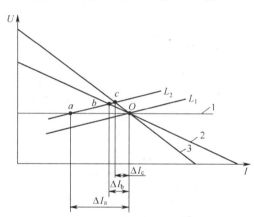

图 18-1-3 三种电源外特性的电弧自身调整
1—水平外特性;2—缓降外特性;3—陡降外特性。
L_1—短弧静特性;L_2—长弧静特性。

(四) CO_2 焊要求焊接电源外特性是水平的

从上面讨论看出三种电源外特性都能实现电弧自身调整,但电弧自身调整的速度取决于 $V_{给}$ 和 $V_{熔}$ 的差值,$V_{给}$ 是不变的,这就取决于 $V_{熔}$ 的变化,取决于焊接电流的变化,水平外特性的 ΔI_a 最大,它的自身调整速度最快,使电弧燃烧点快速回到原 O 点。水平外特性的自身调整性能最好;缓降外特性次之;陡降外特性最差。CO_2 焊要求电源外特性是水平的。

二、CO_2 焊用焊接电源分类

CO_2 焊接使用的是直流电源,外特性要求是水平的。目前普遍使用的是抽头式硅整流焊接电源、晶闸管式整流弧焊电源及逆变式弧焊电源。

(一) 抽头式硅整流焊接电源

抽头式硅整流焊接电源是由主变压器、整流器及直流输出电抗三大部分组成,如图 18-1-4 所示。

主变压器是三相降压变压器,变压器的初级绕组有若干抽头,或初级和次级均有抽头,用来调节输出电压。整流器是将三相交流经桥式整流输出直流电压,再经过直流电抗器输送给焊丝和焊件。直流电抗器可用来调节直流输出回路的电感,也即调节电源的动特性,可适应 CO_2 焊接的要求,直流电抗器还能起滤波作用。

抽头式降压变压器,没有交流电抗器,所以没有交流降压外特性。焊接电源外特性是水平的(图18-1-5)。要调节输出电压是靠初级或次级绕组的抽头,改变初级和次级绕组的匝数比,就能调节电源外特性。

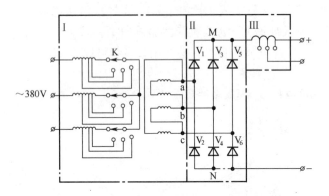

图 18-1-4　变压器抽头式硅整流电源电气原理图
Ⅰ—主变压器;Ⅱ—整流器;Ⅲ—直流输出电抗器。

图 18-1-5　变压器抽头式硅整流焊接电源外特性曲线

抽头式硅整流焊接电源,结构简单、维修方便、价格低廉、动特性好。其缺点是调节电源外特性需要停机,又不能遥控调节,空载电压低,引弧性能差。

(二) 晶闸管式整流弧焊电源

晶闸管式整流弧焊电源由四部分组成:主变压器、晶闸管整流器、直流输出电抗器和晶闸管触发器。晶闸管式整流弧焊电源框图如图18-1-6所示。

主变压器是将三相380V网路电压降为焊接用的电压。主变压器的次级绕组接成双反星形接法,并通过平衡电抗器把两者连接起来。整流电路是由6个晶闸管进行整流,此外还并联6个二极管以提高焊机的空载电压,使引弧便利和小电流波形连续。直流输出电抗器也用以改善动特性和滤波。6个晶闸管的触发导通,是靠晶闸管触发电路工作。晶闸管的导通角大小是靠触发电路来控制的。增大晶闸管的导通角,就能增大焊接电源的输出电压。晶闸管式整流弧焊电源的外特性如图18-1-7所示。电源外特性曲线呈"L"形,

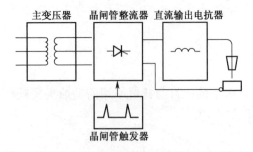

图 18-1-6　晶闸管整流弧焊电源框图

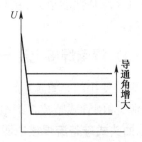

图 18-1-7　晶闸管式整流焊接电源外特性曲线

空载时焊接电源输出电压高,有利于引弧;焊接时电源外特性是水平的,电弧自身调节速度快。

晶闸管式整流弧焊电源有较好的控制性能和网路电压补偿能力,动特性好,电源外特性调节范围广,还能实现遥控调节,能源损耗也小,这是目前 CO_2 焊机应用较广的焊接电源。

(三) 逆变式弧焊电源

逆变式弧焊电源是目前正在推广的最新型的焊接电源,它是由整流回路、逆变回路、高频变压器、整流回路及直流电抗器组成,其原理方框图如图 18-1-8 所示。

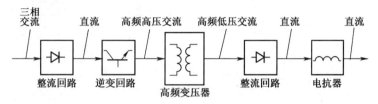

图 18-1-8　逆变式弧焊电源原理框图

交流电变成直流电称为整流;直流电变成交流电称为逆变。

先将网路交流电经整流回路变成直流电,然后将此直流电路经逆变回路变为高频率的交流电,加在高频变压器的初级,降压后次级输出高频率的低压交流电,再经整流回路变成直流电,最后通过直流电抗器输出平稳的直流电。逆变式弧焊电源的外特性可以制成恒压的或恒流的,也可以制成三段式,如图 18-1-9 所示,可用于 CO_2 气体保护半自动焊。

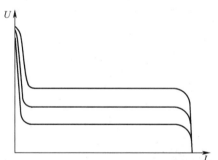

图 18-1-9　逆变式弧焊电源的外特性曲线

逆变式弧焊电源中的交流电是高频的,这使焊机的体积变小且质量小;还具有良好的动特性;飞溅小;耗能少。

目前我国工厂中使用最广的是晶闸管弧焊电源,其控制装置和焊接电源装在一个焊机箱柜内。箱柜内还装有通风电动机,冷却晶闸管等电器元件用。接触器接通焊接电源用。箱体上还有焊接电源输出接线端,送丝机、遥控盒及 CO_2 减压流量调节器中预热器的插座等。

第二节　CO_2 气体保护半自动焊的控制装置

CO_2 半自动焊需要控制焊接电源的通断、焊丝给送及气体输送,这都由控制装置来实现。控制装置大部分电气控制元件安装在焊机箱内和面板上（图18-2-1），还有部分装在遥控盒和焊枪上。

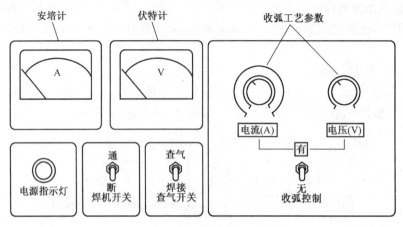

图 18-2-1　焊机面板上的控制装置

CO_2 半自动焊机控制装置具有的功能是：①控制焊接启动和停止；②调节电弧电压和焊接电流；③调节收弧电压和收弧电流；④焊前检查气体的输送；⑤焊前送出焊丝。

（一）控制焊接启动和停止

焊接启动停止开关是安置在焊枪手柄上，焊工用手指按住（勾住）焊枪开关，接通控制电路，使电磁气阀接通，CO_2 气体输出，延迟一定时间后，接通焊接电源和送出焊丝引燃电弧，焊接工作开始。焊工手指松开焊枪开关，先停止给送焊丝和切断焊接电源，电弧熄灭，接着滞后停止送气，焊接工作停止。提前送气和滞后停气是为了保护好电弧和熔池，避免空气的侵入。图18-2-2为 CO_2 焊启动和停止时，气体、电源和焊丝三者通断的时间差。

（二）调节电弧电压

讨论问题前，先讨论焊丝熔化速度，为了简化问题，设焊丝熔化速度 $V_{熔}$ 正比于焊接电流 $I_{焊}$，且电弧电压对 $V_{熔}$ 影响不大，于是焊丝等熔化速度曲线是垂直电流坐标轴线的。电源外特性曲线、电弧静特性曲线、焊丝等熔化速度曲线三曲线画在 I、U 坐标轴上，三曲线相交一点 O，为电弧稳定燃烧点。

调节电弧电压就是调节电源外特性，将电源外特性曲线升高，由 1 变为 2（图18-2-3），于是电弧燃烧点就由 O_1 移到 $O_1{}'$（L_1 和 2 的交点），电弧电压由 U_1 变成 U_2，电流由 I_1 变成 I_2，于是 $V_{熔1}$ 增大成 $V_{熔2}$，而焊丝给送速度 $V_{给}$ 不变（未调节），这样造成 $V_{给}$ < $V_{熔}$，电弧要拉长，电弧静特性曲线向上移，由 L_1 拉长到 L_2，这时电弧静特性曲线、电源外特性曲线及焊丝等熔化速度曲线相交于 O_2 点，此点是新的电弧稳定燃烧点。结果是 U_1 变成 U_2，电弧电压升高，电弧被拉长，而焊接电流未变。反之，降低电源外特性曲线，能获得调低电弧电压的要求。调节电压用的变阻器是安装在遥控盒上，改变电阻值，就能改变晶闸管导通角，改变焊接电源的输出电压，电源外特性曲线上下移动，达到改变电弧电压的要求。

248

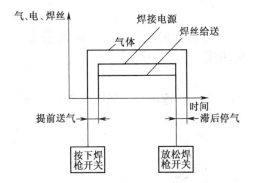

图 18-2-2　焊接起动和停止时的气体供给

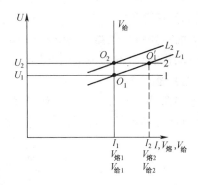

图 18-2-3　调节电弧电压的原理

（三）调节焊接电流

调节焊接电流的实质是调节焊丝给送速度，增大焊丝给送速度，就能增大焊接电流。现用图 18-2-4 来解释，原电弧静特性曲线 L_1、电源外特性曲线 1 和焊丝等熔化速度曲线 ($V_{给1}$) 相交于 O_1 (I_1、U_1)，电弧稳定燃烧。现增大焊丝给送速度，$V_{给2} > V_{给1}$，开始时焊接电流还未变，即焊丝熔化速度未变，于是形成了 $V_{给2} > V_{熔1}$，弧长要减短，电弧从 L_1 逐渐减短至 L_2，这时电源外特性曲线 1、电弧静特性曲线 L_2 和焊丝等熔化速度曲线 $V_{给2}$ 相交于 O_2 点，电弧便在 O_2 点稳定燃烧。结果是焊接电流由 I_1 增大到 I_2，而电弧电压未变。若减小焊丝给送速度，则焊接电流减小。调节焊接电流是在遥控盒上操作的。

（四）收弧控制

电弧焊收弧时，如果立即熄灭电弧，就会产生弧坑未填满的缺陷，如果在弧坑处，电弧多停留些时间，也可能发生烧穿缺陷。为了解决这问题，CO_2 半自动焊机设置收弧控制装置，当收弧时焊机能将正常焊接电流和电压减小为收弧电流和收弧电压（图 18-2-5），这样电弧的热量减小，避免了烧穿，同时用收弧电流的热量来熔化焊丝填满弧坑。收弧电流和电压可调节，通常调节为 70% 的焊接电流和电压。在控制面板有两个调节器可操作。如果不需要调节收弧工艺参数，则在面板上的收弧控制开关拨向"无"的位置。

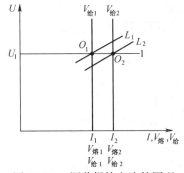

图 18-2-4　调节焊接电流的原理

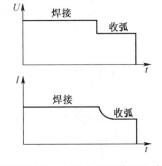

图 18-2-5　收弧电压和收弧电流

（五）焊前检查送气

CO_2 焊准备工作中要检查 CO_2 输气是否正常，在控制面板上设有查气开关，查气开关有两个位置，当开关放在"查气"位置时，电磁气阀工作，接通 CO_2 气路，焊枪放出 CO_2

气体。查气后应将查气开关放置在"焊接"位置,焊接时放出 CO_2 气体,不焊时停止送气。

(六)焊前送丝

焊前需要将焊丝盘中的焊丝送入焊枪,按下在遥控盒上的焊丝"点动"按钮,不放松,送丝电动机旋转,输出不带电的焊丝。松开"点动"按钮,焊丝停止。

(七)遥控盒

遥控盒(图 18-2-6)上安置有焊接电流调节器(调节送丝速度)、电弧电压调节器(调节电源外特性)和焊丝"点动"按钮。遥控盒通常安放在送丝机上。

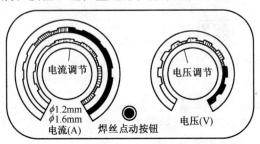

图 18-2-6 遥控盒

第三节 送 丝 机

一、送丝方式

CO_2 半自动焊的送丝任务是把焊丝盘中的焊丝送到焊枪出口。送丝的方式有四种:推丝式、拉丝式、推拉丝式、加长推丝式,如图 18-3-1 所示。

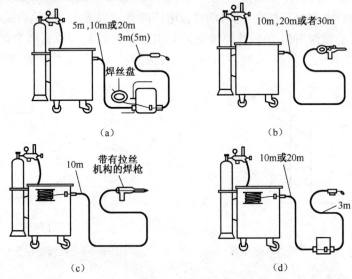

图 18-3-1 CO_2 气体保护焊送丝方式
(a)推丝式;(b)拉丝式;(c)推拉式;(d)加长推丝式。

（一）推丝式送丝

焊枪和送丝机分开,焊丝由送丝机推送,通过软管进入焊枪而出。焊枪结构简单,轻小。

（二）拉丝式送丝

送丝机和焊丝盘都装在焊枪上,送丝机是将焊丝从焊丝盘拉出,进入焊枪头,不用软管,送丝距离很短,送丝速度稳定。焊枪重,只能用于细焊丝(≤0.8mm)。

（三）推拉丝式送丝

两只送丝机,一推一拉,软管可加长到10m,扩大了焊工活动范围。但结构复杂,且推拉需要同步。

（四）加长推丝式送丝

有两只推丝机进行二级推丝,送丝距离可达20m,焊枪结构不变,但送丝结构复杂,装卸焊丝不便。

目前船厂中使用最广的是推丝式送丝机,现对此机作介绍。

二、推丝式送丝机

（一）推丝式送丝机的构造

推丝式送丝机的构造如图18-3-2所示,其主要由直流送丝电动机、减速箱、焊丝给送滚轮和压紧滚轮、矫直轮及焊丝盘等组成。

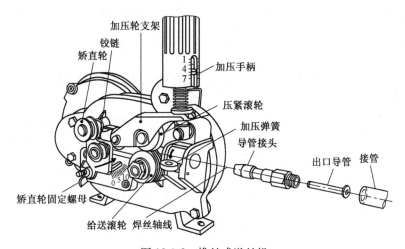

图 18-3-2　推丝式送丝机

（二）推丝式送丝机工作原理

1. 传动和调速

动力源是一台直流电动机,其转速可达3000r/min以上,通过减速箱传动,使给送滚轮旋转,推送出焊丝。可以通过电流调节器改变电阻值来调节直流电动机的转速,从而获得焊丝给送速度的改变。

2. 焊丝的加压推送

给送滚轮的上方有一压紧滚轮,焊丝在给送滚轮和压紧滚轮之间,通过压紧滚轮上弹

251

簧加压,增大了焊丝和给送滚轮间的摩擦力,依靠摩擦力将焊丝送入软管。旋转弹簧上的加压手柄,可调节压紧滚轮对焊丝的压力。合适的压力能使焊丝匀速送入软管电缆,最后平稳送入电弧区。若压紧滚轮的压力太小,摩擦力太小,滚轮打滑,送不出焊丝;若压力太大,焊丝被压扁,压磨出的金属粉末,进入软管电缆,使输送焊丝不畅通,甚至会使弹簧软管阻塞。

加在焊丝上压力的大小,由焊丝直径、焊丝材质及软管电缆长度而定。焊丝直径粗和软管电缆长,需加压力大。加压手柄上有刻度,提供压力大小的参考。

图 18-3-3　给送滚轮上
的两条轮槽

送丝机配有两只焊丝给送滚轮,每只给送滚轮上有两条轮槽(图 18-3-3),以适应两种直径焊丝的给送。只要把滚轮翻身安装,就能转换成另一种直径的焊丝给送。

3. 焊丝的矫直

为了减小焊丝送入软管电缆的阻力,焊丝必须先进行矫直,送丝机上设有矫直装置,有三个滚轮参与矫直,利用三点弯曲的原理,将焊丝矫直成接近直线。矫直的程度可以通过调整中间矫直轮的位置来达到要求。焊丝矫直的程度可从矫直较链的刻度得到参考。

(三) 送丝机上的附属装置

送丝机除了承担送丝任务外,气管、焊接电缆、控制电缆也都在送丝机上获得接通,最终将气、电、焊丝及控制电缆送入软管电缆。送丝机上还装有电磁气阀,接通 CO_2 用。装有电流、电压调节器的遥控盒,也可放置在送丝机机架上。

第四节　CO_2 气体保护半自动焊焊枪

CO_2 半自动焊焊枪的功用是输出 CO_2 气体和导电的焊丝。焊枪按送丝方法不同可分为推丝式焊枪和拉丝式焊枪。焊枪按冷却方法不同可分为水冷式和空冷式。大于350A 焊接电流用水冷式,船厂中使用的是空冷式焊枪。空冷式焊枪按结构不同,又可分为鹅颈式(图 18-4-1)和手枪式(图 18-4-2)。鹅颈式焊枪结构简单,且重心位于手握部分,操作灵活方便,获得广泛的应用。

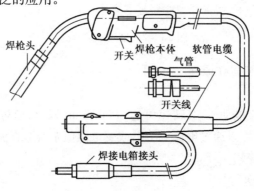

图 18-4-1　鹅颈式焊枪

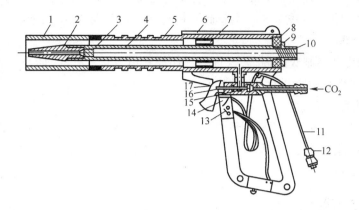

图 18-4-2　手枪式焊枪

1—喷嘴;2—导电嘴;3—弹簧管;4—导电管;5—外套;6—手把;7—喷气具;8—绝缘套;9—螺母;10—铜套;11—控制线;12—插头;13—开关;14—弹簧;15—气阀;16—顶针;17—扳手。

鹅颈式焊枪可以分为三部分:焊枪头、焊枪本体及软管电缆。

一、焊枪头

焊枪头由导电嘴、喷嘴、分流环、绝缘套组成(图 18-4-3)。

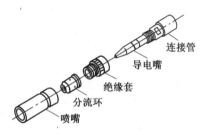

连接管

导电嘴

绝缘套

分流环

喷嘴

图 18-4-3　焊枪头的组成

(一) 导电嘴

导电嘴的任务是传导焊接电流给焊丝,导电嘴的孔径和焊丝直径是匹配的,孔径太小时,送丝的阻力大,焊丝不能顺利通过;孔径太大时,焊丝在导电嘴内接触点不固定,接触好时电流大,接触不良时电流小,也直接影响到焊接过程的稳定性。不同直径的焊丝应配用不同直径的导电嘴孔径,较佳的状态是导电嘴孔径比焊丝直径大 0.2mm～0.3mm。导电嘴长度约 30mm～40mm。制作导电嘴的材料要有良好的导电性,还要有好的耐磨性,一般采用紫铜或铬锆铜制成,导电性以紫铜为最佳,耐磨性以铬锆铜为佳。

(二) 喷嘴

对喷嘴的要求是喷出稳定层流的 CO_2 气体。喷嘴由于近电弧,极易粘附上飞溅,故需要经常清理,切忌将喷嘴在钢板上敲击,以免喷嘴变形而损坏螺纹。喷嘴涂上"防飞溅油"可减少粘附飞溅,且容易清除飞溅。喷嘴内径通常为 16mm,可保证熔池周围受到射出 CO_2 气体的保护。喷嘴通常用铜管镀铬制成,喷嘴要和导电部分绝缘。

(三) 分流环

它是用陶瓷材料制成的,起着合理分布保护气体流量的作用,防止气体产生紊流现象,同时还能使喷嘴和导电嘴之间绝缘。

(四) 绝缘套

焊枪操作时,喷嘴难免要碰到母材,为此设置了绝缘套,一端(导电的)旋在焊枪本体上,另一端(绝缘体)则旋上喷嘴,这样就使喷嘴和焊枪本体绝缘。即使操作时喷嘴接触到母材,也不会发生短路现象。

二、焊枪本体

焊枪本体(图 18-4-4)的作用是将软管电缆中的气体、焊接电流、焊丝输送到焊枪头。鹅颈管的一端和焊接电缆接通,另一端和导电嘴接通。焊接电源是通过鹅颈管和导电嘴接通到焊丝上。焊丝在弹簧软管内是不通电流的,以防止焊丝通电部分太长,预热作用过强而造成焊丝过热现象。鹅颈管本体传导焊接电流,管内输送焊丝和 CO_2 气体,再经过导电嘴输出通电的焊丝,经过分流环输出 CO_2 气体。鹅颈管的外层涂有既耐高温又能绝缘的塑料,防止其和焊件短路。

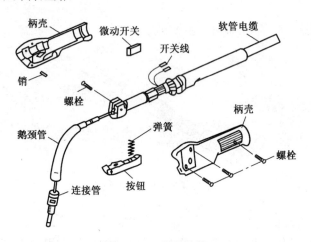

图 18-4-4　焊枪本体

三、软管电缆

软管电缆是连接送丝机和焊枪本体的电缆,它能传导焊接电流、运送焊丝、输送 CO_2 气体,并要求焊丝在其中通过的摩擦阻力小。软管电缆(图 18-4-5)的最内面有一弹簧软管,焊丝能在其中通过。弹簧软管外有一层塑料气管,两管之间有空隙可以通过 CO_2 气体。外层是编织铜电缆,用作传导焊接电流,焊接电缆中还嵌有连接焊枪开关的控制电线。最外层是黑色绝缘橡胶。软管电缆不同于焊条电弧焊的焊接电缆,软管电缆中有通焊丝的弹簧,所以在使用时,切莫把软管电缆盘成圆环形状态,这要影响到焊丝给送稳定性和电弧的状态。通常允许软管电缆弯曲的最小直径为 600mm。软管电缆的弯曲越是近焊枪,对送丝影响越大,故要求近焊枪的电缆尽可能平直。

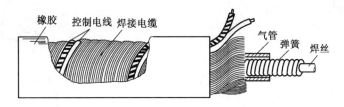

图 18-4-5　CO_2 焊用软管电缆

第五节　CO_2 气体保护焊供气系统

供气系统的作用是将 CO_2 液化气瓶内的 CO_2 液体转化为气体,通过降压进入管路,经电磁气阀送入软管电缆从喷嘴中射出。

CO_2 气体保护电弧焊接供气系统由 CO_2 液化气瓶、减压流量调整器(包括预热器)、电磁气阀及气管等组成(图 18-5-1)。

一、CO_2 液化气瓶

CO_2 液化气瓶是钢瓶,它的外形和结构同氧气瓶,不同的是瓶的涂色,CO_2 液化气瓶是涂铝白色的,并标有"液化二氧化碳"黑字。CO_2 瓶(图 18-5-2)容积为 40L,可灌约 25kg 的液态 CO_2,约占钢瓶容积的 80%,其余空间则是气化的 CO_2。在 0～20℃室温下,瓶内 CO_2 气体压力达 4MPa～6MPa 左右,温度升高至 30℃时,CO_2 气体压力急剧上升可达 7MPa。随着 CO_2 的输出消耗,瓶内压力逐渐下降。当压力降至 1MPa 时,CO_2 气体混入水分过多,不能用于焊接。

二、减压流量调节器

CO_2 气体保护焊用的减压流量调节器(图 18-5-3)是将减压阀、预热器、流量调节器及流量计组合成一体。

减压阀是利用气体膨胀减压的原理,将高压气体降压为 0.2MPa 低压气体输出。

预热器是提供高压 CO_2 气体降压膨胀所需要吸收的热量,以防止 CO_2 气体中的水被冻结而造成气路堵塞。预热器就是一个电阻丝加热器,使用时要接上合适的电源(不是网路电压),其电源线的插座在焊机箱柜的后侧。

三、电磁气阀

电磁气阀是利用电磁铁传动气体阀门的装置,如图 18-5-4 所示。当电磁线圈通电时,电磁铁动作,打开气体阀门,就有 CO_2 气体输出。电磁线圈切断电流时,CO_2 气体停止输送。电磁气阀安装在送丝机的底板上。电磁线圈的通断由焊枪上的按钮开关控制或控制装置面板上的查气开关控制。

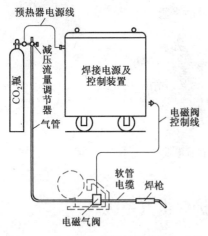

图 18-5-1　CO$_2$ 气体保护焊的供气系统

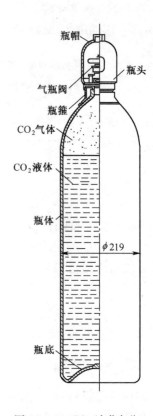

图 18-5-2　CO$_2$ 液化气瓶

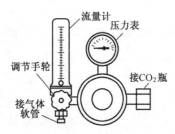

图 18-5-3　减压流量调节器

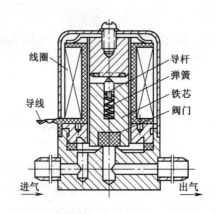

图 18-5-4　电磁气阀

第六节　CO$_2$ 气体保护半自动焊机的连接和焊前准备

一、CO$_2$ 半自动焊机的连接

CO$_2$ 半自动焊机的连接工作是将其各组成部分连接起来,并接通三相网路和焊接回

路。正确的连接是保证CO_2半自动焊机正常的运转首要条件,错误的连接会使焊机不能启动,甚至使焊机的零部件受到损坏。CO_2半自动焊机要按一定的顺序进行连接,各步骤的操作要点见表18-6-1。图18-6-1为CO_2半自动焊机的外部连接。CO_2半自动焊机的连接工作是由电工和焊工共同来完成。

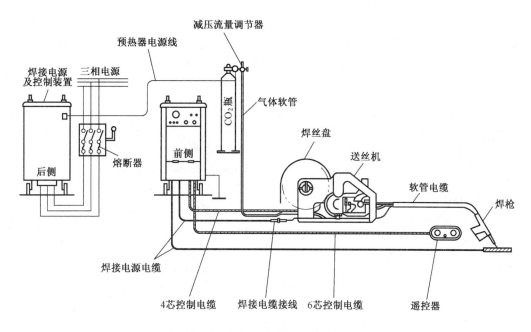

图18-6-1　CO_2半自动焊机的外部连接

表18-6-1　CO_2气体保护半自动电弧焊焊机的连接顺序

序号	连接内容	操作要点
1	查明焊机的功率和配电箱保险丝的容量	(1)检查所安装的保险丝是否符合规定的容量。 (2)焊机的额定电压、频率应和网络电压、频率相符合
2	焊机机壳连接接地线	(1)焊机的机壳用≥14mm² 的电缆作接地线。 (2)配电箱上应装有防漏电的自动断电安全装置
3	连接焊件的电缆	(1)电缆一端和焊接电源输出负极相连接,另一端和焊件相连接,用螺栓连接,保证良好的接触。 (2)焊接电源输出端接头外露部分要用包布包扎绝缘。 (3)电缆截面可按 5A/mm² 选定。 (4)电缆不宜长,不许盘圈重叠
4	连接焊枪的电缆	(1)电缆一端和焊接电源输出正极相连接,另一端和焊枪供电部分连接,用螺栓牢固连接。 (2)焊接电源输出端接头外露部分要用包布包扎绝缘。 (3)电缆截面可按 5A/mm² 选定

（续）

序号	连接内容	操作要点
5	连接遥控盒	将遥控盒电缆插头对准插座旋紧螺纹,牢固接在焊机上标明的插座上
6	连接送丝机构的控制电缆	将控制电缆的插头牢固连接在焊机上的专用螺纹插座上
7	安装减压流量调整器	(1)安装前把 CO_2 瓶阀手柄转开约 90°,吹去瓶口上垃圾。 (2)减压流量调整器应竖立装在 CO_2 瓶的侧面。 (3)减压流量调整器的螺母应可靠地旋在 CO_2 瓶口上。 (4)安装时,不可用手托住流量计,而是托住减压流量调整器的整体,用扳手旋紧螺纹
8	连接 CO_2 气管	(1)用气管连接减压流量调整器的出气口,焊丝给送机构底板上的电磁气阀。 (2)在使用配套的接头零件(管螺母、管螺纹接头)连接的地方,要将管螺母旋紧。 (3)气管和螺纹管接头连接的地方要用扳手夹紧,防止漏气
9	连接 CO_2 减压流量调整器的预热器上的电源线	(1)将预热器电源线的插头插入焊机箱柜后侧的专用插座。 (2)注意电源线电压是否相符
10	连接送丝机构和焊枪	(1)连接前检查弹簧软管是否适用于所使用的焊丝直径。 (2)将弹簧软管、焊接电缆、控制电缆、气管分别按照指定的连接部位,可靠地进行连接
11	接上输入电缆	(1)将焊机的电源开关处于断开的位置上。 (2)检查配电箱开关,并将它置于断开电源的位置。 (3)按 $5A/mm^2$ 选用输入电缆的截面。 (4)将输入电缆接入配电箱。 (5)电缆接头螺栓必须拧紧,保证良好的通电。 (6)焊机输入端的电缆接头要用绝缘包布包扎,不许外露

二、CO_2 半自动焊机的焊前准备

CO_2 半自动焊机的焊前良好准备工作,是确保焊接工作的正常进行和获得良好焊接质量的重要环节之一。CO_2 半自动焊机的焊前准备工作的顺序见表 18-6-2,表内叙述了各操作步骤的要点。

表 18-6-2　CO_2 半自动焊机的焊前准备工作顺序表

序号	准备工作的内容	操作要点
1	接通三相电源配电箱的总开关	(1)检查输入电缆的连接和绝缘情况。 (2)检查网路电压是否和焊机规定的电压相符。 (3)断开焊机上的开关。 (4)检查配电箱的总开关。 (5)接通三相电源配电箱的总开关

序号	准备工作的内容	操 作 要 点
2	接通焊机的开关	(1)把焊枪开关置在断开位置上把查气开关置在"焊接"位置上。 (2)检查焊机的开关。 (3)接通焊机的开关。 (4)观察冷却焊接电源用的风扇转动是否正常
3	调整气体的流量	(1)把焊机箱柜面板上的查气开关扳到"查气"位置上。 (2)旋转 CO_2 瓶阀上的手轮,开启阀门,转动减压流量调整器的手轮,放出 CO_2 气体,放出二,三次。 (3)调整气体流量达到所需要的值。 (4)把查气开关扳回到"焊接"位置上
4	装入焊丝	(1)把焊丝盘套入轴上,并装好轴销,防止焊丝盘脱离。 (2)用手钳把焊丝端部弄成直线,且端头避免锐角,焊丝穿过桥直装置和加压装置,送进焊枪弹簧软管的输入口。 (3)检查矫直轮和弹簧软管输入口中心位置是否一致
5	焊丝加压	(1)把焊丝嵌入给予送滚轮的轮槽里,扳动加压手柄,对焊丝加压。 (2)根据要求,调整弹簧压力,调整施加于焊丝的压力
6	焊丝矫直	(1)根据焊丝粗细调整焊丝矫直量。 (2)调整后要将矫直轮固定螺母拧紧
7	焊丝通过焊枪	(1)检查导电嘴的孔径是否和焊丝直径匹配。 (2)松开导电嘴和喷嘴。 (3)按下遥控盒上焊丝点动按钮,使焊丝微动,直至伸出导电嘴端约10mm左右的长度。 (4)旋紧导电嘴,使导电良好,装上喷嘴
8	调整焊接电流和电弧电压	(1)在遥控盒上用焊接电流调节器调整焊接电流。 (2)用电弧电压调节器调整电弧电压。 (3)某些焊机有"一元化调整"功能,即在调整焊接电流的同时,电弧电压也相应变化到大致匹配的程度。如需更好的匹配,还可进一步细调电压
9	调整收弧电流和收弧电压	(1)将焊机箱柜面板上的收弧控制开关,置在"有"的位置上。 (2)在面板上调整收弧电流。 (3)在面板上调整收弧电压。 (4)如不需要收弧控制,可将收弧控制开关置在"无"的位置上

第七节　焊枪开关的操作

CO_2 半自动焊机的启动和停止是由焊枪开关实施的。焊枪上仅有一个开关,有两种控制方式:一为无收弧控制;另一为有收弧控制。

一、无收弧控制时开关的操作

把焊机面板上的收弧控制开关拨向"无"的位置上。处在这种工作状态下,按下焊枪开关,输气、通电、送丝,焊接工作进行,焊接时焊工要始终按住焊枪开关。松开焊枪开关,停丝、断电、停气,焊接工作停止(图 18-7-1)。

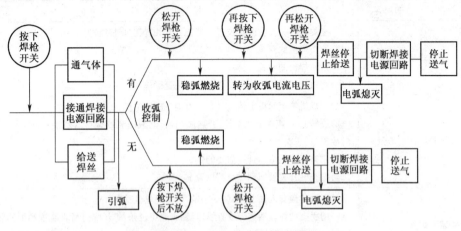

图 18-7-1　焊枪开关操作的动作

二、有收弧控制时开关的操作

把收弧控制开关拨向"有"的位置上。在有收弧控制工作状态下,按下焊枪开关,输气、通电、送丝,焊接工作进行。松开焊枪开关,焊接工作仍继续。再按下焊接开关,这时焊接电流和电弧电压自行减小成收弧电流和收弧电压,便于收弧。最后松开焊枪开关,则停丝、断电、停气,焊接工作停止(图 18-7-1)。在有收弧控制工作状态下,焊工在正常焊接时不需要按住焊枪开关,减轻了劳动强度。

第八节　CO_2 气体保护半自动焊机的保养及故障

一、焊工对 CO_2 半自动焊机的保养

正确的使用和维护保养焊机,是保证焊机正常运转、延长使用寿命的关键。CO_2 焊工在保养焊机方面应做到以下几点。

(1)定期擦拭焊机的外部及能触及的内部。

(2)经常检查与紧固各部件的接头、紧固螺栓。

(3)经常检查接地线是否完整、可靠。

(4)每次开机后应观察风扇运转是否正常。

(5)定期检查电气仪表,应保持完好,并指示准确。

(6)每次安装焊丝盘时,应检查焊丝给送机构,其工作应正常。

(7)检查供气系统中的减压流量调节器、电磁气阀,其工作应正常,流量计指示应准确。

(8)CO_2 管路应良好,无老化和无破损现象。

(9)定期清洗软管电缆中的弹簧管,防止焊丝不畅通。

(10)及时清理喷嘴上的飞溅沫。

二、CO_2 半自动焊机的常见故障

CO_2 半自动焊机在正常工作情况下,也会产生一些故障,这也是影响提高生产率和保证焊接质量的重要因素之一。焊工应该了解常见故障的产生原因,以及排除故障的方法,以利焊接生产工作,掌握这些内容可协助电工排除故障,也是焊工应有的技术素质。表 18-8-1 为 CO_2 气体保护半自动焊机常见故障的产生原因及排除方法。

表 18-8-1 CO_2 半自动焊机常见故障的产生原因及排除方法

序号	故障现象	故障原因	排除方法
1	按下焊枪开关,没有电压,不送丝,无气输出	(1)焊枪开关损坏。 (2)焊枪开关控制线断开。 (3)三相电源缺相	(1)更换开关。 (2)设法接通开关控制线。 (3)更换保险丝
2	无保护气体	(1)气路皮管断开。 (2)气路被压或者堵塞。 (3)电磁气阀不能动作。 (4)预热器未工作,气路被冻结而堵	(1)接通气路。 (2)检查气路,使之畅通。 (3)更换或修理电磁气阀。 (4)排除预热器故障
3	送丝电动机不运转	(1)送丝电动机回路的保险丝被熔断。 (2)控制送丝电动机的电线断开或插头接触不良	(1)更换保险丝。 (2)接通控制电路
4	送丝不畅通	(1)加压滚轮对焊丝压力不足。 (2)给送滚轮的轮槽和焊丝直径不相符。 (3)软管电缆弯曲过度。 (4)送丝弹簧软管被堵塞。 (5)导电嘴内表面粗糙或局部被堵	(1)调整压力。 (2)更换给送滚轮。 (3)拉直软管电缆。 (4)清洗或更换弹簧软管。 (5)更换导电嘴
5	引不燃电弧	(1)接焊件电缆断路。 (2)焊件上油污垢过多。 (3)接通焊接电源的接触器不动作	(1)接通电缆。 (2)清除污垢。 (3)检查修理接触器
6	焊接电流失调	(1)电流调节变阻器坏。 (2)遥控盒控制电缆断。 (3)遥控电缆插头接触不良。 (4)控制线路有故障	(1)更换变阻器。 (2)接通控制电缆。 (3)旋紧插头。 (4)修复控制线路
7	电弧电压失调	(1)电压调节变阻器坏。 (2)遥控盒控制电缆断。 (3)遥控电缆插头接触不良。 (4)控制线路有故障	(1)更换变阻器。 (2)接通控制电缆。 (3)旋紧插头。 (4)修复控制线路
8	电弧不稳,且飞溅大	(1)主电路晶闸管坏。 (2)焊接工艺参数选用不当。 (3)焊丝伸出长度过长。 (4)导电嘴磨损严重	(1)更换晶闸管。 (2)调整到合适的工艺参数。 (3)调整焊丝伸出长度。 (4)更换导电嘴
9	出现大电流,无法控制	(1)个别晶闸管故障。 (2)控制电路,晶闸管触发电路故障	(1)更换晶闸管。 (2)检修控制电路晶闸管触发电路
10	收弧参数设定无法实现	(1)收弧开关故障。 (2)控制电路故障	(1)更换收弧开关。 (2)检修控制电路

复 习 题

1. 为什么 CO_2 焊电弧静特性曲线是上升的？

2. CO_2 焊对焊接电源有何要求？

3. CO_2 焊时，通断焊接电源和通断 CO_2 气体的先后时间关系是怎样的？

4. CO_2 焊的电弧电压是怎样调节的？

5. CO_2 焊的焊接电流是怎样调节的？

6. 遥控盒上焊丝点动按钮的作用是怎样的？

7. 焊丝给送速度是怎样调节的？

8. 查气开关如何使用？

9. CO_2 焊机为什么有收弧控制调节装置？

10. 送丝机上压紧轮压力太小对送丝有何影响？

11. 为什么给送滚轮上有两条轮槽？

12. 焊丝送入软管前为什么需要矫直？

13. 鹅颈式焊枪由哪几部分组成？

14. 对导电嘴有何要求？

15. 软管电缆黑色橡胶内有些什么？

16. CO_2 焊供气系统有哪些组成？

17. CO_2 焊用的减压流量调节器由哪些部件组成？

18. 减压流量调节器中的预热器有什么作用？

19. CO_2 半自动焊机的连接顺序是怎样的？

20. CO_2 半自动焊机的焊接操作前的准备工作顺序是怎样的？

21. 有收弧控制时，焊枪开关如何操作？

22. 试述 CO_2 半自动焊机的常见故障及排除方法。

23. 保养 CO_2 半自动焊机应注意哪些问题？

第十九章　CO_2 气体保护半自动焊的操作技术

第一节　CO_2 气体保护半自动焊的坡口和定位焊

一、CO_2 气体半自动焊的坡口形式和尺寸

焊条电弧焊时,钢板厚度在 6mm 以上就要开坡口,CO_2 气体半自动焊使用较大的焊接电流,可以焊得较透,通常钢板厚度在 9mm 以下可以不开坡口,板间留有 0～2mm 的空隙,视板厚而定,进行双面焊,可使钢板全焊透。钢板厚度在 9mm 以上要开坡口,以保证焊透。船厂中通常用的是 V 形和 X 形坡口。开坡口是为了使焊丝能深入钢板底部区域,保证底部焊透;厚板焊接时能改善焊缝的成形(避免焊缝外形过高);还可以获得适宜熔合比(被熔化的母材金属在焊缝中所占的百分比)。坡口角度为 50°～60°,坡口角度过大,要多消耗焊接材料;坡口角度太小,焊枪的喷嘴引起焊工观察电弧困难,影响着焊接质量。留钝边是为了当间隙发生变化时避免烧穿。表 19-1-1 为推荐使用的坡口形式和尺寸。此表有较多的选择余地,例如板厚 12mm 以下可以不开坡口,而板厚 5mm 以上也可以开坡口。这样原先用焊条电弧焊的坡口,也可以用 CO_2 焊来焊成,扩大了 CO_2 焊的应用。选择坡口的主要依据是板厚、焊缝的重要性及施工条件。

表 19-1-1　CO_2 气体保护焊的坡口形式及尺寸

序号	适用厚度范围/mm	接头形式	坡口形式 图标代号	坡口形式 图例	焊缝形式 图例及尺寸	坡口基本尺寸/mm			船标坡口代号
1	1～9		I		熔深 $s \geqslant 0.7\delta$	δ	1～2	≥2～4.5	>4.5～9.0	
						b	0～0.5	0～2	1～2.0	
2	3～12		I			δ	3～4.5	>4.5～9	>9～12	
						b	0～1.0	0～1.5	0～2	
3	6～24	对接接头	V			δ	6～13	14～24		CY-1
						α	50°～60°	50°～60°		
						b	0～3	0～3		
						p	2	$\delta/4\pm2$		
4	≤24		V			δ	≤24			CV-1
						α	50°～60°			
						b	0～3			
5						δ	≤10	≥11		CV-8
						α	35°～45°	35°～45°		
						b	4～6	6～8		
6	>20		U			β	R	b	p	CU-1
						8°～12°	5～6	0～3	1～3	

263

序号	适用焊度范围/mm	接头形式	坡口形式 图标代号	坡口形式 图例	焊缝形式 图例及尺寸	坡口基本尺寸/mm	船标坡口代号
7	>20	对接接头	X			α: 50°～60°, h: $\delta/2$, b: 0～3, p: 0～2	CX-1
8	1～60	T形接头	I			δ 1～2: b 0～0.5; δ >2～4.5: b 0～1.0; δ >4.5: b 0～2.0. δ ≥1～3: K_{min} 2; >3～6: 3; >6～9: 4; >9～12: 5; >12～16: 6; >16～23: 8; >23～30: 10; >30～60: 12. K,l,e 由设计确定	
9	>16	T形接头	V			α: 45°～50°, b: 0～3, p: 0～3	CY-16
10	≥30	T形接头	K		$\delta/4<K_1<10$	α: 40°～45°, b: 0～3, p: 5～7	CK-6
11	1～9	角接接头	I		$s≥0.7\delta$	δ 1～2: b 0～0.5; δ >2～4.5: b 0～1.5; δ >4.5～9: b 0～2.0	
12	3～12	角接接头	I		δ 3～4.5: K_{min} 2; >4.5～12: K_{min} 3	δ 3～4.5: b 0～1.0; δ >4.5～9: b 0～1.5; δ >9～12: b 0～2.0	
13	>14	角接接头	V			a: 45°～50°, b: 0～3, p: $\delta/3\pm2$	CY-17
14	>30	角接接头	V			a: 45°～50°, b: 0～3, p: $\delta/3\pm2$	CY-18

序号	适用焊度范围/mm	接头形式	坡口形式 图标代号	坡口形式 图例	焊缝形式 图例及尺寸	坡口基本尺寸/mm
15	10~100	角接接头	K		$\delta/4<K<10$	δ: 10~20 / >20~40 / >40~100 α: 40°~45° / 40°~60° / 50°~60° b: 0~2 / 0~3 / 0~3 p: 0~5 / 0~5 / 0~5
16	1~30	搭接接头	1		$K\geqslant\delta+b$	δ: 1~2 / >2~4.5 / >4.5~30 b: 0~0.5 / 0~1 / 0~2.0 1: $\geqslant2(\delta_1+\delta)$
17	>3	塞焊接头				δ: 3~12 / >12 d: $\geqslant2\delta$ / $\delta+12$
						δ: 3~6 / >6 C: $>2\delta$ / $>1.5\delta$ R: $C/2$ / $C/2$ l_{max}: 10δ

二、坡口的清理

在坡口清理之前,应检查一下坡口形状尺寸是否准确,如偏差太大,则应进行修正。还应该要求坡口表面光滑。

焊前将坡口及其周围的铁锈、油污、水渍、油漆及其他杂物仔细清除干净。对于焊缝反面经碳刨后的坡口,必须清除碳刨留下的残渣。清理坡口的范围是坡口面及其两侧各20mm区域。

清理坡口的方法有:①喷丸清理;②砂轮磨削;③钢丝刷清理;④有机溶剂脱脂;⑤气体火焰加热。

清理后的坡口应及时焊接,如因其他原因未焊而造成坡口受潮生锈,则应在焊前重新进行清理。在非常潮湿的气候环境,或坡口表面及其周围有露水、冰霜时,应该用气体火焰进行烘烤后才可施焊。

对于实心焊丝 CO_2 焊来说,其没有焊剂和药皮产生的熔渣,所以施焊前更应做好坡口的清理工作。

三、定位焊

定位焊是装配对焊件定形的焊接工作。要重视定位焊缝的质量,如果定位焊缝有裂纹、气孔、夹渣及未焊透,当正式焊接的打底层未能将其全部焊透时,则焊缝仍存在缺陷,待射线探伤查出缺陷后,要对焊缝进行返修,则将造成更大的损害。所以对定位焊缝质量要求同正式焊缝,发现有裂纹、气孔、夹渣及未焊透等缺陷应予以清除,重新焊接。

定位焊可用和正式焊接相同的焊丝直径,焊接电流可大些,因为钢板是冷的。焊枪喷嘴和母材之间距离可以小些,焊枪做直线运动,也可作小幅度横向摆动。

定位焊缝的尺寸是在保证焊件不离散的前提下,尽可能小些,以免影响正式焊接工作。对于薄板的定位焊缝长宜为 5mm～20mm,两定位焊缝间距为 30mm～150mm。中厚板的定位焊缝长宜为 15mm～50mm,间距为 100mm～300mm(图 19-1-1)。

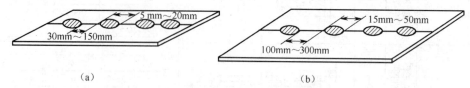

图 19-1-1 CO_2 焊定位焊缝尺寸

(a)薄板;(b)中厚板。

对于重要焊缝,定位焊宜安置在接缝的反面,待正面接缝焊好后,反面用碳刨刨去定位焊缝,然后进行反面封底焊。这样定位焊缝的质量,不介入到正式焊缝中。

第二节 CO_2 气体保护电弧焊的工艺参数

CO_2 气体保护电弧焊的工艺参数是指:焊丝直径、焊接电流、电弧电压、焊接速度、焊丝伸出长度、焊枪倾角及气体流量等。正确选用焊接工艺参数是保证焊接质量和提高生产率的重要措施。

一、焊丝直径

焊丝直径是一个重要的焊接工艺参数,更换焊丝直径,一则涉及焊接材料的供应;二则更换焊丝比较麻烦(更换导电嘴、给送轮槽、弹簧软管及调整压力与焊丝矫直程度)。选用粗焊丝,焊接电流大,生产率高,但焊缝成形差。若电流、电压及焊速都不变,换用细焊丝,则焊缝的熔宽变小,熔深增大,余高也略有增高。

焊丝直径主要参考板厚、坡口形式、焊接空间位置(平、立、横、仰)及焊缝尺寸而定。参照板厚选用焊丝直径见表 19-2-1。目前工厂中使用较广的是实心焊丝直径为 1.0mm、1.2mm、1.4mm,药芯焊丝直径为 1.2mm、1.4mm、1.6mm。在船厂中使用最广的是 1.2mm 直径药芯焊丝和实焊丝。

表 19-2-1 焊丝直径与母材板厚的关系

焊丝直径/mm	0.6	0.8	0.9	1.0	1.2	1.4	1.6
母材板厚/mm	0.6	0.8～2.0	1.2～4.0	1.6～4.5	>2.0	>4.0	>6.0

二、焊接电流

焊接电流越大,焊丝熔化量越多,母材熔化量也越多。若焊丝直径、电弧电压、焊接速度不变,仅增大焊接电流,母材熔化量增多,而熔宽增加不多(因弧长、电弧电压不变),所以熔深显著增大。同时焊丝熔化量增多,于是焊缝的余高也增高。

焊接电流过大,易产生咬边和烧穿缺陷;焊接电流过小,易产生未焊透缺陷。

焊接电流选择的依据是：母材板厚、焊丝直径、焊缝空间位置及焊接坡口形式，更主要是焊丝直径和焊缝空间位置。表19-2-2和表19-2-3为焊接电流和焊丝直径、焊缝空间位置之间的关系。

表19-2-2　实心焊丝焊接电流和焊丝直径、焊缝空间位置之间关系

焊丝直径/mm		0.9	1.0	1.2	1.4	1.6
焊接电流范围/A	平焊	60～200	70～220	80～350	100～470	140～500
	立焊	50～140	50～140	80～160	100～180	—
	仰焊	50～120	50～120	50～140	—	—

表19-2-3　药芯焊丝焊接电流和焊丝直径、焊缝空间位置之间关系

焊丝直径/mm		1.2	1.4	1.6	2.0	2.4
焊接电流范围/A	平焊	120～300	150～400	200～400	300～550	330～600
	向上立焊仰焊	120～260	140～270	180～280	—	—
	向下立焊	200～300	220～300	250～300	—	—
	横角焊	120～300	150～350	180～400	300～500	330～550

在 CO_2 焊机上增大送丝速度，就可增大焊接电流，两者基本上是成正比例关系的。

三、电弧电压

电弧电压是电弧长度的标志，电弧电压的高低直接影响着熔滴过渡形式、飞溅及焊缝成形。电弧电压过高即电弧太长，电弧摇摆不稳，熔滴变粗，飞溅增多；电弧电压过低，电弧加热宽度变狭窄，熔宽减小，焊缝成形不良。

关于电弧电压对焊缝形状的影响是这样的，在确定的焊丝直径、焊接电流和焊接速度的状态下，升高电弧电压，拉长电弧，电弧活动范围增大，熔宽显著增大。由于焊接电流未变，焊丝熔化量也近乎未变，这样由于熔宽的显增而引起余高的减小。关于熔深可分成两种情况，在 $U_弧 = 21V$ 以内，增大电弧电压（$\phi = 1.2mm$，$I_焊 = 150A$，$V_焊 = 40cm/min$），电弧功率增大，热量增大，可使熔深增大；超过 21V 后，增大电弧电压，由于拉长电弧使电弧热利用率降低和熔宽增大，结果是熔深反而减小。

增大焊接电流的同时，应适当增高电弧电压，即电压和电流应匹配，其关系式是：

$$U_弧 = 14 + 0.05 I_焊$$

例：焊接电流 $I_焊 = 200A$，电弧电压 $U_弧 = 14 + 0.05 \times 200 = 24(V)$。

调节焊接电源的外特性，便可改变电弧电压。

应该指出的是，焊机上电压表的读数是指电源输出端的电压。输出电压减去两焊接电缆的电阻电压降，才等于电弧电压。例焊机输出电压表读数为21V，而电弧电压仅有20.5V，其中0.5V为焊接电缆的电阻电压降。若焊接电缆增长，或焊接电流增大，则电缆电阻电压降也相应增大。

四、焊接速度

焊接速度的快慢影响着焊缝的成形和焊接接头的性能。在一定的焊丝直径、焊接电

流及电弧电压的条件下,增大焊接速度,电弧输入给单位长度焊接接头的热量减小,焊丝熔化量和母材金属熔化量都减小,这使焊缝的熔深、熔宽和余高都减小。

在非平焊位置时,焊接速度过慢会产生咬边和焊瘤缺陷;焊接速度过快会产生未焊透缺陷。

选择焊接速度前,通常已调整好焊接电流和电弧电压,达到电弧稳定燃烧的要求,然后考虑焊道截面的大小来选定焊接速度。CO_2 半自动焊是焊工用手操纵焊速的,焊速过快或过慢时,焊工都难以做到焊丝沿着接缝线作匀速运动。对焊工适宜的焊速是 0.5cm/s～1cm/s。

五、焊丝伸出长度

焊丝伸出长度是指导电嘴至焊丝末端之间的距离,如图 19-2-1 所示。抬高喷嘴可使焊丝伸出长度相应增长,焊丝的刚性减小,易左右摇晃,引起电弧加热宽度增大,即熔宽增大,同时熔深减小,余高也减小。焊丝伸出长度对焊缝成形的影响如图 19-2-2 所示。

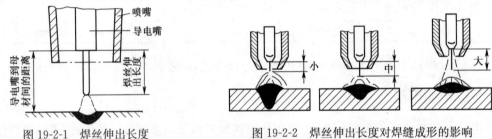

图 19-2-1　焊丝伸出长度　　　图 19-2-2　焊丝伸出长度对焊缝成形的影响

焊丝伸出长度过长,焊丝摇摆、电弧不稳,飞溅增多,焊缝成形差,且气体保护效果变差,易产生气孔。焊丝伸出长度过短,焊工观察电弧困难,喷嘴易被飞溅堵塞。正常的焊丝伸出长度 $L_{伸}$,约是焊丝直径的 10 倍～12 倍,即 $L_{伸} \approx (10～12)\phi$。

六、焊枪倾角

大多数焊工是右手握焊枪的,为了观察电弧通常是焊枪向右倾斜一个角度。焊接方向有向左或向右之分,CO_2 半自动焊有左焊法(图 19-2-3(a))和右焊法(图 19-2-3(b))两种操作方法。右焊法是焊枪向焊接方向倾斜一个角度;左焊法是焊枪向焊接方向相反方向倾斜一个角度。

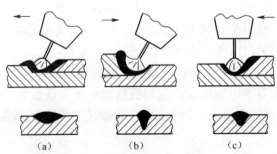

(a)　　　　　　(b)　　　　　　(c)

图 19-2-3　焊丝倾角对焊缝成形的影响
(a) 左焊法;(b) 右焊法;(c) 无倾角。

右焊法由于电弧吹力能将弧坑内的熔融金属吹开,电弧能进一步深入熔化母材金属,使熔深增大,但熔宽减小。左焊法的电弧吹力作用使熔融金属流向电弧的前方,这些熔融金属阻碍了电弧进一步深入熔化母材,于是熔深减小,而熔宽增大。右焊法和左焊法的比较见表 19-2-4。

表 19-2-4 右焊法和左焊法的比较

比 较 项 目	右 焊 法	左 焊 法
焊道外形	余高大,形成窄焊道	余高小,形成较平坦的焊道
熔深	大	小
飞溅	小	大
小电流(100A 以下)时的电弧稳定性	较稳	略差
接缝线可见度	接缝线被喷嘴所遮,可见度差	接缝线可见,焊丝能准确对准接缝

七、气体流量(Q)

CO_2 焊中电弧和熔池的保护全靠 CO_2 气体流量来实施的。气体保护不佳会产生大颗粒飞溅,电弧不稳,焊缝易产生气孔。造成气体保护效果差(图 19-2-4)的原因有:①风的影响;②气体流量不足;③喷嘴抬得太高;④喷嘴内沾上飞溅;⑤气体流量过大会引起紊流,空气进入电弧。

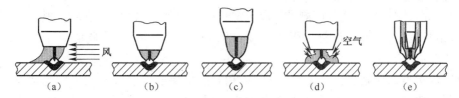

图 19-2-4 气体保护效果差的原因

(a) 风的影响;(b) 流量太小;(c) 喷嘴距母材太高;(d) 流量太大;(e) 喷嘴粘附飞溅。

合适的气体流量才能获得保护良好的效果。用 200A 以下电流焊接薄板时,通常选用流量为 10L/min～15L/min;用大于 200A 电流焊接厚板时,选 15L/min～25L/min。如遇风速超过 1.5m/s 时,应采用防风装置,并适当增加气体流量(>25L/min)。

第三节 CO_2 气体保护电弧焊的焊接热输入

上面讨论了 CO_2 气体保护电弧焊的工艺参数,其中比较重要的是焊丝直径(ϕ)、焊接电流($I_焊$)、电弧电压($U_弧$)及焊接速度($V_焊$)。生产时选定焊丝直径后,通常是不会改变的。实际生产过程中经常要调节的是 $I_焊$、$U_弧$、$V_焊$ 三个参数。$I_焊$ 和 $U_弧$ 可以通过调节焊丝给送速度和焊接电源外特性来改变的,而 $V_焊$ 是由手工控制的。这三个参数组合成为焊接热输入 E,E 的大小就决定了电弧输入给单位长度焊缝的热量。

例:CO_2 气体保护半自动焊焊接某产品,焊丝直径 $\phi=1.2mm$,焊接电流 $I_焊=200A$,电弧电压 $U_弧=24V$,若焊接速度由 30cm/min 变化为 18cm/min,问焊接热输入如何变化?

解:

$$V_{焊1}=30\text{cm/min}=\frac{30}{60}\text{cm/s}=0.5\text{cm/s}$$

$$V_{焊2}=18\text{cm/min}=\frac{18}{60}\text{cm/s}=0.3\text{cm/s}$$

原焊接热输入

$$E_1=\frac{I_{焊}U_{弧}}{V_{焊1}}=\frac{200\times24}{0.5}=9600(\text{J/cm})=9.6(\text{kJ/cm})$$

变化后焊接热输入

$$E_2=\frac{I_{焊}U_{弧}}{V_{焊2}}=\frac{200\times24}{0.3}=16000(\text{J/cm})=16(\text{kJ/cm})$$

在焊接某些低合金高强度钢时,工艺要求控制焊接热输入在一定范围内,若超过最大焊接热输入焊接,将使焊接热影响区的晶粒粗大,造成力学性能变差;若低于最小焊接热输入焊接,会使热影响区冷速过快,引起淬硬,使韧性、塑性下降,甚至会产生冷裂纹。强度等级越高的钢,对焊接热输入越敏感。

控制焊接热输入是焊接高强度钢的重要工艺措施之一。如何控制 CO_2 气体保护半自动焊的热输入是比较麻烦的事。焊接热输入的三要素是 $I_{焊}$、$U_{弧}$、$V_{焊}$,其中 $I_{焊}$ 和 $U_{弧}$ 可以通过调节焊机并由安培计和伏特计实行监控。而焊接速度 $V_{焊}$ 则由手工控制,于是控制焊接热输入的关键在于控制焊接速度 $V_{焊}$,控制焊接速度的方法有两种:一为测时、测长控制法;另一为焊道截面控制法。

(1)测时、测长控制法。即测量焊成规定长度焊道所用的时间,或测量规定时间内焊成的焊道长度,这样就可计算出焊接速度(l/t),算出焊接热输入,此值应在控制范围之内。

(2)焊道截面控制法。对于给定的 $I_{焊}$ 和 $U_{弧}$ 所焊成焊道截面大小和焊速 $V_{焊}$ 成反比,这是可以理解的。由此可知,焊道截面积和焊接热输入成正比。焊成的焊道截面积越大,焊接热输入越大。对于给定的坡口形状和焊接位置,如果规定用几道(不能增多或减小)等截面焊道来焊成,这实质上是粗略规定了焊接热输入的大小。这种方法测量焊道截面积是困难的,但对焊道计数是容易的。

根据焊接热输入和焊道截面积的关系,很易说明立焊和横焊的焊接热输入大小,通常一道立焊的焊道截面积大,所以立焊的焊接热输入大。而一道横焊的截面积小,所以横焊的焊接热输入小。对于高强度钢大截面焊缝,工艺规程规定必须以多层焊焊成,不允许用单道焊焊成,这可避免单道焊的过大焊接热输入,保证焊接接头有良好的性能。

第四节　焊枪的运动、引弧、收弧及焊缝的连接

一、焊枪的运动

CO_2 气体保护半自动焊时,焊丝的前后和横向运动是通过焊枪的运动来实现的。摆动焊枪可以达到以下目的:①可以获得较宽的焊道;②使焊缝两侧底部的熔透良好;③坡口间隙较大时可以避免烧穿;④当向上立焊时,可以阻止熔融金属的堕落。CO_2 气体保护半自动焊焊枪摆动形成的焊丝轨迹,其种类及用途见表19-4-1。

表 19-4-1　焊枪的摆动形式及应用场合

摆 动 形 式		应 用 场 合
直线形	←	薄板及中厚板打底焊道
直线返往形	10 8 6 4 2 11 9 7 5 3 1	焊薄板及根部大间隙
小锯齿形	∿	坡口小时及中厚板打底焊道
锯齿形	∧∧∧∧∧	焊厚板第二层焊道以后的横向摆动
月牙形	∿∿∿∿	焊厚板第二层焊道以后的横向摆动
斜圆圆形	⌒OOOO	横焊
8 字形	∞∞∞	大坡口
三角形	◁◁◁	立焊
人字形	≪≪≪	立焊

CO_2 气体保护半自动焊熔池尺寸小,为了使焊缝有良好的成形和熔合良好,焊枪运动时应注意以下几点:①焊枪向前移动的速度要均匀,若焊速快而不均匀,会引起熔池脱节或未熔合缺陷;②焊枪移动的节距不宜大,节距大要引起冷却速度快,会形成熔池脱节和焊缝趾部不整齐;③焊枪横向摆动不宜大,即幅度小。一般焊枪摆动幅度不得超过喷嘴直径(16mm)。若大幅度摆动,则保护效果变差;④摆动到焊缝两侧稍作逗留,使熔合良好;⑤每层焊道不宜厚,因为厚焊道有大量的熔敷金属涌向电弧的前方,阻碍了电弧熔化母材金属,会产生未熔合缺陷。

二、引弧

CO_2 半自动焊用的是细焊丝,焊接电流密度大。可以采用不接触送丝短路引弧,引弧前焊丝端头距钢板约3mm(图 19-4-1(a)),然后按下焊枪开关,输气、通电、送丝,焊丝和焊件短路而熔化断焊丝,引燃了电弧。钢板是冷的,引弧处热量不足以熔化母材,所以焊缝的端头不应该是引弧点。通常在离接缝端头 10mm～20mm 处引弧(图 19-4-1(b)),然后将焊丝慢移到接缝端头,待金属熔化后,再以正常焊速往回移动焊枪。焊丝慢移到接缝端头的过程,就是电弧预热的过程,使接缝端头有较好的熔合。

引弧前若发现焊丝端头呈球状,则应该用钳子剪去。因为球里充满着气体,一旦熔化爆炸就会产生大颗粒的飞溅,也可能产生气孔。有的焊机设有收弧熔球装置,收弧时电路能使焊丝端部的熔滴尺寸减小,对引弧有利。焊丝和焊件接触状态下(图 19-4-2(a))也是不宜引弧的,这时引弧引起的飞溅易堵塞导电嘴(图 19-4-2(b))。还有若焊丝和焊件接触

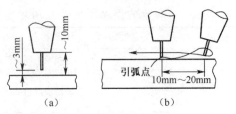

图 19-4-1　CO_2 半自动焊的引弧

(a) 焊丝端头高度；(b) 引弧点。

良好，而焊丝和导电嘴接触不良，按焊枪开关后，焊丝和导电嘴之间会产生电弧，导致导电嘴被烧坏(图 19-4-2(c))。

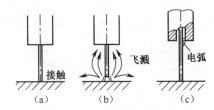

图 19-4-2　在接触状态下引弧

(a) 接触；(b) 飞溅堵塞导电嘴孔；(c) 导电嘴被电弧烧坏。

三、收弧

对收弧的要求是不允许有低于母材表面的弧坑。要填满弧坑，可采用断续电弧填满弧坑(图 19-4-3)，这个方法的要领有三点：①将到接缝终端处，焊枪沿焊接线后退一点，然后停止焊枪的移动；②切断一次电弧，停留 1s～2s 后，再次接通焊枪开关引弧；③作 2 回～3 回的断弧和引弧操作，以补充熔敷金属，填满弧坑。

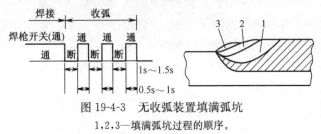

图 19-4-3　无收弧装置填满弧坑

1,2,3—填满弧坑过程的顺序。

当焊机有收弧控制装置时，焊前先将收弧电流和电压调节到焊接电流和电压的 60%～70%。欲收弧时，再按一下焊枪开关，此时电流和电压立即减小为收弧电流和电压，限制了熔池温度的升高，接着焊丝可作划圈动作，填满弧坑，最后再断开焊枪开关而熄弧，如图 19-4-4 所示。

四、焊道接长

生产中需要对焊道进行接长工作，对于窄焊道和阔焊道有不同的操作。窄焊道接长的要点是：①在弧坑前方 10mm～20mm 处引弧；②把电弧拉回到弧坑中部略偏右侧处(图 19-4-5(a)中的 2 点)；③焊枪直线运动，向左焊。

阔焊道接长的要点是：①、②要点同窄焊道操作，③在②点位置时开始焊枪摆动焊接，

272

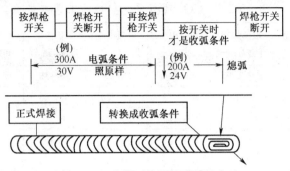

图 19-4-4　有收弧装置填满弧坑方法

在弧坑的部位摆动幅度要小些,若做大的摆动,则在焊道接长处,出现焊道过宽或过高现象。

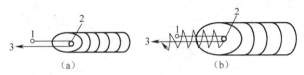

图 19-4-5　焊道的接长

(a) 窄焊道;(b) 阔焊道。

第五节　CO_2 气体保护半自动平焊操作技术

一、CO_2 平对接焊

(一) 薄板平对接焊

薄板(板厚小于 5mm)平对接焊的主要问题是防止烧穿。采用左焊法,可以控制熔深。焊枪位置如图 19-5-1 所示,焊枪以直线向前运行或小幅度横向摆动前行,幅度为 2mm~4mm(图 19-5-2(a)),焊枪向前运行的速度要快又要均匀。焊枪有时也可作环形运动(图 19-5-2(b)),节距可达 5mm~8mm,以免烧穿。如果间隙变化大时,焊枪要随间隙而变,间隙大熔池将要下垂形成烧穿时,焊丝应迅速离开熔池,使熔池冷却,然后再回到熔池的前方,往复作环形向前,当间隙变小时,仍用小幅横向摆动焊丝进行焊接(图 19-5-2 (c))。薄板平对接 CO_2 焊的工艺参数见表 19-5-1。

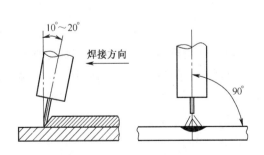

图 19-5-1　平对接焊的焊枪位置

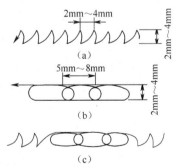

图 19-5-2　薄板平对焊接的焊枪摆动

(a) 横向摆动;(b) 环形;(c) 间隙变化时。

273

表 19-5-1　CO₂ 薄板平对接焊的工艺参数

表 19-5-1　CO_2 薄板平对接焊的工艺参数

板厚 /mm	焊丝直径 /mm	根部焊接 间隙/mm	焊接电流 /A	电弧电压 /V	焊接速度 /(cm/min)	焊嘴母材 间距/mm	气体流量 /(L/min)
1.6	0.9	0～0.5	80～100	18～20	35～45	10	10～15
	1.2	0～0.5	120～130	19～20	50～60	10	10～15
2.3	0.9	0～0.8	100～120	20～21	约 40	10	10～15
	1.2	0～0.8	130～150	20～21	45～55	10	10～15
3.2	1.2	0～1.5	130～150	20～23	30～40	10～15	10～15
4.5	1.2	0～1.5	150～180	21～23	30～35	10～15	10～15

(二) CO_2 中厚板平对接焊

中厚板(板厚≥6mm)平对接焊通常采用 V 形坡口,以多层焊完成。下面分别叙述打底层(第一层)、填充层(中间层)、盖面层(表面层)的焊接操作要点。

1. 焊打底层

焊 V 形坡口的打底层,应根据间隙大小采用不同的焊法。间隙较小(0.2mm～1.4mm)的坡口,采用右焊法,焊枪直线形运动或小幅摆动进行焊接。间隙稍大(1.2mm～2.0mm)的坡口,宜用左焊法。焊枪作锯齿形或月牙形摆动(图 19-5-3(a)),焊丝在坡口两侧稍作逗留(0.5s～1s),熔化坡口边缘的母材金属,而以略快的速度跨过间隙,这既可以达到焊透,又能防止烧穿。当根部间隙过大时,焊枪作月牙形摆动,在两侧稍作逗留,且带有一点回复(图 19-5-3(b)),电弧要略快速度跨过间隙,这样使间隙两侧熔化的液体金属,流向间隙予以填补。

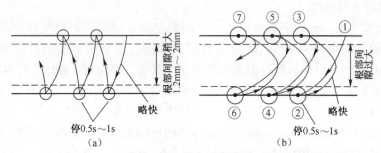

图 19-5-3　V 形坡口平对接打底层焊接时焊枪的摆动
(a) 间隙稍大;(b) 间隙过大。

2. 焊填充层

焊第二层、第三层焊缝,可用阔焊道来实施,焊枪作锯齿形或月牙形运动。焊枪摆动幅度应以前一层焊道宽度为准。焊枪摆动到前层焊道的趾部时稍作逗留(图 19-5-4),使

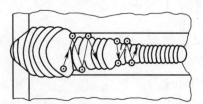

图 19-5-4　焊填充层、盖面层焊道时焊枪摆动的宽度

坡口两侧熔合良好。

当一层焊道的宽度超过喷嘴直径时,必须将其分成两道进行焊接,甚至分成三、四道焊道。进行多层多道焊时,焊丝位置要随焊道位置而变(图 19-5-5),焊丝应放在要焊成焊道的平分线上,焊枪以直线运动或小幅度摆动。

图 19-5-5　焊多道填充层焊道时焊丝的位置

焊填充层要使每层焊道和焊道之间、焊道和母材之间熔合良好。填充层焊到焊缝离钢板表面约 2mm 处,可进行盖面层焊接。

3. 焊盖面层

焊盖面层前检查一下填充层的外形,如发现焊缝局部过低的情况,则用 CO_2 焊将其填平,局部过高处,可用砂轮磨平,这叫做"填平磨齐"。待填充层焊缝表面有大体上相平的程度,才能焊盖面层。

焊盖面层可用阔焊道完成,焊时用月牙形在两侧逗留 0.5s～1s,保证良好的熔合和防止咬边缺陷。盖面层用多道焊时,要注意焊道排列整齐,熔宽和余高应符合技术规定的要求。表 19-5-2 为中厚板平对接焊的工艺参数。

表 19-5-2　CO_2 中厚板平对接焊的工艺参数

板厚 δ /mm	坡口形状	间隙 b /mm	钝边 p /mm	焊丝直径 φ /mm	焊接电流 /A	电弧电压 /V	焊接速度 /(cm/min)	CO_2 气体流量 /(L/min)	层	数
6.0		1.2~1.5		1.2	220~260	24~26	40~50	15~20	正面	2
									反面	
9.0		1.2~1.5		1.2	320~340	32~34	45~55	15~20	正面	2
									反面	
12		0~0.5	4~6	1.2	300~350	32~35	30~40	20~25	正面	2
					300~350	32~35	40~50	20~35	反面清根	
				1.6	380~420	36~39	35~40	20~25	正面	2
					380~420	36~39	45~50	20~35	反面清根	
16		0~0.5	4~6	1.2	300~350	32~35	25~30	20~25	正面	2
					300~350	32~35	30~35	20~35	反面清根	
				1.6	380~420	36~39	30~35	20~25	正面	2
					380~420	36~39	35~40	20~35	反面清根	
16		0	4~6	1.2	300~350	32~35	30~35	20~25	正面	2
					300~350	32~35	30~35	20~35	反面	
				1.6	380~420	36~39	35~40	20~25	正面	2
					380~420	36~39	35~40	20~35	反面	
19		0	5~7	1.6	400~450	36~42	25~30	20~25	正面	2
					400~450	36~42	25~30	20~25	反面	
				1.6	400~420	36~39	45~50	20~25	1 正面	3
					400~420	36~39	35~40	20~25	2 反面	
25		0	5~7	1.6	400~420	36~39	40~45	20~25	1 正面	3
					400~420	39~42	30~35	20~35	2 反面	

二、CO₂ 船形角焊

船形角焊是理想的焊接位置,熔池受左右两板的阻挡,不易产生咬边缺陷,易得到焊脚对称相等的角焊缝。焊接时焊丝位置是垂直的,和两板各成45°(图19-5-6)。采用右焊法,焊枪向焊接方向倾斜10°～20°。小尺寸焊脚焊枪采用直线形运行或小幅度横向摆动。大于4mm焊脚的宜用锯齿形或月牙形运动焊枪,摆动的幅度视焊缝、焊脚的大小而定。摆动时中间可快些,而焊丝到达两侧时宜稍作逗留,使熔融金属和母材金属熔合良好。焊丝直径通常在1.2mm以下,焊接电流根据焊脚尺寸和焊丝直径来选定。表19-5-3为CO₂ 船形焊的工艺参数。

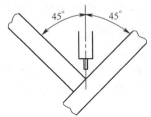

图 19-5-6　CO₂ 船形角焊的焊枪位置

表 19-5-3　CO₂ 船形角焊的工艺参数

板厚/mm	焊脚长度/mm	焊丝直径/mm	焊接电流/A	电弧电压/V	焊接速度/(cm/min)	CO₂ 流量/(L/min)
2.0	3.0～3.5	0.9～1.2	100～130	19～20	50～60	15～20
2.3	3.0～3.5	1.0,1.2	120～140	19～21	50～60	15～20
3.2	3.0～4.0	1.0,1.2	130～170	20～22	45～55	15～20
4.5	4.0～4.5	1.2	200～250	23～26	45～55	15～20
6.0	5.0～6.0	1.2	280～300	29～32	40～50	15～20
9.0	6.0～8.0	1.2	300～350	32～34	40～45	15～20
12.0	10.0～12.0	1.2	320～350	33～36	25～35	20～25

第六节　CO₂ 气体保护半自动立焊操作技术

立焊时,电弧熔化形成的熔渣和熔池金属都要受重力作用而向下流淌,所以立焊容易产生焊瘤、焊缝外形不整齐等缺陷。立焊有两种焊接方法:向下立焊和向上立焊。

一、CO₂ 向下立焊

向下立焊时,熔池受重力作用也会沿焊接方向移动,所以说向下立焊的焊缝是容易成形的,但使要获得良好的焊缝成形和合适的熔深也是不容易的。向下立焊的操作要点是焊丝匀速向下运动和控制焊丝和熔池的相对位置。焊枪的位置如图19-6-1所示,焊枪向下倾斜是可以借电弧吹力把熔融金属往上推,阻止其下淌。焊枪作直线运动或小幅度横向摆动(图19-6-2)。电弧宜短,下行的焊接速度不能慢,要使焊丝末端的电弧在熔池金属的下方(图 19-6-3(a)),如果电弧处于熔池金属的上方(图 19-6-3(b)),则使得熔深减浅和成形不佳。

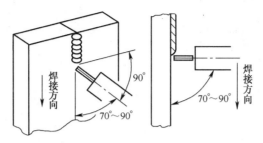

图 19-6-1　向下立对接焊的焊枪位置

图 19-6-2　向下立对接焊的
焊枪摆动

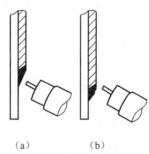

（a）　　　（b）

图 19-6-3　向下立焊时焊丝和
熔融金属的相对位置
（a）正确；（b）错误。

向下立焊的焊速快生产率高,焊缝成形好,但熔深浅,宜用于薄板及小尺寸焊缝,在船体内部构架的立角焊缝现已推广使用,大焊脚尺寸使用多层多道焊。表 19-6-1 为 CO_2 向下立焊的工艺参数可供参考。

表 19-6-1　CO_2 向下立角焊的工艺参数

焊脚/mm	焊丝直径 /mm	焊接电流 /A	电弧电压 /V	焊接速度 /(cm/min)	气体流量 /(L/min)
3.0	1.0～1.2	80～160	19～20.5	50～45	10～20
3.5	1.0～1.2	130	20	45	10～20
4.0	1.0～1.2	170	21	45	10～20
6.0	1.2	280	28	50	20～25
7.0	1.2	320	34	50	20～25

二、CO_2 向上立对接焊

向上立对接焊应用于厚板重要结构,获得的熔深较深,焊缝成形的截面积大。向上立对接焊的焊枪位置如图 19-6-4 所示,焊打底层(第一层)焊枪略向上倾斜,能获得较大的熔深和良好的焊缝成形。焊第二、三层焊枪略向下倾斜。焊枪的运动见图 19-6-5,其中图 19-6-5(a)、(b)小幅摆动和向上挑动用于焊打底层,图 19-6-5(c)、(d)用于焊阔焊道,焊枪水平移动较慢,使熔池上堆置熔融金属,成形较好,向上挑动略快。焊枪摆动到坡口两侧稍作逗留,使两侧母材熔合良好。

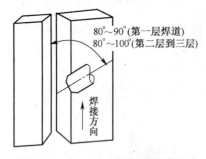

图 19-6-4　向上立对接焊的焊枪位置

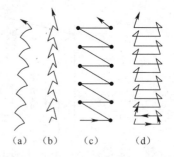

图 19-6-5　向上立对接焊的焊枪运动

焊向上立对接的盖面层焊缝时,要求焊缝成形美观。用单道焊进行盖面焊时,为了使焊缝中央显示凸形,可采用图 19-6-6 所示的焊枪运动,在坡口两侧和中央稍作逗留,这样不仅两侧熔合良好,且在焊缝中央获得较多的熔敷金属,显示焊缝凸形。当盖面层焊缝宽度超过 20mm 时,应采用多道焊,用两焊道盖面时,第一焊道应达到盖面层焊缝宽度的 2/3,第二焊道应覆盖第一焊道的 1/3,如图 19-6-7 所示,这样的焊缝成形是美观的。

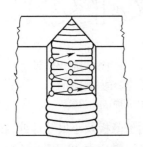

图 19-6-6　用单道焊完成盖道层

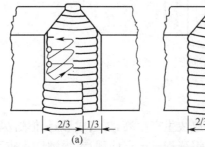
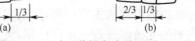

图 19-6-7　用两道焊完成盖面层
(a) 重叠约盖面层焊缝宽度的 2/3;(b) 重叠约第一道盖面层焊道的 1/3。

三、CO_2 向上立角焊

CO_2 向上立角焊用于厚板,单道焊可以焊很大焊脚尺寸的角焊缝,这是其他空间位置焊接难以做到的。向上立角焊的焊枪位置如图 19-6-8 所示,焊枪向下倾斜,借向上的电弧吹力,托住熔融金属下淌,可以获得较大的熔深和较大的焊脚尺寸。根据焊脚尺寸的不同,采用不同的焊枪运动(图 19-6-9),当焊枪运动到焊道两侧时,宜稍作逗留,以防止咬

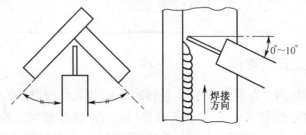

图 19-6-8　向上立角焊的焊枪位置

278

边等缺陷。CO_2 向上立角焊的工艺参数见表 19-6-2，可供参考。向上立焊采用较小的电流，因此向上立焊的速度更小。

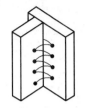

焊脚5mm～9mm
焊脚7mm～10mm
停留约0.5s～1.0s
焊脚8mm～12mm

图 19-6-9 向上立角焊的焊枪运动

表 19-6-2 CO_2 半自动向上立角焊的工艺参数

焊脚/mm		焊丝直经/mm	焊接电流/A	电弧电压/V	气体流量/(L/min)
4		1.2	120～150	15～20	15～25
5		1.2	120～150	15～20	15～25
6		1.2	130～170	15～20	15～25
7		1.2	130～170	15～20	15～25
8	两层	1.2	140～190	18～25	15～25
9	两层	1.2	140～190	18～25	15～25
10	两层	1.2	140～190	18～25	15～25
12	两层	1.2	140～190	18～25	15～25

第七节 CO_2 气体保护半自动横焊操作技术

一、CO_2 横对接焊

受重力作用，横对接焊的上板易咬边，下板易产生焊瘤。横对接焊不能焊阔焊缝，大截面的焊缝都是以多道焊来完成的。横对接焊的焊枪位置如图 19-7-1 所示。焊枪向下倾斜 5°，借电弧吹力阻挡熔融金属向下淌。可以进行左向焊或右向焊。焊枪摆动的方向不能垂直于焊接方向，而是带有斜向的摆动，见图 19-7-2。摆动的幅度也不大，焊丝在焊

焊接方向
90°～70°
85°～90°
0°～5°
焊接方向
0°～20°

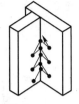

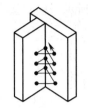

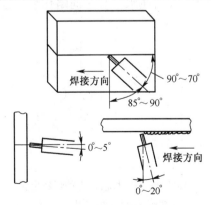

图 19-7-1 横焊的焊枪位置

(a)
(b)
(c)
(d)
(e)

图 19-7-2 横焊的焊枪运动

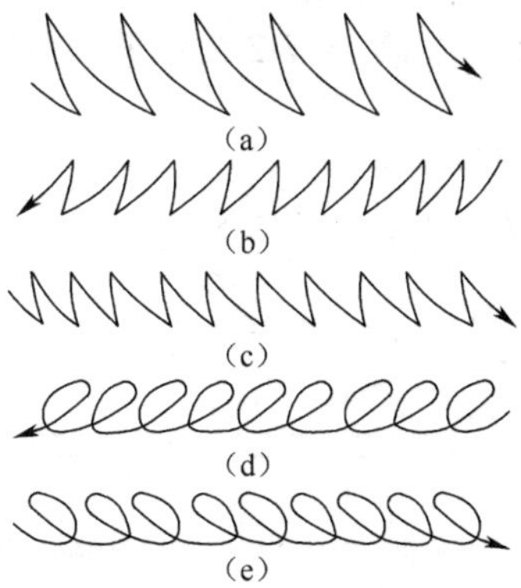

道下侧部分要向前拖长点,然后回到焊道上侧部分,将熔融金属堆置在已凝固的熔池上。焊盖面层前,应留有 2mm～3mm 的坡口空间。焊接时,焊枪应根据不同的焊道位置而改变位置,如图 19-7-3 所示。横对接焊的工艺参数可见表 19-7-1。

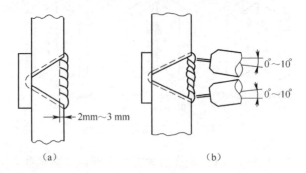

（a）　　　　　　　　　　（b）

图 19-7-3　横焊多面层的堆置

（a）盖面焊前的焊缝离焊件表面距离；（b）焊盖面层时焊枪和焊件夹角。

表 19-7-1　CO_2 半自动横对接焊的工艺参数

板厚/mm	间隙/mm	焊丝直径/mm	焊接电流/A	电弧电压/V
3.2 以上	0	0.9,1.2	100～150	18～22
3.2～6.0	1～2	0.9,1.2	100～160	18～22
6.0 以上	1～2	1.2	100～200	18～24

二、CO_2 横角焊

CO_2 横角焊多用于不开坡口的 T 形接头,这也是船体内部结构中工作量较多的焊接工作。

（一）CO_2 单道横角焊

焊脚小于 7mm～8mm 的横角焊缝,可用单道焊来完成。焊脚小于 4mm 的横角焊缝可用左焊法,焊接电流小于 250A,焊枪位置见图 19-7-4,焊丝对准两板的接缝线(图 19-7-5(a)),焊枪作直线运动。焊脚大于 5mm,选用焊接电流大于 250A,焊枪和垂直板成 35°～45°,焊丝端头偏移接缝线 1mm～2mm(图 19-7-5(b)),并在水平板方向略作横向摆动(图 19-7-6)。表 19-7-2 为单道横角焊的工艺参数。

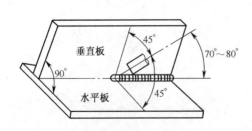

图 19-7-4　单道横角焊的焊枪位置

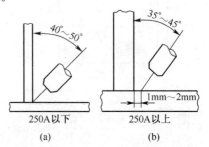

（a）　　　　（b）

图 19-7-5　中厚板横角焊的焊丝位置

（a）焊脚≤5mm；（b）焊脚＞5mm。

表 19-7-2　CO_2 横角焊的工艺参数

板厚 /mm	焊脚长度 /mm	焊丝直经 /mm	焊接电流 /A	电弧电压 /V	焊接速读 /(cm/min)	CO_2 流量 /(L/min)
2.0	3.0～3.5	0.9～1.2	100～130	19～20	50～60	15～20
2.3	3.0～3.5	1.0,1.2	120～140	19～21	50～60	15～20
3.2	3.0～4.0	1.0,1.2	130～170	19～21	45～55	15～20
4.5	4.0～4.5	1.2	190～230	22～24	45～55	15～20
6.0	5.0～6.0	1.2	250～280	26～29	40～50	15～20
9.0	6.0～7.0	1.2	280～300	29～32	35～40	15～20
12.0	7.0～8.0	1.2	300～340	32～34	30～35	20～25

(二)CO_2 多道横角焊

焊脚大于 7mm～8mm 时,由于焊缝的熔融金属量多,受重力作用,易在垂直板上产生咬边、焊缝的焊脚下塌等缺陷,因此需要用多道焊来完成。多道焊时要重视焊道排列和焊丝位置。焊脚为 5mm～12mm 时可用两焊道,焊道排列和焊枪位置如图 19-7-7 所示。焊脚大于 12mm 时可用三焊道或更多焊道来完成,图 19-7-8 为三焊道的焊道排列和焊枪的位置,图 19-7-9 为四焊道的焊道排列和焊枪位置。

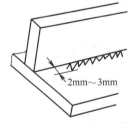

图 19-7-6　大焊脚横角焊焊枪略作横向摆动

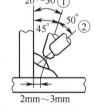

图 19-7-7　两焊道横角焊的焊枪位置

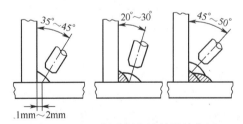

图 19-7-8　三焊道焊角缝的焊枪位置

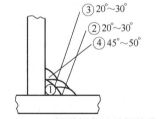

图 19-7-9　四焊道焊角缝的焊枪位置

第八节　CO_2 气体保护半自动仰焊操作技术

用 CO_2 气体保护半自动焊进行仰焊是比较困难的,首先是劳动强度大,其次是焊缝成形不佳,还有飞溅及熔滴下落易阻塞喷嘴和对人体不安全。仰焊要采取小电流、短弧、每道熔敷金属量少等措施。

一、CO_2 仰对接焊

仰焊时液态金属的重力对熔滴过渡和形成熔深都起着阻碍作用。仰对接焊时,要留约1.5mm的间隙。采用右焊法,焊丝对准间隙中心,焊枪向焊接方向倾斜0°～10°(图19-8-1),以直线形或小幅横向摆动。托住熔池不下淌的力是电弧吹力和液态金属的表面张力。焊枪倾斜角度不能太大,否则会造成凸形焊道及咬边。焊速不能太慢,否则会形成焊道表面凹凸不平。焊枪摆动时,在焊道两侧处稍作逗留,而中间过渡稍快,否则可能产生咬边,熔合不良及焊道中部下垂等缺陷。

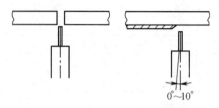

图19-8-1　仰对焊接的焊枪位置

多层仰焊时,填充层的焊接电流可略微增大,摆动幅度应视焊道宽度而定,摆动到前一层焊道趾部稍作逗留,使熔合良好和避免咬边。焊二、三层焊缝后,每层焊缝分两道焊,要求熔合良好,焊缝外形无高凸。焊盖面层前应对填充层焊缝表面进行填平磨齐,并使焊缝和焊件表面距1mm～2mm。盖面层焊缝较宽可采用两道焊,第一道要焊过中线,第二道和第一道应良好交搭在焊缝中央,使焊缝外形平滑过渡到焊件。仰对接焊的工艺参数见表19-8-1,可供参考。

表19-8-1　CO_2半自动仰对接焊的工艺参数

层　次	焊丝直经/mm	焊接电流/A	电弧电压/V
打底层	1.2	120～130	19～20
填充层	1.2	130～140	19～20
盖面层	1.2	120～130	18～19

二、CO_2仰角焊

仰角焊易产生两板上焊脚不等的缺陷。仰角焊的焊枪位置如图19-8-2所示,焊枪和水平板夹角为45°～55°,这可使电弧吹力偏向上,将熔池向上推,防止下淌。小焊脚仰角焊可采用直线形或往返直线形移动焊枪。焊脚略大时,可用三角形运动焊枪,当焊丝运动到焊道上部边缘和接缝线的顶角处稍作逗留(图19-8-3)。焊脚大于6mm时,宜用多层多道焊,由下向上堆置焊道。其焊丝位置也要随焊道位置不同而变动(图19-8-4)。表19-8-2为仰角焊的工艺参数,可供参考。

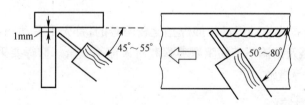

图19-8-2　仰角焊的焊枪位置

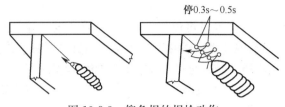

图 19-8-3 仰角焊的焊枪动作

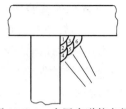

图 19-8-4 多层多道仰角焊

表 19-8-2 CO_2 半自动仰角焊的工艺参数

板厚/mm	焊丝直经/mm	焊接电流/A	电弧电压/V
6 以下	0.9,1.2	80～150	18～22
6 以上(焊枪直线运动)	0.9,1.2	130～180	19～24
6 以上(焊枪摆动)	0.9,1.2	120～150	19～23

第九节 CO_2 气体保护管子焊接

在船舶管系的建造过程中有着大量的管子需要焊接,除了少量的不锈钢管和有色金属管用氩弧焊来焊接外,很大一部分管子是用 CO_2 气体保护电弧焊来焊接的。目前管子焊接工作领域中,CO_2 气体保护电弧焊已淘汰了焊条电弧焊。对管子焊接的要求,首先是焊缝的密性,管子在工作压力下不渗漏;其次管子焊缝的反面不允许有烧穿和漏渣,因为这些缺陷将影响到管路和机器的正常运转。

根据施工时的管子位置不同,可分为垂直管和水平管的焊接,根据焊接时管子转动与否,可分为水平固定管子对接焊和水平回转管子对接焊。水平固定管子对接焊是全位置焊接,从仰焊过渡到立焊,再过渡到平焊。管子焊接都是要求单面焊双面成形,全位置焊接管子时,不可能一边焊一边调节电流,所以说管子焊接要求焊工有较高技术水平。下面介绍水平回转管子对接焊和水平固定管子对接焊

一、水平回转管子对接焊

(一)管子对接定位焊

定位焊也是管子焊接前需要做的工作,定位焊的焊点数应随管径大小而定,通常管径 ≤51mm 时,可选用 1 点(远离管子的起焊点);管径 51mm～133mm 时,选 2 点;管径≥ 133mm 时,可选用 3 点和 4 点。定位焊厚度约为 2mm～5mm,长度为 10mm～30mm。对于大直径的管子最好不在坡口内进行定位焊,而是用装配Ⅱ形"马"连接两管子(图 19-9-1)。定位焊前应清理坡口及其两侧 15mm～20mm 范围内的水、油、锈、漆等污物。

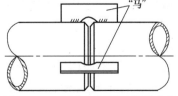

图 19-9-1 用装配"马"对管子定位

(二) 焊丝偏移距离

水平回转管子对接焊时，管子是回转的，而焊枪是可以固定不动的，管子的转速就是管子的焊接速度。若焊丝在最高点水平位置，电弧燃烧熔化形成熔池后，转向倾斜位置冷凝成焊缝，这样的焊缝熔深大且外形高凸，不符合技术标准要求。理想的焊丝位置是形成熔池后转到水平位置（最高点）冷凝成焊缝。焊丝离最高点（12 点）的距离过大或过小都得不到良好的焊缝外形，如图 19-9-2 所示。焊丝偏移最高点的距离应由焊接电流大小、管子直径以及转速而定。若焊接电流越大，形成的熔池尺寸越大，需要冷凝的时间越长，则焊丝偏移距离应大些。若管径大转速大，则偏移距离也应大些。在实际生产中，也可以通过焊枪的移位和电弧的熄灭再引燃来控制焊缝的成形。

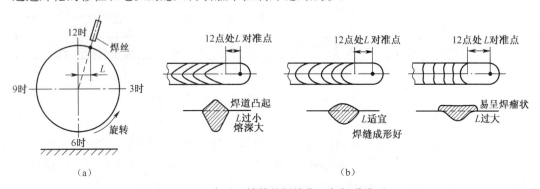

图 19-9-2　水平回转管的焊枪位置与焊道成形
(a) 焊丝对准位置；(b) 不同的焊丝对准位置及焊道成形。

(三) 焊枪的动作

水平回转管子对接焊，从焊丝和管子的相对运动而言，这种焊接是处在倾斜位置的向下焊接，焊枪可在原位作小幅摆动，要使坡口根部焊透。焊填充层和盖面层时，焊枪可作较大幅度月牙形或锯齿形的摆动，并在坡口两侧稍做逗留，使坡口边缘熔合良好。

二、水平固定管子对接焊

水平固定管子对接焊是全位置焊接，焊接时管子是固定的，而焊枪绕管子作圆周运动，实施的是平焊，立焊，仰焊，焊接方向有向上焊和向下焊。

(一) 薄壁管子向下全位置焊

对于 3mm 以下的薄壁管，可以采用向下焊接，不开坡口，不留间隙。选用细焊丝直经 0.8mm～1.0mm，焊接电流 80A～140A，电弧电压 18V～22V，管子分两半圈焊接，焊枪在管子最高点（时钟 12 点）左右开始用右焊法平焊，逐步转为向下立焊，过渡到左焊法仰焊，在最低点（6 点）左右收弧。焊枪位置和动作也逐步变动，主要观察熔池状态而变。前半圈焊缝的端头和收弧处宜薄些，以利于后半圈焊缝的连接。焊后半圈时焊工可以转身，用和前半圈相同焊法焊接。

(二) 厚壁管子向上全位置焊

壁厚≥5mm 的管子采用向上全位置焊，宜开成 V 形坡口，坡口角度为 50°，钝边为 0.5mm～1mm，间隙 2mm～2.5mm。管子分成两半圈焊接，焊枪在管子最低点（6 点）开始用右焊法仰焊过渡到立焊，最后用左焊法平焊收弧。

1. 焊接工艺参数的选择

管子全位置焊接,焊接位置是时刻在变化的,焊接过程中不可能时刻地调节焊接电流,通常取平焊的下限和立焊的上限,兼顾两者。表 19-9-1 为 V 形坡口对接全位置向上焊接的工艺参数。打底层为防止烧穿,电流偏小;填充层为了良好熔合,电流大些;盖面层为了使焊缝美观,电流略减小些。

表 19-9-1 水平固定 V 形坡口管子对接全位置向上焊的工艺参数

层 次	焊丝直经 /mm	焊接电流 /A	电弧电压 /V	焊丝伸出长度 /mm	气体流量 /(L/min)
打底层	1.2	100～120	18～20	10～15	13～16
填充层	1.2	120～140	19～22	10～15	15～18
盖面层	1.2	120～130	18～22	10～15	15～18

2. 坡口清理和定位焊

对坡口面及其两侧各 15mm～20mm 范围内打磨清洁。通常用三点定位焊,位置是在 3 点、9 点、12 点左右,定位焊要求是焊透根部,反面成形良好。不宜在 6 点进行定位焊,因为 6 点是起焊点,管子处于冷的状态,不易用打底层将定位焊道焊透。对定位焊缝要仔细检查,发现裂纹、未焊透、气孔等缺陷应予以铲除重焊。也可用装配 Ⅱ 形"马"代替定位焊,这样可以消除定位焊缝引起的焊接缺陷。

3. 焊打底层

焊打底层前,宜将定位焊缝用砂轮磨薄,或将两端磨成斜坡形,以利焊透。环形对接缝分成两半圈,由下向上单面焊两面成形。打底层焊丝在各钟点位置时,焊丝向焊接方向倾斜的角度是在变化的,如图 19-9-3 所示。而焊丝在两坡口面中间的位置,是在坡口的角平分线上,这是不变的。

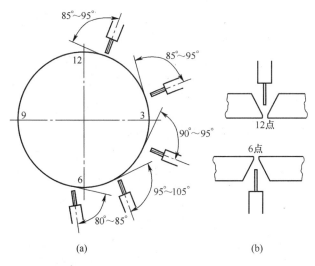

图 19-9-3 水平固定管子对接焊丝的位置
(a) 焊丝和管子的位置;(b) 焊丝和坡口面的位置。

打底层的引弧点是在过 6 点约 10mm 处,焊枪作小幅锯齿形摆动(图 19-9-4(a)),幅度不宜大,只要看到坡口两侧母材金属熔化即可,焊丝摆动到两侧稍作逗留。为了避免穿丝(焊丝穿过熔池)和未焊透,焊丝不能离开熔池,焊丝宜在熔池前半区域约 $l/3$ 处(图 19-9-4(b)),(l 为熔池长度),横向作锯齿形摆动,逐渐上升。焊枪上升的速度要视焊接位置和熔池形状而变。立焊时上升速度宜快些,使熔池有较多的冷却时间,避免焊瘤。同时要控制熔池尺寸均匀,又要避免熔池脱节现象。焊到 12 点处(平焊位置)进行收弧,不需要填满弧坑。

焊后半圈前,先将前半圈焊缝的始末端打磨成斜坡状(图 19-9-5),长度约 10mm～15mm。在 6 点打磨区域内引弧,引弧后拉回到打磨区的端部开始焊接,按打磨区域形状摆动焊丝,焊接到打磨区极限位置时听到"噗"的击穿声(即反面成形)后,接着像焊前半圈一样,焊后半圈,直焊到近 12 点时,焊丝改用直线形或微小幅度锯齿形摆动,焊过打磨区收弧。检查整圈焊缝,如发现有局部凸起,要用砂轮磨平。

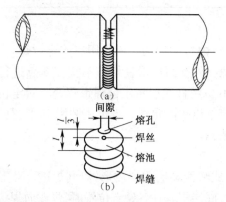

图 19-9-4 水平固定管子对接的打底层焊接
(a) 焊丝的摆动;(b) 焊丝、熔池、熔孔。

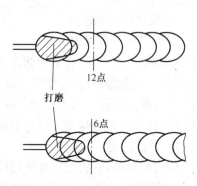

图 19-9-5 焊缝始末端的打磨

4. 焊填充层

焊填充层的焊枪位置同打底层,引弧点在 6 点附近,但要错开打底层的焊缝接头,焊丝宜在熔池中央 $l/2$ 处作锯齿形或月牙形摆动(图 19-9-6),焊丝在两侧稍作逗留,摆动幅度要参照前层焊缝的宽度。要视熔池形状来摆动焊丝及前行速度,直焊到 12 点附近收弧。

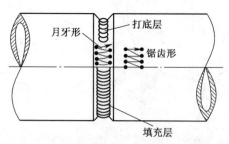

图 19-9-6 水平固定管子对接,填充层的焊丝摆动

焊填充层后半圈前,先把前半圈焊缝的始末端磨成斜坡形,尤其是 6 点处更应重视。焊后半圈方法基本上和前半圈相同,要求始末端成形良好。

焊填充层后,焊缝厚度达到距管子表面 1mm～2mm,且不能将坡口面边缘熔化。如

286

发现有局部高低不齐,则应填平磨齐。

5. 焊盖面层

焊盖面层的焊枪位置同打底层。焊盖面层焊丝应作锯齿形或月牙形摆动,摆动幅度参照坡口宽度,并在两侧稍作逗留,而在中间略快摆动,可避免咬边缺陷。

当管壁较厚、坡口上部较宽时,盖面层宜用三道焊,先焊两侧的焊道,最后焊中央焊道。焊两侧焊道时,焊枪位置应稍作调整,焊枪向坡口中心线倾斜一个角度。

第十节 陶质衬垫 CO_2 气体保护半自动单面焊

一、陶质衬垫

(一)陶质衬垫的构造

陶质衬垫(图19-10-1)是由陶质衬垫块、粘胶铝箔及防粘纸三部分组成。陶质衬垫块是由硅和铝的氧化物加入脱氧剂、助熔剂和脱渣剂,经高温1300℃烧结而成。陶质衬垫块粘胶在铝箔上,陶质衬垫块两侧贴有防粘纸。衬垫块的焊缝成形槽宽8mm,深1.5mm,长25mm。衬垫块两端可以阶梯相嵌连接,达到接长的要求。铝箔上还开有小孔,用作透气。

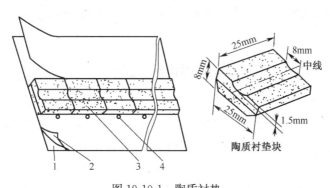

图19-10-1 陶质衬垫

1—粘胶铝箔;2—防粘纸;3—陶质衬垫块;4—透气孔。

(二)陶质衬垫的功用

衬垫的功用有:①衬托,衬垫能托住液态金属,并使焊道背面按衬垫槽成形;②保护,衬垫受热局部熔化形成熔壳,保护焊道反面不受外界侵入;③润湿,陶质熔化成液态渣,润湿焊道反面,成形光滑。

(三)陶质衬垫块的类型

按照不同的焊接接头反面形状不同,制成众多的衬垫块,常用的衬垫块如图19-10-2所示,陶质衬垫易吸收潮气,要重视防潮。产品为塑料小包装,应随用随拆。

二、陶质衬垫 CO_2 半自动焊的优点

在焊件接缝的反面粘贴陶质衬垫,正面进行 CO_2 半自动焊,借助衬垫的衬托、保护及润湿作用,获得焊道反面的良好成形,这种焊接方法称为陶质衬垫 CO_2 气体保护半自动

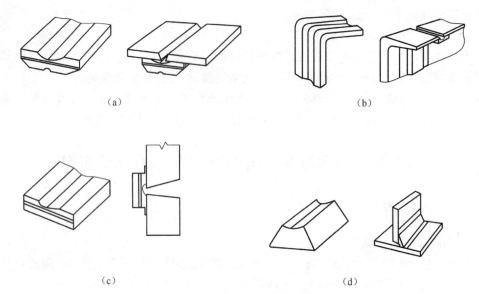

图 19-10-2　常用 CO_2 焊陶质衬垫

(a) 平、立对接；(b) 角钢对接；(c) 横对接；(d) T形接头。

焊。它具有以下几个优点：①单面焊道两面成形，不需要仰焊和清根，提高生产率；②陶质衬垫装拆方便，不需要支撑，辅助时间少；③焊件装配间隙质量要求低；④焊缝反面成形良好。

三、陶质衬垫 CO_2 单向焊的焊前坡口准备

（一）坡口尺寸

陶质衬垫 CO_2 单面焊都采用 V 形坡口（图 19-10-3），坡口角度为 50°，间隙为 4mm～7mm，无钝边。横焊时采用不对称 V 形坡口，以利焊缝成形。

（二）坡口清理和定位焊

焊前除了应该清理坡口及其两侧各 15mm～20mm 范围的水、锈、油漆等污垢外，还必须对坡口反面的马脚、焊疤等用砂轮磨平，使陶质衬垫能紧紧粘贴在接缝的反面。

定位焊缝不宜设置在坡口内，可以把装配Ⅱ形"马"设置在接缝的反面，来固定焊件的接缝。两Ⅱ形"马"之间的距离以 250mm 为佳，距离太长对抑制焊接变形不利，距离太短增加了装拆Ⅱ形"马"的工作量。

（三）粘贴陶质衬垫

粘贴衬垫需有两名工人操作，一个在焊件接缝的下面，另一个在焊件上指挥。先将铝箔上的防粘纸撕去，然后使衬垫块的红色中线对准接缝坡口的中心（靠上下两工人协调），接着将铝箔粘贴在坡口的反面，并一定要把铝箔贴平，保证衬垫紧贴不落下。

四、陶质衬垫 CO_2 半自动单面焊操作技术

(1)采用左焊法，焊工能清楚地看到熔池形状和焊道根部的成形，

(2)打底层焊道宜薄不宜厚，焊道过厚产生过多熔渣，反而使焊道反面成形不佳。

(3)焊丝的摆动掌握三个要点:①宜对坡口作小幅横向摆动,不准作直线运动。因为焊丝直线运动会使焊道成凸形,两侧不易焊透;②焊丝在坡口两侧稍作逗留,使两侧根部焊透,并使焊丝熔敷入成形槽,焊道反面能成形;③把准焊丝在熔池中的位置,使熔池呈月牙形,月牙形前的孔称之为熔孔(图 19-10-4)。月牙形熔池可以让较多的熔融金属进入熔池的反面,使焊缝反面成形凸出。如果熔池像通常焊接时的椭圆形,则焊缝往往出现余高不足,甚至有内凹的现象。要使熔池呈月牙形,必须将电弧(由焊丝位置而定)处于熔池的前半区域(靠近熔孔)的位置。这样近电弧的熔孔周围的熔融金属温度较高,容易下垂进入衬垫块的成形槽,焊缝反面成形良好。

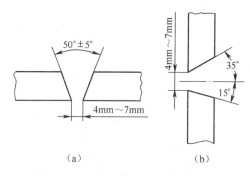

图 19-10-3　陶质衬垫 CO_2 单面焊坡口

(a) 平焊;(b) 横焊。

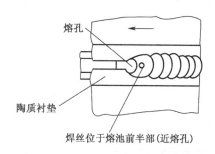

图 19-10-4　陶质衬垫打底焊道的
熔孔和焊丝位置

(4)坡口间隙大,打底层不宜用大电流焊接,但也要有足够量的熔融金属进入焊缝反面,所以焊接电流也不宜过小。表 19-10-1 为陶质衬垫 CO_2 单面焊的工艺参数。

表 19-10-1　陶质衬垫 CO_2 气体保护单面电弧焊的工艺参数

焊道位置	坡口形式	焊道	焊丝直径/mm	焊接电流/A	电弧电压/V	气体流量/(L/min)	备注
平	50° 4mm~7mm	打底层	1.2	180～200	23～26	15～20	陶瓷衬垫为 JN4 型系江南造船厂和象山焊接衬垫厂共同研制产品
		填充层盖面层	1.2	250～300	26～30	15～20	
立	4mm~7mm 50°	打底导致	1.2	130～150	20～24	15～20	
		填充层盖面层	1.2	150～180	22～26	15～20	
横	4mm~7mm 35° 15°	打底层	1.2	180～200	22～26	15～20	
		填充层	1.2	200～220	26～28	15～20	
		盖面层	1.2	150～180	22～26	15～20	

(5)打底层宜薄不宜厚,如果打底层过厚,冷却时由于熔池上部熔融金属接触空气冷

却较快,先凝固。而熔池下部接触的是陶质衬垫,冷却较慢,熔融金属最后凝固,熔池下部凝固引起大的收缩,收缩引起的空穴无法填补,结果弧坑底部形成缩孔缺陷(图19-10-5)。用小的焊接热输入焊接,收弧处减薄焊道厚度,用小电流收弧,都能防止缩孔的产生。也可用收弧板来解决问题。陶质衬垫 CO_2 单面焊的技术难点就是打底层焊接,填充层和盖面层的焊接方法同一般焊接方法。

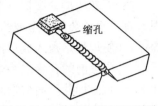

图 19-10-5　收弧处弧坑反面缩孔

第十一节　CO_2 气体保护半自动焊的焊接缺陷

CO_2 半自动焊常见的焊接缺陷有气孔、咬边、未焊透和未熔合、焊瘤、夹渣、烧穿、裂纹及焊缝外形尺寸不合要求等。CO_2 半自动焊焊接缺陷的产生原因及防止措施见表19-11-1。

表 19-11-1　CO_2 半自动焊的焊接缺陷的产生原因及防止措施

缺陷	产生原因	防止措施
焊缝内的 CO 气孔	(1) CO_2 瓶中含有 CO 量过多。 (2)焊丝中脱氧元素不足。 (3)焊丝碳含量较高	(1)选用高纯度的 CO_2 气体。 (2)采用药芯焊丝。 (3)使用低碳焊丝
焊缝表面氢气孔	(1)坡口上有油、水、锈、漆等污物。 (2)焊丝生锈、沾污。 (3) CO_2 气体中含水量高。 (4)下雨、下雪天露天作业。 (5)焊接工艺参数不当	(1)清理污物。 (2)清理焊丝表面。 (3)不使用瓶内压力低于1MPa的 CO_2 气体。 (4)不准露天作业。 (5)加大焊接电流,减慢焊接速度
焊缝表面蜂窝状气孔	(1)喷嘴被堵塞,流量变小。 (2)喷嘴到工件间的距离大。 (3)焊接区有侧面风。 (4) CO_2 流量偏小	(1)疏通喷嘴。 (2)降低喷嘴的高度。 (3)采取挡风措施。 (4)加大 CO_2 流量
咬边	(1)电流偏大,电压偏高。 (2)焊枪位置不妥。 (3)焊枪运动不当	(1)降低电流和电压。 (2)调整焊枪位置。 (3)合理地摆动焊枪。 (4)把 T 形接头置于船形位置焊接
未焊透和未熔合	(1)坡口角度太小,钝边太大,间隙太小。 (2)坡口不清洁,锈蚀严重。 (3)电流太小,焊速过快。 (4)焊枪位置偏歪。 (5)焊丝摆动到两侧未逗留。 (6)多层多道焊中,个别焊道凸起过高,形成深沟	(1)加大坡口角度和间隙,减小钝边。 (2)对坡口打磨,清除锈蚀部分。 (3)增大电流,减慢焊速。 (4)焊枪对准焊缝。 (5)焊丝摆动到两侧逗留时间应宽裕。 (6)用砂轮打磨掉高凸部分
焊瘤	(1)电流过大、电压偏高、焊速太慢。 (2)焊丝位置不合理。 (3)焊枪运动不妥当	(1)调整好电流、电压、焊速。 (2)选用正确的焊丝位置。 (3)合理的焊枪摆动

缺陷	产 生 原 因	防 止 措 施
夹渣	(1)焊接处不清洁。 (2)坡口太小。 (3)焊速太慢，使熔池涌向电弧前方。 (4)电流太小	(1)清理焊接处的不洁物。 (2)加大坡口角度。 (3)提高焊速。 (4)加大焊接电流
烧穿	(1)电流太大。 (2)坡口间隙过大。 (3)焊速太慢	(1)减小焊接电流。 (2)减小间隙。 (3)提高焊速。 (4)采用衬垫进行焊接
热裂纹	(1)母材或焊丝硫含量过多。 (2)焊接热输入过大。 (3)坡口角度过小，焊成焊缝成形系数(B/H)小。 (4)弧坑过深引起弧坑裂纹	(1)选择好和母材匹配的焊丝。 (2)减小焊接热输入。 (3)避免形成窄而深的焊缝。 (4)填满弧坑
冷裂纹(焊趾裂纹、根部裂纹、焊道下裂纹)	(1)焊缝中有过量的氢。 (2)焊缝冷却速度快。 (3)焊接热输入太小。 (4)衬垫未贴紧根部，形成缺陷而应力集中。 (5)焊接应力太大	(1)做好坡口清洁工作，不用生锈或受潮的焊丝。 (2)增大电流、减慢焊速。 (3)预热和后热处理。 (4)衬垫紧贴焊缝根部。 (5)合理的焊接顺序，减小焊接应力
飞溅多	(1)电流、电压选用不当。 (2)焊枪倾角过大。 (3)焊丝受潮或沾污。 (4)极性接法错误。 (5)磁偏吹	(1)选用合理地工艺参数。 (2)减小焊枪倾角。 (3)使用低飞溅焊丝。 (4)接直流反接。 (5)设法减小磁偏吹
焊缝外形尺寸不合要求	(1)坡口角度、间隙、钝边不均匀。 (2)送丝快慢不均匀。 (3)电流和电压有较大的波动。 (4)焊丝的摆动未能适应坡口尺寸要求。 (5)焊枪位置不当	(1)焊前修正坡口尺寸，使之符合技术要求。 (2)检修送丝机构和软管电缆。 (3)避开高峰用电，焊接回路加装稳压装置。 (4)焊丝的摆动要和坡口尺寸协调。 (5)调整焊枪位置

第十二节　CO_2 气体保护半自动焊生产举例

一、傍板分段的 CO_2 气体保护半自动焊

（一）产品结构和材料

中小型船舶的傍板分段由数块傍板拼接组成，板厚通常为 5mm～8mm，材质为一般强度船体结构用钢 A 级钢，属低碳钢。某傍板分段如图 19-12-1 所示，由于此分段处于船首部区域，分段各傍板都带曲面，且一端较阔，另一端较窄。每块傍板都不是平直的，傍板

之间的接缝也不是平直的。所以不能用埋弧焊来焊接,只能用焊条电弧焊或 CO_2 半自动焊。现采用 CO_2 半自动焊,并采用陶质衬垫单面 CO_2 焊。坡口角度 $50°$,无钝边,间隙 $\geqslant 4mm$。

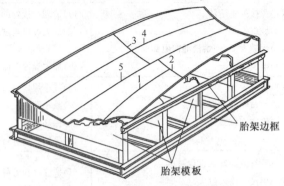

图 19-12-1　傍板分段的焊接

焊接材料:JN-4 陶质衬垫,焊丝 H08Mn2SiA(ER49-1)或 DW-100、$\phi1.2mm$。CO_2 气体纯度 $>99.5\%$。

(二) 装焊工艺

(1)按照傍板分段的外形制造胎架模板,将几块胎架模板用角钢组成胎架边框对其固定。

(2)将数块傍板铺在胎架上,进行装配定位焊,定位焊设置在傍板下面,用定位焊缝使傍板和胎架连接,定位焊缝长 30mm～50mm,间距 200mm～300mm,或视模板上的空档尺寸而定。

(3)清洁焊接坡口。

(4)在接缝反面粘贴陶质衬垫,注意陶质衬垫的中心线对准接缝中心线。

(5)选用焊接工艺参数,可参照平焊工艺参数,可略微减小点(因焊缝带有倾斜),采用向上焊接。

(6)焊打底层采用小幅度横向摆动,保证焊缝根部焊透反面成形。焊填充层可略增大些焊接电流,以防止未熔合缺陷,最后焊盖面层,要求焊缝成形美观。

(7)傍板分段的焊接顺序按图 19-12-1 中的 1～7 进行施焊。T 字形对接焊缝的焊接顺序原则是先焊支缝,后焊干缝。十字形对接焊缝的焊接顺序原则是先焊短缝,后焊长缝。这样能使每条焊都能自由收缩,以减小焊接应力与变形。

(8)在焊 T 字形、十字形对接焊缝的相交点时,应避免焊缝的接头落在该交点上。为了保证该处的焊接质量,可用碳刨刨去相交点处先焊的焊缝,铲净坡口,然后再焊后一顺序的焊缝,如图 19-12-2 所示。

(9)分段长度方向接缝两端各留 200mm 左右暂时不焊,以利分段两端外的构件装配。

二、16Mn 空心钢球的 CO_2 焊

(一) 产品结构和材料

现代大型屋架结构广泛采用着球节点网架,密布着大量的空心圆球。空心球是用

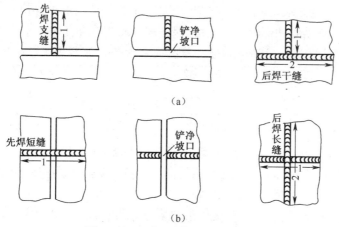

图 19-12-2 交叉焊缝的焊接顺序

(a) T 字形焊缝的焊接顺序；(b) 十字形焊缝的焊接顺序。

16Mn 钢板热压成半球。球直径有 160mm～500mm，壁厚 4mm～25mm。焊接钢球有两种结构形式：一为两半球直接拼焊而成；另一为球接缝处加上圆形肋板，以提高球的刚度和承载能力。它们的坡口形式如图 19-12-3 所示。坡口角度为 $50°～60°$，无钝边，有肋板的间隙为 3mm，无肋板的间隙为 2.5mm。

焊接材料：H08Mn2SiA（ER49-1），焊丝直径为 1.2mm。CO_2 气体纯度应大于 99.5%。

（二）装焊工艺

（1）使用四轮的滚动胎架，对环缝进行滚动焊接。要采取措施保证环缝在垂直面内滚动。可在球体顶部处装上一个左右不移动的导向滚轮，导向滚轮嵌入焊丝前面的坡口接缝内，引导接缝向焊丝方向行进。待环缝将要全部焊成之前，已焊好的焊缝将导向滚轮提起，这时全靠焊工操作焊成环缝。

（2）无肋板的 V 形坡口打底层焊接，要求是单面焊接两面成形，确保底部焊透。操作时要注意以下几点：①焊枪处于向上焊的位置，如图 19-12-4 所示，在这个位置，容易焊透焊缝，并且观察电弧和操作方便，焊缝成形也易控制；②焊接电流不宜大，要防止烧穿，焊接工艺参数见表 19-12-1。焊接速度、胎架滚动转速由球直径及壁厚而定；③熔池要成月牙形，熔孔略小于熔池，并按间隙和熔孔直径的变化调整焊丝横向摆动的幅度，力求维持熔孔直径不变，以求得均匀的焊缝反面成形；④要注意听电弧击穿坡口底部时发出的声音，有"噗噗"声说明熔池穿透到反面熔合良好；⑤把准焊丝处在熔池中的位置，焊丝中心

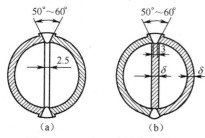

图 19-12-3 空心球的接头形式

(a) 无肋板；(b) 有肋板。

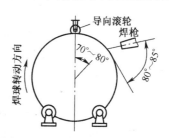

图 19-12-4 焊枪和球的相对位置

293

应略偏于熔池的上半区域,保证电弧稳定,也要防止焊丝从间隙中穿出;⑥焊丝作小幅度的横向摆动,电弧移动到两侧时稍作逗留,保证坡口两侧熔合良好。

表 19-12-1　16Mn 钢空心球打底层焊道 CO_2 焊的工艺参数

焊接接头形式	焊丝直经/mm	焊接电流/A	电弧电压/V	焊丝伸出长度/mm	气体流量/(L/min)
无肋板 V 形对接	1.2	120～140	20～22	12～16	12
有肋板 V 形对接	1.2	140～160	22～24	12～16	12

(3)有肋板的 V 形坡口打底层焊接,由于有了肋板,不必担心烧穿,可以选用较大的焊接电流,见表 19-12-1,既保证焊透又能提高生产率。焊枪采用横向摆动并在两侧稍作逗留,使坡口两侧和肋板接触面熔合良好。

(4)焊填充层和盖面层,两种对接接头的填充层和盖面层的焊接方法是相同的。采用较大的焊接电流,焊丝横向摆动,在坡口两侧稍作逗留,使熔合良好。

焊盖面层的焊接电流略小于填充层,也作锯齿形摆动焊丝,在两侧边缘处作停留动作,防止咬边缺陷。焊填充层和盖面层的工艺数见表 19-12-2。

表 19-12-2　16Mn 钢空心球填充层、盖面层焊道 CO_2 焊的工艺参数

焊层	焊丝直经/mm	焊接电流/A	电弧电压/V	焊丝伸出长度/mm	气体流量/(L/min)
填充层	1.2	150～200	23～26	10～14	12
盖面层	1.2	140～180	22～26	10～14	12

三、马鞍形管子接头的 CO_2 气体保护半自动焊

(一) 结构和材料

管路系统中大直径的主管要分路输送液体或气体到支管,形成了主管和支管的接头。通常主管直径大,支管直径小,连接时好似支管骑在主管上,焊缝呈马鞍形,如图 19-12-5 所示。

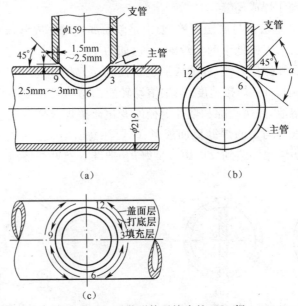

图 19-12-5　马鞍形管子接头的 CO_2 焊

(a) 3点的坡口形状及焊丝位置;(b) 6点的坡口形状及焊丝位置;(c) 各层的焊接方向。

产品的主管 $\phi219\times10$ 和支管 $\phi159\times8$,材质均为 20 钢。主管上开孔,孔径和支管内径相同,支管加工成马鞍形,开 45°坡口角度,钝边 1.5mm～2.5mm,间隙 2.5mm～3mm。

焊接材料:实心焊丝 H08Mn2SiA,$\phi1.2$mm;药芯焊丝 DW-100(日)、$\phi1.2$mm。

保护气体:Ar＋20%CO_2;99.5%CO_2。

(二) 装焊工艺

(1)焊接特点。这种管子接头焊接时有两个特点:①焊缝的空间位置是在变化,但变化不大;②坡口的角度也是在变化的,如图中所示在 3 点位置坡口角度为 45°,而在 6 点位置坡口角度远大于 45°,甚至可达 90°。这两个变化给焊接带来一定的难度,要焊成外形美观的焊缝也是不容易的。

(2)坡口准备。管子装配前清理坡口上的水、锈、油及污物,打磨坡口露出金属光泽。用三点定位焊固定管子接头。

(3)焊打底层。采用实心焊丝 H08Mn2SiA(ER49-1),富氩(Ar＋20%CO_2)保护气体焊,这样可以避免焊缝背面漏渣。将支管中心线置于垂直位置,焊缝呈马鞍形。把焊缝分成四段焊接,6 点→3 点、6 点→9 点、12 点→3 点、12 点→9 点。焊接时主要依据坡口角度和间隙大小来摆动焊丝,坡口角度和间隙大处横向摆动幅度大些。在上坡口面处稍作逗留,使焊缝成形良好,并保证焊透。打底层的焊接工艺参数见表 19-12-3。

表 19-12-3　马鞍状管子接头的焊接工艺参数

焊 层	焊丝牌号	保护气体	焊丝直径 /mm	焊接电流 /A	电弧电压 /V	气体流量 /(L/min)
打底层	H08Mn2SiA	Ar＋$CO_2$20%	1.2	100～150	18～22	15～20
填充层	DW-100(日)	CO_2	1.2	200～240	30～36	15～20
盖面层	DW-100(日)	CO_2	1.2	150～200	22～28	15～20

(4)焊填充层。采用药芯焊丝 DW-100 焊丝,保护气体 $CO_2$99.5%。焊接电流可调大一点,保证焊缝熔透良好。马鞍形焊缝仍保持支管垂直,分成四段。在 6 点、12 点的坡口角度大,应适当增大摆动的幅度,使焊缝外形尺寸力求均匀。填充层焊缝接头应和打底层的接头相互错开。填充层焊好后,焊缝厚度达到距支管表面 1.5mm～2mm,如发现局部高凸或低凹,应进行填平磨齐工作。

(5)焊盖面层。将支管中心线转 90°呈水平位置,分四段进行焊接。先在一侧从 3 点立焊位置开始,向上焊过渡至 6 点平焊,焊丝在水平方向摆动,使熔池也处于水平位置。一侧焊好后,焊另一侧 9 点到 6 点,焊到 6 点焊缝交接。上半圈焊缝焊好后,接着将支管中心线沿垂直面旋转 180°,用同样的方法焊另半圈,即 3 点到 12 点,9 点到 12 点。要注意焊缝接头不能过高。

支管从竖直位置转为水平位置,这四段焊缝的位置和焊接方向都发生了改变。例如,3 点由平焊变为立焊,6 点由立焊变为平焊。另外,每段焊缝的倾斜程度也有所改变,焊 6 点到 3 点,焊缝倾斜程度比较小(可看作平焊成分多),而焊 3 点到 6 点,焊缝倾斜程度比较陡直(可看作立焊成分多)。平焊成分多容易控制打底层的熔透和焊缝反面成形,立焊成分多可以使焊缝焊得厚些。

四、45 钢轮轴的 CO_2 气体保护半自动焊

（一）产品结构和材料

某机械的部件轮轴（图 19-12-6）是由长轴和法兰焊接而成，材质均为 45 钢。轴和法兰盘结合构成两条环形焊缝：一条是轴的端面，称为端面环缝；另一条是轴的圆周面，称为周面环缝。两条环缝均开成 U 形坡口（图 19-12-7），坡口角度均为 20°，端面接缝底部半径为 8mm，而周面接缝由于要采用滚动焊接，坡口底部放宽 4mm，以确保底部焊透。

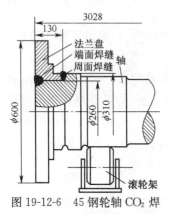

图 19-12-6　45 钢轮轴 CO_2 焊

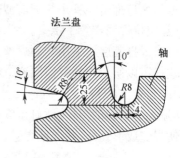

图 19-12-7　U 形坡口尺寸

焊接材料：H08Mn2SiA，$\phi 1.2mm$，CO_2 气体纯度大于 99.5%。

（二）装焊工艺

（1）坡口加工。对轴和法兰盘进行 U 形坡口加工，同时对轴端部外径和法兰盘内孔进行加工，使两者实施紧密配合，法兰盘紧密套在轴上。

（2）对焊接坡口处预热。由于 45 钢碳含量高达 0.45%，易淬硬而产生裂纹，为防止裂纹，需要对坡口处预热。预热温度为 200℃～300℃。对法兰盘整体加热，而对轴的端部两坡口侧 100mm 区域内加热达 200℃。加热后对端面接缝进行三点定位焊。

（3）将轮轴安置在滚轮架上，使轴处于水平位置，先焊周面环缝，采用滚动焊接。打底层焊接电流可大些，不必担忧烧穿。接着焊填充层和盖面层，焊枪摆动幅度视坡口宽度增大而增大。由于每焊一层后，电弧提高要引起焊接速度的加快，离轴的中心线距离大了，所以要逐层增大些焊接电流。轮轴 CO_2 焊的工艺参数见表 19-12-4。

（4）周面环缝焊好后，立即将轴竖立并可靠固定，然后焊端面环缝，焊接工艺参数可参照表 19-12-4。

（5）焊后立即用石棉布包裹，让其缓慢冷却，最后对轮轴进行热处理。使焊后的轮轴达到符合要求的力学性能。

表 19-12-4　45 钢轮轴 CO_2 气体保护焊的工艺参数

焊缝层次	焊丝直经/mm	焊接电流/A	电弧电压/V	CO_2 流量/(L/min)	焊丝伸出长度/mm
打底层	1.2	160～180	23～25	16	14～16
填充层	1.2	160～200	25～27	20	14～16
盖面层	1.2	220～240	27～30	24	14～16

五、船体双层底分段的 CO_2 气体半自动焊

(一) 产品结构和材质

大型船舶都是双层底结构,即除了船底的外底板外,还有一层水密的内底板。双层底结构通常由船底外板、内底板、中桁材、侧桁材、内底纵骨、外底纵骨和肋板等构件组成,如图 19-12-8 所示。双层底两侧有下边水舱结构。双层底可利用其底部空间,以压载水来调整船舶的纵倾和横倾,降低船的重心,改善船的航行安全性能。

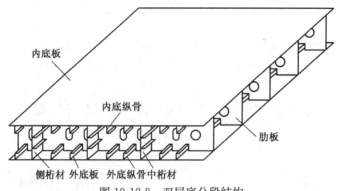

内底板

内底纵骨

肋板

侧桁材 外底板 外底纵骨 中桁材

图 19-12-8 双层底分段结构

通常根据起重能力和船的长度和宽度,将整个船分成数段双层底分段。整艘船长度方向,有数段双层底组成,船的横向也视船的宽度分成三段甚至五段。

双层底分段有两种建造方法:一种是以内底板为基准面的"倒装法";另一种是以船外底板为基准面的"顺装法"。在此介绍"倒装法"装焊工艺。

某船的双层底分段、船底板、内底板、肋板及纵桁、纵骨材质均为 AH32。焊接材料可采用:SF-71、DW-100、TWE-711、YCJ501-1 等各种牌号药芯焊丝,$\phi1.2mm$。

(二) 装焊工艺

(1)在平台上铺设内底板,进行装配定位焊,用埋弧焊焊接内底板拼板正面接缝。正面接缝焊好后,将内底板翻身,用埋弧焊焊反面焊缝。

(2)在内底板上装中桁材、旁桁材和纵骨,定位焊后暂不焊(也可用 CO_2 焊先焊好横角焊)。

(3)内底板上装肋板,并进行定位焊,此时内底板和构架形成"格子盘结构"。有立角焊缝和横角焊缝。原则是先焊立角焊,后焊横角焊。

(4)用 CO_2 焊焊肋板和纵桁与纵骨的立角焊缝,其原则是由四名焊工从中央向四周焊接,以保证焊缝较自由地收缩。对中央十字接头的四条立角焊缝,为避免四个电弧同时加热中央十字接头,焊接时间宜适当错开,如图 19-12-9 所示。每一格有四条立角焊缝,焊好后转入另一格焊四条焊缝,由中央逐格向四周焊接。

(5)立角焊缝焊好后,接着用 CO_2 焊焊接内底板和肋板、纵桁、纵骨的横角焊,其原则也是由中央逐格向四周焊接,如图 19-12-10 所示。

(6)在肋板上装船底纵骨构架,并进行定位焊。

(7)在内底构架上装配船底板,并进行定位焊。

(8)在双层底舱内粘贴陶质衬垫,用 CO_2 焊焊接船底板,单面焊双面成形。

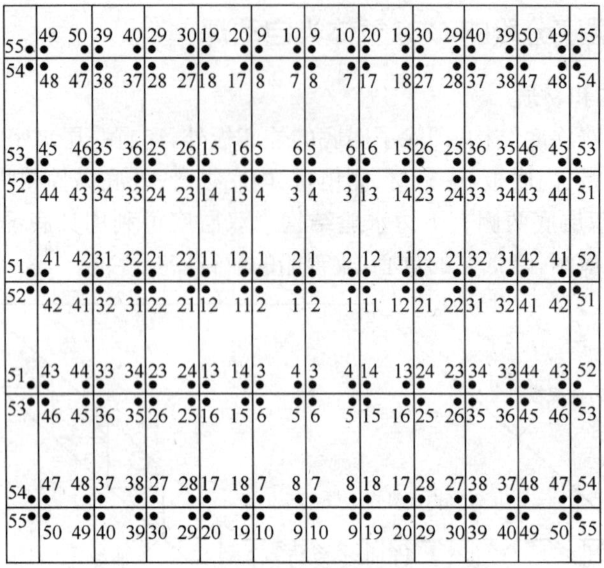

图 19-12-9　双层底分段立角焊的焊接顺序

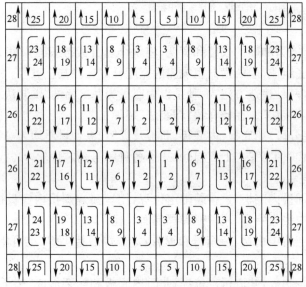

图 19-12-10　双层底分段横角焊的焊接顺序

（9）将分段翻身，焊接船底板和肋板、纵桁材、纵骨的横角焊缝，其焊接顺序参照图19-12-10。

（10）重视开孔处的包角焊，肋板和纵骨相交处，采用肋板上开孔，让纵骨通过，对肋板开孔处应进行包角焊（图19-12-11），包角焊焊脚尺寸由设计图纸上规定。若不进行包角焊，当肋板开孔未焊处受力后易开裂，会导致焊缝裂开，这是应该重视的问题。

（11）焊接工艺参数，内底分段的焊接主要是构架和内底板或外底板的横角焊，及构架之间的立角焊。这两种焊接工艺参数见表19-12-5。焊工可以把正常焊接电流调节成横角焊电流，而将收弧电流调节成立角焊电流，这样焊工可以不离开岗位调节焊接电流。

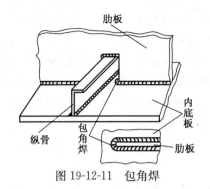

图 19-12-11　包角焊

表 19-12-5　双层底分段 CO_2 焊的工艺参数

焊接位置	焊丝直径 /mm	焊接电流 /A	电弧电压 /V	气体流量 /(L/min)	焊接速度	药芯焊丝牌号
横角焊	1.2	180～270	25～32	15～20	手工控制	SF-71、DW-100、
立角焊	1.2	150～230	24～30	15～20	手工控制	TWE711、YCJ501-1

复 习 题

1. CO_2 半自动焊通常钢板厚达几毫米以上开坡口?

2. CO_2 焊的工艺参数有哪些?

3. CO_2 焊的焊接电流如何选择?

4. CO_2 焊的焊丝伸出长度对焊缝尺寸有何影响?

5. CO_2 焊气体保护效果差的原因有哪些?

6. 试比较左焊法和右焊法的优缺点。

7. CO_2 焊,焊丝直径 1.2mm,其焊接电流和电弧电压约有多少?

8. CO_2 焊,焊丝直径 1.2mm,焊接电流 $I_{焊}=240A$,电弧电压 $U_{弧}=36V$,若焊接速度 $V_{焊}$ 由 30cm/min 变动为 20cm/min,问焊接热输入如何变动?

9. CO_2 焊的焊接热输入是如何控制的?

10. CO_2 焊焊枪运动时应注意些什么?

11. 试述 CO_2 半自动焊的引弧方法。

12. 有收弧装置的 CO_2 半自动焊,如何收弧填满弧坑?

13. 无收弧装置的 CO_2 半自动焊,如何收弧填满弧坑?

14. 试述 I 形坡口平对接 CO_2 焊的焊枪位置、摆动方法及操作要点。

15. 试述 V 形坡口平对接 CO_2 焊的焊枪位置、摆动方法及操作要点。

16. 试述船形角焊缝 CO_2 焊的焊枪位置、摆动方法及操作要点。

17. 试述 I 形坡口向上立对接 CO_2 焊的焊枪位置、摆动方法及操作要点。

18. 试述 V 形坡口向上立对接 CO_2 焊的焊枪位置、摆动方法及操作要点。

19. 试述向上立角焊缝 CO_2 焊的焊枪位置、摆动方法及操作要点。

20. 试述向下立角焊缝 CO_2 焊的焊枪位置、摆动方法及操作要点。

21. 试述船 I 形坡口横对接 CO_2 焊的焊枪位置、摆动方法及操作要点。

22. 试述船 V 形坡口横对接 CO_2 焊的焊枪位置、摆动方法及操作要点。

23. 试述横角焊缝 CO_2 焊的焊枪位置、摆动方法及操作要点。

24. 试述 I 形坡口仰对接 CO_2 焊的焊枪位置、摆动方法及操作要点。

25. 试述仰角焊缝 CO_2 焊的焊枪位置、摆动方法及操作要点。

26. 试述水平面转管子对接 CO_2 焊的焊枪位置、摆动方法及操作要点。

27. 试述固定管子对接 CO_2 焊的焊枪位置、摆动方法及操作要点。

28. 试述陶质衬垫 CO_2 半自动焊的操作要点。

29. 试述下列 CO_2 焊的焊接缺陷产生的原因及防止措施：气孔、裂纹、咬边、焊瘤、未焊透。

30. 如何对傍板分段进行 CO_2 半自动焊？

31. 如何用 CO_2 半自动焊焊接空心钢球？

32. 如何用 CO_2 半自动焊焊接马鞍形管子接头？

33. 用 CO_2 焊焊接 45 钢轮轴,要选用什么焊丝和采取什么工艺措施？

34. 如何用 CO_2 焊焊接双层底分段中的横角焊和立角焊？

第二十章 CO_2 气体保护自动焊

第一节 CO_2 气体保护自动角焊

CO_2 气体保护半自动焊于 20 世纪 80 年代在船厂得到了广泛的应用。现今在造船中，CO_2 气体保护半自动焊已基本上取代了焊条电弧焊。CO_2 气体保护半自动焊的生产率高，但是对焊工来说，并没有减轻劳动强度，重量不轻的半自动焊枪仍需手工操作，质量由焊工的手操作来决定。为了改变这种局面，CO_2 气体保护焊提出了向自动化发展的要求。于是人们在半自动焊机基础上研制成 CO_2 气体保护自动角焊机。焊工操作 CO_2 气体保护自动角焊机，稳定了焊接质量，减轻了劳动强度。用 CO_2 气体保护自动角焊机替代埋弧焊机焊横角焊，也免除了铺设焊剂、回收焊剂等辅助工作。

一、CO_2 气体保护自动角焊机的构造

CO_2 气体保护自动角焊机是在半自动焊机基础上添加一些焊接装置而成的。CW-2型 CO_2 自动角焊机是由一台半自动焊机（焊枪更换）和一台焊接小车组成的。自动角焊机主要用于焊接横角焊缝。一名焊工能操作多台自动角焊机。CW-2型 CO_2 自动角焊机的主要参数见表 20-1-1。

表 20-1-1　CW-2型 CO_2 自动角焊机的主要技术参数

名　称	技术参数	名　称	技术参数
控制电源	50Hz 220V/1A(或110V/2A)	焊接不到区	接缝始端100mm，接缝尾端100mm
驱动方式	橡胶轮加永磁体四轮驱动	适用范围	半径大于2m曲线，纵横倾角小于20°
行走速度	100mm/min～1000mm/min	焊脚范围	4mm～8mm
行走方向	左、右向，由两个限位开关实现自动停机	直颈式焊枪	专用500A，60%，4m软管电缆
焊机联动	一对焊枪开关触点输出	质量	8kg
焊枪调整	上下25mm，前后30mm，水平角45°±15°	外形尺寸（长×宽×高）(H)	255mm(L)×228mm(W)×258mm
仿形方式	压紧立板行走仿形		

（一）焊接小车

焊接小车主要由车体、焊枪夹具及其调节装置、仿形滚轮支架、操作箱及限位开关等组成。焊接小车如图 20-1-1 所示。

1. 车体

车体是焊接小车的主体，车体内装有单相交流电动机通过传动机构，驱动四个永磁体橡胶轮行走。

2. 焊枪夹具及其调节装置

焊机备有直颈焊枪（不用鹅颈式焊枪），用夹具固定在车体上，并有焊枪位置的调节装

置,可使焊枪上下移动 25mm,前后移动 30mm,水平角 45°±15°,以适应焊接时调整焊丝位置(包括焊丝伸出长度)的需要。

3. 仿形滚轮支架

仿形滚轮支架安装在车体前面的左、右两边,由支架上的滚轮压紧横角焊缝的垂直板来实现焊缝仿形。改变两支架的伸出长度,可得到左向或右向的斜行仿形。通过改变压紧滚轮在支架上的位置和旋转支架 180°,可以获得 12mm、43mm、65mm、95mm 四种不同高度垂直板压紧位置,以避开焊件垂直板上可能开的孔。仿形滚轮高低位置的调整如图 20-1-2 所示。

4. 操作箱

操作箱的面板上有启动按钮、小车行走开关、停止按钮、速度调节器、小车行走方向选择开关及电源指示灯。

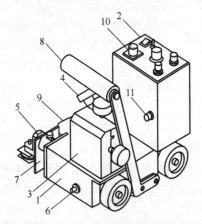

图 20-1-1　CO₂ 自动角焊机焊接小车的构造
1—车体;2—操作箱;3—焊枪调节滑块;4—焊枪夹具;
5—仿形滚轮支架;6—限位开关;7—飞溅挡板;8—手柄;
9—焊枪;10—电缆插座;11—熔丝座。

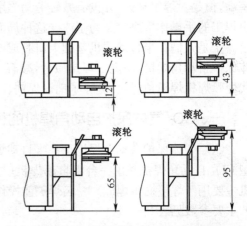

图 20-1-2　仿形滚轮高、低位置的调整

5. 限位开关

车体两侧各装有一个限位开关,当小车行走到接缝终端时,触及限位开关,能使焊机自动停止焊接。由于焊枪和限位开关有一段距离,所以焊机停止时,焊枪还未到达接缝终端位置,故接缝的始端和终端各 100mm 长度内是焊不到的,需要在焊后用 CO₂ 半自动焊进行补焊。

车体上有手柄,用于提携、搬移小车,同时也可以将车体内永磁体向上提起,使小车和钢板脱离吸合。当将小车放到需要焊接位置时,手柄放下后又可牢牢地吸住钢板。车体前下部有紫铜飞溅挡板,可以挡住飞溅进入车下。

(二)焊接电源和送丝机构

焊接电源和送丝机构配用 CO₂ 半自动角焊机的焊接电源和送丝机构,换去鹅颈式焊枪,装上直颈式焊枪。

(三)CO₂ 自动角焊机的连接

CO₂ 自动角焊机要把焊接小车和焊接电源、送丝机构用电缆、软管及控制电缆等连接起来，CO₂ 自动角焊机的连接系统图如图 20-1-3 所示。

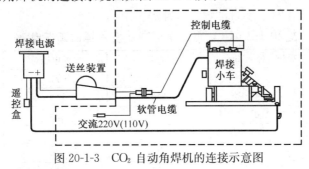

图 20-1-3　CO₂ 自动角焊机的连接示意图

二、CO₂ 自动角焊机的操作

(一) 焊前准备

(1)把专用直颈式焊枪装入焊枪夹具，旋紧压板上的手轮，以固定焊枪。

(2)把手柄向下压，使永磁体保持最大的吸合力。

(3)使仿形滚轮压紧垂直板，在焊接终端处放置有一定质量的挡块，以控制限位。

(4)用速度调节器选定焊接速度；并确定焊接小车行走方向的正确位置。

(5)用和焊接电源接通的遥控盒选定焊接电流和电弧电压。对于焊机有"有收弧"或焊机"自锁"功能的设置，焊前必须把这一功能开关拨至"无收弧"或"非自锁"位置。

(6)按下焊接小车上"启动"按钮，小车行走，同时焊枪开关信号闭合，送出气体接通焊接电源和送出焊丝，引燃电弧，开始焊接。

(二) 焊接过程

(1)观察电弧情况，适当调整焊接电流、电弧电压和焊接速度。

(2)观察熔池，调整焊丝和焊枪的位置，使焊缝成形符合要求。

(3)关心小车行走情况，使其能畅通行走。

(三) 停止

(1)当焊接小车行走到终端位置时，限位开关碰到挡板，焊接自动停止。

(2)提起手柄，永磁体提升，吸合力最小，焊接小车可以轻便地搬移到下一工作位置。如需焊接中途停止，只需按下"停止"按钮即可，与限位开关动作结果相同。

三、CO₂ 自动横角焊工艺技术

CW-2 型 CO₂ 自动角焊机是在原有的 CO₂ 半自动焊机基础上加装焊接小车而成的。焊枪由手工操作变为机械化操作，在焊接操作工艺上还有两点不同：一是半自动焊手工操作是可以横向摆动，还可以环形运动，而目前的自动角焊机只能作直线运动；二是手工操作焊枪时，要焊枪在高速行走状态下保持匀速时很困难的，而自动角焊机无论在高速或低速状态下都能做到匀速行走。所以 CO₂ 自动横角焊采用的工艺参数可以做到大电流、高焊速，提高生产率。至于焊丝位置，由于焊接电流的增大，焊丝对准接缝线，略向外移 1mm 左右即可。焊丝和垂直板夹角为 35°～45°。实际生产过程中，焊工可以观察焊后焊缝的成形，来调整焊丝的位置。目前 CO₂ 自动横角焊多用药芯焊丝，用药芯焊丝施行横角焊的工艺参数见表 20-1-2。

由于横角焊小车结构的原因，T形接头的角接缝的两端各 100mm 长度是焊不到的区域，这段接缝可以用 CO_2 半自动焊进行补焊。

表 20-1-2　CO_2 药芯焊丝自动横角焊的工艺参数

焊脚 K/mm	焊丝直径 ϕ/mm	焊接电流/A	电弧电压/V	焊接速度/(cm/min)
4	1.2	250	27	50
	1.4	330	29	100
	1.6	350	31	105
5	1.2	270	29	50
	1.4	330	30	90
	1.6	370	33	90
6	1.2	270	29	45
	1.4	330	31	80
	1.6	380	34	80
7	1.2	280	30	40
	1.4	350	32	50
	1.6	380	34	65
8	1.2	300	31	30
	1.4	350	33	45
	1.6	380	34	52
9	1.2	320	32	30
	1.4	350	34	40
	1.6	380	34	40

第二节　CO_2 气电垂直自动焊

一、CO_2 气电垂直自动焊的原理及特点

（一）CO_2 气电垂直自动焊的原理

CO_2 气电垂直自动焊（SEG 法）的原理如图 20-2-1 所示，它是一种强迫熔池冷却成形

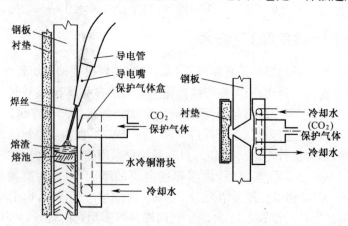

图 20-2-1　CO_2 气电垂直自动焊原理

的焊接方法。本焊接方法通常在立焊位置采用 V 形坡口,在 V 形坡口的背面有陶质衬垫,正面有带冷却水的铜滑块,于是形成了半封闭的空间。在敞开的上部通入 CO_2 保护气体和焊丝,焊丝和母材间产生电弧,在 CO_2 气体保护下,熔化了焊丝和坡口边缘的母材金属共同建立起熔池,随着熔池液面的上升,熔池的底部受冷却水滑块的降温,逐步冷凝构成焊缝。焊缝正面的形状取决于铜滑块的表面成形槽,而焊缝反面的形状取决于陶质衬垫的成形槽。

(二) CO_2 气电垂直自动焊的特点

1. 熔敷效率高

本法是采用 $\phi 1.6mm$ 药芯焊丝(DWS-43G),若选用 380A 焊接电流,其熔敷效率可达 180g/min,约为焊条电弧焊的 10 倍。

2. 焊接质量好

焊接过程是靠机械操纵的,有自动控制装置,焊接过程稳定。

3. 焊接小车使用方便

焊接小车轻而小,且导轨装拆方便。适宜焊接船体垂直大接缝,还可用于焊接分段制造中的 2m 以上纵横构件的垂直接缝,以及焊缝前后倾斜 45°范围内的对接焊缝。

4. 操作容易

焊机对熔池的监视是自动控制的,工艺参数设定之后,焊接过程自动进行,操作比较容易。

二、CO_2 气电垂直自动焊设备

CO_2 气电垂直自动焊设备是一种专用于船体大接缝的立对接焊缝的自动化焊接设备。目前国内各大船厂采用的垂直自动焊机主要有日本的 SG-2 型焊机和国产的 CZH 型焊机两种。现介绍 SG-2 型焊机,它的主要技术参数见表 20-2-1。

表 20-2-1　SG-2 型垂直自动焊机的主要技术参数

技术特性名称			主要技术特性数据
	控制电源	/V	380,AC 单相
	焊接位置	可调角度	立焊和倾斜 45°,并可左右倾斜
	电极数量和直径	/mm	$\phi 1.6$,单根药芯焊丝
	小车行走速度(自动)	/(cm/min)	0～25,连续调节
	小车空载行走速度	/(cm/min)	55,固定速度
	离合器	操作方法	人工
SG-2 焊接装置	焊枪调节水冷型(450A)	/mm	左右调节 20;前后调节 20;上下调节 15
		可调角度	左右角度,3°;前后角度,20°
	摆动器	/mm	摆幅 5～30
		/(次/min)	频率 50
		/s	两端停顿时间可调节 0～3
	铜滑块	/mm	左右调节±20
		/kg	压力调节(最大)19
	小车尺寸和质量	/mm	400(宽)×300(深)×300(高)
		/kg	13

技术特性名称			主要技术特性数据
SG-2 焊接装置	导轨 （侧齿条型铝轨道）	定位	用六个永久磁铁固定于钢板上
		/m	导轨长度1.5,可接长
		/kg	12
焊接电源	电源电压	/V	380V,3 相
	额定输入容量	/kVA	30(CPZX-500 型)
	电流调节范围	/A	50～500
	工作电压	/V	15～42
	额定负载持续率	/%	60
	尺寸和质量	/mm	480(宽)×655(深)×915(高)
		/kg	175

SG-2 型垂直自动焊机由主机、辅助控制箱、焊枪、导轨、铜滑块及送丝软管等组成,并配以 CO_2 气体保护半自动焊用焊接电源、送丝机构、水冷却装置及 CO_2 瓶和减压流量调节器等。

（一）主机

主机的结构如图 20-2-2 所示,主机由可拆卸小车、控制盒、摆动器(可用或不用)、水冷铜滑块及焊机等组成。

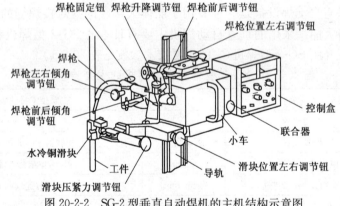

图 20-2-2　SG-2 型垂直自动焊机的主机结构示意图

1. 可拆卸小车

由电动机驱动,沿着固定在工件上且平行于坡口的导轨上移动。控制盒、摆动器、焊枪及水冷铜滑块装在小车上。焊丝由放置在焊接装置附近的送丝机构输送至焊枪处。焊丝摆动器的使用应以工件厚度而定,其摆动的幅度和在两端停留时间是可以调节的,沿板厚方向的摆动频率为 50 次/min,摆动距离为 5mm～30mm,两端停留时间为 0～3s。

2. 控制盒

用作整机的电器控制操作用,控制盒面板(图 20-2-3)上装有下列电器控制器件:

(1)电压表和电流表,显示电弧电压和焊接电流;

(2)焊接电压调节器和焊接电流调节器,调节电弧电压和焊接电流用;

（3）焊丝伸出长度调节器，用以调节焊丝伸出导电嘴的长度。顺时针旋转旋钮，使熔池水平面远离铜滑块上端面（伸出长度增加）。旋钮上有个"停止"位置，当旋钮处在"停止"位置时，自动行走失去作用，行走速度由手动控制，在此状态下，行走速度通过"行走速度调节器"来控制，使得熔池水平面处于适当的位置；

（4）行走速度调节器，它是在焊丝伸出长度调节器处于"停止"位置时，用此可调节小车的上升速度，调速范围为 $0\sim25\text{cm/min}$。当自动行走工作状态时，则此调节器不起作用；

（5）自动行走指示灯，当自动行走焊接时，指示灯亮。如果焊丝伸出长度调节器处于"停止"位置，指示灯熄灭；

（6）快速行走开关，用于不焊接时，开关拨在向上位置，小车向上快速行走；拨在向下位置，小车向下行走。快速行走速度为 55cm/min。当焊接时，开关在向上位置，小车仍能向上行走；而开关在向下位置，则小车不会向下行走，不会影响正常向上焊接；

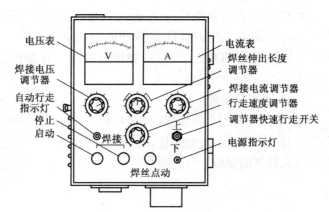

图 20-2-3　SG-2 型垂直自动焊机控制盒面板

（7）焊丝点动送进按钮，不焊接时，按此按钮，焊丝从焊丝盘拉出，送进焊枪而输出。焊接时此按钮不起作用，焊丝给送速度由焊接电流调节器来调节。

（8）启动按钮，按此按钮，焊接电源接通，焊丝给送，小车上升，引弧后焊接工作开始；

（9）停止按钮，按此按钮，电弧熄灭和小车停止。

3. 焊枪位置调节装置

焊枪位置的变化可以通过一系列的机械装置来实现，可以调节焊枪位置的升降、左右、前后、左右倾角、前后倾角，还有固定旋钮。这可以满足焊枪到达合适的位置。

4. 水冷铜滑块

铜滑块内通水冷却，逼使熔池冷却，焊缝成形。铜滑块接触熔池的面开有焊缝成形槽。铜滑块对坡口的压紧力，用旋钮可以调节，压力可达 19kg。铜滑块的横向位置也是可以调节的，左右 ±20mm。滑块上还附有 CO_2 保护气体盒，借此通道 CO_2 进入熔池上方保护电弧和熔池。

（二）辅助控制箱

辅助控制箱被安置在 CO_2 焊接电源上，用来供电给控制盒，并作为焊接电源和控制盒之间的连接供电。辅助控制箱的面板上设有控制电源开关、控制电源指示灯、摆动器电路保险丝和小车电路保险丝。控制电源开关是用以接通断开控制线路的电源，指示灯亮表示控制电源接通。

（三）焊接电源和送丝机构

本机要配用 CO_2 半自动焊机的焊接电源和送丝机构。焊接电源采用直流、平特性、晶闸管式(或逆变式),额定电流为500A,负载持续率不小于60%。可配用CPZX-500型焊接电源。送丝机构可配用CM-231型,软管电缆配用WTC-5001型,还有专用水冷焊枪。

(四) 导轨

采用侧齿条形铝质导轨,专用于安装主机。每根导轨长1.5m,并装有6块永久磁铁,被吸住在焊件上,导轨可以接长使用,导轨之间以销形接头进行连接。为了保证磁块在焊件上的吸力,安装导轨前必须清理焊件表面和磁块表面的污物,尤其是铁屑。为了防止导轨的跌落,导轨的顶端一定要用铁链或绳索固定住。

(五) CO_2 供气系统

焊机 CO_2 供气系统由 CO_2 液化气瓶、加热减压流量计及气管组成,流量可在0～50L/min内调节。压力计和流量计的刻度必须清晰。每台焊机使用时,必须备有2只～3只满瓶的 CO_2 瓶,以保证焊接的连续。有条件的船厂可采用管路供给 CO_2 气体。

(六) 水冷却装置

采用CS-400型水冷装置,水压为0.3MPa～0.5MPa,一台装置可供两台焊机使用。

垂直自动焊机的整套焊接设备和装置,应安放在专用铁房内,并可吊运到船上需要焊接垂直大接缝的部位。气电垂直自动焊机的外部连接如图20-2-4所示。

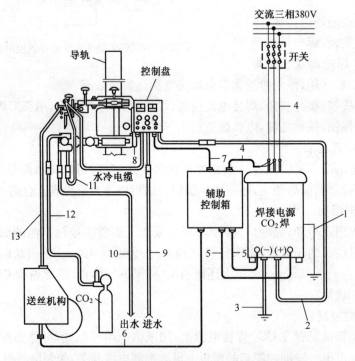

图20-2-4　SG-2型气电垂直自动焊机的外部连接

1—接地线;2—焊接电缆(+);3—焊接电缆(一);4—焊接电源和辅助控制箱输入线;

5—控制电线;6—控制电线;7—控制电线(16芯);8—控制电线;9—进水管;

10—出水管;11—冷却水管;12—CO_2 气管;13—导丝管。

近年来对上述焊机作了两大改进（SG-2Z 型），一是主机在导轨中是可以拆卸的；二是控制盒可以迁移到小车的下面，这样当焊接工位附近有障碍物时，焊机照样可以工作，所以焊机操作使用更灵活方便，适用范围更广泛。

三、CO_2 气电垂直自动焊机操作

（一）焊前准备

（1）使用船台上的升降装置将导轨安置在距离接缝 200mm 处（磁钢的边线），并要确保导轨之间连接可靠。同时使磁钢紧吸于钢板，并把整条导轨（15m～18m）的顶端和工件可靠连接并固定，以防止导轨意外的脱落。

（2）将垂直自动焊机安放在接缝的起始点，后用离合器锁紧待用，并要检查和清除焊机上升通道中的障碍物。应该提醒的是，当离合器在脱开位置时，小车可以用手上下推动，但这时必须抓住小车，以防小车下跌损坏。

（3）将 CO_2 焊送丝机构及焊丝（1 盘～2 盘）带上吊架升降装置，并把送丝机构固定在平稳的位置。

（4）选用成形槽和工件厚度相匹配的铜滑块，然后将铜滑块安装在接缝中心位置，要使滑块的通 CO_2 气口清洁，成形槽光滑，滑块顶紧力适度可调。

（5）用旋钮调节焊枪的空间和倾斜的角度，使之符合向上焊的需要。

（6）将焊丝送出焊枪，调节焊丝的伸出长度。

（7）如需焊丝摆动，可在焊前调整摆动幅度和两端的停留时间。

（二）焊接

（1）接通电源、冷却水和 CO_2 气。

（2）将小车推到接缝始端，进行正确的定位。

（3）将焊接电压调节器、焊接电流调节器、焊丝伸出长度的调节器均调至预定设置的位置。

（4）按"启动"按钮，焊接工作开始。若要摆动焊丝，则在熔池建立后，再按"摆动焊丝"按钮。

（5）焊接过程中，根据实际坡口和间隙随时观察焊丝对中和焊缝热量分布情况，进行焊接工艺参数的修正。并随时通过转动旋钮将电弧移动到正确位置上，同时要观察滑块的中心位置和控制熔池的深度。此外还要用绝缘棒及时清除掉滑块上 CO_2 气体盒出口处的飞溅物。

（三）停止

（1）按"停止"按钮和"摆动停止"按钮，使小车和焊丝给送停止，然后熄灭电弧。待熔池凝固后，放开铜滑块并清除其上面的飞溅物，接着把焊枪向后退回。

（2）焊接结束后，断开辅助控制箱的控制电源开关、焊接开关及总电源开关，并切断 CO_2 气体管路及水冷却装置的电源等。

四、焊接材料

（1）焊丝，采用 DWS-43G 牌号药芯焊丝（船级社认可），直径选用 1.6mm。

（2）CO_2 气（纯度＞99.8％）。

（3）衬垫，按板厚选用滑块和衬垫见表 20-2-2。衬垫应随用随拆，如拆封后存放时间过久而受潮，应进行 200℃～250℃，培烘 1h～2h 后方可使用。

表 20-2-2　按板厚选用滑块和衬垫

焊 接 位 置	钢材级别	板厚/mm	水冷铜滑块槽宽/mm	衬垫牌号
垂直	A、B级钢	10～15	24、28	JIL-0,JN1001（中国象山）
		15～25	28、32	KL-4GT、JIL-0,JN1001（中国象山）
	D级钢	16～25	28、32	JIL-0,JN1001（中国象山）
	A32、D32级高强度船体结构用钢	16～25	28、32	KL-4GT
		24～33	32、36	JIL-0,JN1001（中国象山）
倾斜	A、B级钢	13～24	28、32	KL-4GT、JIL-0,JN1001（中国象山）

五、坡口尺寸和装配

CO_2 气电垂直自动焊目前广泛应用于船体大接缝立焊、纵横舱壁板等。坡口皆采用 V 形、无钝边、坡口角度 30°～45°，视板厚而定，板厚选用坡口角度小，但间隙大。表 20-2-3 为 CO_2 气电垂直自动焊对接接头的坡口形式及尺寸。

表 20-2-3　CO_2 气电垂直自动焊对接接头的坡口形式及尺寸

坡口形式	板厚/mm	坡口角度 α		对接两板厚度差/mm	间隙/mm		船用坡口代号	
		标准值	允许范围		标准值	允许范围		
V 形	10～14	45°	45°～50°	0～1.5	6	5～8	GV-1	G 为气电垂直自动焊 V 为 V 形对接坡口
	16～20	40°	40°～45°	0～1.5	6	5～8	GV-1	
	21～25	35°	35°～40°	0～1.5	6	5～8	—	
	26～33	30°	30°～35°	0～1.5	6	5～8	—	

CO_2 气电垂直自动焊对接接头装配时，不允许在坡口内焊定位焊缝，用 Ⅱ 形马焊在对接缝的两侧钢板上，两 Ⅱ 形马的间距应小于 250mm～350mm，并保证每根衬垫有两只 Ⅱ 形马安置，马的槽口必须和接缝坡口中心一致。衬垫之间应推紧无间隙，衬垫贴紧钢板表面。

六、CO_2 气电垂直自动焊工艺参数

（一）电流、电压和焊速

CO_2 气电垂直自动焊缝是强制成形的，且是单面焊双面成形的。它的熔池形状不是椭圆形或是圆形的，而是坡口截面形状，在大坡口截面情况下，不但电流要大些，而且焊丝必须沿板厚方向摆动，以保证板厚全焊透。表 20-2-4 为 CO_2 气电垂直自动焊的工艺参数。由于大截面要一次焊成，所以它的焊速是慢的。

表 20-2-4　CO_2 气电垂直自动焊的主要工艺参数

板厚 /mm	焊接电流 /A	焊接电压 /V	焊接速度 /(cm/min)	焊丝摆动 幅度/mm	前停 /s	后停 /s	焊接热输入 /(kJ/cm)	气体流量 /(L/min)
10～14	290～350	29～35	10～13	不需要	—	—	45～65	25～30
16～20	360～380	32～34	8～10	4～8	0.6～1.0	0.3～0.6	80～100	25～30
21～25	360～380	33～35	6～7	6～10	0.6～1.0	0.3～0.6	110～140	25～30
26～33	360～380	33～36	4～5	9～11	0.9～1.1	0.4～0.6	170～220	25～30
注:1.6mm 直径药芯焊丝								

(二) 焊枪位置和焊丝伸出长度

焊枪的倾角为 5°～15°,焊丝伸出长度为 30mm～35mm,熔池离铜滑块出气口约 5mm,如图 20-2-5 所示。

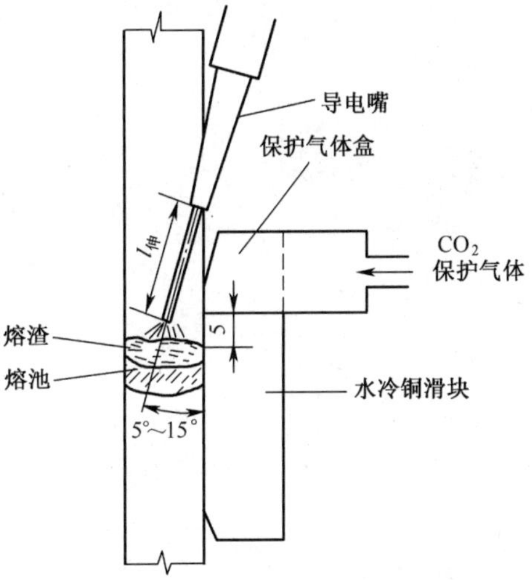

七、引弧、收弧及接头处的修补

由于坡口是大截面的,电弧开始形成的熔池是小的,不可能涉及到大截面坡口的整体,所以引弧处必然有未焊透缺陷,焊缝的接头也是如此。故对 CO_2 气电垂直自动焊的引弧端和接头处必须进行修补,用碳刨清除缺陷,长度约 100mm,然后用 CO_2 半自动焊或焊条电弧焊进行修补焊接。

图 20-2-5　焊枪位置和焊丝伸出长度

八、安全

CO_2 气电垂直自动焊要使用升降机,应由经过培训合格的人员来操纵,使用前必须对钢丝绳、机械、电器等进行安全运行检查。

导轨的顶端与钢板连接必须固定可靠。焊接小车的离合器必须锁紧,否则要发生小车跌落事故。

焊工必须使用安全带,并遵守有关高空作业的安全操作规则。

复 习 题

1. CO_2 自动角焊的优点是什么?

2. CO_2 自动角焊机是怎样组成的?

3. CO_2 自动角焊机的焊接小车有哪些部件组成?

4. 怎样操作 CO_2 自动角焊机?

5. CO_2 自动角焊机焊横角焊缝的工艺特点是什么?

6. 试述 CO_2 气电垂直自动焊的原理及特点。

7. CO_2 气电垂直自动焊机由哪些部件组成?

8. CO_2 气电垂直自动焊的控制盒上有哪些控制电器?

9. CO_2 气电垂直自动焊是怎样操作的?

10. CO_2 气电垂直自动焊主要的工艺参数有哪些?

11. CO_2 气电垂直自动焊时,使用的焊接材料是怎样的?

12. CO_2 气电垂直自动焊焊厚板,为什么要摆动焊丝?

13. 板厚 25mm,CO_2 气电垂直自动焊的焊接热输入约为多少?

14. CO_2 气电垂直自动焊机可焊接位置的范围是怎样的?

第五篇

手工钨极氩弧焊

第二十一章　氩弧焊概述

第一节　氩弧焊原理及特点

一、氩弧焊原理

20 世纪 30 年代人们已发明了以氩气为保护气体的电弧焊,但由于当时氩气价格昂贵,无法在生产中推广使用。这就逼迫人们寻找两种途径:一是寻找价格低廉的其他气体;二是千方百计降低氩气的成本。前者找到了以 CO_2 气体作为保护气体,配合有合金成分的焊丝,解决了大量的钢结构焊接生产,但用 CO_2 气体焊接有色金属至今未能找到满意的答案。几十年的科学技术的发展,终于显著地降低了氩气的成本,并在有色金属焊接中得到了广泛应用,使氩弧焊在焊接有色金属领域中,占据着主导地位。

电弧在氩气介质的保护下,熔化母材和焊丝(可以不加入),获得优质的焊接接头,这种方法称为氩气保护电弧焊,简称氩弧焊。

钨极氩弧焊是以高熔点的钨棒作为电极,在氩气流的保护下,钨极和工件之间产生电弧,其热量使母材和焊丝(可以不加入)熔化,冷凝后构成焊缝,如图 21-1-1 所示。

二、钨极氩弧焊特点

(1)氩弧焊时,电弧在惰性气体氩保护下,没有液态金属氧化等不良冶金反应,焊接质量高,且焊缝外形美观。

(2)钨极氩弧焊过程中钨极不熔化,电弧稳定,焊工容易控制电弧的运动。

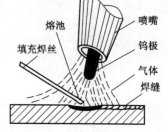

图 21-1-1　钨极氩弧焊

(3)钨极氩弧焊可以加焊丝,也可以不加焊丝。可以对已焊过的焊缝重新熔透并整形。控制加焊丝的量可以得到满意的焊缝尺寸。

(4)由于电弧热量集中,使焊接变形小。

(5)没有焊渣,减少清渣工作。

(6)能进行全位置焊接。

钨极氩弧焊也存在以下几个问题:

(1)氩气价格尚属较高,焊有色金属时焊前坡口清理工作要求较高,氩弧焊成本高。

(2)对于手工钨极氩弧焊来说,需要双手操作,钨极和焊丝要操作协调。

(3)氩弧焊的能量不高,焊厚板效率低。

第二节　氩弧焊的分类及应用

一、氩弧焊的分类

（1）按电极不同可分为：①钨极氩弧焊，以不熔化的钨极作为电极，钨极和工件间的电弧在氩气保护下完成焊接工作；②熔化极氩弧焊，以和焊件同类金属做为焊丝，焊丝自动给送作为电极，在氩气保护下借助焊丝和焊件之间产生的电弧，来熔化焊丝和焊件金属，完成焊接工作，图 21-1-2 为熔化极氩弧焊。

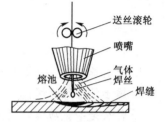

送丝滚轮
喷嘴
气体
焊丝
熔池
焊缝

图 21-1-2　熔化极氩弧焊

（2）按机械化程度可分为：①手工钨极氩弧焊，焊工一手握住夹住钨极的焊枪，另一手握住焊丝送到熔池，氩气保护下的电弧熔化焊丝和母材金属，构成焊缝；②半自动熔化极氩弧焊，焊工一手握住能送气和送焊丝的焊枪，焊丝是靠送丝机送出，维持弧长，保证电弧燃烧，而电弧沿焊接方向移动，需手工操作；③自动钨极氩弧焊和自动熔化极氩弧焊，在氩气中维持电弧燃烧条件下，焊丝给送是机械的，且电弧沿接缝移动也是机械的，故称为自动氩弧焊。

（3）按焊接电流的波形不同可分为：①直流氩弧焊，焊接电流是稳恒的直流电；②交流氩弧焊，焊接电流是正弦交流电；③脉冲氩弧焊，焊接电流是以一定频率变化大小的脉动电流。图 21-1-3 为氩弧焊焊接电流的波形。

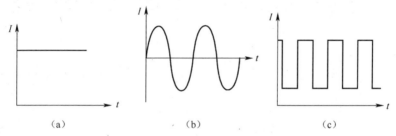

(a)　　　　　　　　　(b)　　　　　　　　　(c)

图 21-1-3　氩弧焊焊接电流的波形

(a) 直流氩弧焊；(b) 交流氩弧焊；(c) 脉冲氩弧焊。

（4）按保护气体的组成成分分：①纯氩气保护焊；②混合气体氩弧焊，在氩气中加入少量的氦气、CO_2、氧气，可使焊某些金属时，电弧更稳定，熔深增大，焊缝成形改善。

二、氩弧焊的应用

氩弧焊是高质量的焊接方法，它的应用范围是广泛的。

（1）能焊几乎所有的金属。氩弧焊过程中没有不良的冶金反应，所以能焊接很多种金属，能焊接碳钢、合金钢、不锈钢、铜及铜合金、铝及铝合金、镍及镍合金、钛及钛合金、锆合金以及其他难熔金属。只有低熔点的铅、锌焊接是困难的。在有色金属焊接领域中，氩弧焊是首选的焊接方法。

（2）焊薄板。由于氩弧焊的能量较小，所以特别适于焊接 3mm 以下的薄板，对于小于 0.8mm 的薄焊件,也能获得良好的焊接质量。

(3)重要结构的打底层焊接。直径不大的管子和筒体,由于无法进入内部进行焊接,只能在外面进行单面焊。重要构件的管子或筒体的内部还不允许有焊渣,为此,只能用氩弧焊进行打底焊,打底层焊缝反面没有焊渣,也不需要(也不可能)清理反面焊渣,打底层焊好后,继后用焊条电弧焊或 CO_2 气体保护半自动焊焊成填充层和盖面层。

复 习 题

1. 什么是氩弧焊?
2. 什么是钨极氩弧焊? 钨极氩弧焊有什么特点?
3. 用于氩弧焊的焊接电流波形有哪三种?
4. 什么是半自动熔化极氩弧焊?
5. 试述氩弧焊的应用情况。

第二十二章　钨极氩弧焊用气体、钨极及焊丝

第一节　氩弧焊用气体

一、氩气(Ar)的性质及纯度

空气中除了大量的氧、氮外，还存在少量的氩气(约占 0.935％体积分数)。氩气是无色无味，在 0℃1 个大气压下，密度是 1.78g/L，约为空气的 1.25 倍。氩气的沸点为 −186℃，介于氧气和氮气的沸点之间。氩气通常是在对液态空气分馏制氧时的副产品。

氩气是单原子惰性气体，高温下不分解，不与金属发生化学反应，也不溶解于液态金属中，不存在焊缝中合金元素氧化和烧损，故而避免了焊缝的某些缺陷及性能的变坏，焊缝质量高。

电弧柱在氩气流的作用下产生压缩效应和冷却，使电弧热量集中；氩气是单原子，不会分解和吸热，所以在氩气中燃烧的电弧热量损耗小；还有氩气的导热系数和热容量小，有利于电弧稳定燃烧。虽然在氩气中维持电弧燃烧是容易的，但是氩气的电离电位(氩原子分离成原子核和电子所消耗的能量)极高，这就使在氩气中引燃电弧困难，因此在氩弧焊设备中都有一套引弧装置。

焊接用氩气的纯度已达到 99.99％，氩气中的杂质主要是氧和氮，因为氧、氩、氮三者的沸点相差无几，制造过程易混入。若氩气不纯，氧、氮杂质超过标准，将会使焊缝产生气孔和夹杂等缺陷，影响焊接质量，并加剧钨极的烧损。

二、混合气体

钨极氩弧焊是在氩气中加入氦、氮、氢、二氧化碳或氧等气体可增加母材的热量输入，提高速度，也可改善熔融金属的润湿性，提高焊接质量。

钨极氩弧焊焊接铝及铝合金时，在氩气中加入 10％的氦气，组成混合气体，可使电弧温度升高，焊接热量输入加大，熔化速度提高，适宜焊接厚铝板，提高生产率。

焊铜及铜合金时，在氩气中加入 30％～50％的氦(He)气，可改善熔融金属的润湿性，提高焊缝质量，还可降低焊前预热温度。

焊不锈钢及高强度钢时，在氩气中加入少量氮，可提高电弧的刚度，改善焊缝的成形。表 22-1-1 为不同金属手工钨极氩弧焊用混合气体的主要特性。

近年来正在推广使用粗氩气体，其成分为 Ar 为 96％、$O_2 \leq 4％$、$H_2O \leq 0.0057％$、$N_2 \leq 0.1％$。价格低的粗氩混合气体能改善焊缝成形，减少飞溅，提高生产率，可焊接抗拉强度 $\sigma_b = 500MPa \sim 800MPa$ 的低合金钢。

表 22-1-1　不同金属手工钨极氩弧焊用混合气体的主要特性

被焊金属	保护气体	混合比/%	主 要 特 性
铝及铝合金	Ar+He	He10-90	He 的传热系数大,在相同电弧长度下,电弧电压比用 Ar 时高。适于焊接厚铝板,可增大熔深,减少气孔,提高生产效率。但如加入 He 的比例过大,则飞溅较多
钛、锆及其合金	Ar+He	He25	可增加热量输入,适用于射流电弧、脉冲电弧及短路电弧,可改善熔深及焊缝金属的润湿性
铜及铜合金	Ar+He	He50 或 He70	可改善焊缝金属的润湿性,提高焊接质量。输入热量比纯 Ar 大,可降低预热温度
不锈钢及高强度钢	Ar+N$_2$	N$_2$1～4	可提高电弧刚度,改善焊缝成形
镍基合金	Ar+He	He20～25	输入热量比纯 Ar 大

第二节　钨　极

一、钨极的种类

钨极氩弧焊的电极是非熔化电极,主要有纯钨极、钍钨极和铈钨极等。纯钨极含有钨 (W)99.85%～99.92%;钍钨极含有 ThO$_2$ 0.7%～3.5%;铈钨极含有 C$_e$O0.5%～2.2%。

纯钨极熔点高,不易熔化蒸发和烧毁,价格低,但电子发射能力较差,对电弧稳定燃烧不利,还有电流承载能力低。

钍钨极的电子发射能力强,可使用较大的电流密度,电弧燃烧稳定,使用寿命长,但有放射性,现已被铈钨极替代。

铈钨极的引弧和稳弧性能不亚于钍钨极,许用电流密度大,无放射性,这是目前国内普遍使用的钨极。

二、钨极的选用

选用钨极时主要考虑以下因素:被焊金属材质、焊件厚度和坡口形状、焊接电源种类及极性、焊接电流的大小,还要考虑钨极价格及使用寿命。表 22-2-1 为不同金属钨极氩弧焊选用的钨极及保护气体。

表 22-2-1　不同金属钨极氩弧焊时推荐用的钨极及保护气体

金属种类	金属厚度	电流类型	电　极	保护气体
铝	所有厚度	交流	纯钨	Ar 或 Ar+He
	厚件	直流正接	钍钨或铈钨极	Ar+He 或 Ar
	薄件	直流反接	铈钨或钍钨极	Ar
铜及铜合金	所有厚度	直流正接	铈钨或钍钨极	Ar 或 Ar+He
	薄件	交流	纯钨	Ar

金属种类	金属厚度	电流类型	电 极	保护气体
镁合金	所有厚度	交流	纯钨	Ar
	薄件	直流反接	铈钨或钍钨极	Ar
镍及镍合金	所有厚度	直流正接	铈钨或钍钨极	Ar
低碳、低合金钢	所有厚度	直流正接	铈钨或钍钨极	Ar 或 Ar＋He
	薄件	交流	纯钨	Ar
不锈钢	所有厚度	直流正接	铈钨或钍钨极	Ar 或 Ar＋He
	薄件	交流	纯钨	Ar
钛	所有厚度	直流正接	铈钨或钍钨极	Ar

三、钨极端部的形状

钨极端部的形状影响到电弧的稳定性和钨极的使用寿命。钨极端部可以按所用的电流种类而磨成不同的形状，如图 22-2-1 所示。在磨制时，钨极端部的磨尖程度（尖端直径和锥角）应根据钨极直径和使用焊接电流大小而定。焊薄板使用小电流、细钨极，端部需磨得尖些。大电流焊接钨极直径加粗，锥角宜大。

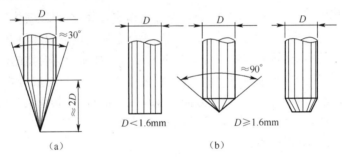

图 22-2-1　钨极氩弧焊钨极端部的形状
(a) 直流正接；(b) 交流。

在使用钨极时，焊接电流大小要影响到电弧的稳定性，太大要加剧钨极损耗，合适的焊接电流能维持良好的钨极端部形状（图 22-2-2），又能延长钨极的使用寿命。钨极能承载电流的能力与钨极直径、电流种类及极性关系较大，表 22-2-2 为各种钨极直径能承载电流的能力。

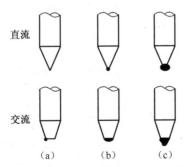

图 22-2-2　焊接电流与钨极端部形状
(a) 电流太小；(b) 电流适宜；(c) 电流太大。

表 22-2-2　各种钨极直径能承载焊接电流的能力

钨极直径 /mm	直流正接/A			直流反接/A	交流/A		
	纯钨	钍钨	铈钨	纯钨	纯钨	钍钨	铈钨
1	20～60	15～80	20～80	—	—	—	—
1.6	40～100	70～150	50～160	10～30	—	—	—
2.0	60～150	100～200	100～200	10～30	70～120	80～140	85～170
2.5	80～160	140～240	150～260	15～35	80～130	100～150	110～190
3.0	140～180	200～300	220～330	20～40	100～160	140～200	150～220
4.0	240～320	300～400	330～440	30～50	140～220	170～250	180～270
5.0	300～400	420～520	460～570	40～80	220～300	320～380	350～410
6.0	350～450	450～550	490～600	60～100	300～390	340～420	370～450

第三节　钨极氩弧焊焊丝

　　钨极氩弧焊中焊丝的作用就是作为填充金属构成焊缝,在惰性气体氩的保护下,焊丝和母材熔化成焊缝过程中,没有化学反应,因此焊缝金属是由焊丝和母材熔合而成。如果不加填充焊丝的钨极氩弧焊,焊缝成分就是母材成分。如果没有合适的焊丝,可以从母材上截取条形材料,作为焊丝金属,焊接后的焊缝金属成分也和母材成分相同。但自制焊丝在操作(运送焊丝)上有些不便。另一方面专业厂生产的焊丝,其杂质要比母材少,有利于提高焊接质量。所以在生产过程中,还是用专业焊丝厂生产的焊丝。只有在没有专业厂焊丝的情况下,才截取母材条充作焊丝。

一、实心焊丝型号

　　1. 碳钢、低合金钢实心焊丝型号

　　氩弧焊用的碳钢、低合金钢实心焊丝和 CO_2 焊丝是在同一国家标准内,焊丝型号的表示法也是 ERXX-X,字母"ER"表示焊丝,ER 后面的两位数字表示熔敷金属抗拉强度的最小值,短划后的字母或数字表示焊丝化学成分分类代号,如 AX、BX、CX、DX 等。若还有附加其他化学元素时,直接用元素符号表示,并以短划"一"和前面数字分开。

　　碳钢、低合金钢实心焊丝型号举例:

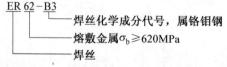

　　ER 62-B3
　　　　　　　焊丝化学成分代号,属铬钼钢
　　　　　　熔敷金属 $\sigma_b \geqslant 620MPa$
　　　　　焊丝

　　2. 不锈钢实心焊丝型号

　　不锈钢实心焊丝型号表示法是 ERXXX(L),字母"ER"表示焊丝,ER 后面的三位数字表示不锈钢成分分类,尾部可有"L",也可无"L",有"L"的表示碳含量较低。

　　不锈钢、实心焊丝型号举例:

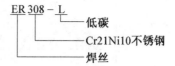

3. 铜及铜合金实心焊丝型号

铜及铜合金实心焊丝型号的表示法是 HSCuXX-X,字母"HS"表示焊丝,其后的化学元素符号表示焊丝的主要组成元素如 CuZn、CuZnNi,在短划"-"后的数字表示同一类主要元素组成的不同品种。

铜及铜合金实心焊丝型号举例

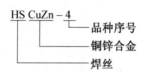

4. 铝及铝合金实心焊丝型号

铝及铝合金实心焊丝型号的表示法是以字母"S"表示焊丝,"S"后用化学元素符号表示焊丝的主要合金组成,短划"-"后的数字表示同类焊丝的不同品种。

铝及铝合金实心焊丝型号举例:

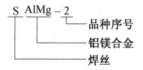

二、钨极氩弧焊实心焊丝牌号

1. 碳钢和低合金钢实心焊丝牌号

碳钢和低合金钢钨极氩弧焊可用 H08Mn2SiA 、 H08CrMoV 等焊丝。碳钢和低合金钢钨极氩弧焊专用焊丝牌号是以"TG"字母开头,表示钨极惰性气体保护电弧焊,TG 后两位数字,表示熔敷金属抗拉强度最小值,若两位数字前有"R"字表示用于耐热钢。数字后的化学元素符号表示焊丝中有该元素一定量。碳钢和低合金钨极氩弧焊用实心焊丝牌号、成分及性能及用途见表 22-3-1。

碳钢和低合金钢实心焊丝牌号举例:

$$\underset{\underset{\text{钨极惰性气体保护焊}}{\underset{\text{熔敷金属}\sigma_b\geqslant500\text{MPa}}{\overline{}}}}{\text{TG}\ \ 50}$$

2. 不锈钢实心焊丝的牌号

不锈钢实心焊丝是通用焊丝,它不仅可用于氩弧焊和 CO_2 气体保护电弧焊,还能用于埋弧焊。不锈钢实心焊丝用氩弧焊焊接薄板或打底层单面焊两面成形,可使焊缝成形美观,飞溅几乎没有,故不锈钢实心焊丝广泛用于氩弧焊。不锈钢实心焊丝的牌号、成分及用途见表 22-3-2。

表 22-3-1 碳钢和低合金钢钨极氩弧焊用实心焊丝焊牌号、成分、性能及用途

序号	牌号	GB型号（国标）	特征和用途	焊丝化学成分/%						熔敷金属力学性能			
				C	Si	Mn	Cr	Mo	其他	σ_b/MPa	σ_s/MPa	δ_5/%	A_{kv}/J
1	TG50	ER50-G	钨极氩弧焊丝，具有良好的塑性、韧性和抗裂性能。用于各种位置的管子打底焊及其充填，接头质量满意。可用于焊接低碳钢及低合金钢，如09Mn2V、16Mn等	≤0.07	0.60~0.85	1.2~1.5	—	—	S≤0.025 P≤0.025	≥490	≥390	≥22	≥27（−29℃）
	TG50R	—		0.06~0.12					S≤0.025 P≤0.025 Re微量		≥410		
2	TGR50M	—	钨极氩弧焊丝，适于打底焊接。用于锅炉工作温度在510℃以下的锅炉受热面管子及其以下的蒸汽管道，也可用于焊接热强度钢	0.06~0.12	0.45~0.70	0.75~1.05		0.45~0.65	S,P≤0.025	≥490	≥390	≥22	≥47（常温）
	TGR50ML	—		≤0.07							≥370		
3	TGR55CM	ER55-B2	钨极氩弧焊丝，可全位置焊接，适于打底焊接。用于工作温度在520℃以下的管道、高压容器、石油炼制设备等。主要焊接1.25%Cr-0.5%Mo珠光体耐热钢，也可用于30CrMnSi铸钢件的修补及打底焊	0.06~0.12	0.45~0.70	0.75~1.05	1.1~1.4	0.45~0.65	S,P≤0.025	≥540	≥440	≥17	≥47（常温）
	TGR55CML	ER55-B2L		≤0.07							≥410		

序号	牌号	GB型号（国标）	特征和用途	焊丝化学成分/%						熔敷金属力学性能			
				C	Si	Mn	Cr	Mo	其他	σ_b/MPa	σ_s/MPa	δ_5/%	A_{kv}/J
4	TGR55V	ER55B2MnV	钨极氩弧焊丝，适用于焊接1.25%Cr-0.5%Mo-v珠光体耐热钢。用于工作温度580℃以下的钢和炉受热面管子和540℃以下的蒸汽管道,石化设备等的打底焊接	0.06~0.12	0.45~0.70	0.75~1.05	—	—	V0.2~0.35S,P≤0.025	≥540	≥440	≥17	≥47（常温）
	TGR55VL	—		≤0.07							≥410		
5	TGR55WB	—	钨极氩弧焊丝，适用于焊接CrMoWVB珠光体耐热钢，可全位置焊接。用于打底焊。用于温度在620℃以下的12Cr2MoWVB钢制的蒸汽管道,过热器等的打底焊接	0.06~0.12	0.4~0.7	0.7~1.0	—	—	V0.25~0.45 W0.3~0.5 B0.003~0.005	≥540	≥440	≥17	≥47（常温）
	TGR55WBL	—		≤0.07							≥410		
6	TGR59C2M	ER62-B3	2.25%Cr~1%Mo珠光体耐热钢用钨极氩弧焊丝，全位置操作性能良好,适用于打底焊接。用于工作温度在580℃以下的钢和炉受热面管子和高温工作温度在550℃以下的高温蒸汽管道,合成化工机械,石油裂化设备等	0.06~0.12	0.45~0.7	0.75~1.05	2.3~2.7	0.95~1.25	S.P≤0.025	≥590	≥490	≥15	≥47（常温）
	TGR59C2ML	ER62-B3L		≤0.07							≥440		

表 22-3-2 不锈钢实心焊丝牌号、成分及用途

序号	牌号	GB型号(国标) 相当于 AWS(美)	焊丝化学成分/%						特征和用途
			C	Si	Mn	Cr	Ni	其他	
1	H0Cr21Ni10	ER308	≤0.08	≤0.6	1.0~2.5	19.5~22.0	9~11	—	用于焊接304钢,制造化工、石油等设备
2	H00Cr21Ni10	ER308L	≤0.025	≤0.6	1.0~2.5	19.5~22.0	9.5~11.0	—	焊接304L钢,用于核电压力容器内壁耐蚀层(第二层)的堆焊
3	H1Cr24Ni13	ER309	≤0.12	≤0.6	1.0~2.5	22~25	12~14	—	焊接309钢、不锈钢与碳钢或低合金钢的异种钢焊接
4	H00Cr24Ni13	ER309L	≤0.03	≤0.6	1.0~2.5	23~25	12~14	—	焊接复合钢的第一层及异种钢,用于核电压力容器加氢气反应器、尿素塔等容器内衬
5	H0Cr24Ni13Nb		≤0.03	≤0.6	1.0~2.5	23~25	12~14	Nb 8×C~1.0	焊接核电压力容器内壁过渡层(第一层)
6	H0Cr20Ni10Nb	ER347	≤0.08	≤0.6	1.0~2.5	19~21	9~11.5	Nb 8×C~1.0	焊接Cr18Ni8Nb或Cr18Ni8Ti(347钢或321钢)
7	H00Cr20Ni10Nb	ER347L	≤0.03	≤0.6	1.0~2.5	18.5~20.5	9~11	Nb 8×C~1.0	焊接核电压力容器、热壁加氢反应器的耐蚀层(第二层)
8	H0Cr22Ni12Ti		≤0.08	≤0.6	2~3	21~23	11~13	Ti0.5~0.7	焊接1Cr18Ni12Ti耐热钢、耐热铸钢与碳钢异种钢的焊接
9	H0Cr19Ni12Mo2	ER316	≤0.08	≤0.6	1.0~2.5	18~20	11~14	Mo2~3	焊接304钢、316钢
10	H00Cr19Ni12Mo2	ER316L	≤0.03	≤0.6	1.0~2.5	18~20	11~14	Mo2~3	焊接化肥尿素、合成纤维等设备用不锈钢结构及铬镍不锈钢、异种钢等
11	H00Cr18Ni12Mo2N	ER316LN	≤0.03	≤0.6	1.0~2.5	17~20	11~14	Mo4~5Cu1~2	焊接化肥尿素用钢 316L、316LN 及316L钢的焊补
12	H1Cr26Ni21	ER310	≤0.15	≤0.6	1.0~2.5	25~28	20~22	—	焊接高温下工作的同类型耐热不锈钢及异种钢
13	H00Cr20Ni25Mo4Cu		≤0.03	≤0.6	1.0~2.5	19~21	24~26	Mo4~5 Cu1~2	焊接海水、醋酸等腐蚀介质的同类容器
14	H00Cr25Ni22Mn4Mo2N		≤0.03	≤0.6	3.5~5.5	24~26	21.5~23	Mo2.2~2.8 N0.1~0.15	焊接尿素用钢及焊补尿素塔内衬

3. 铜及铜合金实心焊丝牌号

铜及铜合金实心焊丝牌号是以"HS"开头,表示焊丝。其后的两位数字"20"表示紫铜;"21"表示青铜;"22"表示黄铜。尾部数字表示同类产品的不同品种。铜及铜合金实心焊丝的牌号、成分及用途见表22-3-3。

表 22-3-3　铜及铜合金实心焊丝的牌号、成分及用途

牌号	GB型号 (国标)	名　称	焊丝化学成分/%	熔点	特性及用途
HS201	HSCu	特制紫铜焊丝	Sn1.1,Si0.4, Mn0.4 余为 Cu	1050	特制紫铜焊丝,用于紫铜氩弧焊及气焊时作填充材料
HS202	—	低磷铜焊丝	P0.3,余为 Cu	1060	含少量脱氧元素磷,流动性好。用于紫铜的氩弧焊及气焊
HS211	—	硅青铜焊丝	Si3.4,Mn1.0,余为 Cu		硅青铜焊丝,用于硅青铜、紫铜、黄铜及铝青铜的氩弧焊,也可用于铜与铸铁、铜与钢的焊接
HS220	HSCuZn-1	锡黄铜焊丝	Cu59,Sn1,余为 Zn	860	含少量锡的黄铜焊丝,用于黄铜的气焊及气保障,也可用于钎焊铜、铜合金、铜镍合金
HS221	HSCuZn-3	锡黄铜焊丝	Cu60,Sn1,Si0.3 余为 Zn	890	含少量锡、硅的特殊黄铜焊丝,用于黄铜的气焊及碳弧焊,也广泛用于钎焊铜、钢、铜镍合金等
HS222	HSCuZn-2	铁黄铜焊丝	Cu58,Sn0.9,Si0.1, Fe0.8 余为 Zn	860	含少量铁、锡、硅、锰的特殊黄铜焊丝,用于黄铜的气焊及碳弧焊,也可作钎焊用材
HS224	HSCuZn-4	硅黄铜焊丝	Cu62,Si0.5 余为 Zn	905	含少量硅的黄铜焊丝,用于黄铜的气焊及碳弧焊,也可用于钎焊

4. 铝及铝合金实心焊丝牌号

铝及铝合金实心焊丝牌号也是以"HS"开头,表示焊丝。其后的两位数字"30"表示纯铝;"31"表示铝硅合金;"32"表示铝锰合金;"33"表示铝镁合金。尾部数字表示同类产品的不同品种。铝及铝合金实心焊丝的牌号、成分及用途见表22-3-4。

表 22-3-4　铝及铝合金焊丝的牌号、成分及用途

牌　号	GB型号(国标)	化学成分/%	熔点/℃	用　途
HS301(丝 301)	SAL-3(ER1100)	Al≥99.5,Si≤0.3,Fe≤0.3	660	焊接纯铝及对焊接性要求不高的铝合金(L4,L5)
HS311(丝 311)	SALSi(ER4043)	Si4.5~6.0,Fe≤0.6,Al 余量	580~610	焊接除铝镁合金以外的铝合金,特别是易产生热裂纹的热处理强化铝合金(LY16,LD2)
HS321(丝 321)	SALMn	Mn1.0~1.6,Si≤0.6, Fe≤0.7,Al 余量	643~654	焊接铝锰及其他铝合金(LF21)
HS331(丝 331)	SALMg-5	Mg4.7~5.7,Mn0.2~0.6, Si≤0.4,Fe≤0.4, Ti0.05~0.2,Al 余量	638~660	焊接铝镁合金合铝锌镁合金,补焊铝镁合金铸件(LF3,LF5)

复习题

1. 氩气有哪些性质? 氩气在焊接过程中的作用是什么?
2. 为什么在氩气中燃烧电弧容易,而引燃电弧难?
3. 在氩气中加入适量的氦(He)适宜焊接哪些金属?
4. 钨极有哪几种? 各有什么特性?
5. 选用钨极时,主要考虑哪些因素?
6. 磨制钨极端部形状时考虑哪些问题?
7. 指出下列焊丝型号的含义:ER50-4、ER62-B3、E308-L、HSCuZn-4、SALMg-2。
8. 指出下列焊丝牌号的含义:TG50、TGR55V、HOCr12Ni10、HS220、HS311。
9. 焊接用氩气对纯度有何要求?
10. 氩弧焊用焊丝的成分和母材成分有何不同?

第二十三章 手工钨极氩弧焊设备

第一节 手工钨极氩弧焊的焊接电源

手工钨极氩弧焊机是由焊接电源、控制装置、焊枪、供气系统及供水系统组成,如图23-1-1所示。表23-1-1为常用手工钨极氩弧焊机的型号、技术参数及用途。

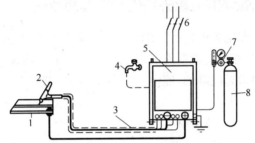

图 23-1-1 手工钨极焊弧设备示意图

1—焊件;2—焊枪;3—焊枪电缆;4—冷却水;5—焊接电源与控制装置;
6—三相电源开关;7—减压流量调节器;8—氩气瓶。

表 23-1-1 常用手工钨极氩弧焊机的型号、技术参数及用途

产品名称	产品型号	电源电压/V	工作电压/V	额定焊接电流/A	电极直径/mm	保护气体流量/(L/min)	负载持续率/%	主 要 用 途
手工钨极氩弧焊机	NSA-300-1	380	20	300	1～5	20	60	铝及铝合金的焊接,厚度为 1mm～10mm
直流手工氩弧焊机	NSA-400	380	12～30	400	1～7	25	60	焊接铝和铝合金
	NSA1-400	380	30	400	1～6	25	60	焊接厚度 1mm～10mm 不锈钢及铜等金属
交直流两用手工钨极氩弧焊机	NSA2-250	380	10.4～20	250	1～6	25	60	焊接铝及铝合金,不锈钢、高合金钢、紫铜及耐高温材料
	NSA2-160	380	15	160	0.5～3	10	40	厚度 0.5mm～3mm 不锈钢、铜、铝及其合金的焊接
交直流氩弧焊机	WSE-160	380	16.4	160	1～3		35	用于交直流焊条电弧焊和交直流氩弧焊
	WSE-250	380	20	250	1～4	30	60	用于交直流氩弧焊
	WSE-315	380	22.6	315	1～4		35	用于交直流焊条电弧焊和交直流氩弧焊

产品名称	产品型号	电源电压/V	工作电压/V	额定焊接电流/A	电极直径/mm	保护气体流量/(L/min)	负载持续率/%	主 要 用 途
直流手工钨极氩弧焊机	WS-200	380	18	200	1～3	20	60	用于不锈钢、铜、铝、钛等合金的焊接
	WS-400	380	26	400	1～5	15	60	
交流手工氩弧焊机	WSJ-400	380	20	400	1～5	20	60	用于铝及铝合金的焊接
脉冲氩弧焊机	WSM-250	380		250	1～4	15	60	用于不锈钢、铜、铝、钛等合金的焊接
	WSM-400	380		400	1～5	15	60	

一、手工钨极氩弧焊的电源外特性和电弧静特性

焊接电源外特性要和电弧静特性匹配。手工钨极氩弧焊电流不大，电流密度也不是很大，电弧的工作点也是在静特性曲线的水平段。所以手工钨极氩弧焊的电源外特性曲线和焊条电弧焊一样要求是陡降的，能使电弧稳定燃烧。图 23-1-2 为焊接电源外特性和电弧静特性的关系。

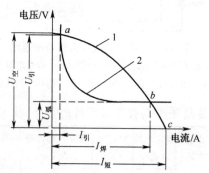

图 23-1-2　氩弧焊的电弧静特性与焊接电源外特性的关系

1—电源陡降外特性曲线；2—电弧静特性曲线；a—电弧引燃点；b—电弧稳定燃烧点；c—短路点；$U_空$—空载电压；$U_引$—引弧电压；$U_弧$—电弧电压；$I_引$—引弧电流；$I_焊$—焊接电流；$I_短$—短路电流。

二、手工钨极氩弧焊电源的种类

（一）交流弧焊变压器

焊条电弧焊用的弧焊变压器皆可用于手工钨极氩弧焊。氩弧焊发展初期就是用弧焊变压器，其型号有 BX_1-135 型、BX_1-330 型动铁芯式，BX_3-300 型动线圈式。电源的外特性都是借增加铁芯中的漏磁来达到降压要求的，获得陡降的外特性。

交流钨极氩弧焊，正半波时，钨极接负极，因为钨极熔点高，尺寸小，导热率低，因此钨极的阴极区能维持高温，热电子发射能力强，电弧电流很大，而电弧电压较低。反之，负半波时，焊件接负极，焊件的熔点低，尺寸大，导热率大，散热能力较强，熔池表面的阴极区温度低，热电子发射能力差，因此电弧电流小，而电弧电压较高。正半波的电流大于负半波的电流，两半波之间存在差异，可以把电流看作是一部分对称的交流电和另一部分的直流

328

电(直流分量)迭加而成。图 23-1-3 为交流钨极氩弧焊时产生直流分量示意图。

直流分量会减弱阴极破碎作用,使电弧不稳,焊缝形成差,易产生未焊透缺陷,并使弧焊变压器的铁芯产生直流磁通而形成磁饱和引起变压器烧坏。为此,必须消除直流分量,一般可在焊接回路中串联蓄电池、串联电阻、串联电容、接入可变电阻和整流元件等办法来限制或消除直流分量,如图 23-1-4 所示。

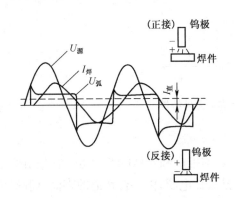

图 23-1-3 交流钨极氩弧焊时产生直流分量示意图

$U_源$—电源电压;$U_弧$—电弧电压;

$I_焊$—焊接电流;$I_直$—直流分量。

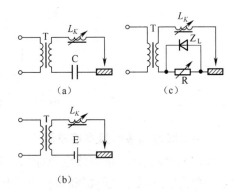

图 23-1-4 消除直流分量的方法

(a) 串电容;(b) 串蓄电池;(c) 串电阻和整流管。

C—电容器;T—焊接变压器;L_K—电抗器;

R—附加电阻;Z_L—整流器;E—蓄电池。

(二) 弧焊整流器

硅弧焊整流器是利用磁放大器的交流绕组产生较大的电抗压降,获得降压特性后,经硅二极管的整流变为直流电而输出。

晶闸管弧焊整流器是利用晶闸管的可控特性,依靠焊接回路反馈回来的信号来改变晶闸管的导通角,可以获得多种形状的外特性曲线,除了可以获得陡降外特性外,还可获得恒流的外特性,这可使钨极氩弧焊的焊接电流的变动很小,有利于焊工控制电弧和熔池。

(三) 逆变焊接电源

逆变焊接电源是当前先进的焊接电源。氩弧焊用的逆变电源都是加上高频引弧装置的,其基本电路框图如图 23-1-5 所示。三相 380V 网络输入交流电,经三相整流后送入高频逆变器,变为高频交流电,逆变后的高频交流电,通过高频变压器的降压,再经高频整流、滤波后输出适合焊接的直流电。高频引弧装置(高频震荡器)接入三相网路,产生高频高压(150kHz～250kHz、2000V～3000V),加在焊件和钨棒之间,在引弧时,不用钨棒擦划

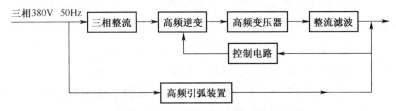

图 23-1-5 逆变式氩弧焊接电源的基本电路

焊件,而是用高频高压击穿焊件和钨棒间的氩气,引燃电弧。还利用控制电路将焊接电流和电弧电压反馈给高频逆变器,从而获得需要的外特性曲线。电源外特性可以是降压的,也可调节成焊接时恒流的(图 23-1-6)。

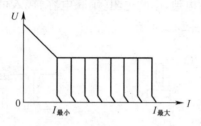

图 23-1-6　逆变弧焊电源外特性

(四) 脉冲钨极氩弧焊接电源

脉冲钨极氩弧焊的焊接电源(图 23-1-7)是目前推广和发展的新设备。它是由两个电源并联而成,同时接到钨极和焊件上。其中Ⅰ是维弧电源,由一台普通的直流电源提供很小的基值电流,只要维持电弧稳定燃烧即可,也能对钨极和焊件起着预热作用。Ⅱ是脉冲电源,提供很大的脉冲电流,用来熔化金属,也是焊接时的大量热源。焊接过程中,基值电流和脉冲电流叠加,形成脉冲焊接电流。脉冲焊接电源适宜用于薄板焊接,既可以保证焊透,又能防止烧穿。

脉冲焊接电源输出的电流波形如图 23-1-8 所示,图中 $t_{基}$ 是基值电流持续时间;$t_{脉}$ 是脉冲电流持续时间;$T(t_{脉}+t_{基})$ 是脉冲的周期。$t_{脉}/T$ 值称为脉宽比。1s 内的脉冲周期数称为脉冲频率,用 f 表示。

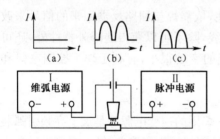

图 23-1-7　脉冲氩弧焊电源
(a) 基值电流;(b) 脉冲焊接电源;(c) 脉冲电流。

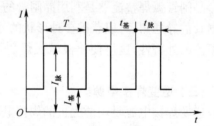

图 23-1-8　脉冲焊接电流波形
T—脉冲周期;$I_{基}$—基值电流;$I_{脉}$—脉冲电流;
$t_{基}$—基值电流持续时间;$t_{脉}$—脉冲电流持续时间。

脉冲氩弧焊机上对于脉冲波形有四个调节器:①基值电流调节器;②焊接电流调节器;③脉冲频率调节器;④脉宽比调节器。焊工可以根据材料种类和厚度来选用这四个参数。通常 $I_{基}$ 选为 $I_{脉}$ 的 $10\%\sim20\%$;选脉宽比($t_{脉}/(t_{基}+t_{脉})$),为 $0.25\sim0.75$。适合的脉宽比是电弧在 $t_{基}$ 内不熄灭,熔池在 $t_{基}$ 内得以凝固。

脉冲钨极氩弧焊形成的焊缝,可以看成是许多焊点叠加而成,如图 23-1-9 所示。脉冲频率应和焊接速度相互适应,保证焊点之间距离符合要求。

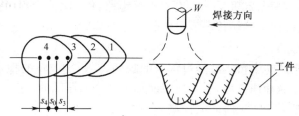

图 23-1-9　脉冲钨极氩弧焊焊缝形成过程

W—钨极；1、2、3、4—焊点序号；s_3—形成第三焊点时的脉冲电流作用区间；
s_4—形成第四焊点时的脉冲电流作用区间；s_0—基值电流作用区间。

第二节　钨极氩弧焊的控制装置

钨极氩弧焊的控制装置要实现以下几个控制项目：①焊接操作过程顺序控制；②引弧和稳弧的控制；③收弧电流衰减控制；④氩气通断的控制。

一、焊接操作过程顺序控制

按焊枪上的启动开关，接通电磁气阀使氩气通路，提前送出氩气，经延时（约 0.1s～0.5s）后，同时接通两个系统：接通焊接主电路（给钨极和焊件加上空载电压）和接通高频引弧器，使钨极和焊件之间产生高频电流并引燃电流。若是直流电焊接，则引弧后高频引弧器立即停止工作；若是交流电焊接，则高频引弧器引燃电弧后，停止工作，继续由稳弧器保证电弧稳定。电弧建立后，即进入正常焊接过程。当断开焊枪开关时，立即实施焊接电流衰减；经过延时后，主电路电源切断，同时焊接电流消失，稳弧器（交流）停止工作；最后再延滞一段时间（约 10s），电磁气阀断开，氩气切断。手工钨极氩弧焊的动作过程顺序如图 23-2-1 所示。

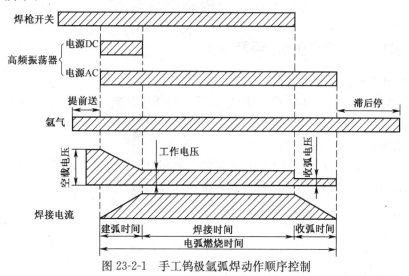

图 23-2-1　手工钨极氩弧焊动作顺序控制

二、引弧和稳弧的控制

在氩气中引燃电弧是困难的，为此引弧瞬时在钨极和焊件之间加上一个高频

331

（150kHz～250kHz）、高压（2000V～3000V）振荡电路，使两极间产生很强的电场，加强阴极电子发射，使两电极在不接触状态下引燃起电弧。高频振荡是由电容器 C 和电感 L 之间的充放电路而获得的。

交流电弧从正半波转为负半波经过零点的瞬间，要影响电弧的稳定性，为此，交流氩弧焊还需要加入一个脉冲稳弧器，过零点瞬时加上一个高压脉冲，使电弧不熄灭。高频振荡器和脉冲稳弧器都需要实现时间的控制。

三、收弧电流衰减控制

收弧时突然切断电弧，将引成弧坑缺陷。利用电容器两端的电压不能突变的原理制成焊接电流衰减电路。当焊枪开关置放在停止位置时，焊接电流就逐渐衰减小（延时可达10s），使焊工可填满弧坑。

四、氩气通断的控制

氩气通断的控制是时间的控制。在引弧之前，要排除钨极和焊件之间的空气，应该提前输出氩气 0.5s～1s，然后引弧。焊接过程中保护氩气持续输送。焊接结束时，如果氩气和焊接电流同时切断，那末红热的钨极和熔池会同时被氧化。所以在电弧熄灭后，仍让氩气保持一段时间（5s～20s），继续对热钨极和熔池进行充分保护，延时后再切断氩气。氩气对电弧而言是提前送出，滞后停止。

五、焊枪水冷

对于水冷式焊枪，焊枪内有冷却水通过并有一定压力，才可能接通焊接电源，不论焊接电弧有否，冷却水是长流的。

第三节　钨极氩弧焊焊枪

一、钨极氩弧焊焊枪的功用及分类

（一）钨极氩弧焊焊枪的功用

钨极氩弧焊焊枪的功用有：①装夹钨极；②传导焊接电流；③输出氩气；④控制焊机的启动和停止。

（二）钨极氩弧焊焊枪的分类

(1)按操作方式　可分为手工钨极氩弧焊焊枪和自动钨极氩弧焊焊枪两种。

(2)按冷却方式　可分水冷式氩弧焊焊枪和气冷式氩弧焊焊枪。

二、水冷式手工钨极氩弧焊焊枪

水冷式手工钨极氩弧焊焊枪如图 23-3-1 所示。焊枪是用循环水冷却导电枪体及焊接电缆，有进水管和出水管，水冷可以减小枪体的体积。

钨极是由电极夹头紧固或松开，焊枪上有电极帽盖，旋转帽盖可以夹紧或卸开钨极，操作方便。每个焊枪各备高、矮不同两个帽盖，以适应不同长度的钨棒（最长 160mm）使用。帽盖是绝缘的，以防钨极和焊件短路。

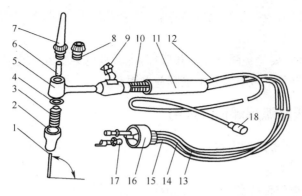

图 23-3-1　水冷式钨极氩弧焊焊枪

1—钨极;2—陶瓷喷嘴;3—导流件;4—密封圈;5—枪体;6—钨极夹头;7—帽盖;
8—密封圈;9—焊枪开关;10—扎线;11—手把;12—插头线;13—进气管;
14—出水管;15—水冷缆管;16—活动接头;17—水电接头;18—插头。

氩气从进气皮管进入焊枪手把,经过一圈均匀分布的轴向小孔,由喷嘴喷出,气流能起到良好的保护作用。

焊枪手把上装有开关,用以控制焊机的启动、停止。

水冷式焊枪要接两根水管(进水、出水)、一根进气管(氩气)、一根焊接电缆及两根开关线(一只插头)。水冷式焊枪用于大电流焊接。

三、气冷式手工钨极氩弧焊焊枪

气冷式钨极氩弧焊焊枪如图 23-3-2 所示。所谓气冷式焊枪是直接利用氩气带走导电部件的热量。焊枪只有一根进气管,它包着焊接电缆,进入焊枪。若要在焊枪上控制启动和停止,需要装上两根开关线。这种焊枪结构简单,宜用于小电流焊接。

目前生产中应用较多的是中等电流的气冷式焊枪,焊接电缆和进气管是分开的。

四、喷嘴

氩弧焊喷嘴多为陶瓷喷嘴。为了焊接时有较好的能见度,应尽量使用小尺寸喷嘴。常用的喷嘴形状有两种,如图 23-3-3 所示。圆柱形喷嘴有一段较长的截面不变的气流通道,气体喷出速度均匀,保护效果好。圆椎形喷嘴的出口处直径变小,气流得到加速,挺度

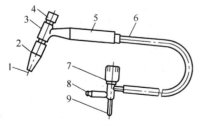

图 23-3-2　气冷式手工钨极氩弧焊枪

1—钨极;2—陶瓷喷嘴;3—枪体;4—盖帽;5—手把;
6—电缆;7—气开关手轮;8—通气接头;9—通电接头。

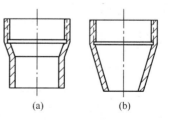

图 23-3-3　喷嘴形状
(a) 圆柱形;(b) 圆锥形。

增加,有抗风能力,同时改善了能见度;缺点是流量控制不当时,易形成紊流,卷入外界空气,反而破坏保护效果。

陶瓷喷嘴使用时,要避免强烈冲击和碰撞,尤其要注意的是大电流焊接后防止剧冷,否则易破裂。对于破裂的或有缺口的喷嘴应及时更换。

五、手工钨极氩弧焊焊枪的选用

选用焊枪时,主要考虑的因素有:焊件材料及坡口形式、焊接电流的种类和极性、额定焊接电流及钨极直径等。

手工钨极氩弧焊焊枪的型号中符号和数字的含义如下:

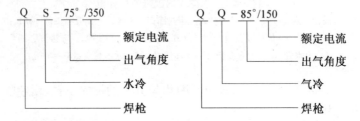

常用的手工钨极氩弧焊焊枪的主要技术参数见表23-3-1。

表 23-3-1 常用的手工钨极氩弧焊焊枪的主要技术数据

序号	额定焊接电流/A	出气角度	冷却方法	选用型号	适用互换电极		可配喷嘴的规格 螺纹×喷嘴长度×喷口直径/mm	控制开关形式	外形尺寸极向直径×极向长度×总长度/mm	质量/kg
					最大长度/mm	钨极直径 φ/mm				
1	500	75°	水冷却	QS-75°/500	180	4、5、6	M27×43×14 M27×43×16 M27×43×18	KB-1 推键	38×195×270	0.45
2	350	75°		QS-75°/350	150	3、4、5	M20×40×9 M20×40×12 M20×40×16	KB-1 推键	29×155×280	0.30
3	300	65°		QS-65°/300	160	3、4、5	M20×40×9 M20×40×12	环形按钮	28×170×220	0.26
4	250	85°		QS-85°/250	160	2、3、4	M18×47×6 M18×47×8 M18×47×10	KND-1 船形开关	25×160×230	0.26
5	150	65°		QS-65°/150	110	1.6、2、3	M14×30×9 M14×30×6	KB-1 推键	21×115×245	0.13
6	150	0°(笔式)		QS-0°/150	90	1.6、2、2.5	M10×47×6 M10×47×8 M10×47×10	按钮	20×220	0.14

| 序号 | 额定焊接电流/A | 出气角度 | 冷却方法 | 选用型号 | 适用互换电极 | | 可配喷嘴的规格 | 控制开关形式 | 外形尺寸极向直径×极向长度×总长度/mm | 质量/kg |
					钨极最大长度/mm	钨极直径φ/mm	螺纹×喷嘴长度×喷口直径/mm			
7	200	85°	气冷却	QQ-85°/200	150	1.6、2、3	M18×47×8 M18×47×10	船形开关	25×150×230	0.26
8	150	85°		QQ-85°/150-1	110	1.6、2、3	M10×46×6 M10×60×8		20×110×160	0.15
9	150	0°～90°		QQ-0°～90°/150	70	1.6、2、3	M14×60×10	全位置转动按钮	23×70×220	0.20
10	100	85°		QQ-85°/100	160	1.6、2	M12×26×9.5 M12×26×9.5	KND-1船形开关	20×160×225	0.20
11	75	75°		QQ-65°/75	40	1.0、1.6	M12×17×6 M12×17×10	微动开关	17×30×187	0.09
12	10	0°（笔式）		QQ-0°/10	100	1.0、1.6	M10×47×6 M10×47×8 M10×60×9	微动开关	20×110	0.08

第四节　供气系统及供水系统

一、氩气瓶

氩气瓶和氧气瓶、CO_2 瓶都是标准钢瓶，容积为 40L。瓶内径为 210mm，瓶高为 1450mm。氩气瓶外表面涂银灰色，并用绿漆标注"氩"字样。瓶内灌满氩气，压力达 14.71MPa，随着氩气的的消耗输出，瓶内压力逐渐下降。当氩气瓶的压力降为 2.5 倍工作压力（0.4MPa～0.5MPa）时，应停止使用。若全部用完，则空气进入瓶内，再向瓶内充氩气时，氩气纯度难以提高到纯度 99.99%

二、减压流量调节器

减压流量调节器是将氩气瓶内高压降为工作压力，且使输出氩气的工作压力稳定，不因瓶内压力的降低或氩气流量增加而影响工作压力。减压流量调节器是将减压器和流量调节器联在一起，这样不仅可以降压和稳压，还能方便地调节氩气流量。常用的减压流量调节（图 23-4-1）有两种型号：JL-15 型和 JL-30 型，前者流量调节范围为 0～15L/min，后者为 0～30L/min。

三、电磁气阀

电磁气阀是控制氩气通断的气阀门，电磁线圈接通，气阀打开输出氩气。电磁线圈断电，气阀关闭，停止送气。电磁线圈有交流和直流两种，采用交流的电压为 110V 或 36V，直流电压为 24V 或 36V。

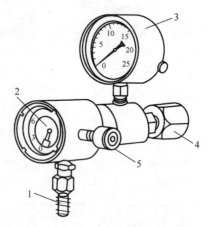

图 23-4-1　氩气减压流量调节器
1—出气管；2—流量表；3—高压表；4—进气口；5—流量调节旋钮。

四、水压开关

水压开关是以冷却水来控制电源通断的一种装置。使用水冷式焊枪时，必须通水进行冷却，否则要烧坏焊枪。在水路中装有水压开关，当水流压力太低或断水时，水压开关的接点打开而切断焊接电源，这就避免了焊枪的导电部分因水量不足或无水而烧毁。通常焊接电流超过 200A 时，需用水冷却焊枪，必须采用水压开关来控制电源。

第五节　典型逆变式手工钨极氩弧焊机

一、ZX7-315STG 逆变式手工钨极氩弧焊机

焊机型号的含义：

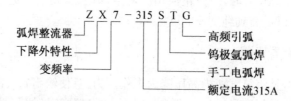

弧焊整流器
下降外特性
变频率
高频引弧
钨极氩弧焊
手工电弧焊
额定电流315A

（一）焊机面板上电器装置的功能

ZX7-315STG 型逆变式手工钨极氩弧焊机如图 23-5-1 所示。其面板上的装置具有以下的功能。

（1）电压/电流显示表，当显示转换开关置在"A"时，空载时显示焊接电流设定值；焊接时显示实际焊接电流。显示转换开关置在"V"时，显示实际输出电压值（$U_弧 = U_出$ —焊接电缆的电压降）。

（2）焊接电流调节器，近控时用来调节焊接电流。

336

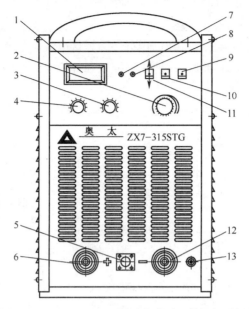

图 23-5-1　ZX7-315STG 型逆变式手工钨极氩弧焊机

1—电压/电流显示表;2—焊接电流调节器;3—推力电流/衰减时间调节器;4—引弧电流调节器;
5—遥控/TIG 插座;6—焊接电源(+)极插座;7—工作指示灯;8—保护指示灯;9—近控、遥控转换开关;
10—焊接方法选择开关;11—电表显示转换开关;12—焊接电源(-)极插座;13—出气嘴。

(3)推力电流/衰减时间调节器,调节器是近控时使用。焊条电弧焊时作调节推力电流大小用;氩弧焊时调节收弧时间(即收弧时电流减衰减时间)。

(4)引弧电流调节器,焊条电弧焊时用来调节引弧电流的大小。

(5)遥控/TIG 插座,远距离焊接时,将遥控盒的电缆插头插入此插座,控制方式就处于"遥控"位置,可以在遥控盒上调节焊接电流大小,推力电流或衰减时间的大小。当近距离进行氩弧焊时,可把氩弧焊焊枪上的控制电缆直接接在此插座上进行控制。

(6)焊接电源(+)极插座,焊条电弧焊采用直流反接时,此插座接夹焊条的焊钳;氩弧焊用直流正接,此插座接焊件。

(7)工作指示灯,指示 380V 电源是否接通,接通时灯亮。

(8)保护指示灯,当弧焊电源内温度过高时,弧焊电源停止工作,保护指示灯亮。

(9)近控、遥控转换开关,开关处在"近控"位置时,可在面板上调节焊接电流、推力电流、电流衰减时间;开关处在"遥控"位置时,可通过遥控盒来调节上述参数。

(10)焊接方法选择开关,开关处在"手弧焊"位置时,弧焊电源处于焊条电弧焊工作状态;开关处于"氩弧焊"位置时,弧焊电源处于氩弧焊工作状态。

(11)电表显示转换开关,开关处在"A"时,测量电流;开关处在"V"时,测量电压。

(12)焊接电源(-)极插座,焊条电弧焊时接焊件;氩弧焊时接氩弧焊焊枪电缆。

(13)出气嘴,与氩弧焊焊枪气管连接。

在焊机的后面板上还装有接通三相电源用的空气开关,当弧焊电源过载或发生故障时会自动切断电源,保护焊机。空气开关是保护装置,平时不要当作电源开关使用。

氩气的进气嘴在焊机后面板上,还有接地螺栓,供接地线用。

焊机备有遥控盒(图23-5-2),盒上有三个电器元件,①为电流显示表,空载时显示焊接电流设定值,焊接时显示实际焊接电流值;②为焊接电流调节器;③为推力电流/衰减时间调节器,遥控盒上还有两只插座,供连接遥控线和焊枪控制线用。

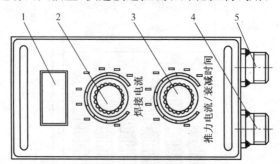

图 23-5-2　ZX7-315STG 型焊机的遥控盒

1—焊接电流显示表;2—焊接电流调节器;

3—推力电流/衰减时间调节器;4、5—遥控盒接线。

(二) ZX7-315STG 逆变式手工钨极氩弧焊机的使用

手工钨极氩弧焊机的焊接电源和电弧静特性与焊条电弧焊是相似的。所以多数钨极氩弧焊机做成是通用的。ZX7-315STG 型焊机使用的关键是区分两种工作状态。

(1)氩弧焊和焊条电弧焊。把焊接方法转换开关置于"手弧焊"位置,就能把焊机当做焊条电弧焊机使用;而"氩弧焊"位置是氩弧焊专用。焊条电弧焊为了防止短路设置了推力电流,而氩弧焊为了填满弧坑设置了衰减收弧电流,调节它们的参数焊机只设计了一个调节器(推力电流/衰减时间),分别用于焊条电弧焊和氩弧焊。还有氩弧焊用直流正接,焊条电弧焊用直流反接,这样焊机的正负极和焊件的接线要调换。

(2)划擦引弧和高频引弧。焊条电弧焊时不需要高频引弧,只有划擦引弧,而氩弧焊时焊机不仅可以高频引弧,而且也能划擦引弧。氩弧焊由划擦引弧转接成高频引弧,先将焊接方法选择开关拨到"氩弧焊"位置,后按下焊枪开关,再松开焊枪开关,弧焊电源的空载电压消失,即进入高频引弧。若要氩弧焊高频引弧转接成划擦引弧,先将选择开关拨到"手弧焊"位置后,再将选择开关拨回"氩弧焊"位置即可。

高频引弧时,按下焊机开关,立即可以引燃电弧进行焊接,而划擦引弧时,按下焊机开关引不燃电弧,要待钨极划擦后才能引燃电弧。

(3)长焊缝和短焊缝。短焊缝用于定位焊工作,按下焊枪开关引弧,在 6s 内定位焊结束,放开焊枪开关,进行收弧后结束,弧焊电源恢复到焊前状态。焊长焊缝时,按下焊枪开关引弧,6s 后松开焊枪开关,继续进入正常焊接,再按下焊枪开关,焊接电流衰减,进行收弧,再放开焊枪开关,弧焊电源复位。焊长焊缝,焊枪开关是二按二放。焊短焊缝一按一放,操作简单,但只能焊接 6s。图23-5-3 为长焊缝和短焊缝不同的操作顺序。

(4)近控和遥控,遥控要接遥控盒,转换开关拨到"遥控"位置。

(5)水冷和气冷,焊机本体无水冷装置,若焊枪需水冷,则应另装水冷辅助设备。

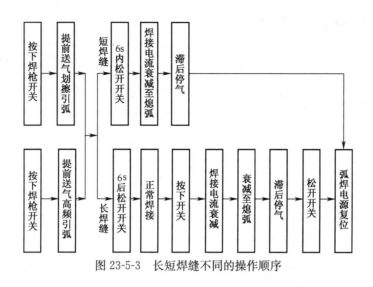

图 23-5-3　长短焊缝不同的操作顺序

二、WSME-315 型逆变式交直流方波脉冲钨极氩弧焊机

（一）焊机的组成

WSME 系列焊机的全称是逆变式交直流方波脉冲钨极氩弧焊机。输出的电流波形为脉冲宽度可调的矩形波。输出直流脉冲可用于焊接碳钢、低合金钢及不锈钢等；输出交流脉冲可用于焊接铝、镁及其合金。焊机可以调节众多的参数：起弧电流、收弧电流、基值电流、焊接电流、电流缓升时间、脉冲频率、脉宽比。焊机采用高频电压引弧，确保引弧可靠。焊机保护功能齐全，当发现过电压、欠电压、过流、过热等故障时，报警指示灯亮，焊机自动停止工作。焊机具有氩弧焊的长焊、短焊功能外，还有直流焊条电弧焊的功能，这是台多功能的弧焊机。

焊机用于钨极氩弧焊时，需配备水箱、氩气瓶及减压流量调节计等，焊机的外部连接如图 23-5-4。

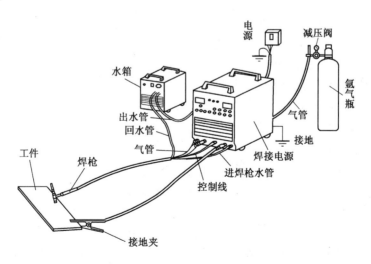

图 23-5-4　WSME-315 型逆变交直流方波脉冲钨极氩弧焊机的外部连接

（二）焊机面板上的电器装置及连接用装置的功能

WSME-315 型逆变式交直流方波脉冲钨极氩弧焊机的面板（图 23-5-5）上安置许多装置器件，它们的功能作用如下：

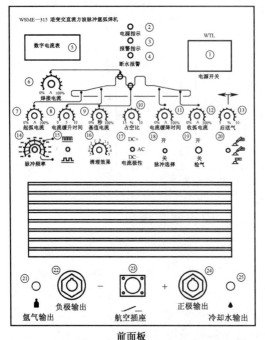
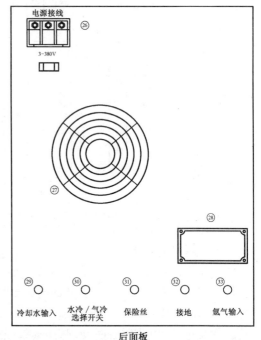

图 23-5-5　WSME-315 型逆变交直流方波氩弧焊机

（1）三相电源开关：接通和断开焊机的三相电源。

（2）电源指示灯：显示焊机的通电或断电的状态，电源接通指示灯亮。

（3）报警指示灯：发生异常情况（三相电压太低或太高、焊接电流过大超负荷、焊机过热）报警灯亮。

（4）断水报警灯：冷却水断或供水不足，断水报警灯亮，焊机停止工作。

（5）数字式电流表：显示焊接电流数值。

（6）焊接电流调节器：焊前设定焊接电流（脉冲峰值电流）。

（7）起弧电流调节器：焊前设定起弧电流。

（8）电流缓升时间调节器：焊前设定电流缓升时间（0～10s）。

（9）基值电流调节器：脉冲氩弧焊时，调节基值电流用。基值电流是维持电弧燃烧用的小电流。

（10）占空比调节器：脉冲氩弧焊时，调节脉冲宽度用。

（11）电流缓降时间调节器：调节正常焊接电流缓降到收弧电流的时间。

（12）收弧电流调节器：调节收弧电流大小。

（13）后收弧时间调节器：调节电弧熄灭后滞后停氩气的时间（3s～10s）。

（14）脉冲频率调节器：调节脉冲频率用（0.5Hz～500Hz）。

（15）脉冲频率选择开关：有两挡，高频和低频。

（16）清理效果调节器：设定清理效果范围（-5～+5）。

340

(17)焊接电源极性选择开关:有三挡,直流正接、交流、直流反接。

①DC+ 直流正接,输出和前面板所标注极性相同的直流焊接电流。

②AC~交流,输出交变的方波焊接电流。

③DC- 直流反接,输出和前面板标注极性相反的直流焊接电流。

(18)脉冲选择开关:选定有无脉冲的焊接电流,开关在"开"位置有脉冲输出。

(19)检气开关:将开关拨在"开"位置,焊前可检查保护气体是否畅通;焊接时应将此开关拨到"关"的位置。

(20)焊接方法选择开关:有三挡选择。

①焊条电弧焊(MWA):使用焊条进行手工电弧焊。

②氩弧焊(TIG 长焊):用氩弧焊焊接长焊缝,有收弧电流控制。

③氩弧焊(TIG 短焊):用氩弧焊焊接短焊缝、定位焊缝。

(21)保护气体输出端:接通氩弧焊焊枪的进气管。

(22)焊接电源负极输出端:氩弧焊用直流正接,电源负极接焊枪;焊条电弧焊时,电源负极接工件。

(23)控制线插座(航空插座):接通焊枪开关控制线,控制氩弧焊的启动或停止。

(24)焊接电源正极输出端:氩弧焊用直流正接,电源正极接工件;焊条电弧焊时,电源正极接焊钳。

(25)冷却水输出端:和水冷式氩弧焊焊枪的进水管相通。

(26)电源接线盒:输入电源进线端,和三相电网相连。

(27)风扇:冷却焊机内部电气元部件用。

(28)铭牌:焊机型号及技术参数。

(29)冷却水输入端:和水箱出水管相通。

(30)水冷或气冷选择开关:按焊枪冷却方式不同而选定,气冷时不用水。

(31)熔断器座:内置 3A 保险丝。

(32)接地线端:连接接地线,安全保护用。

(33)保护气体输入端:和保护气体源相通。

(三) WSME-315 型逆变式交直流方波脉冲钨极氩弧焊机的使用特点

本焊机的功能很多,使用时可按照面板上的电器装置的功用,焊工可以正常的操作使用。对于本焊机的个别不同于一般氩弧焊机电器装置,特作以下的介绍:

(1)交流和直流:一般的直流氩弧焊机,没有交流电流输出,不能焊铝及铝合金。本焊机可用交流电焊铝及铝合金。只要将面板上的焊接电源极性选择开关拨到 AC 交流位置,焊机就输出交流方波,且也可调节脉冲频率和脉冲宽度。交流焊接电流的大小也是用焊接电流调节器进行调节。

(2)长焊和短焊:面板上的焊接方法选择有氩弧焊(TIG 长焊)和氩弧焊(TIG 短焊)两个位置。当开关在短焊位置时,按下焊枪开关,经过提前送氩气后,即高频引弧,升到焊接电流进行焊接。放松焊枪开关,即电流衰减后收弧。焊枪开关一按一松。

当开关在长焊位置时,按下焊枪开关,引弧焊接,松开焊枪开关,焊接电流是正常的状态。再按下焊枪开关时,焊接电流就衰减到收弧电流,最后将焊枪开关松开,焊接电流急速下降直到电弧熄灭。焊枪开关二按二松。

(3)清理效果调节:交流脉冲氩弧焊用于焊接铝合金,具有阴极破碎作用,也即清理熔池表面的氧化铝,对于阴极破碎作用的大小是可以调节的。当清理效果调节旋钮在0位置时,交流脉冲的正脉冲宽度和负脉冲宽度是相等的。当负脉冲宽度大于正脉冲宽度时,阴极破碎作用(清理效果范围)加强,同时钨极损耗也增大。当负脉冲宽度小于正脉冲宽度时,阴极破碎作用减小,同时钨极损耗也减小。实际焊接时,调节正负脉冲宽度的差值,就可得到合适的阴极破碎作用效果和钨极损耗。调节正负脉冲宽度的差值的范围可达±5%。

第六节　氩弧焊机的保养及故障

一、氩弧焊机的保养

氩弧焊机比焊条电弧焊机结构复杂,技术含金量高,价格也较高,故应重视氩弧焊机的合理使用和保养

(1)氩弧焊机应由电工按使用说明书的要求,正确进行外部接线。

(2)焊机安装地应避高热,保证通风良好。

(3)焊接电缆与焊机连接要紧密可靠,否则会烧坏接头,并造成焊接过程不稳定。

(4)焊机外壳必须接地,未接地线或接地线不合格的不准使用。

(5)焊接前必须检查气、水管的连接是否良好,保证焊接时供气、水正常。

(6)经常检查电缆及其接头有否破损,调节旋钮是否松动,发现问题,及时处理。

(7)高温下长时间大电流工作时,弧焊电源会发生停止工作,热保护指示灯亮,此时让其空载(不关机)运行几分钟后,会自动恢复正常。

(8)冷却水最高温度不得超过30℃,最低以不结冰为限。冷却水必须清洁无杂质,否则会堵塞水路,烧坏焊枪。

(9)焊工在工作前,应看懂焊机的使用说明书,掌握焊机的正确使用方法。

(10)焊接工作结束或临时离开工地,应关闭氩气和水,并切断电源。

二、钨极氩弧焊机常见故障及排除方法

钨极氩弧焊机的常见故障及排除方法见表23-6-1。

表 23-6-1　钨极氩弧焊机的常见故障及排除方法

序号	故 障 现 象	故 障 原 因	排 除 方 法
1	合上电源开关,指示灯不亮,无任何动作	(1)电源开关坏。 (2)输入接线错误。 (3)保险丝烧坏	(1)更换电源开关。 (2)重新正确接线。 (3)更换保险丝
2	合上电源开关,指示灯亮,风扇不转	(1)风扇坏。 (2)保险丝烧坏	(1)更换风扇。 (2)更换保险丝
3	按下焊枪开关,无气体输出	(1)氩气瓶中压力不足。 (2)气阀控制电路故障。 (3)气阀故障。 (4)焊枪开关、控制线路故障	(1)更换氩气瓶。 (2)检修气阀控制电路。 (3)更换气阀。 (4)修复焊枪开关及其控制线路

序号	故障现象	故障原因	排除方法
4	引燃电弧故障	(1)钨极和工件间隙太大。 (2)高频变压器故障。 (3)钨极太粗。 (4)接焊枪或工件的电缆线不通。 (5)焊接电流太小	(1)调整间隙。 (2)更换高频变压器。 (3)修磨钨极端部。 (4)接通电缆线。 (5)调整面板上的焊接电流调节器
5	氩气关不掉	电磁气阀被卡住	清理气阀
6	高频不能停止	(1)继电器故障。 (2)控制板故障	(1)更换继电器。 (2)检修控制板
7	焊接电流不可调	(1)遥控开关或遥控线断路。 (2)电流调节电位器有故障。 (3)控制板故障	(1)修复或更换遥控开关或遥控线。 (2)检修电位器。 (3)检修更换控制板
8	收弧时,没有电流缓降时间	(1)控制电路故障。 (2)收弧电流调节电位器故障。 (3)收弧电流太小	(1)更换控制电路板。 (2)更换电位器。 (3)重新设定收弧电流
9	焊条电弧焊时,不产生电弧	(1)焊接方式选择开关坏。 (2)电力电子模块有损坏。 (3)变压器损坏	(1)更换选择开关。 (2)更换损坏元件。 (3)更换变压器
10	脉冲频率和占空比不可调	(1)调节电位器损坏或接触不良。 (2)电路板故障	(1)更换电位器。 (2)检修电路板
11	断水报警指示灯亮	未通水或通水中断	检修水压开关
12	报警指示灯亮	(1)超过额定负载,引起过热。 (2)电源电压过高或过低。 (3)主电路内有反常电流	(1)在额定负载内使用。 (2)检查输入网路电压。 (3)检修主电路

复 习 题

1. 手工钨极氩弧焊设备由哪些部件组成?

2. 氩弧焊的电流静特性是怎样的? 它要求焊接电源外特性曲线是怎样的?

3. 为什么交流氩弧焊机会产生直流分量? 有什么害处? 怎样限制或消除?

4. 逆变式氩弧焊接电源的基本电路有哪些?

5. 脉冲焊接电流的波形是怎样的? 基值电流的作用是什么?

6. 什么叫脉宽比?

7. 氩弧焊是用什么方法实现不接触引弧?

8. 交流氩弧焊为什么要加入一个脉冲稳弧器?

9. 钨极氩弧焊机中有高频振荡器,这起什么作用?

10. 钨极氩弧焊焊枪有什么功用?

11. 水冷式焊枪的结构是怎样的?

12. 指出下列手工钨极氩弧焊焊枪型号的含义:QS-75°/400、QQ-85°/150。

13. 氩气瓶罐满氩气,压力是多少? 当氩气瓶内压力为多少时应停止使用?

14. 氩气瓶连接的减压流量调节器,其有什么功用?

15. 水压开关起什么作用?

16. 指出下列氩弧焊机型号的含义:WS-200、WSJ-400、WSME-315、2X7-315-STG。

17. WSME-315 型逆变式交直流方波氩弧焊机的外部连接是怎样的?

18. WSME-315 型逆变式交直流方波氩弧焊机的冷却水是怎样循环的?

19. WSME-315 型逆变式交直流方波氩弧焊机面板上的电器装置有多少? 其功能是什么?

20. WSME-315 型逆变式交直流方波氩弧焊机由直流改为交流,怎样操作?

21. WSME-315 型逆变式交直流方波氩弧焊机由短焊改为长焊,怎样操作?

22. 清理效果调节有什么用处?

23. 如何保养氩弧焊机?

24. 试述钨极氩弧焊机的常见故障及排除方法。

第二十四章 手工钨极氩弧焊的操作技术

第一节 手工钨极氩弧焊的坡口准备

一、手工钨极氩弧焊的接头形式

手工钨极氩弧焊的电弧功率小,所获得熔透深度小,适用于较薄工件的焊接。其接头形式有卷边接头、对接接头、搭接接头、角接接头等形式。手工钨极氩弧焊的接头形式及坡口尺寸见表 24-1-1。卷边接头是用于板厚≤1mm 场合,焊接后卷边部分填入到焊缝中。根据板厚决定坡口形式,I 形对接接头的板厚一般不超过 4mm。通常板厚 3mm 以上就可开 V 形坡口,坡口角度为 $60°\pm10°$,留有间隙和钝边。

二、氩弧焊坡口的清理

氩弧焊不同于焊条电弧焊等,它在惰性气体保护下,熔池金属不发生化学反应。但一旦坡口或焊丝不清洁,熔池金属就要发生氧化反应等,被焊金属氧化使焊缝质量变坏。焊前对坡口和焊丝必须仔细清理,不得有半点马虎。对于不同金属材料,清理方法也有所不同。

表 24-1-1 手工钨极氩弧焊的接头形式和坡口尺寸

接头形式	坡口形式	图 例	板厚 δ/mm	间隙 b/mm	备 注
对接接头	卷边		≤1	0～0.5	$H=3$mm
	I 形		<0.6 0.6～0.8 1～2 2～3 3～4	0～0.15 0～0.2 0～0.3 0～0.4 0～0.5	—
	V 形	50°～70°	3～4 3～12	0～0.5 0.5～1.0	$P=1.5$mm～2mm 加填充金属
搭接接头	—		0.8～2.0 2.0～10.0	0～0.5 0～0.8	$l=2(\delta+\delta_1)$
角接接头	—		0.8～1.5 1.5～3.0	0～0.5 0～0.8	

接头形式	坡口形式	图　例	板厚 δ/mm	间隙 b/mm	备　注
角接接头	—		3～12	0～0.8	
	—		＞3	0～0.8	$\alpha=40°～50°$ $P=3\text{mm}$

（一）机械清理法

机械清理法有：机械切削加工、砂轮磨削、砂布抛光、刮刀刮削、喷丸处理等。它主要用来去除金属表面的氧化膜、锈蚀污染及轧制金属造成的氧化皮等。对于不锈钢和高温合金材料，常用砂轮磨削，用专用砂轮将坡口两侧各 20mm 范围内的氧化膜清除掉。机械清理一般在焊前进行，机械清理后的表面要用丙酮等溶剂清洗擦拭，然后立即进行焊接。

（二）化学清理法

化学清理工艺主要用于铝、镁、钛等金属及其合金，用特殊配方的清洗剂浸洗有色金属一段时间后，用水冲洗。这是较严格的清理工艺。

三、定位焊

接缝的定位焊必须由氩弧焊工用氩弧焊施行。定位焊要求又牢又小。定位焊缝的尺寸由构件形状及板厚而定。在板料结构中定位焊缝长度不超过 15mm，定位焊间距为 50mm～200mm，定位焊缝必须对坡口根部焊透，焊缝背面成形。若发现定位焊缝有裂纹、未焊透、气孔、夹渣等缺陷，必须用砂轮打磨掉重新焊接，不准用氩弧焊重新熔化焊透。

第二节　手工钨极氩弧焊的工艺参数

手工钨极氩弧焊的工艺参数有焊接电流、钨极直径、电弧电压、焊接速度、钨极伸出长度、喷嘴直径、焊丝直径、喷嘴与工件间距离及氩气流量等，这些工艺参数对焊缝的成形和焊接质量有着较大的影响。此外还有焊接电源种类及极性也是一个重要的工艺因素。

一、焊接电流

焊接电流是个重要的工艺参数。焊接电流增大，熔深显著增大，熔宽和余高也稍有增大。如果焊接电流太小，不易焊透，也易产生夹渣和气孔。电流太大，焊缝产生咬边，背面形成焊瘤，甚至烧穿。选择焊接电流的依据是被焊的材质性能、焊接电流种类和极性、板厚及坡口形式、焊缝空间位置等。

二、钨极直径

钨极直径决定了焊枪的结构尺寸、质量和冷却方式，直接影响到焊工的劳动强度和焊接质量。如果钨极较粗，焊接电流较小，于是电流密度小，钨极端头温度不够高，电弧会在钨极棒端部无规则的漂移,也即电弧很不稳定,氩气失去了保护电弧的功能,熔池被氧化。如果钨极较细,电流密度太大,钨极端部温度达到或超过钨极的熔点,熔化了的钨也形成熔滴,电弧也随熔滴端头飘动而不稳定,破坏了氩气保护区,使熔池被氧化,焊缝成形变差,同时钨滴落入熔池引起夹钨缺陷。

钨极直径是根据焊接电流大小来选择的,可参阅表 22-2-2。

三、电弧电压

钨极氩弧焊中电弧电压,也是由弧长决定的,电弧拉长,电弧电压升高,焊缝的熔宽增大,而熔深减小,余高减小。电弧电压太高,保护效果变差且易引起未焊透及咬边缺陷;电弧电压太低焊工观察电弧熔池困难,且加送焊丝时易碰到钨极,引起短路,使钨极受污染,钨极烧损引起夹钨。合适的的电弧长度是近似等于钨极直径。

四、焊接速度

增加焊速能使熔深和熔宽减小,焊速太快,焊缝高而窄,易产生未焊透,两侧熔合不良。焊速太慢,熔宽太大,还可能产生烧穿和焊瘤等缺陷。

手工钨极氩弧焊时,焊工应根据熔池大小、熔池形状和两侧熔合情况随时调整焊速。

五、喷嘴直径与气体流量

喷嘴直径根据钨极直径大小选定,通常喷嘴内径可按下式选定

$$D = 2d_w + 4$$

式中　D——喷嘴直径(内径)(mm);

　　　d_w——钨极直径(mm)。

气体流量根据喷嘴直径大小而选定,通常气体流量可按下式选定:

$$Q = (0.8 \sim 1.2)D$$

式中　Q——氩气流量(L/min);

　　　D——喷嘴直径(mm)。

在选用氩气流量时,还应考虑以下几个因素:

1. 焊接接头形式

T 形接头和对接接头焊接时,氩气不易流散,保护效果较好(图 24-2-1(a)、(b)),气体流量可小点。而进行端头焊和端头角接焊时,氩气流散,保护效果差(图 24-2-1(c)、(d)),这时需要加挡板(图 24-2-2)和增加氩气流量。

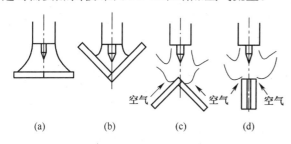

图 24-2-1　不同接头氩气的保护效果

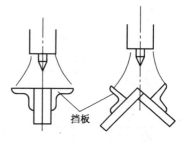

图 24-2-2　加挡板改善保护效果

2. 电弧电压和焊接速度

电弧电压升高,即电弧长度拉长,氩气保护电弧的面积增大,这时需要增大气体流量。焊接速度增大,气体保护效果减弱,这时也应适量增加气体流量。

3. 气流

有风(气流)的地方焊接,应增加氩气流量。通常要采取挡风、避风措施。关于氩气保护的效果,除了考虑氩气流量、焊接接头形式、工艺参数和风的影响等因素外,在实际生产中,要观察熔池状态和焊缝金属的颜色。流量合适时,熔池平稳,表面明亮没有渣,也没氧化痕迹,焊缝外形美观;若流量不妥,熔池表面有渣,焊缝表面发黑或有氧化皮。对于不同的金属焊缝表面的颜色可判断气体保护的效果。表24-2-1为看焊缝颜色判别氩气保护的效果。

表 24-2-1　看焊缝颜色辨别氩气保护效果

焊材 ＼ 焊缝颜色 ＼ 保护效果	最好	良好	好	较好	较差	不良	不好	最坏
低碳钢			灰白有光亮	灰			灰黑	
铜	金黄	黄				灰黄		灰黑
铜镍铁合金	金黄	黄中带蓝				灰黑		黑
铝及铝合金	银白有光亮			白色无光亮			灰白	灰黑
不锈钢	银白金黄	蓝			红灰		灰	黑

六、钨极伸出长度、喷嘴与工件间距离

钨极端头至喷嘴端面的距离,称为钨极伸出长度。钨极伸出可以防止电弧热烧坏喷嘴,伸出太长对气体保护不利;伸出太短,保护效果好,但会妨碍焊工的视线。通常焊接对接缝时,钨极伸出长度为4mm～6mm;焊T形角焊缝时,钨极伸出长度为7mm～8mm。

喷嘴与工件间的距离可以看作是钨极伸出长度加上电弧长度,距离越小保护效果越好。但焊工视觉范围小。

七、焊丝直径

钨极氩弧焊中的焊丝是作为熔敷金属加入到焊缝中去的。焊丝直径粗,形成的熔滴粗,对焊缝成形不利。焊丝直径细,需要焊工频繁添加动作,一根焊丝能焊成焊缝长度也短,不利操作。选择焊丝直径通常是根据焊接电流大小而定,焊接电流大,可用的焊丝直径粗。表24-2-2为焊接电流和填加焊丝直径之间的关系。

表 24-2-2　钨极氩弧焊焊接电流与填加焊丝直径

焊接电流/A	填加焊丝直径/mm	焊接电流/A	填加焊丝直径/mm
10～20	＜1.0	200～300	2.4～4.5
20～50	1.0～1.6	300～400	3.0～6.0
50～100	1.0～2.4	400～500	4.5～8.0
100～200	1.6～3.0		

八、焊枪侧角

焊工右手握焊枪,左手拿焊丝,为了观察电弧方便,焊枪向右倾斜一个角度 10°～20°。然而向何方向运动是有不同的,若向左焊接,称为左向焊(图 24-2-3(a));向右焊接称为右向焊(图 24-2-3(b))。焊工多采用左向焊。左向焊的优点是:①便于焊工观察熔池;②熔深浅易焊薄板;③操作容易。其缺点是热利用率低。

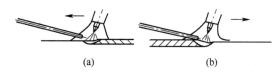

(a)   (b)

图 24-2-3　左向焊与右向焊
(a) 左向焊;(b) 右向焊。

九、焊接电源种类和极性

手工钨极氩弧焊用不同的焊接电源种类和极性,焊接不同的金属,其效果是不一样的。按照被焊金属选择电源种类和 极性,可参照表 24-2-3。不同金属进行钨极氩弧焊时,其焊接特性见表 24-2-4。

表 24-2-3　钨极氩弧焊的焊接电源种类及极性的选择

母材种类	电源		
	直流		交流
	正接	反接	
低碳钢及合金钢	好	否	可以
铝及铝合金	否	可以	好
镁及镁合金	否	否	好
钛及钛合金	好	否	否
铜及铜合金	好	否	可以
银	好	否	可以

表 24-2-4　不同金属钨极氩弧焊的焊接特性

母材	电源	焊接特性
铝(任何厚度)	交流(高周波)	引弧性佳,焊道清洁,耗气量少
镁(1.5mm 以上)	交流(高周波)	焊道清洁,耗气量小
低碳钢(3mm 以下)	直流正接	焊道清洁,平焊时熔池易控制
低合金钢	直流正接	同低碳钢
不锈钢	直流正接	焊接较薄母材熔透易控制
钛(薄壁管)	直流正接或交流	焊道洁净,熔化率适宜
镍铜合金	直流正接或交流	施焊易控制
硅铜合金	直流正接	电弧长度适宜,易控制

十、手工钨极氩弧焊的熔池热输入

手工钨极氩弧焊的焊接热输入是很小的,而埋弧焊的焊接热输入是很大的。例1,氩弧焊焊碳钢,$I=100A$,$U=15V$,$V_焊=30cm/min=0.5cm/s$ 它的焊接热输入 $E=3000J/cm$。例2,埋弧焊焊碳钢 $I=700A$,$U=38V$,$V_焊=30m/h=0.83cm/s$,则它的焊接热输入 $E=31200J/cm$。两者的焊接热输入相差有10倍多。但是两者焊成的焊接接头都能达到力学性能标准。并不像前面所讲的焊接热输入过大,引起晶粒粗大,韧性塑性下降;焊接热输入过小,淬硬倾向大,韧性、塑性也下降。作者认为用焊接热输入对同一焊接方法的比较是可以的。而用于两种不同焊接方法比较焊接热输入是不妥的。作者认为电弧加热的是熔池,熔化成一定量的熔池体积,而不仅是熔池长度。埋弧焊的熔池长度达几十毫米,同时熔深、熔宽也较大,即熔池体积大;而氩弧焊的熔池短,短的仅有 2mm～3mm,同时熔深、熔宽也很小。埋弧焊热量大,熔池体积大;而氩弧焊热量小,熔池体积小。为此,作者提出"熔池热输入"的概念,就是电弧输入给单位熔池体积的热量。这里不是以长度为基准,而是以体积为基准。体积的含义有熔池长度、熔深、熔宽。氩弧焊的焊接热输入肯定是很小的,但熔池热输入不一定很小,因为氩弧焊也会产生烧穿缺陷,这是熔池热输入过大的缘故。埋弧焊熔池热输入过小也可能引起未焊透。关于熔池热输入的计算问题,尚有待进一步的研究。在生产中不论焊接热输入或熔池热输入,其大小和焊接接头力学性能的关系,都应该做焊接工艺评定的试验来判断。

第三节　引弧、加丝、收弧及焊缝的接头

一、引弧

氩弧焊引弧有两种方法:①引弧板上接触引弧,过渡到焊件上;②不接触引弧,引弧前在接缝前设置一块引弧板,引弧在引弧板上进行,待钨极烧热后,再到焊缝上引弧。从引弧板移到焊件上引弧时,一定要准确地对准接缝。禁止在接缝两侧引弧,避免击伤焊件。

用高频振荡器或高压脉冲来引燃电弧,将钨极端头与工件表面相距 2mm～4mm,然后接通电源,由高频振荡器供给的高频高压电或高压脉冲,击穿钨极下的气体空隙,焊接电弧引燃。

引弧后,焊枪应停留在起弧位置不动对接缝进行预热,待电弧熔化母材形成明亮清净的熔池,并出现熔孔后,方可添加焊丝,然后进行正常焊接。引弧前应提前送出氩气到引弧点。

二、焊枪的运动

右手握持焊枪的姿态如图 24-3-1 所示。手工钨极氩弧焊时焊枪、焊丝和焊件的相对角度如图 24-3-2 所示。通常采用左向焊,焊枪和焊缝成 $70°～80°$,钨极伸出长度为 2mm～4mm 左右,电弧长度略大于钨极直径。

焊枪的运动尽可能作直线运动,速度要均匀。通常不作往复直线运动。可以作小幅度的横向摆动(锯齿形),摆动幅度要参照需要的焊缝宽度而定。也不允许作大幅度的横

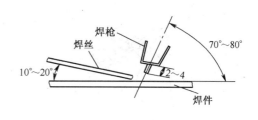

图 24-3-1　握持焊枪姿态（为表达清楚未画手套）　　　图 24-3-2　焊枪、焊丝和焊件的相对角度

向摆动。

三、焊丝的填加

焊丝和接缝成 $10°\sim20°$，这一角度不应过大，目的是使焊丝以滴状过渡到熔池中的途径减短，以免填充金属过热。焊丝要周期性地向熔池送进和退出，焊丝送进熔池前的 1/3 处被熔化以滴状送给熔池（图 24-3-3（a））不可在电弧的空隙中滴给（图 24-3-3（b）），这会产生响声和焊道表面成形不良（灰黑不亮），遇到焊丝与钨极相碰，焊缝会被钨极污染。焊丝从熔池中退出时，焊丝的末端必须在氩气保护范围内，否则焊丝端头要被空气氧化。

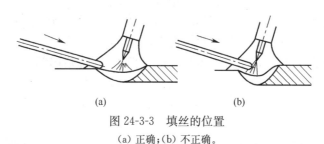

图 24-3-3　填丝的位置
(a) 正确；(b) 不正确。

（一）填加焊丝方法

(1)连续填丝。用左手中指、无名指、小指夹住焊丝，控制送丝方向，用拇指、食指捏住焊丝配合送进焊丝（图 24-3-4），手臂动作很小，可以连续填丝将长焊丝用到残留部分在 80mm～100mm 以下。这种方法多应用于大电流、焊丝填加量大的场合。

(2) 断续填丝。用左手拇指、食指、中指捏住焊丝，靠手腕向熔池送进，但焊丝末不能退出气体保护区，待电弧熔化熔池金属后，焊丝又送进，成熔滴落入熔池后又退出。送进焊丝是靠手臂和手腕的上、下反复动作。这种方法都用于全位置焊接。

(3)紧贴坡口填丝。管子焊接时，将焊丝弯成圆形，紧贴在管子坡口间隙，用焊枪电弧绕园管一周，在电弧熔化坡口的同时也熔化了焊丝。焊丝直径应大于坡口间隙，焊接时焊丝不妨碍焊工的视线，通常用于困难操作的场合。

(4)管内填丝。水平固定管子全位置对接焊时，在仰焊根部易产生内凹的缺陷（焊缝背面不但没有余高，反而低凹于管子内表面），为了解决这个问题，把坡口间隙放大（3mm～5mm），焊丝从坡口间隙伸入管内，电弧在管外坡口加热（图 24-3-5），焊丝在管内熔化，使焊缝背面有余高。

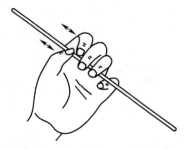

图 24-3-4 连续填丝操作姿态(为表达清楚未画手套)

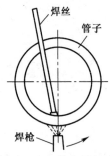

图 24-3-5 管内填丝法

(二) 填丝的注意事项

(1)必须待坡口两侧熔化后才可填丝,否则会产生未熔合缺陷。

(2)断续填丝时焊丝与焊件的夹角为 $10°\sim20°$,焊丝从熔池前沿送进,随后退回 ,动作循环。

(3)当坡口间隙大于焊丝直径时,焊丝应跟随电弧作同步横向摆动。送丝速度应和焊接速度相适应。

(4)填加焊丝时,应把焊丝放在熔池前端(约 1/3 熔池长度)内,不可把焊丝直接放在电弧下面。

(5)填丝时,特别注意焊丝不能和钨极相碰。如不慎相碰,发生瞬时短路,将发生很大的爆溅和烟雾;使焊缝污染和夹钨。遇此情况立即停止焊接,用砂轮磨掉被污染处,露出金属光泽。钨极应在别处重新引弧熔化掉污染部分,或重新磨尖。

(6)从熔池中退回焊丝时,千万不可超越氩气保护区,否则端部氧化,进入熔池,会造成氧化物夹杂,也可能产生气孔。

四、收弧

钨极氩弧焊焊至接缝的末端时,如果立即熄灭电弧,将会产生弧坑未填满,这属于缺陷。焊接某些合金钢时,甚至会产生弧坑裂纹。收弧时必须将弧坑填满。收弧有以下几种方法。

(1)衰减电流法。收弧时将焊接电流减小,使电弧热量减少,并添加焊丝,填满弧坑。这种方法要求焊机有衰减电流的装置。

(2)增加填充焊丝法。焊至近接缝终端处,减小焊枪和焊件的夹角,使电弧热量集中在焊丝上,同时加大焊丝给送量,焊丝熔化量也随之增加,填满弧坑后,切断焊接电源、停弧。

(3)断续填充法。焊枪行进到端缝终端附近,立即断弧,而焊枪保持原位置,保护熔池面,过 $0.5s\sim2s$,待熔池金属凝固再在该处引弧,并送进焊丝再断弧,如此反复 2 次～3 次,使弧坑逐渐减小,填满为止。

应该强调一点,收弧时,断弧后不能立即断气,必须要断弧后仍继续送气,延迟 10s 左右,待熔池金属完全冷凝后才可停止送气。

五、钨极氩弧焊的焊缝接头

焊缝接头有四种,但对手工钨极氩弧焊而言,由于钨极的电弧可以不加焊丝,所以连接处能避免焊缝接头过高的问题。这样手工钨极氩弧焊的焊缝接头可以分为两类:引弧处的接头(后焊焊缝的端头连接前焊焊缝的弧坑或端头)和收弧处的接头(后焊焊缝的弧坑连接前焊焊缝的弧坑或端头)。

(一) 引弧处的接头

焊前先检查前焊焊缝端头或弧坑的质量,若质量合格可直接焊接;若表面有氧化皮等,则应用砂轮机把氧化皮等打磨掉,并将过高的端头磨成坡形。在前焊焊缝上引弧,引弧点离弧坑(或端头)右侧 10mm～15mm(图 24-3-6(a)),引弧后不加焊丝,电弧缓慢向左移,待原弧坑(或端头)开始熔化形成熔池和熔孔后,接着就填加焊丝,按正常方法焊接操作。

(二) 收弧处的接头

按正常方法焊接遇及前焊焊缝的端头(或弧坑)时,电弧减慢前行,少加焊丝,待电弧重新熔化焊缝形成的熔池宽度达到前焊缝的两侧时,电弧继续前行,少加焊丝或不加焊丝,待再焊过 10mm～15mm 进行收弧(图 24-3-6(b))。

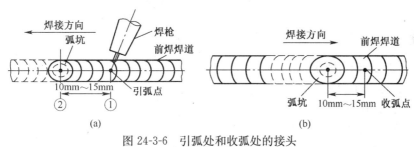

图 24-3-6 引弧处和收弧处的接头

(a) 引弧处的接头 ;(b) 收弧处的接头。

第四节 各种典型位置对接的手工钨极氩弧焊操作技术

目前船厂中焊接有色金属、不锈钢、碳钢及低合金结构钢重要的管子,手工钨极氩弧焊是首选的工艺,对于钢的薄板结构也开始推广应用。焊接有色金属的难度是较高的,学习氩弧焊通常先从碳钢及低合金结构钢开始,为此,本节介绍碳钢及低合金结构钢的手工钨极氩弧焊,并以 V 形对接为例,这是手工钨极氩弧焊的基本操作。试板的材质为 16Mn 钢,焊丝为 H08Mn2SiA。选板厚为 6mm,V 形 60°坡口角度,间隙 0～1mm,钝边≤1mm。

一、碳钢及低合金结构钢平对接焊

(一) 平对接焊的工艺参数和焊枪、焊丝位置

1. 焊接工艺参数

手工钨极氩弧焊平焊可用较大的焊接电流,也能获得较大的熔池和熔透深度。平焊的生产率高,质量也好。平对接的工艺参数见表 24-4-1。

2. 平对接焊时焊枪位置和焊丝位置

平对接焊时焊枪位置和焊丝位置如图 24-4-1 所示。采用左焊法,焊枪向右倾斜 10°～20°,以利于观察熔池,焊丝和接缝线夹角为 15°～20°。

表 24-4-1　手工钨极氩弧焊平对接的工艺参数

焊接层次	焊接电流/A	电弧电压/V	氩气流量/(L/min)	钨极直径	焊丝直径	钨极伸出长度	喷嘴直径	喷嘴至工件距离
						/mm		
打底焊	90~100	10~14	8~10	2.5	2.5	4~8	10	<12
填充焊	100~110							
盖面焊	110~120							

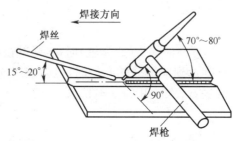

图 24-4-1　平对接焊时焊枪和焊丝位置

（二）平对接的打底层焊接

打底层的引弧宜在接缝坡口内,不可在坡口外的钢板表面上,这要产生电弧损伤钢板表面的缺陷。引弧点距接缝始端约 10mm 处,引弧后焊枪在引弧点不动,待钨极发热后,移到接缝的始端,对接缝稍作预热,电弧熔化钢板形成熔池,并出现熔孔后,开始填加焊丝,焊枪一般作直线运动或小幅度横向摆动,向左匀速移动。焊打底层的要求是保证反面不烧穿,焊缝成形良好。打底层焊接电流较小,焊接速度和送丝速度略快,可避免烧穿缺陷。施焊过程关注熔池变化情况,当发现熔池增大,熔宽变宽并出现下凹趋势时,说明熔池温度偏高,此时应增大焊枪倾斜角度,减小电弧对熔池的加热,且加快焊接速度;当熔池变小时,说明熔池温度低,应减小焊枪倾角和减慢焊接速度。若焊接过程中熔池宽度正常,焊缝余高较大,说明焊丝填加量偏多,宜减小。

（三）平对接的填充层和盖面层焊接

1. 平对接的填充层焊接

填充层焊接时焊枪和焊丝位置同打底层,焊接电流略比打底层的大,相对而言填充层烧穿可能性较小,因为有打底层焊缝的衬托。焊接时焊枪一般应作锯齿形横向摆动,焊枪摆动的幅度比打底层的略大,并在坡口两侧稍作停留,可保证坡口和焊缝熔合良好。填充层焊缝应低于钢板表面约 1mm,并防止熔化到钢板表面。

2. 平对接的盖面层焊接

盖面层焊接要求,焊缝外形光洁整齐,熔宽、余高符合要求。焊接时焊枪摆动幅度加大,要使熔池两侧熔化坡口边缘各 0.5mm~1.5mm。焊缝的余高要求为 0.5mm~1.5mm,焊接时观察熔池和焊缝的高度来选定填加焊丝的快慢。

手工钨极氩弧焊主要用于钢的薄板结构,有的薄板焊一层就可焊成,有的需要焊二层、三层。当结构为厚板时,通常仅用氩弧焊作打底层焊接,填充层和盖面层用焊条电弧焊或 CO_2 焊来完成。厚度超过十几毫米的板,则用氩弧焊打底、CO_2 焊填充,焊缝厚度达

7mm 以上，最后用埋弧焊盖面。

二、碳钢及低合金结构钢的立对接焊

（一）立对接焊的工艺参数和焊枪、焊丝位置

立对接焊较困难，主要是熔池金属受重力要向下淌，焊缝易形成焊瘤，焊缝成形差。解决这个问题，一是从工艺参数着手使形成的熔池变小点，二是从焊枪和焊丝位置及运动来阻止熔池金属向下淌。

1. 立对接焊的工艺参数

钨极氩弧焊立对接选用较小的焊接电流，可减小熔池尺寸，有利于改善焊缝成形。表 24-4-2 为手工钨极氩弧焊立对接的工艺参数。

表 24-4-2　手工钨极氩弧焊立对接的工艺参数

焊接层次	焊接电流 /A	电弧电压 /V	氩气流量 /(L/min)	钨极直径	焊丝直径	钨极伸出长度	喷嘴直径	喷嘴至工件距离
						/mm		
打底焊	80～90	10～14	8～10	2.5	2.5	4～8	10	<12
填充焊	90～100							
盖面焊	90～100							

2. 立对接焊的焊枪和焊丝位置

立焊时焊枪和焊丝的位置如图 24-4-2 所示，焊枪向下倾斜 10°～20°，这样电弧向上，借电弧向上吹的力能阻挡熔池金属下淌。焊丝和接缝线成 20°～30°。焊丝的末端处于熔池的上端部，焊丝在熔池上端加入缓慢向下流，形成良好的焊缝。若焊丝在熔池下半区域加入，则熔池金属会流到焊缝正常外形区域之外，形成焊瘤。

（二）立对接的打底层焊接

在接缝的最低处引弧，先不加焊丝，待钢板熔化形成熔池和熔孔后，开始填加焊丝向上焊，焊枪作上凸的月牙形运动电弧，并在两侧稍作停留，使两侧熔合良好。焊丝应处于熔池的上端部，有节奏的填加焊丝入熔池(图 24-4-3)。不使保护气体发生紊流(空气混入)。

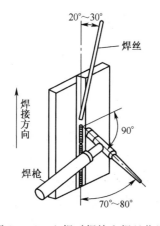

图 24-4-2　立焊时焊枪和焊丝位置

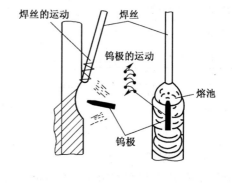

图 24-4-3　立焊时钨极和焊丝的运动

立焊的焊缝成形可以看成是一片一片熔池冷却重叠上去的,已冷凝的熔池托往上面刚被熔化形成的熔池。要控制熔池的形状,使熔池的宽度保持均匀相等,要防止焊缝局部高凸。

(三)立对接的填充层焊接和盖面层焊接

1. 立对接的填充层焊接

焊前先检验打底层焊缝的外表,若发现有焊缝局部高凸或其他缺陷,应进行打磨清除。焊填充层时,焊枪摆动幅度稍大,并要求幅度均匀,还要在两侧稍作停留,以使两侧熔合良好。焊接时可以借焊枪倾角的变化,来调整熔池温度;也可以借焊丝的填充量,来调整熔池的温度。焊枪向下倾角增大,电弧对熔池加热量可减少,增加焊丝填充量也可以降低熔池的温度。

2. 立对接的盖面层焊接

焊盖面层前对填充层焊缝进行填平磨齐。焊时焊枪摆动幅度较大,熔化坡口两侧各0.5mm～2mm,要使熔池的宽度力求均匀,填充焊丝的量视焊缝需要的余高而定。

三、碳钢及低合金结构钢的横对接焊

(一)横对接焊的工艺参数和焊枪、焊丝位置

横对接焊也是由于熔池金属受重力而下淌,易产生的缺陷是:上板咬边;下板焊缝凸出下淌形成焊瘤。考虑到这些因素横对接接头通常采用不对称坡口,下板开15°,上板开45°,可以阻挡熔池金属下淌。工艺上措施是采用窄焊道,多层多道焊,还有在焊枪位置和焊丝位置也有所变化。

1. 横对接焊的工艺参数

横对接焊的电流略比平对接焊小些,以免形成大的熔池,不利焊缝成形。横对接焊的工艺参数见表24-4-3。

表24-4-3　手工钨极氩弧焊横对接的工艺参数

焊接层次	焊接电流 /A	电弧电压 /V	氩气流量 /(L/min)	钨极直径	焊丝直径	钨极伸出长度	喷嘴直径	喷嘴至工件距离
						/mm		
打底焊	90～100							
填充焊	100～110	10～14	8～10	2.5	2.5	4～8	10	＜12
盖面焊	100～110							

2. 横对接焊的焊枪位置和焊丝位置

横对接焊时,焊枪向下倾斜10°(即和上板夹角为90°＋10°),且还向相反的焊接方向倾斜10°～20°(即和焊缝轴线夹角为70°～80°)。焊枪的位置如图24-4-4所示。

焊丝和钢板平面夹角为30°～40°,焊丝和垂直于钢板的平面夹角为15°～20°。图24-4-5为横焊时焊丝的角度。横焊时焊丝的末端应放在熔池的上方(图24-4-6),这样可以弥补熔池金属向下流淌的量,使焊缝成形美观。

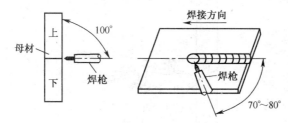

图 24-4-4　横对接焊焊枪位置

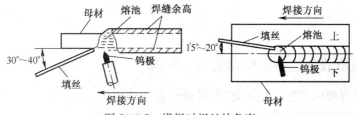

图 24-4-5　横焊时焊丝的角度

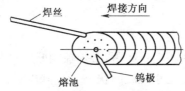

图 24-4-6　正确的横焊填丝位置

（二）横对接的打底层焊接

横对接焊时，在接缝的右端引弧，先不加焊丝，焊枪在引弧处稍作停留，待形成熔池和出现熔孔后，加入焊丝向左焊接。焊枪可作直线运动，也可作小幅度的锯齿形摆动。焊丝加入点是在熔池的上方，加入量要适当，若加入量过多，也会使焊缝下部形成焊瘤。

（三）横对接的填充层和盖面层焊接

1. 横对接的填充层焊接

填充层焊接主要考虑熔池应宽点，所以焊枪摆动的幅度可大点。为了获得较大的焊缝宽度，可以考虑采用斜锯齿形的焊枪运动，这样形成略有偏斜的椭圆形熔池，焊丝填加在椭圆形熔池上部，有利于焊缝成形。

2. 横对接的盖面层焊接

盖面层焊接焊枪摆动幅度可更大点。焊接时要防止焊缝上部咬边和下部焊瘤。焊枪可作斜锯齿形运动，焊丝要加在熔池的上端部。

板厚超过 6mm 的 V 形坡口，可采用两道焊进行盖面，焊接时，先焊下面一道，后焊上面一道。焊下面一道时，焊枪位置调整，使电弧偏向填充层的下侧（图 24-4-7），作适当幅度的摆动，使熔池的下沿熔化坡口下钢板表面达 0.5mm～1.5mm。熔池的上沿达填充层焊道宽度 2/3 处。焊上面一道时，调整焊枪的角度（图 24-4-7），电弧以填充层焊道的上沿为中心摆动，使熔池的上沿达熔化坡口上钢板表面 0.5mm～1.5mm，熔池的下沿达盖面层宽度的 1/2 处，使上、下两焊道平滑过渡，整个盖面层焊缝表面整齐。

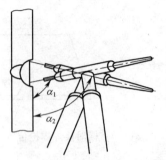

图 24-4-7　横焊盖面时的焊枪角度

$\alpha_1 = 95° \sim 105°$；$\alpha_2 = 70° \sim 80°$。

四、碳钢及低合金金结构钢的仰对接焊

(一) 仰对接焊的工艺参数和焊枪、焊丝位置

手工钨极氩弧焊的仰焊时很困难的,首先是劳动强度高,焊工需要昂首看电弧,两手高举焊枪和焊丝作微小的动作;其次是熔池和焊丝熔化的熔滴受重力作用而严重下坠;还有安全问题。

1. 仰对接焊的工艺参数

要使仰焊时的熔池和熔滴不向下坠落,必须控制好熔池尺寸大小,为此应选用较小的焊接电流,较快的焊接速度,熔池小且凝固快,就使焊缝不易下坠。同时考虑氩气比重比空气大,仰焊时应加大氩气的流量,表 24-4-4 为仰对接焊时的工艺参数。

表 24-4-4　手工钨极氩弧焊仰对接的工艺参数

焊接层次	焊接电流 /A	电弧电压 /V	氩气流量 /(L/min)	钨极直径	焊丝直径	钨极伸出 长度	喷嘴直径	喷嘴至工件 距离
						/mm		
打底焊	80~90	12~16	8~12	2.5	2.5	4~8	10	>12
填充焊	90~100							
盖面焊	90~100							

2. 仰对接焊的焊枪和焊丝位置

仰焊可以看作是平焊的翻身,焊枪和焊丝定位方向是相似的,但倾斜角度有所变动。焊接方向仍是向左焊,焊枪向右倾斜 $0° \sim 10°$(图 24-4-8)。焊丝和钢板平面成 $30° \sim 40°$(图 24-4-9)。

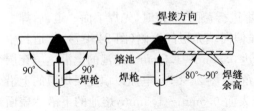

图 24-4-8　仰对接焊时的焊枪位置

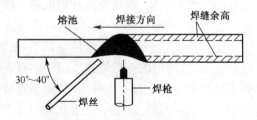

图 24-4-9　仰对接焊时的焊丝角度

（二）仰对接的打底层焊接

焊前观察一下板的接缝间隙，宜从间隙小的一端先焊，由右向左焊。在接缝右端引弧后，不加焊丝，待形成熔池和熔孔后，开始填加焊丝，填加焊丝适当靠近焊工身边一些比较好，也省力。仰焊时，电弧宜短，用小幅度锯齿形摆动焊枪，在坡口两侧稍作停留，熔池不能大，防止熔池金属下坠。打底层焊接时焊缝容易形成根部下凹（又称焊缝反面内凹）的缺陷。这是由于电弧长，熔池温度高、填加焊丝不及时或填加的焊丝后焊枪前移速度慢而引起的。

（三）仰对接的填充层焊接和盖面层焊接

1. 仰对接的填充层焊接

填充层焊接时，焊枪摆动幅度略大，并在坡口两侧稍作停留，保证两侧熔合良好。电弧切不可在熔池中间停留，若熔池中间温度高，将引起焊缝中部下坠（即高凸），使盖面层焊接困难。填充层焊缝应是表面平整，离钢板表面约 1mm。

2. 仰对接的盖面层焊接

焊盖面层前先将填充层焊缝进行填平或磨齐。焊接时，焊枪摆动幅度增大，并在两侧稍作停留，熔化两侧坡口的钢板 0.5mm～1.5mm，使熔合良好，焊缝成形光顺。

第五节　管子的手工钨极氩弧焊操作技术

在船舶管系建造中，大量的碳钢管子是用 CO_2 焊，但在不锈钢、有色金属管子焊接领域仍是氩弧焊占领的。近来造船质量要求提高，对于重要的管子，即使用碳钢，也必须用钨极氩弧焊进行打底层焊接，因为管子里面不允许有丝毫的漏渣，这只有钨极氩弧焊能承担此重任。手工钨极氩弧焊将日益广泛地应用于管子焊接。采用钨极氩弧焊焊管子的优点是：焊缝密致性好、根部焊透成形好、管内没有焊渣、氧化皮和夹渣产生可能性小；其缺点是生产效率低和成本高。

目前船厂中最广泛应用的管子是 20 钢。其焊接性良好，一般不会产生裂纹。和母材匹配的焊丝是 H08Mn2SiA（TG-50）。使用的钨极为铈钨极 WC-20。氩气纯度为99.99％。

管子焊接时，有管子迴转和管子固定之分，下面介绍水平迴转管子对接、垂直固定管子对接及水平固定管子对接。

一、水平迴转管子对接的手工钨极氩弧焊

（一）坡口和定位焊

碳钢管壁厚 3mm 以下不开坡口，留间隙 1mm～2mm。大于 3mm 开 V 形坡口，坡口角度为 60°～70°。通常管径小于 45mm 的，可用一点定位焊，管径大于 100mm 的宜用三点。定位焊缝长度，小管子为 5mm～8mm 大管子为 10mm～15mm，要确保焊透根部。焊好后宜用砂轮机打磨成斜坡形。注意斜坡的方向，要使打底层焊时，电弧从薄处走向厚处。

（二）水平迴转管子对接的工艺参数和焊枪、焊丝位置

由于管子可以迴转，就让熔池基本上处于水平位置，焊枪和焊丝位置如图 24-5-1 所

示。其焊接工艺参数和平对接焊相近。见表 24-5-1。

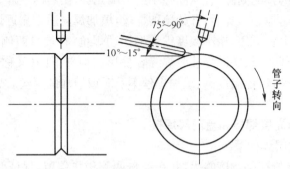

图 24-5-1　水平迴转管子对接时的焊枪角度

表 24-5-1　水平迴转管子对接手工钨极氩弧焊工艺参数

管子大小	焊接电流 /A	电弧电压 /V	氩气流量 /(L/min)	铈钨极直径	焊丝直径	喷嘴直径	喷嘴至工件距离
				/mm			
薄壁小径管	90～100	10～12	6～10	2.5	2.5	8	＜10
厚壁大径管	90～120	12～14	8～10	2.5	2.5	10	＜12

（三）水平迴转管子对接的打底层焊接

将定位焊好的管子置放在滚动架上,焊接电缆直接接上管子。将滚动架起动,观察管子的转速,调整到需要的焊接速度。

在 11 点～12 点之间处引弧,管子先不动,也不加焊丝,待电弧将管子坡口熔化并形成熔池和熔孔后,管子开始顺时针迴转,并加焊丝。

焊接过程中要把稳焊枪,使电弧始终保持在 11 点～12 点之间位置,钨极始终对准间隙,可作小幅度摆动。焊丝置于熔池的前端,有节奏地进出熔池,焊丝送进熔池被熔化成熔滴加入熔池,焊丝送进要平稳且均匀。当焊丝退出熔池时,焊丝末端仍应在氩气保护区域内。

当电弧遇及定位焊缝时,应停止给送焊丝,待定位焊缝熔化后,再加焊丝继续焊接。在打底层焊道遇到起焊的焊缝端头时,先停止焊丝给送和管子迴转,待电弧开始熔化焊缝端头,再少量加入焊丝,焊过端头约 10mm～15mm。

（四）水平迴转管子对接的填充层、盖面层焊接

焊前,先将前一层焊缝有局部高凸处,用砂轮机打磨平。焊填充层、盖面层可适当增加些电流,焊枪横向摆动幅度也逐层增大些,并在两侧稍作停留,其他操作和打底层同。相遇层的焊缝接头应相互错开。

二、垂直固定管子对接的手工钨极氩弧焊

（一）垂直固定管子对接的焊接工艺参数和焊枪、焊丝的位置

垂直固定管子对接相当于横对接焊,焊接工艺参数也可参考横对接焊。表 24-5-2 为垂直固定管子对接手工钨极氩弧焊的工艺参数。其焊枪和焊丝的位置如图 24-5-2 所示。

焊接时由于焊工要绕管子一周进行工作,所以管子周围应有较宽敞的场地。

表 24-5-2　管子对接垂直固定手工钨极氩弧焊工艺参数

管子大小	焊接层次	焊接电流 /A	电弧电压 /V	氩气流量 /(L/min)	焊接电源 极性	焊丝直径	铈钨极 直径	喷嘴直径	喷嘴至工 件距离
								/mm	
薄壁小径管	打底焊	90～95	10～12	8～10	直流 正接	2.5	2.5	8	<8
	盖面焊	95～100		6～8					
厚壁大径管	打底盖面	90～100	10～12	8～10		2.5	2.5	10	<12

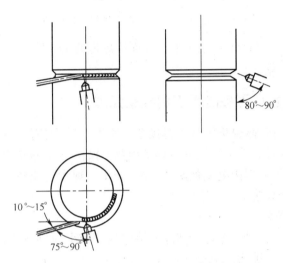

图 24-5-2　管子打底焊的焊枪角度

(二) 垂直固定管子对接的打底层焊接

通常从间隙较小处引弧,引弧后电弧不动也不加焊丝,待电弧熔化坡口根部形成熔池和熔孔后,才送进焊丝,焊丝端部熔化形成熔滴后,焊丝将熔滴向熔池里轻推一下,将熔滴送往坡口根部,使焊缝背部成形有余高。填加焊丝的同时,焊枪作上下摆动,并均匀向左移动。

当焊工需要移动位置暂停焊接时,应进行收弧。接着将收弧处磨成斜坡形,在斜坡形焊缝上向右移 8mm～12mm 处引弧,引弧后电弧不动,也不加焊丝,看到熔池变得明亮且宽度相当后,焊枪向左移动,待熔池前形成熔孔后,加焊丝,然后从右向左进行正常焊接。

打底焊过程中,焊枪宜偏向下板,使熔池的热量集中于坡口下部,而焊丝宜加在熔池的左上方。这样可以防止熔池上部过热,产生咬边等缺陷。

(三) 垂直固定管子对接的盖面层焊接

对于壁厚 5mm 左右的管子,为了获得盖面层焊缝外形良好,通常采用两道焊,先焊下面的焊道,后焊上面的焊道,焊枪和焊丝的角度如图 24-5-3 所示。焊接电流可略大一点,要保证焊透打底层的上下两侧,盖面层焊接工艺参数见表 24-5-2。

焊下面的盖面层焊道时,电弧对准打底层焊道的下沿向左焊,使熔池的下沿达到管子坡口钢板表面下 0.5mm～1.5mm,熔池上沿达到打底层焊道的宽度的 2/3 处。

焊上面的盖面层焊道时,电弧对准打底层焊道的上沿向左焊,使熔池的上沿能熔化坡

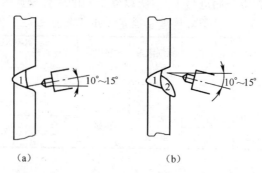

图 24-5-3　管子横对接盖面层焊的焊枪角度

口钢板表面 0.5mm～1.5mm,熔池下沿达盖面层焊道的 1/2 处,并使上下焊道平滑过渡,焊缝外形美观。

三、水平固定管子对接的手工钨极氩弧焊

水平固定管子对接焊,也称为管子对接全位置焊。管子水平固定,焊接从仰焊开始过渡到立焊最后平焊收弧。手工钨极氩弧焊是用双手操作,在电弧燃烧的时候,焊工是无法调节电流的,所以选用的焊接电流是要兼顾的,介于立焊大电流和平焊小电流之间,而焊枪和焊丝位置要根据焊接空间位置而变动。

(一) 坡口及定位焊

水平固定管子全位置焊,考虑到仰焊的熔透深度较小,通常板厚超过 3mm 就要开 V 形坡口,坡口角度 60°间隙为 1mm～2mm,钝边为 1mm～2mm。

小直径管子仅在 0 点附近一处定位焊就可以。大直径管子采用三点定位焊,安排在 3 点、9 点和 12 点。

定位焊缝要保证焊透,如有未焊透、气孔、夹渣等缺陷,必须将有缺陷的定位焊缝全部打磨掉,然后在附近重新进行定位焊,不允许重新熔化定位焊缝。

(二) 水平固定管子对接焊的焊枪和焊丝位置

全位置焊接由下向上焊,焊接位置在变,焊枪位置也要跟随而变。图 24-5-4 为主要位置焊接时,焊枪和焊丝的位置。

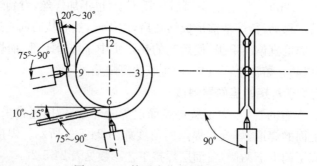

图 24-5-4　管子全位置焊的焊枪角度

(三) 水平固定管子全位置焊接工艺参数

考虑到焊接操作时,不能调节电流,管子全位置焊接工艺参数可参考表 24-5-3。

表 24-5-3　水平固定管子对接全位置焊接的工艺参数

管子大小	焊接电流/A	电弧电压/V	氩气流量/(L/min)	钨极直径	焊丝直径	喷嘴直径	喷嘴至工件距离
						/mm	
薄壁小径管	90~100	10~12	6~10	2.5	2.5	8	<10
厚壁大径管	100~120	12~14	8~12	2.5	2.5	10	<12

(四) 打底层焊接

打底层焊接分成两个半圈进行,先按顺时针方向焊前半圈,采用左焊法,从约 5 点~6 点处引弧开始仰焊,先不加焊丝,待形成熔池和熔孔后,从左向右填送焊丝入熔池。填送时焊丝适当将熔池向上推一下,使反面成形良好。当焊到近 9 点处,变为立焊参照立对接焊法,适当调整焊丝的位置和焊枪位置。向上焊焊到 12 点过 10mm~15mm 处灭弧,不要求填满弧坑。焊接过程中焊枪以坡口间隙为中心,作横向摆动,在两侧稍作停留,使两侧熔合良好。遇到定位焊时,焊枪垂直定位焊缝,并停止加丝,待定位焊缝全部熔化出现熔孔后,继续加丝进入正常焊接。

焊好半圈后,焊工转身 180°,即站在管子的另一侧,仍采用左焊法顺时针焊后半圈。从前半圈焊缝的端头附近的焊缝上引弧,引弧后不加焊丝,待焊缝端头全部熔化,形成熔池和熔孔后,开始加焊丝,按焊前半圈相同的方法,焊到前半圈焊缝的弧坑处,少加焊丝,待前焊缝弧坑全部熔化,再焊过 10mm~15mm 一段收弧。

(五) 填充层和盖面层焊接

填充层焊接时,电流可略大一点,焊枪摆动幅度增大一点,焊后焊缝要低于管子表面 0.5mm~1.0mm,若发现有局部焊缝高凸,应使用砂轮打磨平。

盖面层的焊接要求焊缝外形整齐。焊枪摆动幅度大,要使熔池能熔化坡口两侧 0.5mm~1.5mm,焊缝余高达到 0.5mm~3mm。

对于管壁厚 5mm 左右的管子对接,通常以两层焊满管子坡口。重要的碳钢管子用氩弧焊进行打底层焊接是确保高质量的优先采用的工艺。而对于填充层和盖面层焊接,CO_2 焊是优先采用的工艺。重要的厚壁大径管对接广泛采用氩弧焊打底,CO_2 焊填充盖面。

第六节　手工钨极氩弧焊的焊接缺陷

手工钨极氩弧焊可以焊各种金属,由于它们的焊接性不同,所产生的焊接缺陷也有所不同,有些缺陷是和焊条电弧焊、CO_2 焊是相通的。也有些缺陷是手工钨极氩弧焊独有的。在此介绍常见的手工钨极氩弧焊焊接缺陷的产生原因及防止措施,见表 24-6-1。

表 24-6-1　手工钨极氩弧焊焊接缺陷产生的原因及防止措施

缺　陷	产　生　原　因	防　止　措　施
气孔	(1)母材上有油、锈、水等污物。 (2)气体保护效果差。 (3)氩气纯度不够	(1)焊前用机械方法或化学方法清除。 (2)增大流量;采取挡风措施;减慢焊速;降低喷嘴离坡口的距离。 (3)选用合格的氩气;更新送气的管路

缺　陷	产　生　原　因	防　止　措　施
夹钨	(1)焊接电流太大而钨极直径小,钨极熔化。 (2)钨极和焊丝或工件相碰。 (3)错用了氧化性气体(CO_2)。 (4)氩气保护不良使钨极烧损	(1)选用合适的焊接电流和钨极直径。 (2)避免钨极和焊丝、工件相碰。 (3)更换为惰性气体。 (4)使钨极保护良好
焊道不光滑,有氧化皮	(1)坡口、焊丝不清洁。 (2)氩气不纯,流量不足。 (3)焊速慢、温度高	(1)做好坡口、焊丝的清洁工作。 (2)用合格的氩气,增大流量。 (3)提高焊速
裂纹	(1)焊丝选用不当。 (2)电流过大,合金元素烧损多。 (3)收弧方法不当。 (4)焊接顺序不正确	(1)选用合适的焊丝。 (2)减小焊接电流。 (3)收弧时要填满弧坑。 (4)选择合理的焊接顺序;预热
未焊透和未熔合	(1)坡口角度小、间隙小。 (2)焊接电流小、焊速太快。 (3)坡口不洁。 (4)焊枪位置未对准坡口	(1)加大坡口角度,增大间隙。 (2)预热、加大电流、减慢焊速。 (3)彻底清洁焊件和焊丝。 (4)调整好焊枪位置
咬边	(1)焊枪位置不对。 (2)电流大,温度高。 (3)送丝量填不满焊缝趾部	(1)调整好焊枪位置。 (2)减小电流。 (3)增大送丝量
烧穿	(1)电流大,焊速慢。 (2)送丝量太少	(1)调整好焊接工艺参数。 (2)增大送丝量
焊缝背部有焊瘤	(1)焊速慢而不均匀。 (2)电流大,熔池温度高	(1)焊速要快而均匀。 (2)减小电流,提高焊速
焊缝外形不整齐	(1)焊速不均,时快、时慢。 (2)送丝不均,时多、时少	(1)焊速要均匀。 (2)均匀送丝

复习题

1. 手工钨极氩弧焊通常钢板厚多少毫米开坡口? 为什么?
2. 铝、镁、钛等金属及其合金,如何用清理坡口?
3. 若定位焊缝发现气孔、裂纹、未焊透及夹渣缺陷,应如何处理?
4. 手工钨极氩弧焊的工艺参数有哪些?
5. 钨极直径是根据什么来选定的?
6. 选择氩气流量时,要考虑哪些因素?
7. 钨极氩弧焊的焊丝直径是如何选定的?
8. 试比较手工钨极氩弧焊向左焊和向右焊的优缺点。
9. 怎样选用钨极氩弧焊的焊接电源种类和极性?
10. 什么叫熔池热输入?

11. 氩弧焊的引弧方法有哪两种?

12. 手工钨极氩弧焊填加焊丝的方法有哪几种?

13. 手工钨极氩弧焊填加焊丝时,应注意哪些问题?

14. 手工钨极氩弧焊的收弧方法有哪几种?

15. 手工钨极氩弧焊如何操作焊缝的接头?

16. 用手工钨极氩弧焊焊 V 形平对接钢板,其操作方法是怎样的?

17. 用手工钨极氩弧焊焊 V 形立对接钢板,其操作方法是怎样的?

18. 用手工钨极氩弧焊焊 V 形横对接钢板,其操作方法是怎样的?

19. 用手工钨极氩弧焊焊 V 形仰对接钢板,其操作方法是怎样的?

20. 用手工钨极氩弧焊焊水平迴转管子对接,其操作方法是怎样的?

21. 用手工钨极氩弧焊焊垂直固定管子对接,其操作方法是怎样的?

22. 用手工钨极氩弧焊焊水平固定管子对接,其操作方法是怎样的?

23. 试述下列手工钨极氩弧焊焊接缺陷产生的原因及防止措施:气孔、夹钨、裂纹、未焊透、焊瘤。

第二十五章　船用金属的手工钨极氩弧焊

第一节　船用低碳钢及低合金钢的手工钨极氩弧焊

一、船用低碳钢及低合金钢手工钨极氩弧焊的焊接特点

用手工钨极氩弧焊焊接的低碳钢及低合金钢多是小型薄板构件,而厚壁重要的低碳钢管子都是用手工钨极氩弧焊打底,以 CO_2 焊完填充层和盖面层。这些钢的碳当量都是较低的,焊接性良好,一般来说焊接不会产生裂纹。

用氩弧焊打底层焊接的主要问题是烧穿,这是由于打底层是悬空的,打底层焊接既要求焊透反面能成形,又要不烧穿。对氩弧焊来说也就要求电弧的热量和熔池的尺寸有一定的限度。

薄板焊接还有个变形问题,钢板薄,焊件的刚性小,无法抑制焊接引起的变形。

上述烧穿和变形是薄板焊接共性的问题。

二、船用低碳钢和低合金钢手工钨极氩弧焊的焊接材料

(1)钨极,选用铈钨极,直径≤3mm。

(2)氩气,纯度要求大于 99.95％,目前市场供应的是 99.99％,完全可用。

(3)焊丝,低碳钢选用 TG-50、H08Mn2Si;低合金钢选用 TG-50,TG-50Re、H08Mn2SiA,这些焊丝也可用于焊低碳钢。

三、焊前坡口准备

板厚小于 1mm 宜用卷边接头,板厚 3mm 以上要开坡口,坡口角度为 50°～70°,厚板采用混合焊(氩弧焊打底、CO_2 焊填充层和盖面层)的坡口,应保证坡口底部有足够的空间,能使焊枪和焊丝正常操作。

坡口清理主要除去坡口及其两侧各 15mm～20mm 范围内的油污及锈蚀等污物,可用砂轮机打磨出金属光泽。不可忽视的是坡口上的潮气,这是引起气孔的主要原因。焊前可用火焰加热消除钢板上的潮气。

由于第一层用手工钨极氩弧焊,所以定位焊也要用手工钨极氩弧焊,定位焊缝不允许有裂纹、气孔、夹渣、未焊透等缺陷。

四、船用低碳钢及低合金钢手工钨极氩弧焊工艺

低碳钢及低合金钢手工钨极氩弧焊选用直流正接,这是为了减少钨极的损耗。因为电弧的阴极区温度低,这样钨极的损耗少。

焊接时,焊枪一般不摆动,采用直线行进,当坡口较宽时,可采用小幅度横向摆动。焊枪的角度要随坡口间隙大小而变。当间隙小时,焊枪向右倾斜角度为 5°;当间隙大时焊枪向右倾斜角度大些,可达 50°,这样电弧给熔池热量就小,可以避免烧穿。焊接过程中更要看清熔池和熔孔,避免焊歪。填加焊丝要视熔池状态,当熔池处于高温而形状低凹,焊丝填加量可以多一些;反之,少加些焊丝。

第二节　船用不锈钢的手工钨极氩弧焊

一、船用不锈钢的焊接特点

不锈钢按金相组织不同可分为马氏体不锈钢、铁素体不锈钢、奥氏体不锈钢及双相不锈钢。船用不锈钢多为奥氏体不锈钢,具有良好的耐腐蚀性。船舶管系中有不少的奥氏体不锈钢管子需要焊接。本节讨论的是奥氏体不锈钢的手工钨极氩弧焊。

应用最广的奥氏体不锈钢是 18-8 型,其铬含量为 18%,镍含量为 8% 左右,不锈钢的牌号有 0Cr18Ni9、1Cr18Ni9、2Cr18Ni9、1Cr18Ni9Ti、1Cr18Ni11Nb 等。近来正在推广应用双相不锈钢,其牌号为 HDR(50%奥氏体＋50%铁素体)。总的来说,这类钢的焊接性是好的。但如果焊丝选用不当或焊接工艺不正确,也会产生晶间腐蚀和热裂纹两大问题。

(一) 晶间腐蚀

奥氏体不锈钢中除铬和镍主要合金元素外,还有碳、锰、硅、硫、磷等元素,当不锈钢加热到 450℃～850℃时,碳和铬在晶粒之间会生成碳化铬,碳化铬不是铬,这就使在晶粒之间的铬含量小于 12%,形成了贫铬区,失去了抗腐蚀能力,在腐蚀介质作用下,沿着晶粒边缘不断腐蚀,破坏了晶粒间的相互结合,导致了沿晶界开裂,这就是晶间腐蚀。

焊接加热和冷却过程中,总是要通过 450℃～850℃的温度区,设法缩短这段温度区的时间,使碳化铬来不及生成,就可以防止产生晶间腐蚀。焊前不预热,用小的焊接热输入焊接,焊后使焊缝快速冷却,都对减小晶间腐蚀有利。

(二) 热裂纹

奥氏体不锈钢含有较多的镍,同时钢中还存在 S、P 等杂质元素,S 和 Ni 会生成 Ni_3S_2 低熔杂质,它的熔点仅 625℃。这些低熔杂质存在于熔池中,当不锈钢从液态转为固态(即结晶)的时间较长时,于是有足够的时间把处在液态的低熔杂质推置到焊缝中央聚集。形成一个液态薄膜层,液态是没有强度的,在焊缝受到略大的焊接应力作用下,液态薄膜层就被拉成裂纹。

二、焊前坡口准备

(一) 坡口
管子壁厚小于 2mm 的不开坡口,间隙为 0～1mm。
壁厚 2mm～4mm,开 60°坡口,间隙为 1mm～2mm,钝边为 1mm～2mm。
壁厚大于 4mm,开 60°坡口,间隙 2mm～3mm,钝边为 1mm～2mm。

(二) 坡口清理
焊接坡口及两侧各 20mm 范围内的油污、锈蚀、氧化皮等污物必须清理干净。清理方法可用砂轮、砂纸或熔剂等。坡口清理后应尽快进行焊接。

（三）定位焊

定位焊尽可能均匀分布，但避开 6 点位置，通常管径 150mm～200mm 的定位焊不少于 8 处，管径大于 200mm 的定位焊应大于 12 处。每焊点定位焊长度为 6mm～10mm。

（四）定位焊前，管内设置焊缝反面保护区域

焊不锈钢管子，熔池正面由焊枪喷出的氩气实施保护，若熔池反面露在空气中被氧化，则破坏了不锈钢的耐腐蚀性。所以焊不锈钢时，接缝反面也必须通氩气得到保护。定位焊前管内应设置焊缝反面保护区域。

三、焊接材料

(1)钨极，WC20 铈钨极，直径 2.5mm 或 3.0mm。

(2)气体，氩气含量 99.99％。

(3)焊丝，牌号见表 25-2-1。表中焊丝的铬含量大于母材的铬含量，焊丝也可用于异种钢的焊接。

表 25-2-1　船用不锈钢用的焊丝

母　　材	焊　　丝
1Cr18Ni9Ti 与 1Gr18Ni9Ti	H0Cr20Ni10Ti
1Cr18Ni9Ti 与碳钢	
HDR 双相不锈钢与 HDR 双相不锈钢	HDRT1G 专用焊丝
HDR 双相不锈钢与 1Cr18Ni9Ti	
HDR 双相不锈钢与碳钢	
316L 与 316L	TG316L
316L 与 1Cr18Ni9Ti	
316L 与碳钢	
注：双相不锈钢为 50％铁素体＋50％奥氏体	

四、船用不锈钢管的手工钨极氩弧焊工艺

奥氏体不锈钢焊前不需预热，焊接工艺参数要采用小电流、快焊速，这对减小晶间腐蚀是有利的，同时也可减小合金元素的烧损。厚板奥氏体不锈钢焊接时，应采用多层多道焊，要控制层间温度，焊后可以快速冷却。

焊接船用不锈钢管子对接的工艺参数见表 25-2-2。

表 25-2-2　船用不锈钢管手工钨极氩弧焊的工艺参数

管材壁厚 /mm	焊丝直径 /mm	焊缝层数	焊接电流 /A	电弧电压 /V	氩气流量 /(L/min)	层间温度 /℃	钨极直径 /mm
1.5	1.5	1	40～60	8～10	8～12(焊枪) 10～15(管子内部)	≤150	2.5
2.0	2.0	1	50～70	9～11			
3～4	2.0	2	60～100	10～14			3
5～8	2.0(打底层)	3	60～100(打底层)	10～14			
	2.5(填充层、盖面层)		80～140(填充层、盖面层)	10～16			

为了保护不锈钢焊缝反面的质量,必须在接缝反面通上氩气。管子焊接时管内通氩气的方法如图25-2-1所示,管子接缝两侧用海绵封住,一端通入氩气,另一端多孔性海绵流出氩气。在两海绵夹板上装铁链,铁链直通管子外面,两海绵夹板之间的铁链不能长,不允许铁链受重力下垂而碰到接缝,破坏反面的保护作用。焊接以后,可在管子外面,拉出铁链,取出海绵。

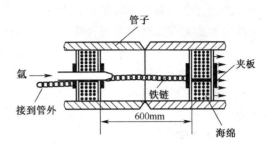

图25-2-1 管内通氩气

管子接缝两侧被海绵堵住,通入氩气约5min～6min后,方可进行焊接。

在6点附近引弧,引弧后焊枪和焊丝不动,待电弧热量形成熔池和熔孔后才加焊丝,焊枪向左行进。焊枪和焊丝位置可参阅管子焊接技术。加焊丝采用断续填加法,焊丝对准熔池前端,有节奏地适量加入被熔化。在仰焊位置时,应略多加点焊丝,以减少熔池因重力下垂现象。

打底层焊好后,要把焊缝上的焊屑和表面氧化物清除干净,可用砂轮或不锈钢钢丝刷等工具。

焊填充层和盖面层的电流可提高些,焊丝粗点,焊枪可以摆动,幅度逐层扩大。还有引弧点要和前层引弧点错开,避免焊缝接头重叠在一起。多层焊的层间温度不得超过150℃。焊接结束后可以用水急冷,使不锈钢快速渡过450℃～850℃的温度区。

多层焊不锈钢过程中,自始至终要在管内通氩气。有人认为第一层焊好后就不需要在管内通气,这是错误的,因为焊填充层时,第一层仍受到加热,不锈钢在热状态不被氩气保护就要被空气氧化。所以管内氩气保护直至焊接结束。

还应指出一点,当焊缝有缺陷需要修补时,修补用的焊接材料必须和施焊时的焊接材料相同,同样在管内要通氩气。

五、焊后抛光和钝化处理

(1)表面抛光。不锈钢表面越光洁,耐腐蚀性能越好。粗糙度细的表面能产生一层致密而均匀的氧化膜,这层氧化膜能保护不锈钢内部不再受到氧化和腐蚀。

(2)钝化处理。钝化处理是在不锈钢表面人工制成一层氧化膜,以提高耐腐蚀性。

钝化处理的流程为:表面清理→酸洗去除氧化皮→水洗和中和处理→用钝化液擦表面→水洗和吹干。钝化处理后的不锈钢呈银白色,具有很高的耐腐蚀性。

第三节 船用铝及铝合金的手工钨极氩弧焊

一、铝及铝合金的焊接特点

铝及铝合金焊接时会产生下列几个问题。

(一) 生成氧化铝

铝在常温下,表面被氧化而生成一薄层的氧化铝(Al_2O_3),在电弧高温下氧化更为剧烈。氧化铝在熔池中,妨碍着焊接过程的正常进行,会阻碍金属之间的良好结合,造成焊缝中的夹渣。氧化铝还会吸附水分,产生气孔。

(二) 产生氢气孔

液态铝合金在高温时对氢有较大的溶解度,而在熔液凝固时,溶解度突然下降,氢来不及逸出而聚集在焊缝中形成气孔。焊丝和母材表面氧化膜吸附的水分都是焊缝中氢的来源。

(三) 易产生热裂纹

铝的膨胀系数约是钢的 2 倍,而凝固时的收缩率又比钢大两倍,焊接时会产生较大的应力和变形,当铝合金存在低熔杂质时,就容易产生热裂纹。

(四) 容易烧穿

铝合金从固态转变成液态时,没有显著的颜色变化。焊工不容易判断熔池的温度变化,极易因熔池过热而使液态铝下垂形成烧穿。

(五) 焊接接头的强度低

铝及铝合金焊接时,热影响区受到加热而发生软化,于是焊接接头的强度无法达到母材的强度。还有焊接时要烧损合金元素(如镁),也降低了焊接接头的性能。

二、铝合金钨极氩弧焊的焊接材料

(1)气体:氩气纯度＞99.8％。

(2)钨极:铈钨极。

(3)焊丝:按母材铝合金类型选用焊丝,可参照表 25-3-1。

表 25-3-1　按铝及铝合金母材成分选用焊丝

母 材 金 属	焊 丝 型 号	焊 丝 牌 号
纯铝	SAL-1,SAL-2,SAL-3	丝 311,丝 301,SAL-2(丝 301)
铝镁合金	SALMg-5	丝 331
铝硅合金	SALSi-1,SALSi-2	丝 311
铝锰合金	SALMn	丝 321

三、焊前坡口准备

(一) 焊接坡口

铝及铝合金钨极氩弧焊的坡口形式及尺寸见表 25-3-2。铝板厚 1mm～2mm 可采用卷边接头,铝板厚 3mm 以上就要开 70°坡口。

表 25-3-2　铝及铝合金钨极氩弧焊的坡口形式

焊件厚度 σ/mm	坡口形式	坡 口 尺 寸			备 注
		间隙 α/mm	钝边 p/mm	角度 α/(°)	
1～2		<1	2～3	—	不加填充焊丝

焊件厚度 σ/mm	坡 口 形 式	坡 口 尺 寸			备 注
		间隙 a/mm	钝边 p/mm	角度 α/（°）	
1～3		0～0.5	—	—	
		1～2	—	—	
3～5		0～1	1～1.5	70±5	双面焊,反面铲除焊根
6～10		1～3	1～2.5	70±5	
12～20		1.5～3	2～3	70±5	
14～25		1.5～3	2～3	α_1 80±5 α_2 70±5	双面焊,反面铲除焊根,每面焊二层以上
管子壁厚 ≤3.5		1.5～2.5	—	—	用于管子可旋转的平焊
3～10(管子外径 30～300)		<4	<2	70±5	管子内壁用固定垫板
4～12		1～2	1～2	50±5	共焊1～3层
8～25		1～2	1～2	50±5	每面焊2层以上

（二）机械清理

先用有机溶剂(丙酮或汽油)擦拭工件表面去除油,然后用不锈钢丝刷子刷,刷到露出金属光泽为止。不可采用砂纸或砂轮,因为砂粒会被压入工件表面,焊接时可能产生夹渣等缺陷。工件、焊丝清理后应在 4h 内焊接,焊好清理过的全部焊缝。若清理后未焊又存放时间过长,则需要重新清理。

（三）安放引弧板和收弧板

对于重要的板结构，为了防止引弧和收弧处产生裂纹等缺陷，需在接缝两端安放引弧板和收弧板。

（四）焊前预热

板厚小于 8mm 的小铝件，一般不预热，厚度≥8mm 的铝件需要预热，预热温度要视铝合金类型及板厚而定。通常在 100℃～250℃之间。

四、铝及铝合金钨极氩弧焊的工艺

（一）选用焊接电源

用直流焊接电源焊接铝合金时，可采用直流反接，即焊件接负极，钨极接正极，这时电弧中大量质量较大的正离子，以高速向阴极（焊件）移动，也就是氩的正离子流向熔池，向熔池表面冲击，其能量足以使熔池表面的氧化铝破碎，产生了"阴极破碎"现象，又称"阴极雾化"作用，使焊丝熔化成的熔滴和熔池良好熔合。"阴极破碎"有利于焊接氧化物熔点高的铝、镁合金。直流反接在熔化极氩弧焊中得到合理的使用。但是直流反接，钨极接阳极，阳极温度高，钨极加剧烧损，电弧不稳。直流反接很少用于钨极氩弧焊。

钨极氩弧焊焊铝合金的电源，合适的是交流电源。交流电的极性是交变的，一个半周是直流反接，可以获得到"阴极雾化"作用，另一半周是直流正接，不使钨极损耗过大。

采用交流电焊接要消除直流分量，以及电流过零点时的稳弧，这是由焊接设备来解决的问题。

（二）铝及铝合金钨极氩弧焊的工艺参数

铝及铝合金钨极氩弧焊通常采用大电流快焊速焊接，因为小电流慢焊速时，熔池冷凝时间长，即吸收有害气体的时间长，产生气孔的机会就多。铝及铝镁合金手工钨极氩弧焊的工艺参数参见表 25-3-3。

表 25-3-3　铝及铝镁合金手工钨极氩弧焊的工艺参数

板材厚度/mm	焊丝直径/mm	钨极直径/mm	预热温度/℃	焊接电流/A	氩气气流/(L/min)	喷嘴孔径/mm	焊接层数（正面/反面）	备　注
1	1.6	2	—	45～60	7～9	8	正1	卷边焊
1.5	1.6～2.0	2	—	50～80	7～9	8	正1	卷边或单面对接焊
2	2～2.5	2～3	—	90～120	8～12	8～12	正1	对接焊
3	2～3	3	—	150～180	8～12	8～12	正1	V形坡口对接
4	3	4	—	180～240	10～15	8～12	1～2/1	V形坡口对接
5	3～4	4	—	240～280	10～15	10～12	1～2/1	V形坡口对接
6	4	5	—	260～320	16～20	14～16	1～2/1	V形坡口对接
8	4～5	5	100	260～320	16～20	14～16	2/1	V形坡口对接
10	4～5	5	100～150	280～340	16～20	14～16	3～4/1～2	V形坡口对接
12	4～5	5～6	150～200	300～360	18～22	16～20	3～4/1～2	V形坡口对接
14	5～6	5～6	180～200	340～380	20～24	16～20	3～4/1～2	V形坡口对接
16	5～6	6	200～220	340～380	25～30	16～20	4～5/1～2	V形坡口对接
18	5～6	6	200～240	260～400	25～30	16～20	4～5/1～2	V形坡口对接
20	5～6	6	200～260	360～400	25～30	20～22	4～5/1～2	V形坡口对接
16～20	5～6	6	200～260	300～380	25～30	16～20	2～3/2～3	X形坡口对接
22～25	5～6	6～7	200～260	260～400	30～35	20～22	3～4/3～4	X形坡口对接

（三）操作技术

交流氩弧焊机都装有高频引弧装置,所以都是不接触引弧。而设置引弧板主要给予试焊工艺参数的地方,试焊后适当调整工艺参数进行正常焊接。

在焊平对接时,焊枪的左右位置是和板成 90°,焊枪和焊缝夹角为 80°,焊丝和焊枪成 90°,即焊丝和接缝线夹角为 10°左右,不宜大于 15°,如夹角太大,焊丝易扰乱电弧及影响气流的稳定性。焊丝对准熔池的前端,有节奏地适量熔入,保持焊缝波形的均匀性。

焊接水平固定管子对接时,在 5 点和 6 点间引弧,引弧后不加焊丝,待电弧形成熔池(5s~6s 即可熔透),加入少量焊丝,此时焊丝在熔池前半部中间接触送入,在送入焊丝要略有上推。向左焊接焊到 9 点,变成立焊,最后焊到 12 点,焊枪和焊丝的空间位置也随同变化。用相同的方法焊另一半圈,并要使端头接头和收弧接头熔合良好。焊接过程中,要注意观察熔池形状和温度,及时调整焊丝送进的量和频率,并和焊枪前进速度配合,这样才可避免熔池金属下坠等缺陷。

第四节　船用铜及铜合金的手工钨极氩弧焊

一、铜及铜合金的焊接特点

铜及铜合金焊接过程中会产生以下几个问题:

1. 热裂纹

铜与氧能生成氧化亚铜(Cu_2O)和氧化铜(CuO),氧化亚铜能和铜形成低熔点的共晶体分布晶粒周界,削弱了晶粒间的结合,当有较大的焊接应力及过剩的氢气压力,就易产生热裂纹。另一方面铜在高温时的强度和塑性较低,也是易产生热裂纹的原因之一。

2. 气孔多

铜及铜合金在熔化状态时能溶解大量的氢,而在冷凝过程中,溶解度大大降低,过剩的氢来不及逸出,就在焊缝和熔合区产生大量的氢气孔。

还有高温熔池溶解的氢或一氧化碳和氧化亚铜发生反应,使铜还原,生成水蒸气和 CO_2,在焊缝凝固前未能全部逸出,也会形成水蒸汽气孔。

3. 焊后变形大

铜及铜合金的膨胀系数比低碳钢大 50%,由液态转变为固态时的收缩率大,也即焊接热胀冷缩严重,产生较大的变形和应力,对焊件刚性大的焊缝更易产生裂纹。

4. 焊透问题

铜的导热系数是钢的 5 倍~8 倍,焊接时加在铜母材坡口上的热量迅速传导出去,使坡口处难以熔化,熔敷金属和基本金属也难以熔合,造成焊不透的缺陷。焊接时必须加大电弧功率,对稍厚焊件采取预热处理。不过,当铜中加镍(约 10%)和铁(1%~2%)成为白铜后,导热系数急剧下降,接近碳钢,就不愁焊透问题,白铜跟铜及其他铜合金不同,焊前不需要预热。

5. 焊接接头性能低

焊接时的高温,使铜合金中的锌、锡、铅、铝、锰等合金元素都容易氧化和烧损,使合金成分减少,这就会使焊接接头性能降低。

二、铜、黄铜、青铜的手工钨极氩弧焊

(一) 铜的手工钨极氩弧焊

铜的钨极氩弧焊采用直流正接,铜母材接正极,可以从电弧中取得较多的热量,以利焊透。

通常铜板厚在 3mm 以下可以不预热,3mm~12mm 的纯铜板需预热 200℃~450℃。焊前应对焊丝及坡口两侧的油污、氧化物进行清理,可用机械清理或化学清洗。

焊丝一般采用 HSCu(丝 201)和丝 202 铜焊丝。为了确保焊缝质量,提高焊接接头的力学性能,清除气孔和夹渣,焊接时使用铜焊粉(粉 301)是很有效的。铜焊粉可以脱氧、清渣和保护熔池。

铜钨极氩弧焊通常不留间隙,板厚 3mm 以上开 V 形坡口,坡口角度为 60°~90°。

由于铜的导热性大,需要使用很大的焊接电流,同时焊枪以较快速度施焊,其焊接工艺参数见表 25-4-1。

表 25-4-1　铜手工钨极氩弧焊的坡口形状及工艺参数

板厚 /mm	坡口形状	焊丝直径 /mm	钨极直径 /mm	焊接层次	电流强度 /A	氩气流量 /(L/min)	预热温度 /℃	喷嘴直径 /mm
1		1.5	2	1	80~130	5~6	—	6
2		2.4	2	1	140~180	5~8	—	6~8
3		2.4	3	1~2	190~240	6~9	—	8
4		3	3	2	220~270	8~10	—	10
5		3	4	2	260~310	9~11	200	10
6		4	4	2	300~350	10~14	350	10~12
7		4	5	2~3	300~400	12~14	400	12
8		4	5	3	320~400	14~16	400	12~14
10		4	5	3/1	320~400	16~20	400	16~18
12		4	6	3~4/1	360~420	20~23	400~450	16~18
14		4	6	3~4/2	400~550	22~24	450~550	18~20

(二) 黄铜的手工钨极氩弧焊

黄铜的导热性和熔点比铜低,焊接时容易蒸发锌元素,黄铜焊接时和铜有所区别。焊接黄铜时用直流正接,也可用交流,用交流电可使锌的蒸发减少。

钨极氩弧焊焊黄铜用的焊丝采用 HSCuZn-3(HS221)、HSCuZn-2(HS222)、HSCuZn-4(HS224),焊丝中的合金成分较高,可以弥补焊接时合金元素的烧损。

焊件通常不预热,但对板厚大于 12mm 的焊件和焊接边缘厚度相差较大的铸件需要预热,预热温度一般为 150℃～250℃。

钨极氩弧焊焊接黄铜的工艺参数可和铜焊接相似,选用大的焊接电流(比铜的焊接电流略小)和尽可能快的焊接速度,这样可以减少液态金属在高温下的停留时间,否则合金元素严重烧损,导致产生气孔和裂纹。喷嘴直径和氩气流量可适当放大,加大对熔池的保护作用。多层焊时,必须仔细清除层间的氧化锌等杂物,以防止焊缝产生夹杂缺陷。

黄铜焊件焊接后,应加热到 300℃～400℃进行局部或整体退火,消除焊接应力。

黄铜焊接时由于锌的蒸发,使工作场地的空气严重污染,必须采取强有力的排风措施,以保障工人的身体健康。

(三) 青铜的手工钨极氩弧焊

青铜的导热性比纯铜小,合金元素的蒸发烧损比黄铜弱,所以青铜的焊接性比纯铜和黄铜好。不同成分的青铜,焊接性也有所不同。

1. 锡青铜的手工钨极氩弧焊

锡青铜的手工钨极氩弧焊采用直流正接,可使钨极损耗小,焊件熔深大。

焊接不含锌的锡青铜,可用与母材金属相同成分的焊丝,或含锡比母材高 1%～2% 的青铜焊丝,以补偿焊接过程中锡的蒸发和烧损。对于含锌的锡青铜可选用黄铜焊丝,以防止锌烧损后形成气孔。

锡青铜焊接多用于修补缺陷,若修补处刚性不大,焊件可以不预热焊接。焊时尽可能减少焊接部位的过热。进行多层多道时,待焊道冷却至 60℃～100℃时,再继续焊下一焊道。当缺陷面积较大时,可采用分块、分散地进行焊接。

锡青铜的导热性比黄铜稍大,焊接电流略比黄铜大些。

2. 铝青铜的手工钨极氩弧焊

铝青铜的手工钨极氩弧焊采用交流电源,利用阴极破碎作用,来清除熔池表面的氧化铝。对于板厚大于 12mm 的焊件,焊前预热至 150℃～200℃。选用的焊接电流比铜小 25%～30%。铝青铜手工钨极氩弧焊的工艺参数见表 25-4-2。

表 25-4-2　铝青铜手工钨极氩弧焊的工艺参数

板 厚 /mm	钨极直径 /mm	焊丝直径 /mm	喷嘴孔径 /mm	氩气流量 /(L/min)	焊接电流 /A	备 注
1.5	φ4	φ2	φ10～12	8～10	100～130	
3	φ4	φ3	φ10～12	12～16	180～220	
6	φ4	φ3	φ12～18	20～24	280～320	
9	φ4	φ4～5	φ12～18	22～28	320～420	预热温度 150℃
12	φ4	φ4～5	φ12～18	22～28	360～420	

三、白铜的手工钨极氩弧焊

(一) 白铜的焊接性

白铜是铜和镍的合金,用于焊接结构中的白铜,多是含镍量 10%、20%、30% 的铜合金。船用海水冷却管的白铜是 CuNi10Fe,其中含 Ni 10%,含 Fe 1.5%,Cu 余量。目前正在大力推广使用白铜(铜镍铁)管取代镀锌铁管,这样既提高了抗腐蚀性能,又减轻了管子的重量。CuNiFe 管总的说来焊接性良好。但也存在以下几个问题:

1. 焊接变形与应力大

铜镍合金的膨胀系数大,收缩率大,焊接高温冷却后,不仅要产生较大的焊接应力,也产生较大的焊接变形。

2. 焊接热裂纹

由于铜中加入较多的镍,若白铜中有硫磷杂质,则硫和镍会产生硫化镍 Ni_2S 低熔杂质,熔点仅 645℃,当焊缝结晶过程中,低熔杂质就形成液态薄膜,导致产生热裂纹。

3. 抗蚀性降低

高温焊接过程中,镍被蒸发和烧损,使焊缝中镍含量下降,抗蚀性降低。

4. 易产生气孔

若焊前清洁工作未做好,高温溶解的氢冷却时来不及逸出熔池,就产生氢气孔。

(二) 焊白铜的焊接材料

钨极,和普通钨极氩弧焊相同,用铈钨极。

焊丝,考虑到高温时镍的蒸发和烧损,焊丝中加入镍的含量要高于母材,如焊接 CuNi10Fe,焊丝用 CuNi30Fe,该焊丝镍含量为 30%。

氩气,纯度应大于 99.9%,市场供应的是 99.99%,完全符合要求。

(三) 坡口准备

1. 坡口

通常板厚 2mm 以下不开坡口,留间隙 0.5 mm。板厚 3mm 以上开 V 形坡口,坡口角度为 55°~70°,不留钝边,尽可能不留间隙。坡口采用机械加工,薄壁管子也可以采用砂轮手工打磨成坡口。

2. 坡口清理

CuNi10Fe 管和铜管一样,容易产生气孔,做好坡口的清洁工作是防止产生氢气孔的重要措施。焊前清理坡口处管壁内外两侧各 20mm 范围的表面污物,先用 0 号、1 号砂纸打磨,露出金属光泽,然后用丙酮或无水酒精清洗,以确保其表面没有水、油等其他杂质。把清洗好的管子包扎封好,不让坡口沾污,待焊接时开封。

3. 坡口装配

管子装配要正确,不同心度要求≤0.5mm。若偏差过大,可用模具进行矫正。因为同心度偏差大要造成管子错边,焊接时错边部位会造成焊缝背面成形不良、未焊透及焊瘤等缺陷。

4. 定位焊

定位焊通常用三点均布,定位焊用 1.5mm 直径焊丝,定位焊缝长度为 10mm~15mm。定位焊缝如发现裂缝、气孔、未焊透等缺陷应磨去,移动位置重新定位焊。

(四) 管内充气保护

焊前先将接缝坡口用铝箔粘胶带粘贴,然后用稍微大于管子直径的橡皮头封堵管子的进出口,接着在管子内通氩气,氩气流量和管子内孔的面积成正比。长管子的氩气消耗量也大,为了减少氩气消耗量,可在接缝坡口两侧各 300mm 处分别装上海绵块(参阅图 25-2-1)让氩气在管内流动。施焊前将焊接处的粘胶带拆除。

(五) 焊接工艺

1. 分段转动管子焊接

管子处于水平位置,将管子对接环缝分成四段(0 点、9 点、6 点、3 点),每次 1/4 周,位置从立焊转向平焊,焊好 1/4 周后将管子转动 1/4 周,再焊再转,直至焊满全周,顺序如下:

3 点 $\xrightarrow{焊}$ 0 点 $\xrightarrow{转 1/4 周}$ 0 点 $\xrightarrow{焊}$ 9 点 $\xrightarrow{转 1/4 周}$ 9 点 $\xrightarrow{焊}$ 6 点 $\xrightarrow{转 1/4 周}$ 6 点 $\xrightarrow{焊}$ 3 点

焊接位置总是立焊转为平焊(上坡焊),这样可避免了仰焊位置操作。

2. 上坡焊

在 3 点立焊位置引弧,引弧后钨极不动,待熔化坡口形成熔池和熔孔后,在熔池前端(上方)加焊丝,焊枪沿圆周向上坡移动,焊丝断续加入熔池中,要注意熔池的状态,当熔池能深入根部,表明根部已焊透,反面能成形。上坡焊过程中,随着焊接位置的变动,由立焊转为平焊,焊枪和焊丝位置也作相应变动。

3. 焊接工艺参数

目前船上应用的白铜(铜镍铁)合金管,其壁厚均不大,钨极直径皆用 3mm,薄壁和打底层焊丝选用 1.5mm 和 2mm。焊接电流随壁厚增大而增大。壁厚 3mm 以上采用两层焊。管内氩气流量随管径增大而显著增大。

焊前不需预热,层间温度应不大于 150℃。白铜(铜镍铁)合金管手工钨极氩弧焊的工艺参数见表 25-4-3。

表 25-4-3　白铜(铜镍铁)合金管手工钨极氩弧焊的工艺参数

序号	管子规格 /mm	钨极直径 /mm	喷嘴直径 /mm	层次	焊丝直径 /mm	电流 /A	正面(Ar) 流量 /(L/min)	反面(Ar) 流量 /(L/min)	备注
1	$\phi38\sim60$ $\delta1.5$	3.0	9.0	单道单层焊	2.0	$60\sim80$	$8\sim10$	$5\sim8$	
2	$\phi76\sim108$ $\delta2.0$	3.0	9.0	单道单层焊	2.0	$85\sim105$	$8\sim12$	$8\sim12$	接头型式对接,焊丝牌号 CuNi30Fe 直流正接
3	$\phi133\sim159$ $\delta2.5$	3.0	$9.0\sim12.0$	单道单层焊	2.0	$100\sim115$	$8\sim12$	$10\sim15$	
4	$\phi219\sim377$ $\delta3.0$	3.0	12.0	打底层	1.5	$110\sim115$	$10\sim14$	$15\sim20$	
				盖面焊	3.0	$105\sim120$			

377

第五节 手工钨极氩弧焊生产举例

一、20钢管子对接手工钨极氩弧焊

(一)产品结构和材料

锅炉受热面的管子对接,材质为20钢管,管径为42mm,壁厚为5mm,开V形坡口(图25-5-1),角度为60°±3°,间隙为2.0±0.5mm,不留钝边。采用手工钨极氩弧焊,直流正接,并进行滚动焊。

焊接材料:铈钨极,直径为2.5mm;焊丝,H08Mn2Si,直径为2.5mm;氩气纯度99.99%。

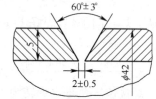

(二)装焊工艺

(1)焊前清理坡口两侧各20mm范围内的水、油、锈等污物。

图25-5-1 钢管子对接的坡口形式

(2)对管子进行定位焊,点数为1点～2点。定位焊要保证根部焊透,反面焊缝成形。若定位焊有气孔、未焊透、夹渣等缺陷,应磨去重焊。

(3)把管子安放在滚轮架上,管子接焊接电源正极。转动滚轮架,转向为顺时针旋转,将定位焊缝转到6点位置而停止。

(4)在11点～12点之间引弧,引弧后焊枪不动,滚轮架也不转,待电弧融化坡口处成熔池后,转动滚枪架向右转(顺时针),同时添加焊丝,熔池向右转,焊丝有节奏地加入熔池前端部区,焊枪基本上不动,但要视熔池状态而作适当调整。焊接工艺参数见表25-5-1。

(5)焊到定位焊处,不加或少加焊丝,待电弧熔化定位焊后,才正常加丝焊接。

(6)当电弧遇到焊缝端头时,停止滚轮架转动,用焊枪移动少加焊丝,待焊枪焊过端头10mm后,收弧,过5s后断氩气。

(7)清理打底层焊缝表面。层间温度≤300℃。

(8)焊第二层时将焊接电流调大,工艺参数见表25-5-1。焊枪宜作横向摆动,在两侧作逗留,熔化坡口边缘0.5mm～2mm,其他操作同焊打底层,焊满坡口,焊缝余高达0.5mm～2.0mm。

表25-5-1 20钢管子滚动焊接的工艺参数

坡 口	钨极直径	焊丝直径/mm	焊缝层次	焊接电流/A	电弧电压/V	气体流量/(L/min)
板厚5mm,V形坡口,60°角,间隙1.5mm～2.5mm	2.5	2.5	第一层 第二层	90～110 110～130	10～12 12～14	8～10 8～10

二、小径管脉冲钨极氩弧焊

(一)产品结构和材料

某管路中管子对接,材质为20g,管径为25mm,壁厚为3mm,采用不开坡口Ⅰ形对接,间隙为0～0.6mm,坡口如图25-5-2所示,现采用手工钨极脉冲氩弧焊,直流正接,焊单层。

焊接材料：钨极直径 2.5mm；焊丝牌号为
TG50，直径 2.5mm；氩气纯度为 99.99%。

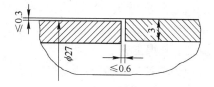

图 25-5-2　小径管脉冲钨极氩弧焊的坡口

（二）装焊工艺

（1）清理坡口端面及其两侧各 15mm～
20mm 范围内的污物。

（2）参照表 25-5-2 的工艺参数进行试焊，
并作适当的调整。

（3）对管子对接缝进行定位焊，因管径小，一点就可以。

（4）管子放在滚轮架上，调整滚轮架的转速，使其达到 70mm/min～80mm/min。

（5）钨极在不到 12 点附近引弧，取弧长为 2mm～3mm，用脉冲电流对管子预热，预热
时间约 10 个～12 个脉冲。

（6）待电弧熔化坡口形成熔池和熔孔后，填加焊丝，每个脉冲填加一次焊丝，填加焊丝
量的多少视熔池状态而定。遇定位焊应少加焊丝量。正常状态焊枪不动。

（7）当电弧遇到焊缝起始的端头时，令滚轮架停止，由焊枪移动焊过端头 5mm～
10mm 后断弧，继后延时 5s 断氩气，焊接结束。

表 25-5-2　管子脉冲钨极氩弧焊的工艺参数

坡口	钨极直径 /mm	焊丝直径 /mm	脉冲频率 /Hz	脉冲通断比/%	脉冲电流 /A	基值电流 /A	预热 （脉冲数）	转速 /(mm/min)	焊接层次
板厚 3mm 间隙 0.6mm	2.5	2.5	1～1.5	20～30	130～170	30～50	10～12	70～80	1

三、船用锅炉集箱环缝的焊接

（一）产品结构和材料

船用锅炉集箱两筒节，材质分别是 15CrMo 和 12Cr1Mo，均是耐热钢，进行对接形成
环缝。坡口如图 25-5-3 所示。采用手工钨极氩弧焊打底，后用焊条电弧焊焊至焊缝厚度
达 10mm 左右，最后用埋弧焊焊满坡口。按耐热钢焊接的要求，焊前预热 200℃～250℃，
焊后热处理。

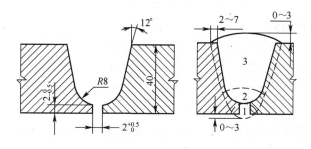

图 25-5-3　船用锅炉集箱环缝的坡口和焊接顺序

1—手工钨极氩弧焊焊打底层；2—焊条电焊弧焊到焊缝厚度达 10mm；3—埋弧焊焊满坡口。

焊接材料:钨极为铈钨极,直径为 2.5mm,焊丝牌号为 H08CrMnSiMo,焊丝直径为 2.5mm,氩气纯度为 99.99%;焊条型号为 E5515-B2(热 307),焊条直径为 3.2mm 和 4mm;埋弧焊焊丝为 H12CrMo,焊丝直径为 3.0mm,焊剂 HJ350。

(二)装焊工艺

(1)焊前坡口准备,U 形坡口采用机械加工制成。焊前清理坡口及两侧各 20mm 范围的锈、油、水等污物。焊件放在滚轮架上转动。

(2)用手工钨极氩弧焊打底层,焊前预热 200℃。焊丝采用 H08CrMnSiMo,直径为 2.5mm,打底层焊一层,在平焊位置采用滚动焊接,应保证焊透且焊缝反面成形良好。氩弧焊工艺参数参照表 25-5-3。

(3)焊条电弧焊焊填充层,焊前保持预热 200℃～250℃,焊条用 E5515-B2(热 307),直径为 3.2mm,4mm,焊接工艺参数见表 25-5-3 。焊前焊条进行 350℃～400℃焙烘 2h。焊条电弧焊焊 4 层～5 层,焊缝厚度达 10mm 左右,然后转为埋弧焊。如不能及时埋弧焊,则必须对焊缝进行 200℃～250℃后热处理 2h。

(4)埋弧焊前对焊缝两侧各 200mm 范围内预热 200℃,对焊剂进行 300℃～400℃焙烘 2h。

(5)埋弧焊的工艺参数见表 25-5-3。焊接过程控制层间温度 200℃～300℃。

(6)待船用锅炉集箱上全部焊缝焊接后,对集箱进行 580℃～700℃保温 2.5h 的焊后热处理。

表 25-5-3　船用锅炉集箱环缝的焊接工艺参数

板厚 /mm	坡口 形式	焊接 顺序	焊接 方法	焊丝或焊条 直径/mm	焊接电流 /A	电弧电压 /V	焊接速度 /(m/h)	焊接 层数	电源 种类	备　注
40	U 形 坡口	1	钨极氩 弧焊	钨极 2.5, 焊丝 2.5	100～120	12～14	/	打底 一层	直流 正接	氩气流量 8L/min～ 10L/min 焊丝 H08CrMnSiNo
		2	焊条电 弧焊	3.2	110～130	21～23	/	焊 4 层～ 5 层	直流 反接	焊条 E5515 - B2 (R307)
				4	160～180	22～24				
		3	埋弧焊	3	450～500	32～34	20～22	焊满 坡口	直流 反接	焊丝 H12CrMo 焊 剂 HJ350

四、不锈钢转向管路的手工钨极氩弧焊

(一)产品结构和材料

液化船管路系统中一不锈钢转向管路,有二个直通管和一个 90°定形弯头组成如图 25-5-4 所示。管子材质均为 1Cr18Ni9Ti,管径为 114mm,管壁厚为 5mm。采用手工钨极氩弧焊,开 V 形坡口,角度为 60°,钝边为 1mm～2mm,间隙为 2mm～3mm。

焊接材料,考虑到氩弧焊时母材合金成分的烧损,焊丝选用铬、镍含量比母材高的焊丝,牌号为 H0Cr20Ni10Ti,直径选 2.5mm。钨极选为铈钨极,直径为 3mm。氢气纯度为 99.99%。

(二)装焊工艺

(1)清理坡口把不锈钢管子坡口及其两侧 15mm～20mm 范围内的油、水等污物清理

干净。

（2）管子安装时两连接的管子偏心度偏差不超过 0.5mm，定位焊缝长度为 6mm～10mm，整个环缝定位焊取 4 处，但不要在 3 点、6 点、9 点、12 点上定位焊。定位焊缝应保证焊透和反面焊缝成形，如发现有裂纹、气孔、未焊透、夹渣等缺陷应磨掉，在附近重新定位焊，焊缝过高也应磨薄。

（3）先将两接缝用胶布封好，接着将进气管塞进海绵封头，然后送氩气 2min，再将 B 端用压敏粘胶纸封好，在 B 端压敏粘胶纸上开 4 只～5 只小孔，孔径为 2mm～3mm，让氩气流通，约三四分钟后即可焊接。每焊一段接缝前拆除该接缝上的胶布。

（4）焊第一层先焊近进气管的对接环缝 1，将此焊缝分成两个半圈，每半圈分为两段。管子水平放置，先焊上半圈（焊前拆除缝 1 大半圈的胶布），一段从 3 点位置焊到 0 点，另一段从 9 点焊到 12 点，焊成上半圈。由于焊工可以转身变位置，所以都可以采取向上焊转为向左焊。焊接工艺参数参见表 25-5-4。

焊好上半圈后，将管子翻身（转 180°），管子仍是水平位置，用同样的方法焊成另半圈。焊接过程要重视焊缝接头的熔透和成形。焊后要用砂轮或不锈钢钢丝刷清理焊缝的焊屑和表面氧化物。

（5）第一层焊好后，焊第二层，也是先焊上半圈（分两段焊），焊接电流应增大，焊枪摆动幅应增大，焊缝的接头和第一层接头的要错开。焊好上半圈，将管子翻身，焊第二层的另半圈，方法同前。焊前要清理前层焊缝表面。

（6）焊第三层，焊前对第二层焊缝应进行清理。同样也是先焊上半圈，翻身后焊另半圈。图 25-5-5 为焊接三层环缝的顺序。

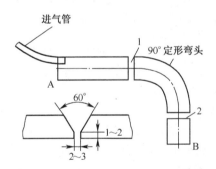

图 25-5-4　不锈钢 90°转向管路的焊接

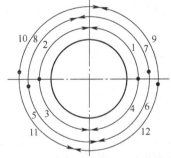

图 25-5-5　不锈钢管对接环缝的焊接顺序

（7）焊接缝 2，拆除接缝 2 的胶布，用同样的焊接方法焊接接缝 2。

表 25-5-4　90°弯头不锈钢管的手工钨极氩弧焊的工艺参数

钢管和坡口尺寸/mm	钨极直径/mm	焊丝直径/mm	喷嘴直径/mm	焊接电流/A	电弧电压/V	气体流量/(L/min)	层间温度/℃	备　注
管径 114，壁厚 6，坡口角度 60°钝边 1～2，间隙 2～3	3.0	2.0	12	打底层 70～100	10～14	正面 8～12	≤150	钢管 1Cr18Ni9-Ti，焊丝 H0Cr20-Ni10Ti
		2.5		填充层盖面层 80～140	11～16	反面 10～14		

五、铜汇流排的手工钨极氩弧焊

(一) 产品结构和材料

某艇发电系统中的汇流排需要接长,用手工钨极氩弧焊来完成。铜汇流排的尺寸 6mm×60mm,需要对接,材质为紫铜,选用 V 形坡口对接,坡口角度为 90°,间隙为 0,钝边 1mm～2mm。焊三层。

焊接材料:钨极为铈钨极,直径 4mm;焊丝为 HSCu(含铜≥98.0%),ϕ4mm;氩气纯度为 99.99%,流量 10L/min～12L/min;辅助材料为石墨板,开圆弧槽深 2mm～3mm。

(二) 装焊工艺

(1)制造引弧板和收弧板。在 6mm 铜板上开 V 形槽,角度为 90°,槽深 4mm～5mm,用刨床加工成形。

(2)用机械方法清理焊件、焊丝及引弧板与收弧板。

(3)定位焊将引弧板与收弧板焊在铜汇流排旁(图 25-5-6),用石墨垫板垫在铜汇流排下,并将铜汇流排长度方向搁平。

(4)对坡口进行预热及其两侧各 100mm 范围内预热,温度为 350℃。

(5)焊打底层在引弧板端部引弧,选用焊接电流为 300A～350A,电弧长度约 3mm～5mm,钨极作直线运动,要保证坡口根部焊透,不必担心烧穿,因为下有垫板。焊速宜快,避免铜液在高温停留时间过长,否则易产生夹渣等缺陷,在收弧板上收弧。

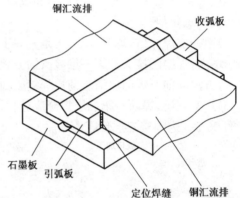

图 25-5-6　铜汇流排两端焊上引弧板和收弧板

(6)焊填充层,焊接工艺参数基本相同,焊枪略作横向摆动,焊缝厚度达到离铜汇流排表面 1mm～2mm。

(7)焊盖面层,焊枪横向摆动,在两侧稍作停留,熔化坡口边缘 0.5mm～1.5mm。

(8)焊接过程中要防止钨极和焊丝或钨极和熔池接触,若接触就会产生大量的金属烟尘、金属蒸汽、烟尘进入熔池,焊缝会产生大量蜂窝状气孔,甚至产生裂纹。若发现碰钨极时,应立即停止焊接,必须将夹钨处理干净后,才可再焊。

(9)三层焊接后,可以立即用冷水浇上焊缝使其快冷,这有利增加焊缝的塑性。接着就将引弧板和收弧板锯断,焊缝断面用锉刀锉平。

六、穿舱壁套管和铜镍合金管的手工钨极氩弧焊

(一) 产品的结构和材料

某船的海水冷却管系铜镍合金管,牌号为 CuNi10Fe,外径 60mm,壁厚 2mm。现要穿过船隔舱壁,隔舱壁材料为一般强度船体结构用钢(A 级钢),板厚 8mm,属低碳钢。若把铜镍合金管直接和隔舱壁焊接,由于两者化学成分差异,性能不同及隔舱壁的刚性大,容易产生裂纹。为此,在铜镍合金管和隔舱壁之间加入一只长 100mm 的碳钢套管,牌号为 20 钢,外径 76mm,壁厚 7.5mm。先在碳钢套管上堆焊过渡层,然后再和铜镍合金管

焊在一起,最后用焊条将套管焊在隔舱壁上,如图25-5-7所示。

过渡层焊缝是在碳钢套管端面上堆焊铜镍合金的熔敷金属。由于在管子上堆焊,它的焊接应力较小,不会产生裂纹。堆焊后的焊缝是铜镍合金成分,这和铜镍合金管的成分是比较接近的,于是焊接性获得明显的改变。

焊接材料:钨极2.5mm直径,氩气纯度99.99%;焊丝为HSCuNi铜镍合金焊丝,2.0mm直径。

(二) 装焊工艺

(1)对20钢套管的端面进行车削加工,制成内坡口,坡口角度为45°,留纯边为1mm(图25-5-7(a))。

(2)用0~1号砂纸打磨钢套管坡口及铜镍合金管焊接处,清洁范围为坡口及其两侧各15mm~20mm。

(3)用手工钨极氩弧焊对20钢套管的内坡口进行堆焊(图25-5-7(b)),作过渡层用。焊丝为HSCuNi铜镍合金,直径为2.0mm。焊接工艺参数见表25-5-3。

(4)对20钢套管内表面进行车削,去除其高出内表面的堆焊金属(图25-5-7(c))。

(5)将堆焊好的20钢套管和铜镍合金管(位置处在隔舱壁,有图纸而定),用三点定位焊,固定钢套管和铜镍合金管的搭接接头。

(6)用手工钨极氩弧焊焊接过渡层和铜镍合金管的连接角焊缝(图25-5-7(d)),焊接工艺参数见表25-5-5。

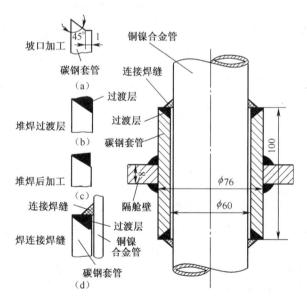

图25-5-7 穿舱壁套管和铜镍合金管的焊接

在表25-5-5中工艺参数看到,堆焊过渡层时,焊接要求熔深不大,所以焊接电流小。而焊管子端面,不加挡板,氩气保护效果差,所以氩气流量要大些。焊接连接角焊缝时,由于是搭接接头,电弧被钢板传导热散失较多,故焊接电流大一点。而氩弧焊焊搭接接头时,气体流失小,氩气流量可小些。

表 25-5-5　钢套管和铜镍合金管接接头的手工钨极氩弧焊工艺参数

焊　缝	钨极直径 /mm	焊丝直径 /mm	焊接电流 /A	电弧电压 /V	气体流量 /(L/min)	电源种类 和极性
过渡层堆焊	2.5	2.0	60～120	10～12	10～12	直流正接
搭接接头的角焊缝	2.5	2.0	80～130	11～14	8～10	直流正接

七、铝合金肋骨框面板对接的手工钨极氩弧焊

(一) 产品结构和材料

某快艇的肋骨框面板对接,板质是铝镁合金5083(老牌号为LF4),它的化学成分是:有 Mg 为 4.0%～4.9%,Cu 为 1%,Si、Fe、Zn、Ti 微量,余为 AL。面板厚 8mm,宽 120mm。采用手工钨极氩弧焊。开 V 形坡口,坡口角度为 60°～70°,间隙为 0mm～0.5mm,钝边为 1.5mm～2.5mm。如图 25-5-8 所示。

焊接材料:铈钨极 3.2mm;氩气纯度为 99.99%;焊丝型号 SALMg-4(铝镁合金 5183),焊丝含 Mg 为 4.35%～5.2%略高于母材,以弥补在电弧中镁的烧损。

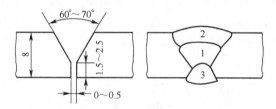

图 25-5-8　铝合金肋骨框面板的坡口和焊缝

选用交流氩弧焊机进行焊接。

(二) 装焊工艺

(1)坡口及焊丝的清理。焊前必须对坡口及焊丝进行清理,对坡口及其两侧各 20mm 范围内去除油污、氧化膜等污物。可以进行边清理边电焊。清理的方法是用有机溶剂丙酮等擦净焊丝和焊丝表面的油污,去除油污后,用细钢丝刷(细钢丝直径≤0.2mm)将坡口两侧的氧化膜刷净,直至露出金属光泽。

(2)装引弧板和收弧板。在这里介绍的是简单引弧板,取板厚 6mm(比母材薄 2mm),同板质的铝镁合金,40mm×60mm,在板上挖一斜坡形的圆弧槽,槽宽相当于在母材 6mm 处的坡口宽度。收弧板同尺寸。引弧板和收弧板用定位焊焊在肋骨面板侧面(图 25-5-9),这样在正式接缝的坡口内不需要定位焊,有利于提高焊接质量。

(3)焊接工艺参数。由于铝镁合金的导热快,故选用大电流 $I=220A～260A$ 焊接。焊接工艺参数见表 25-5-6。正面坡口焊两

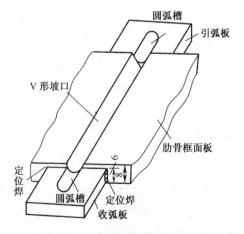

图 25-5-9　引弧板、收弧板焊在工件上

层,反面清根后封底焊一层。

表 25-5-6　铝合金肋骨框面板对接手工钨极氩弧焊的工艺参数

焊缝层次	钨极直径/mm	焊丝直径/mm	喷嘴直径/mm	焊接电流/A	气体流量/(L/min)	电源种类
正面坡口 2 层 反面封底 1 层	3.2	3.2	12～14	220～260	16～18	交流

(4)焊打底层和盖面层。采用左向焊,焊枪和焊缝成 70°～80°角,焊丝和接缝线成 15°,钨极伸出长度为 3mm～5mm。

①引弧:在引弧板的端部区域引弧,引弧后钨极不动,电弧加热钨极呈球状,电弧稳定后,钨极略拉长电弧向引弧板圆弧槽处移动,到达距坡口 10mm 处稍作停留,当感觉到该处变软欲熔化时,开始加热焊丝。

②加丝:焊接铝镁合金时,可采用进多退少的运动焊枪,前进时填加焊丝,使熔滴熔入坡口根部与前一熔池相衔接。这样不仅能完成熔滴熔敷入熔池,保证有一定的熔深,又能防止熔池过热而烧穿。焊接过程中,焊丝熔化端要始终处在氩气的保护下进行加丝,防止焊丝熔化状态被氧化。

③收弧:由于焊件尺寸不大,焊至近收弧时,焊件温度升高,收弧时应运当加快焊接速度,同时多加些焊丝填满弧坑,防止弧坑裂纹。

④突然断弧:氩弧焊过程中,由于某种原因会发生突然断弧,这熔化状态的熔池和焊丝端头立即被氧化,必须对熔池进行清理,清除氧化膜。对于焊丝可采取两种做法,一是用钢丝钳剪去约 10mm～15mm,二是将焊丝调头使用,将焊丝氧化部分,作为手持残留部分焊丝。

⑤焊盖面层:焊盖面层前对打底层焊缝作填平磨齐工作,打底层的焊缝厚度,离铝板表面约 2mm。可以用相同的工艺参数焊盖面层,操作方法也基本相同。焊枪可以略作横向摆动,由于引弧板和收弧板已无坡口(母材 8mm,引弧板 6mm)在正式接缝的始末端,要保持正常焊缝的熔宽和余高。

(5)焊封底层:焊封底层前对打底层焊缝(包括引弧板和收弧板上的焊缝)进行清理处置,清理方法是先用风凿粗加工,后用手动锉刀细加工。清根深度为 3mm,焊封底层的工艺参数同焊打底层,焊接操作方法也基本相同,封底焊烧穿的可能性较小。

(6)包角焊:封底层焊好后,拆除引弧板和收弧板,此后对正式焊缝的两端进行包角焊。

复　习　题

1. 钨极氩弧焊焊低碳钢和低合金钢,选用什么焊接材料和焊接电源的极性?

2. 焊接不锈钢的特点是什么?

3. 什么叫晶间腐蚀?

4. 钨极氩弧焊焊船用不锈钢(1Gr18Ni9Ti),焊丝是什么牌号?

5. 氩弧焊焊不锈钢管时,管内为什么要通氩气?

6. 如何看焊缝颜色来判别不锈钢焊接的氩气保护效果?

7. 铜及铜合的焊接特点是什么?

8. 钨极氩弧焊焊紫铜、黄铜、青铜、白铜时,各选用什么牌号焊丝?

9. 如何看焊缝颜色来判别铜焊接的氩气保护效果?

10. 铝及铝合金的焊接特点是什么?

11. 钨极氩弧焊焊纯铝、铝镁合金、铝硅合金、铝锰合金时,各选用什么牌号焊丝?

12. 钨极氩弧焊焊铝及铝合金时,宜用交流焊接电源,这是为什么?

13. 什么是"阴极破碎"现象?

14. 如何看焊缝颜色来判别铝及铝合金焊接的氩气保护效果?

15. 20 钢管子对接,怎样用手工钨极氩弧焊进行焊接?

16. 用脉冲钨极氩弧焊焊小直径钢管,其工艺要点是什么?

17. 材质是 15CrMo 耐热钢,怎样用手工钨极氩弧焊进行打底层焊接?

18. 怎样用手工钨极氩弧焊焊 1Cr18Ni9Ti 不锈钢管子对接?

19. 怎样用手工钨极氩弧焊焊铜汇流排(截面 6mm×60mm)对接?

20. 用外径 76mm 的 20 钢管,长 100mm,套在外径 60mm 的铜镍合金管(CuNi10Fe)上,形成搭接接头,怎样用手工钨极氩弧焊进行焊接?

21. 铝镁合金肋骨框面板(牌号 5083),截面 8mm×120mm,今需要对接,采用手工钨极氩弧焊,其焊接工艺是怎样的?

第六篇

焊接质量检验及安全管理

第二十六章　焊接质量检验

第一节　焊接质量检验概述

一、焊接质量的重要性

现代钢结构中,都是靠焊接把分散的钢板和型钢连接成一个完整的结构。焊接质量的好坏,直接影响着焊接结构的安全和使用寿命。船体在航行中要承受大风浪和强风暴的袭击,庞大的钢结构受到变动载荷,还要在海上航行,只有良好的焊接质量才能保证船舶的安全航行。如果在焊接接头中存在严重的焊接缺陷,会使焊接结构的强度减弱,引起结构的破坏。在焊接发展历史上,有不少焊接结构因焊接质量低劣而造成桥梁断裂、舰船沉没及压力容器爆炸等恶性事故。

1936 年比利时用转炉沸腾钢建造了长 74.52m 的焊接钢结构桥,1938 年 3 月(气温为−20℃)在没有车辆通过的情况下,突然折断成三段而落入河中。后发现钢桥有严重的焊接裂纹,结果只得将其同材料、同类型的 47 座桥梁全部拆除,才免除发生更大的事故。第二次世界大战期间,美国建造的 4694 艘船只中,在 970 艘船上发现有 1442 处裂纹,其中 27 艘船甲板横向断裂,7 艘船一分为二,其中 4 艘船沉没海底。1944 年 10 月美国俄亥俄州煤气公司设置 3 台直径为 17.4m 的焊接球罐,由于焊接裂纹的扩展,突然发生球罐爆炸,酿成大火,死亡 128 人,损失 680 万美元。我国制造的压力容器和贮罐的质量事故也相当严重,1978 年锅炉压力容器共发生重大事故 660 起,其中爆炸 258 起。1979 年 12月我国某煤气公司 102 号石油液化气贮罐破裂,喷出大量可燃气体,遇明火爆炸,顿时火花冲天,声雷鸣响,损失达 627 万元,属世界性灾难事故之例。

当然,还有许许多多的焊接钢结构,其质量是良好的,使用了多年后,钢结构仍能正常工作,运行良好,未发现裂纹。

焊接结构发生严重事故的根源在于焊接接头的质量差。不少焊接结构的破坏起源是焊接缺陷处,然后扩展形成事故。

二、焊接质量检验的重要性

通过一系列的焊接质量事故,使人们认识到必须对焊接接头进行检验,这是保证焊接质量,避免出现结构破坏事故的重要措施。

严格完整的焊接质量检验就能保证不合格的原材料不投产,不合格的零件不组装,不合格的组装件不焊接,不合格的焊缝必返工,不合格的产品不出厂。

焊接质量检验工作不仅能防止不合格的焊接产品不出厂,而更重要的是及时发现产品制造过程中的缺陷,找出根源,从而在材料、设备及工艺方法上采取相应有效的改进措施,避免产生废品。

随着科技的发展,焊接领域也会有新的进展,新设备、新材料、新工艺会不断涌现,对于这些新的科技内容,只有通过焊接质量检验作出合格的鉴定,才可进行推广应用。当然焊接检验本身也应该有新的进展,才能适应科技的发展。

应该指出,有个别的检验单位存在着虚假检验,以次充好,张冠李戴,使焊接结构存在着隐患。为了确保焊接结构的质量,这是更应值得重视的问题。

三、焊接质量检验的内容

焊接质量检验是发现焊接缺陷保证良好焊接接头的重要手段。焊接质量检验分三个阶段的检验:焊前检验、焊接过程中检验和成品检验。

(一) 焊前检验

焊前检验的内容有:检验焊接产品图纸和焊接工艺等技术文件是否齐备;检验母材、焊丝、焊剂、衬垫、气体等是否符合设计规定要求;检验焊接设备及工装设备是否完好;检验焊接坡口的加工质量及装配质量是否达到技术标准要求。焊前检验还要做焊接工艺评定和焊工培训考试两项技术工作。

焊接工艺评定和通常的金属焊接性试验是两个不同的概念,在不同的场合下使用。金属焊接性试验是确保金属对焊接加工的适应性,它包括两个内容,即结合性能和使用性能。焊接工艺评定是在具体条件下的工艺试验,也即根据产品结构特点,技术条件要求和施工条件等进行的焊接工艺试验,并通过工艺评定证明所选用的焊接材料、焊接设备和焊接工艺,能保证达到"船规"(船级社检验标准)要求,并获得船级社的认可。只有在通过金属焊接性试验的基础上,才有可能拟出焊接工艺并进行焊接工艺评定。通过焊接工艺评定可以证明工厂的设备、材料、人员等技术状态良好,根据拟定的焊接工艺,能制造出符合"船规"的技术要求的产品。

焊前检验还应对焊工的技能水平进行鉴定,焊工必须通过培训考试合格后才能上岗,从事规定范围内的焊接工作。

焊前检验是防止产生焊接缺陷和废品的重要措施之一。

(二) 焊接过程中检验

焊接过程中检验内容有:上岗焊工是否有证;焊接设备及工装设备的运行是否正常;焊接材料的使用是否符合规定要求;焊工是否执行焊接工艺规程;焊接工艺参数是否在规定范围内;发现操作中存在的问题,并采取措施解决。认真进行焊接过程中检验,能及时发现焊接缺陷,及时防止焊接缺陷的继续产生。要对焊接过程中各项技术参数作必要记录,有利于今后对焊接产品的质量分析提供切实的数据。

(三) 成品检验

成品检验是最后阶段的检验,内容包括对焊缝外形的检验,密性试验和强度试验,焊缝内部质量检验,它要最后断定焊接产品是否合格。

四、焊接质量检验方法分类

焊接质量检验方法可分成两大类:破坏性检验和非破坏性检验,如图 26-1-1 所示。

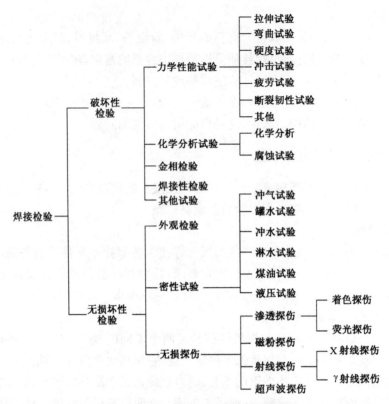

图 26-1-1 焊接检验方法分类

第二节　焊缝的无损检验

一、焊缝外观检验

(一)焊缝外观检验的方法

　　焊缝外观检验是最基本的检验方法,任何焊缝都必须先进行外观检验,检验合格后才能转入其他检验方法,做进一步检验(无损探伤、密性试验等)。

　　焊缝外观检验主要用肉眼和焊缝卡板、量具进行观察和测量,焊缝万用量规如图26-2-1所示。有时还借助低倍放大镜进行检验。外观检验时要有良好的照明。外观检验要测出焊缝的外形尺寸,检验焊缝表面缺陷,对照技术标准,判定焊缝外形质量是否合格。

(二)船体焊缝表面质量检验要求

船体焊缝表面质量检验要求见表26-2-1。

二、密性试验

　　船在水中航行,最基本的要求是船体在航行中不渗入水,然而船体结构不同部位,对密性要求也有所不同,表26-2-2海船船体密性试验要求。船体密性试验的方法有:充气、灌水、冲水、淋水、煤油及液压试验等方法。

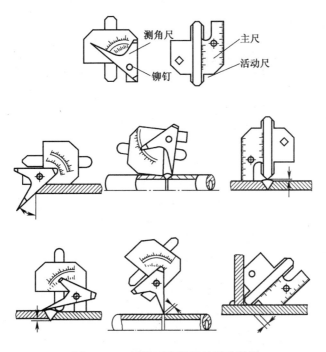

图 26-2-1　焊缝万能量规的用法举例

表 26-2-1　船体焊缝表面质量检验要求

检　验　项　目		质　量　要　求			备　注
焊缝外形尺寸偏差	对接焊缝余高/mm	埋弧焊	0～3		
		焊条电弧焊及气体保护焊	平焊	0～3	
			非平焊	0～4	
	对接焊缝宽度/mm	埋弧焊	≥6＋装配合格的实际坡口宽度		
		焊条电弧焊及气体保护焊	≥4＋装配合格的实际坡口宽度		
	焊缝侧面角 θ/(°)	＞90°			
	多道焊表面焊道的道沟/mm	≤1.5			
	角焊缝焊脚	≥0.9K			K 为焊脚设计尺寸
	间断角焊缝每段长度/mm	每段焊缝有效长度＝(0.9～1.2)l			l 为焊脚的设计长度
	焊缝外形不均匀度	焊缝宽度差	最大焊缝宽度和最小焊缝宽度之差≤5mm		
		焊缝余高差	焊缝长度 300mm 范围内,焊缝余高差≤2mm		
		焊缝直线度	焊缝长度 300mm 范围内焊趾偏歪 f	埋弧焊	≤4mm	
				焊条电弧焊及气体保护焊	≤3mm	

检 验 项 目	质 量 要 求			备 注
焊缝外形缺陷	咬边	对接焊缝	重要结构 ≤0.5mm	重要结构指船中部0.6L区域内，主结构对接焊缝，如船壳板、甲板纵桁等
			其他结构 ≤0.8mm	
		船体内部构架角焊缝 ≤1.0mm，咬边连续长度<30mm		
	气孔	船体外板、强力甲板和舱口围板等重要部位对接焊缝以及要求水密的焊缝，不允许有表面气孔		
		其他部位的焊缝，1m长度范围内允许存在2个气孔，气孔最大直径为：①构件板厚 δ≤10mm 时为 1mm；②构件板厚 δ>10mm 时为 1.5mm		
	焊瘤	不得高于 2mm		超过规定值应予修正
	飞溅	船体的外板、强力甲板、上层建筑外板等暴露的焊缝及其周围不应有明显的飞溅，飞溅金属应全部除净		
		其余内部焊缝在 100mm 长度两侧，明显的飞溅不应多于 5 个，飞溅颗粒直径≤1.5mm		
	焊缝表面不得有裂纹、烧穿、未熔合、夹渣及弧坑未填满缺陷			

表 26-2-2　对海船船体密性试验要求

编号	试 验 部 位		试 验 要 求
1	首、尾尖舱	作水舱时	至空气管顶部水柱高度
		作燃油舱时	至舱顶以上 2.5m 水柱高度*
2	双层底舱		至空气管顶部水柱高度
3	单层底船的底部		至中内龙骨面板水柱高度
4	深 水 舱		至空气管顶部水柱高度
5	深油舱或货油舱		至舱顶以上 2.5m 水柱高度*
6	隔离空舱		至舱顶以上 0.6m 水柱高度
7	泵 舱		至满载水线水柱高度
8	舷侧外板、各层甲板、舱壁以及露天的甲板室顶和第一层甲板室外围壁、风雨密的门和窗、舱口围板和舱口盖等		冲水试验
9	海底阀箱	无吹洗设备	至舱壁甲板以上 1m 水柱高度
		有吹洗设备	0.2MPa(2kgf/cm²)
10	舵、导流管		充气试验。气压为 0.005d＋0.025MPa (0.05d＋0.25kgf/cm²)(d 为满载吃水，m)
11	厨房、配膳室、盥洗室、浴室、厕所、蓄电池室等		围壁下沿作涂煤油试验或灌水试验，水柱高度至门槛
12**	第一层甲板以上的甲板室的外围壁及其门窗		淋水试验

注：①＊型深小于 5m 的船舶，水柱高度在甲板以上的高度可为型深的 0.5 倍。
②灌水试验可用充气试验代替，冲水试验可用煤油试验代替。
③分段建造中的平面或立体分段在未上船台合拢以前，可先用煤油试验代替水密焊缝的密性试验。
④＊＊除风雨密门外

（一）充气试验

当结构件是封闭式结构时,如水箱、油箱等,密性试验可用充气试验。将压缩空气通入容器内,并在容器所有焊缝的外面涂上肥皂水。如果焊缝有缺陷,压缩空气便从缺陷缝隙中吹出,形成肥皂泡,据此查出缺陷。充气压力一般为 0.02MPa～0.03 MPa。通常不采用压力较高的气压试验,因为在焊缝缺陷处可能引起爆裂,危险性很大。

（二）灌水试验

焊制的各种中、小型箱、柜等部件可采用灌水试验,船上厨房、配膳室、盥洗室、浴室、厕所、蓄电池室等围壁下沿也可采用灌水试验。

将水灌入箱柜或房室达到规定的水柱高度,持续约 15min 后,在保持该水压条件下检查结构和焊缝,焊缝有否渗漏现象,用小锤轻轻敲打焊缝周围有利于发现缺陷。在较大的容器或舱室内灌水时,要注意焊接结构件强度和刚度能否承受灌水质量,必要时在试验构件下面临时多设置几个支座。

（三）冲水试验

用水泵打出的水,通过喷射管射向焊缝,在焊缝的反面观察有否水流、水点及渗水等现象,然后确定焊缝的缺陷。使用的水压不小于 0.1MPa（水柱高度不小于 10m）,喷嘴直径不小于 16mm,喷嘴距焊缝（水的射程）不超过 3m。当试验垂直位置焊缝时,应由下向上进行。

冲水试验主要用于次要的水密焊缝,以及无法进行灌水试验的焊缝,如露天的甲板室顶、第一层甲板室的外围壁、风雨密门、窗、舱口围板和舱口盖等结构的焊缝。

（四）淋水试验

这是要求最低的密性试验。用水淋在被试的焊缝上,检查焊缝处渗漏情况。第一层甲板以上的甲板室外围壁及其门、窗,通常采用淋水试验。

（五）煤油试验

先在焊缝容易查出缺陷的一面,涂上白粉水溶液,待白粉干了以后,然后在焊缝的另一面,涂上一层煤油。由于煤油具有渗透很细小的孔和缝隙的能力,在焊缝缺陷处,即有油点或条纹渗透到白粉的表面,经一定时间油点散成斑点,由此判断出焊缝的缺陷。为了能正确判定焊缝缺陷的大小和位置,观察时应仔细地注意到第一个油点或条纹的出现,并及时记上缺陷的位置。根据焊缝的厚度、位置及结构的工作要求,涂煤油后应持续一定时间,一般水密要求的焊缝持续 20min～45min。持续后,焊缝表面的白粉,不显露煤油的斑点,则此焊缝认为是合格的。

船舷侧外板、各层甲板、舱壁等非密闭舱室的焊缝均可用煤油试验来检验焊缝是否有渗漏。部分的冲水试验和灌水试验也可用煤油试验来代替。煤油试验具有方便的特点,但在缺陷修补时,必须先将缺陷周围的煤油用干布擦干净。

（六）液压试验

压力容器、船用锅炉、空气瓶、压力水柜等密闭的结构件,都采用液压试验来检查焊缝的密性,同时液压试验还能检查受压元件的强度。对于被检的容器,先密封好所有的接管开孔,然后注满液态的试验介质（通常采用干净的淡水）,接着用高压水泵加压到规定的试验压力,保持该规定压力达 20min～30min 后,检查焊缝、密封面及其附件有否渗漏。

试验时必须在构件上安装压力表,压力表应经鉴定合格。压力表的量程（最大压力的读数)为试验压力的 2 倍~4 倍。为了安全,通常在不同部位安装两只压力表。

试验时压力应缓慢上升,构件的变形也逐渐增加,筒体也逐渐趋于更圆,筒体中的压力也就趋于均匀。如果试验压力快速升高,会使构件形状不连续处形成局部应力迅速增大,这对容器的强度是不利的。

如发现容器有渗透应立即卸压,消除焊缝中的缺陷,进行焊接补修(禁止在容器试验压力下进行修补),修补后仍需重复液压试验,直至不存在渗透为止。

对于一般的压力容器,其试验压力为工作压力的 1.25 倍,对于特殊容器则可根据相应的技术条件和图纸的规定进行液压试验。

三、焊缝的无损探伤

无损探伤是对焊缝或母材不损坏和不加载荷的条件下进行检测缺陷的方法。无损探伤有:渗透探伤、磁粉探伤、射线探伤和超声波探伤。无损探伤已广泛应用于重要焊接结构件。

(一) 渗透探伤

1. 渗透探伤的原理

渗透探伤是利用渗透剂液体的毛细管作用,液体渗入焊缝金属表面缺陷,借此检查出焊缝缺陷。渗透探伤分着色探伤和荧光探伤两种。荧光探伤需要在金属表面涂上荧光渗透液,并用水银石英灯的紫外线照射,显出缺陷处的荧光。这种检验方法需要一定的设备和条件,使用受到一定的限制。着色探伤无需设备,操作方便,广泛用于检验各种材料,特别是非磁性金属的焊接接头的表面缺陷,也适宜检验焊缝反面碳刨清根后的焊接缺陷。

着色探伤的基本步骤如图 26-2-2 所示。先将被检查的焊件表面清理,然后在表面喷上一层带红褐色的渗透剂,当渗透剂渗入到焊件表面缺陷中后,再用清洗剂去除焊件表面的渗透剂,最后喷上显像剂,显像剂能吸附渗透剂在表面显露出红色的斑点或条纹,即焊接缺陷。

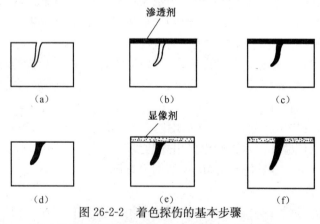

图 26-2-2　着色探伤的基本步骤

(a) 检验前;(b) 喷涂渗透剂;(c) 渗透;(d) 表面清洗;

(e) 喷涂显像剂;(f) 显像。

2. 探伤评定焊缝缺陷

着色探伤显示各种焊接表面缺陷的特征:①气孔,呈圆形、椭圆形或长圆条形,显示比较均匀,边缘减淡。②裂纹,一般略带曲折的波浪状或锯齿状的细条纹为热裂纹;直线细条纹为冷裂纹;在弧坑处呈星状或锯齿状细条纹为弧坑裂纹。③未焊透,连续或断续直线条纹,位于焊缝两侧交界部位。④未熔合,直线状或椭圆形条纹。⑤夹渣,不规则,形状多样且颜色深浅不一。

(二) 磁粉探伤

1. 磁粉探伤的原理

磁粉探伤是利用外界施加强磁场,对工件进行磁化,由工件表面产生的漏磁通来检查工件表面和近表面的缺陷。磁粉探伤是一种对铁磁材料的检查方法。

先将工件进行磁化,若工件无缺陷时,则磁力线均匀地通过工件的横截面(图 26-2-3(a));若工件存在表面缺陷,则磁力线在缺陷处,磁阻突然增大,磁力线只能绕道而过,而在表面形成磁力线聚集,即形成较强的漏磁通(图 26-2-3(b));若近工件表面存在缺陷,则表面的漏磁通有所增加,但不明显(图 26-2-3(c));若工件内部深处存在缺陷,则表面显不出有漏磁通(图 26-2-3(d)),也无法检查出焊接缺陷。

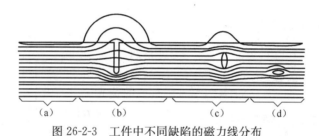

图 26-2-3　工件中不同缺陷的磁力线分布

(a) 无缺陷;(b) 表面缺陷;(c) 近表面缺陷;(d) 内部深处缺陷。

2. 磁粉探伤评定焊接缺陷

磁粉探伤是根据缺陷磁痕进行评定的。

(1)长度与宽度之比大于 3 的缺陷磁痕,按线性缺陷处理(裂纹、未焊透);长度与宽度之比小于等于 3 的缺陷磁痕,按圆形缺陷处理(气孔、夹渣)。

(2)缺陷磁痕的长轴方向与工件轴线的夹角大于等于 30°时,作为横向缺陷处理;其他按纵向缺陷处理。

(3)两条或两条以上缺陷磁痕在同一直线上,且间距小于等于 2mm 时,按一条缺陷处理,其长度为两条缺陷长度之和加间距。

(4)长度小于 0.5mm 的缺陷磁痕,不计缺陷。

(三) 射线探伤

射线探伤是利用射线(X 射线,γ 射线)可以穿透物质,并在物质中有衰减和对胶片感光的特性来发现缺陷的一种探伤方法。射线探伤是检验焊缝内部缺陷的一种准确而又可靠的方法。它显示缺陷比较直观,对质量评定的底片可长期保存。射线探伤广泛应用于检验重要结构焊缝的内部缺陷。

1. X 射线探伤

(1)X 射线特性。X 射线是有 X 射线管产生的,它由阴极、阳极和真空玻璃管组成。阴极加热发射电子,并在两极高电位作用下,使电子加速和撞击阳极靶,阳极靶射出 X 射线,如图 26-2-4 所示。X 射线强度和阴极发射电子数量成正比。

X射线是不可见的波长很短的电磁波,它与光波一样有反射、折射、干涉现象,能被物质衰减,能使气体电离、胶片感光,还能使某些物质产生光电效应和荧光现象,以及伤害或杀死有生命细胞等。

(2)射线探伤原理。射线探伤的原理是基于射线穿过物质要衰减和不同的射线强度对胶片有不同的感光量,从而在胶片上以黑色的影像来显示缺陷。图26-2-5是平行的射线束透过工件的情况。射线照射至工件上的射线强度为I_0,由于工件对射线的衰减,因此穿透过工件的射线强度减弱至I;若工件中存在小缺陷(Δt_1)时,因该处的射线透过工件的实际厚度减小,故透过的射线强度I'要比无缺陷处I大,射线强度对胶片光化作用强烈,感光量较大的胶片经暗室处理后,黑度较高;若工件中存在大缺陷(Δt_2)时,因该处的射线透过工件的实际厚度更小,故透过的射线强度I''比透过小缺陷的I'更大($I''>I'>I$),I''对胶片的光化作用更强烈,更大的感光量作用胶片,处理后胶片的黑度更深。这样可以通过缺陷影像黑度的深浅程度,来判断缺陷在射线束方向的大小。因此像裂纹之类的缺陷,如果其裂纹面方向和射线束方向平行,则容易显示,如果裂纹面和射线束垂直,则不易显示。

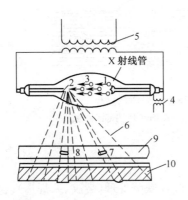

图26-2-4　X射线探伤

1—阴极;2—阳极;3—电子;4—灯丝变压器;5—高压变压器;

6—X射线;7,8—内部缺陷;9—焊缝;10—胶片。

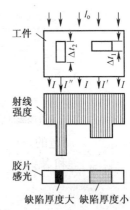

图26-2-5　射线照相探伤原理

(3)射线探伤方法。

①垂直透照法,一般情况下射线束垂直于工件和焊缝,可以获得较好检验效果,如图26-2-6(a)所示。

②倾斜透照法,对于在倾斜位置的缺陷(坡口侧面未熔合),可用倾斜的射线束($15°\sim30°$)进行透照,这样易发现缺陷,如图26-2-6(b)所示。

③双壁透照法 直径较小的容器或管子,胶片(或射线源)不能放入容器内,这时可采用双壁双透照法,如图26-2-6(c)所示。也可采用双壁单透照法,如图26-2-6(d)所示,使射线源一侧的焊缝不投射到胶片上,而仅利用靠近胶片一侧的焊缝投影。

2.γ射线探伤

γ射线是一种波长极短的电磁波,它与X射线的本质没有多大差别,只是γ射线的能量要比一般X射线的能量大得多,也即γ射线穿透物质的能力大得多。目前γ射线探伤

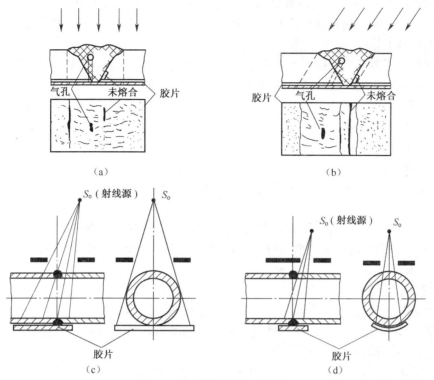

图 26-2-6　射线照相探伤方法

(a) 垂直透照法；(b) 倾斜透照法；(c) 双壁双透照法；(d) 双壁单透照法。

的放射源都是人工制造的,有钴 60、铯 137 和铱 192 等。

γ 射线探伤原理和 X 射线是相同的,利用 γ 射线穿透被检验的工件,射线强度按不同的缺陷进行不同的衰减,对胶片不同的感光,将工件内的缺陷以不同的黑度显示在胶片上。

γ 射线源安装在专用的安瓿内,而安瓿置放在铅制的防护罐内。安瓿在 360°范围的方向上能辐射出相同强度的 γ 射线。

γ 射线的波长比 X 射线更短,因此 γ 射线的穿透能力比 X 射线强,它可以穿透 300mm 左右的钢制件。

X 射线和 γ 射线检验比较,X 射线检验具有单向透视时间短、速度快等优点,但设备成本高,穿透能力小。携带式 X 射线机仅适用于中薄板的检验,这种检验在船厂中被广泛应用。γ 射线检验能穿透的厚度大,设备简单,不需要电源和水源,适合于野外工作,在检验环缝时可采用一次曝光,但单次透视时间长,对防辐射的劳动保护要求高。这种探伤在船厂中应用较少。

船体结构的焊缝主要是采用 X 射线探伤法。如果曝光规范,照相方向和暗室处理等工作都正确,从射线照出的底片上,我们可以正确判别焊接接头内部的各种缺陷(裂纹、气孔、夹渣、未焊透和未熔合等)。

3. 射线探伤缺陷影像的识别

由于焊缝有余高,该处厚度增大,所以射线衰减量最大,在底片上呈较白的颜色。有焊接缺陷的部位,由于缺陷对射线的衰减量小,底片感光强,底片上呈现黑色。若缺陷在板厚方向尺寸越大,则底片上缺陷黑度越黑。在底片呈现不同的黑色影像,由此可判别不同的焊接缺陷。学会判别各种缺陷的影像特征,将有助于我们确定缺陷的位置,更好的做好缺陷的修补工作。

(1)裂纹:一般呈略带锯齿、波浪状的黑色细条纹,有时呈直线细纹,轮廓较分明,中部稍宽,两端尖细,两端黑度逐渐变淡,最后消失。

(2)气孔:多呈圆形、椭圆形的黑点,其中心黑度较深,且均匀地向边缘减淡,分布不一致,有单个的、密集的和链状的。

(3)夹渣:形状不规则的点或条块等,点状夹渣呈单独黑点,外形不规则,带有棱角,黑度均匀;条状夹渣线条较宽,宽度不太一致,黑度不均匀。

(4)未焊透:呈断续或连续的黑直线,宽度都同间隙一致,一般在焊缝中心线上,黑度较均匀。

(5)未熔合:开坡口对接的焊缝和坡口面未熔合,一般在坡口侧面的交界处,底片上的影像呈现一侧平直、另一侧弯曲、淡而均匀的黑线。层间未熔合的影像不规则。

(四)超声波探伤

1.超声波特性

一般人耳可闻的声波在 20Hz～20000Hz 范围,低于 20Hz 的振动波,称为次声波;高于 20kHz 的振动波称为超声波。超声波探伤用的频率是 0.5MHz～20MHz。超声波具有:①传播特性,能在很厚的金属中传播;②束射特性,超声波能量向一定方向集中辐射,也即可以直线传播;③反射特性,超声波从一介质传播到另一介质时,在两介质的界面上会发生反射或折射。超声波探伤是把超声波射入金属内部,超声波由一介质(焊缝金属)进入另一介质焊接缺陷时,在界面间产生反射波束,显示在荧光屏上,由此查出缺陷。

2.超声波探伤仪

超声波探伤仪由机体和探头两部分组成,其电路方框图如图 26-2-7 所示。机体的功能,先是发射出高频交流电压的脉冲输入给探头,同时又能将接收回来的高频电压脉冲显示在荧光屏上。荧光屏的横座标是时间,纵座标是表示脉冲高度。探头是个压电晶片,它能把收到的高频电压脉冲变成超声波振动,向焊件发射出超声波。反之,压电晶片接收到超声波后也会变成高频电压脉冲。同一探头能完成发射和接收的功能。

超声波用的探头有两种:直探头和斜探头。

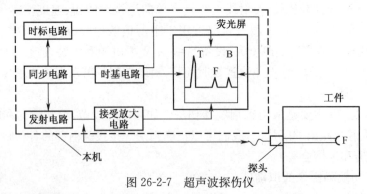

图 26-2-7　超声波探伤仪

3.超声波探伤原理

(1)直探头超声波探伤。用直探头超声波探伤时,将探头与工件接触,当压电晶片向焊件发出超声波时,荧光屏就显示出"始脉冲"T 波形。当超声波射到工件底部被反射返回到压电晶片时,荧光屏显示出"底脉冲"B 波形,如图 26-2-8(a)所示。若进入工件内的超声波,在其传播方向上遇到小缺陷时,一部分超声波被反射回来,其余部分继续传播,直至遇到底部才反射回来,这样在荧光屏上就显示出"始脉冲"T、"缺陷脉冲"F 和"底脉冲"B,如图 26-2-8(b)所示。根据"缺陷脉冲"F 和"底脉冲"B 的相对位置,和工件厚度 H,可以算出缺陷在工件中的位置 h,其公式是 $h=l \cdot H/L$,如图 26-2-8(b)所示。当工件中缺陷大于超声波束径时,则超声波全部被反射回来,而不存在"底脉冲",在荧光屏上只有"始脉冲"T 和"缺陷脉冲"F,如图 26-2-8(c)所示。若缺陷不处在超声波束射范围内,则荧光屏显示"始脉冲"T 和"底脉冲"B,如图 26-2-8(d)所示,显示不出缺陷。为此,探伤时必须左右前后移动探头位置,寻找缺陷。

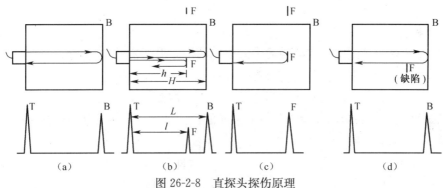

图 26-2-8　直探头探伤原理

(a) 无缺陷;(b) 有小缺陷;(c) 有大缺陷;(d) 查不出缺陷。

T—始脉冲;B—底脉冲;F—缺陷脉冲。

(2)斜探头超声波探伤。由于焊缝表面不平,超声波探伤焊缝都采用斜探头,如图 26-2-9 所示。斜探头的超声波以某一角度(γ)射入焊缝,当斜探头在 M 位置时,射入的超声波没有遇到焊缝中的缺陷,就一直传播到 K 处后继续反射向前传播,探头收不到反射波,所以荧光屏上只有"始脉冲"T。当探头移到 N 点处,超声波遇到缺陷"C",就被反射回来,探头收到反射波,在荧光屏上显示"缺陷脉冲"F。缺陷深度的位置可按 $h=ac \cdot \cos\gamma$ 算出。若缺陷在 C 下方,则探头必须向外移动才能找到缺陷。斜探头探伤焊缝时,需要将探头左右、前后移位来找寻缺陷。

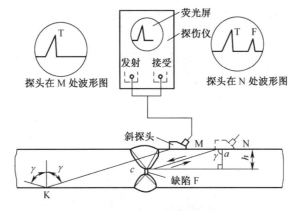

图 26-2-9　斜探头探伤原理

为了获得超声波良好的传播,避免空气进入探头和工件接触处的间隙,探伤前应将焊缝两侧探伤表面打磨光洁,并涂上耦合介质(水、油、甘油和浆糊),这样探头通过耦合介质将发射超声波给工件,同时接收反射回来的超声波。

第三节　焊缝的破坏性检验

一、力学性能试验

焊接结构焊制成后,它的性能是否合乎设计的技术要求,这是需要做实验评定的,重点是做力学性能试验,力学性能试验是破坏性试验,它包括拉伸试验、弯曲试验、冲击试验、硬度试验等。

(一) 拉伸试验

拉伸试验是为了测定焊接接头或焊缝金属的抗拉强度 σ_b、屈服强度 σ_s、延伸率 δ 和断面收缩率 ψ 等力学性能指标是否符合产品设计要求。拉伸试验还可以发现试样断口中的内部焊接缺陷。有些产品技术要求测定焊接接头和熔敷金属的强度和塑性,以鉴定焊接材料的性能,这就需要做焊接接头和熔敷金属的拉伸试验。拉伸试验的试样一般有三种:圆状、板状及管状,如图 26-3-1 所示。

(二) 弯曲试验

弯曲试验是用来测定焊接接头或焊缝金属本身的塑性变形能力。对于接头的弯曲试验,严格地说它不是力学性能试验,而是一种工艺性能试验。因为金属的塑性是以伸长率来表达的,而弯曲角与弯曲面的拉伸量有不成直接对应的关系。不过,焊接接头的弯曲试验可以暴露焊接缺陷。

焊接接头弯曲试样可分为纵向弯曲试样和横向弯曲试样。横向弯曲试样按受拉面在焊缝中的位置可分为面弯、背弯和侧弯,弯曲试样如图 26-3-2 所示。弯曲试验测出弯曲角的合格标准按"船规"规定。当弯曲试样达到规定角度后,其受拉面上有长度不超过3mm 或宽度不超过 1.5mm 的开张性缺陷(气孔、裂纹等),则认为合格。

焊工技能考试中,弯曲试验是基本的项目,面弯、背弯及侧弯可以检验焊缝的内部缺陷,面弯容易检验出盖面层熔合不良,背弯可以发现焊缝根部缺陷,侧弯能检验焊缝和母材的结合强度。发现缺陷参照 1.5mm 和 3mm 标准来评定焊工的技能。

(三) 冲击试验

冲击试验即缺口冲击韧性试验,是用来测定焊接接头各区域在受冲击载荷时抵抗折断的能力(韧性)。目前普遍采用这种试验来检验焊接接头抗脆性断裂的能力。对于重要结构这是必不可少的。

目前冲击试验试样有两种:U 形缺口和 V 形缺口试样(夏比),如图 26-3-3 所示。其中 V 形缺口试样更能正确地评定接头的抗脆断的能力。缺口开在焊缝上,也有开在热影响区上。

(四) 硬度试验

硬度试验是用来测定焊接接头各区域的硬度分布情况,可以了解区域偏析和热影响区的脆硬倾向。通常在焊接工艺评定试验时用此试验。因为热影响区的最高硬度和焊接性之间有一定的联系,硬度高的钢焊接性差。

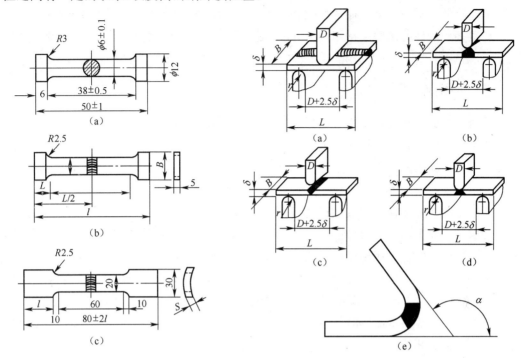

图 26-3-1　拉伸试验试样

(a) 焊缝金属的拉伸试样;(b) 焊接接头的
板状试样;(c) 管子拉伸试样。

图 26-3-2　弯曲试验和弯曲试样

(a) 纵向弯曲;(b) 侧弯;(c) 背弯(横向);
(d) 面弯(横向);(e) 弯曲角。

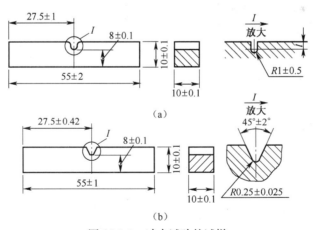

图 26-3-3　冲击试验的试样

(a) U 形缺口;(b) V 形缺口(夏比)。

(五) 疲劳试验

　　焊接结构在交变应力(拉应力和压应力交替)作用下工作时,虽然工作应力低于屈服
应力,但在这种变动载荷下经过较长时间的工作仍会发生断裂,称之为焊接结构的疲劳断
裂。疲劳试验是用来测定焊接接头在交变载荷作用下的疲劳强度。常以在一定交变载荷

作用下经过循环次数 N 而断裂时的破坏应力 σ 来表示。破坏应力 σ 随循环次数 N 的增加而迅速降低。对应于某一循环次数 N 的破坏应力 σ，即为该循环次数下的疲劳强度。

焊接接头的疲劳试验通常用两种方法：旋转弯曲疲劳试验法；轴向脉动拉伸疲劳试验法。

二、金相检验

焊接接头的金相检验是用金相分析的方法检查焊缝、热影响区及母材的金相组织，由此来评定焊缝的缺陷。在焊接工艺评定中，出现裂纹或其他缺陷，可用金相分析研究裂纹的性质及产生缺陷的原因。若正在工作的焊接结构件，发现裂纹或结构破坏断裂，则更需要金相检验来找出原因。

金相检验试样取样于焊接试板，若是焊接结构或焊接产品出现裂纹等断裂事故，则从断裂处取样。取下试样后，机加工去除气割的热影响区，然后对试样进行平整、磨光、抛光、侵蚀等制样加工，采用金相显微镜进行金相组织分析，从而评定焊缝的质量。

金相分析不仅可以检测焊缝的内部缺陷，更重要的是可以判断焊接接头各区域的金相组织，例如粗大的马氏体组织，还是细晶粒的珠光体组织。这是无损探伤做不到的。

对于成熟的焊接产品（如低碳钢结构），由于已做过多次合格的焊接工艺评定，焊后检验通常是免去金相检验。

三、化学分析及腐蚀试验

化学分析是用来测定焊缝金属的化学成分，据此评定焊缝的质量。化学分析的试样是从焊缝金属中取得的，可以采用钻孔法，切削出焊缝金属的粉末，用化学试剂对焊缝金属成分作定量的测定。通常分析的元素有：碳、锰、硅、硫、磷等，对于合金钢或不锈钢还需分析镍、铬、钼、钒、钛等含量。

为了保证不锈钢焊接结构具有良好的抗晶间腐蚀性能，应对焊丝、焊条、不锈钢板及焊接接头进行晶间腐蚀倾向试验。

复 习 题

1. 焊接结构的损坏和焊接质量有何关系？
2. 如何认识焊接质量检验的重要性？
3. 焊接质量检验三个阶段的检验内容是什么？
4. 焊接检验的方法有哪些？
5. 对接焊缝的余高和宽度、角焊缝的焊脚，它们的外形尺寸允许偏差是多少？
6. 对焊缝咬边深度允许是多少？
7. 焊缝表面不允许有哪些缺陷？
8. 焊缝的密性试验有哪些方法？

9. 如何进行液压试验?

10. 着色探伤的基本步骤是怎样的? 它能检验出什么缺陷?

11. 磁粉探伤的原理是什么? 它能检验出什么缺陷?

12. 射线探伤的原理是怎样的?

13. 如何从射线探伤底片上的影像来识别焊缝的缺陷?

14. 超声波探伤是如何判断焊缝缺陷的?

15. 力学性能试验有哪些内容?

16. 焊工技能考试中,运用弯曲试验,其目的何在?

17. 不锈钢焊接接头除了做力学试验外,还要做什么试验?

第二十七章 船舶电焊工的安全操作技术

第一节 焊工"十不焊"

　　船舶电焊工是涉及电和高温明火作业,在工作过程中,首先要使用电器设备和焊枪,就有可能发生触电事故,电弧的强光、高热及飞溅,会引起灼伤、火灾、爆炸,还有在船体建造中焊工要登高作业,有坠落的危险。为了防止事故的发生,必须牢固树立"安全第一"的观念,严格遵守各项安全操作规程,做到在安全条件下生产。

　　船舶制造是综合性作业的过程,许多工种的工人同时施工,有时在一个舱室里,有焊工、装配工、钳工、管系工、电工、起重工都在施工,而且施工环境也较复杂。对于正在舾装的舱室,焊工的火花是个危害因素,易引起火灾等事故。焊工在焊接前,必须对周围情况了解清楚,多年来的经验教训总结出,焊工要做到"十不焊",这是焊工首先要遵守的重要原则。

　　(1)焊工无安全操作证,又没有正式焊工在场指导,不能单独焊接。

　　(2)凡属禁火区,未经审批,又无安全措施,消防人员未到场,不能擅自焊接。

　　(3)不了解作业现场及周围情况,不能盲目焊接。

　　(4)不了解焊接物内部情况,不能焊接。

　　(5)盛装过易燃易爆、有毒物质的容器,未经彻底清洗,不能焊接。

　　(6)用可燃材料做隔层的设备、部位,未采取可靠安全措施,不能焊接。

　　(7)有压力或密封的管道、容器,不能焊接。

　　(8)附近堆有易燃易爆物品,在未经彻底清理或采取有效安全措施前,不能焊接。

　　(9)作业部位与外单位相接触,在未搞清对外单位有否影响,或明知危险而未采取有效的安全措施,不能焊接。

　　(10)作业场所附近有与明火相抵触的作业,不能焊接。

第二节 预 防 触 电

　　电流通过人体的现象称为触电。对焊工来说,触电是最危险的事故。当通过人体的电流达 5mA 时,人就有微痛的感觉,达 10mA 时,人痛觉剧烈;当通过人体的电流达 50mA 时,人就有生命危险;通过人体电流 100mA,只要 1s 时间就能使人致命。触电死亡是由于电流通过心脏引起心室颤动或停止跳动,中断全身血液循环而导致死亡。人体电阻是个变值,当人在过度疲劳或神态不清时,人体电阻急剧下降,人体最小电阻约 800Ω。因此对人来说安全电压为 $50mA \times 800\Omega = 40V$。焊工使用焊机的网路电压为 380V/220V,焊条电弧焊焊机和氩弧焊焊机的空载电压一般高于 70V,埋弧焊大电流焊接的电弧电压有的也在 40V 以上，CO_2 半自动焊机的送丝电动机电源电压也有达 110V。这些都是造成不安全的因素。预防触电的措施有：

(1)焊接用的电器设备的外壳必须有良好的接地，接地线必须使用 14mm^2 以上的导线。

(2)电焊设备的安装和修理应由电工负责，焊工不得擅自拆修。

(3)焊工在推拉三相网路闸刀时，必须带皮手套，头部不要正面向闸刀，避免闸刀产生的电弧火花灼伤焊工脸部。

(4)焊机电源进线接头和焊接电缆接头必须连接可靠，接触良好，外露部分必须用绝缘胶带包扎。

(5)穿戴好绝缘良好的皮手套、绝缘鞋、工作服等个体防护用具。

(6)手提式工作行灯的电压，不得超过 36V。

(7)注意工作服尽可能不要被汗水或雨水弄湿，工作服潮湿后或在潮湿地方焊接时，身体不要靠在钢板(接焊件电缆)上，应使用干燥木板、橡胶绝缘垫等隔离，以防触电。

(8)更换电焊条时，禁止用裸手或潮湿的手套进行操作。

(9)焊接工作场地不应有洒落的水，尤其是使用水冷式焊枪和水冷式滑块时，要防止水管连接部分漏水。

(10)在狭小舱室或容器内焊接时，应加强通风，重视人体和钢板的绝缘措施，并实行两人轮换工作的监护措施。

(11)焊接时要关注焊接电缆及控制电线的置放，避免被灼热的焊缝、熔渣烧坏。如电缆有破损，应及时用绝缘布包扎好。

(12)发现焊机有不正常现象，先切断电源关机，然后通知电工检修，焊工切莫擅自拨弄焊机。

(13)焊接工作结束，在离开现场前，应切断焊机的电源。

(14)遇到有人触电时，切不可用裸手去拉触电人，应迅速将电源切断后进行抢救，如触电者呈现昏迷状态，应立即进行人工呼吸，并及时送往医院。

第三节　预防弧光伤害、灼伤和火灾

一、预防弧光伤害

焊接电弧产生的光辐射，有紫外线、红外线和可见光线。紫外线会引起电光性眼炎和皮炎。红外线和可见光线能引起结膜炎和网膜炎。CO_2 焊和氩弧焊，由于电流密度大，危害更为严重。预防弧光伤害的措施有：

(1)根据焊接方法和电流大小，选用合适的护目黑玻璃。

(2)使用的面罩不允许有漏光。

(3)穿戴好个体防护用具，不要把颈部、手臂等外露。

(4)多人一起工作时，既要防止弧光伤害他人，又要防止他人弧光伤害自己。必要时用挡光板隔离弧光。

(5)工作场地周围如有白色墙壁或玻璃等反射物，最好用物屏蔽起来，避免反射光伤人。

二、预防灼伤和火灾

明弧焊总是有飞溅的,尤其是 CO_2 实心焊丝焊更为严重,飞溅落在人体,要引起灼伤,飞溅落到易燃物上要引起火灾。预防灼伤和火灾的措施有:

(1)焊工的工作服和手套如破损,应及时修补或更换。

(2)仰焊工作时,为防止颈部灼伤,焊工需戴有后沿的帆布工作帽,保护颈部。

(3)禁止在储存有易燃易爆物品的容器、房室和场地进行焊接,易燃物必须移开焊接区至少 10m 以外,并要有防火材料遮挡。

(4)焊工不得乱扔焊条头。

(5)焊接隔舱壁上的连接件时,必须查明隔舱壁背面情况,如有易燃物必须先移开后才能焊接。

第四节 其他安全技术

一、预防中毒

电弧的高温不仅能使焊丝和焊件熔化,还能形成沸腾,Fe、Mn、Si、Cr、Ni 等元素的沸点都低于电弧温度。液态金属和熔渣经过"过热→蒸发→氧化→冷凝"的过程,变成微小的固态,即烟尘;CO_2 气体保护焊中产生的 CO。这些气体和烟尘对人体是有害的,会使焊工得尘肺、锰中毒、焊工金属热及 CO 中毒等疾病。预防烟尘和有害气体的措施有:

(1)焊接场所应有良好的通风设施,把新鲜空气送到工作场地,并及时排出有害气体和烟尘,以及被污染的空气,使工作场所的空气质量符合卫生要求。禁止用氧气作为风源,以免发生燃烧爆炸事故。

(2)合理组织焊工操作位置,焊工应站在电弧的上风位置。

(3)在打磨坡口时,要戴好防尘口罩。

(4)氩弧焊焊工打磨钨极时,要穿好工作服,戴好口罩和防护眼镜,砂轮机应有安全罩和吸尘装置。饭前要认真洗手。

二、气瓶的安全使用

(1)CO_2 液化气瓶必须竖立放置,不得横卧,以防液态 CO_2 流出。

(2)使用气瓶时,不得敲击和碰撞。

(3)气瓶应放置在通风良好的地方,并有遮阳措施,防止日光曝晒和雨淋。

(4)气瓶不得靠近热源,以免瓶内压力急剧上升。

(5)减压流量调节器冻结不得用火烘烤。

(6)瓶内气体不得用尽,CO_2 瓶的剩余气压为 1MPa,氩气瓶为 0.5MPa。

三、高空作业安全技术

(1)凡进入 2m 以上高处作业区的焊工,必须戴上安全帽,使用标准的安全带,安全绳的保险钩要系扣在牢固的结构件上。

（2）登高作业用的竹梯或脚手架，应符合规定要求，并要有防滑措施，切不可垫凳子或其他滑硬不稳的物体。焊接电缆等应扎在脚手架上，严禁缠绕在身上或搭在肩上。

（3）焊工在高架脚手架上拖拉电缆时，要注意周围的环境，切不要用力过猛，拉倒别人或摔倒自己。焊工所携带的工具和焊材，必须放置稳妥，防止高空坠落下去。严禁将焊条头随手往下丢，以防意外。

（4）高空作业时，应仔细检查上面有无吊运作业，下面有无易燃易爆物品，还要考虑风向能把飞溅达及的场地，在确认安全时方可焊接。焊接工作结束后，应检查是否留下火种，在确认安全后方可离开工作场地。

复 习 题

1. 焊工"十不焊"的内容是什么？
2. 焊工预防触电的措施有哪些？
3. 怎样预防弧光伤害？
4. 怎样预防灼伤和火害？
5. 焊工怎样预防气体中毒？
6. 使用 CO_2 瓶和氩气瓶时，应重视哪些安全技术？
7. 焊工高空作业时，应重视哪些安全技术？

参 考 文 献

[1] 中国机械工程学会焊接学会编 . 焊接手册 . 埋弧焊、气体保护焊、电渣焊、等离子弧焊 . 北京:机械工业出版社, 2001.
[2] 日本焊接协会 . CO_2 气体保护半自动焊(操作指南). 陈友兰译 . 湖北省暨武汉市焊接学会, 1987.
[3] 吴纯辉等 . 船舶焊接工艺 . 哈尔滨:哈尔滨工程大学出版社, 1996.
[4] 芮树祥等 . 焊接工艺学 . 哈尔滨:哈尔滨工程大学出版社, 1998.
[5] 贾鸿谟 . 手工钨极氩弧焊技术及应用 . 太原:山西科学技术出版社, 2006.
[6] 吕文坤等 . 高级船舶焊接工操作技能 . 哈尔滨:哈尔滨工程大学出版社, 2002.
[7] 吴树雄 . 焊丝选用指南 . 北京:化学工业出版社, 2002.
[8] 李亚江主编 . 焊接材料的选用 . 北京:化学工业出版社, 2004.
[9] 上海市焊接协会编 . 现代焊接生产手册 . 上海:上海科学技术出版社, 2007.
[10] 中国焊接协会培训委员会编 . 焊工取证上岗培训教材 . 北京:机械工业出版社, 1993.
[11] 赵伟兴等 . 船舶电焊 . 上海:科技卫生出版社 . 1958.